성취동기

교수–학습에서 성취력을 높이기 위한 방안

M. Kay Alderman 저 | 김종남 · 임선아 공역

Motivation for Achievement
Possibilities for Teaching and Learning 3rd ed.

학지사

학교 현장에 있는 교사들로부터 "요즘 아이들은 무기력해요. 의욕이 없어요." 와 같은 말을 자주 듣는다. 학교에서 무언가를 배우겠다는 내적인 의욕인 성취동 기가 부족하다는 말을 에둘러 하는 말일 것이다. 우리의 아이들이 무언가를 배우 고자 하는 열의 없이 학교를 오가는 것을 보면 참으로 안타깝기 그지없다.

역자들은 학생들이 열정을 갖도록 도와줄 방법을 몰라 고민하고 있는 교사들 에게, 또 자녀가 열정 없이 학교에 다니는 모습에 안타까워하는 부모에게 이 책이 하나의 지침을 제공해 줄 수 있을 것이라고 판단하여 함께 번역을 시작하게 되었 다. 이 책은 주로 동기부여를 가능하게 하는 토대 만들기와 동기에 영향을 미치는 요인들, 학업관여와 동기화를 최적화하기 위한 교실을 만드는 방법들에 대해 소 개하고 있다. 따라서 이 책은 아이들에게 동기를 부여하고 싶어 하는 교사들과 아 이들이 눈을 빛내며 무언가에 달려드는 모습을 보고 싶은 모든 이에게 좋은 지침 서이자 참고서가 될 것이라고 믿는다.

성취동기라는 말을 부정적으로 받아들이는 이도 있을 것이다. 여기서 '성취해 야 한다.' 는 말은 꼭 공부를 잘해서 일류 대학을 가야 한다는 뜻이 아니다. 여기 서 성취란 과거의 실패 경험 때문에 계속 성취 상황을 회피해 버리고 스스로를 능력 없는 사람으로 평가절하하며 살아갈 수도 있는 아이들이, 과거의 악몽에서 벗어나 무언가를 해냈다는 기쁨을 맛보게 되고 학교에 가는 것이 행복해지게 되 는 의미에서의 성취를 말하는 것이다. 실패했던 경험, 안 좋았던 경험과 또다시 실패를 만나게 될 것이라는 두려움으로부터 빠져나와 꿈을 향해 한 걸음씩 씩씩

하게 걸어갈 힘은 성취동기를 갖는 것에서 시작된다.

　이 책의 제1부에서는 동기의 개념 정의를 소개하고, 저자들이 동기에 대해 갖고 있는 관점을 설명한다. 그리고 교육자들이 맞닥뜨리는 동기부여의 문제와 도전들에 대해 기술한다. 또한 그러한 문제를 다룰 때 나타날 수 있는 일들과, 학교와 교사들이 학생들에게 최적의 동기부여를 하기 위해 취할 수 있는 역할에 대해 기술한다. 제2부에서는 교실에서 일어나는 학생들의 동기과정에 대해 기술하고 있으며, 제3부에서는 학생들이 참여하는 최적화된 공부 환경을 만드는 방법과 학생들을 동기화하는 교수요인들에 대해 기술하고 있다.

　무언가를 해냈다는 기쁨에 환호성을 지르는 아이들로 가득한 학교와 모든 학생이 학교생활과 수업활동에 적극적으로 참여하는 교실을 만드는 데 이 책이 하나의 길잡이가 되기를 기대해 본다.

2015년 여름
역자 일동

동기 영역에서 연구와 새로운 지식은 계속해서 증가하고 있다. 이것은 교육자들이 학습동기를 높이기 위해 지식과 전략을 더 많이 사용할 수 있게 되었다는 것을 의미한다. 새로운 지식의 증가와 함께 동기적 도전(해결해야 할 난제), 교육개혁의 표준, 빈곤, 학생의 다양성 증가 등 사회적 상황과 관련된 여러 문제들이 나타나고 있다.

이번 개정판(제3판)의 목적은 초판이나 제2판과 동일하다. 즉, 교육자(교사, 부모, 코치, 행정가)들에게 희망과 가능성을 제공하는 동기에 관한 현재의 지식으로부터 도움이 되는 내용을 제시하는 것으로, 쉽게 말하면 성취동기를 높이는 것이다. 저자는 교사가 학생과 교사 자신의 동기를 이해하도록 돕고, 각 수준에 있는 학생들(학업적으로 취약한 학생들부터 뛰어난 학생으로 지목받는 학생들까지)의 수행동기를 강화하는 전략의 기초를 제공하기 위해 관련 연구와 이론을 선택하였다. 이 책의 내용은 교사들이 교실에서 동기를 지원하고 키워 주기 위해 취하는 2가지 역할에 초점을 맞춰 구성되었는데, 첫 번째는 최적의 동기와 참여, 학습 환경을 제공하는 교실 구조와 교수법을 확립하는 것이고, 두 번째는 학생들이 자기조절 학습자가 되어 자신의 잠재력을 계발하는 방법을 발전시키도록 도와주는 것이다.

이번 판에서 새로워진 것

각 장은 이전 판과 동일하게 구성되어 있으나 모든 장에서 인용된 문헌과 연구는 최신으로 바뀌었다. 최근의 문헌들을 포함하기 위해 각 장에 주제와 내용이 추가되었으며, 1장과 9장에서 주제들을 재조직화하였다. 일관성을 제공하고 새로운 연구결과를 설명하기 위해 다른 장에서도 재조직화가 이루어졌다.

교육개혁과 성취의 표준, 고부담 시험(high-stakes testing) 등은 동기와 관련이 있기 때문에 각 장에 통합되었다. 개혁의 강조는 동기에 있어 문제와 가능성을 동시에 제시한다. 그것은 1장에서 소개되며, 필요한 경우 다른 장에서도 다뤄진다.

이전 판 이후로 성취목표 이론은 계속해서 더 많은 연구자의 관심을 받고 있는데, 특히 수행목표와 수행접근 목표, 수행회피 목표의 구분과 관련해서 그렇다. 이와 관련된 최신 자료는 3장에서 소개된다. 5장에서는 자기조절학습의 교실 적용이 추가적으로 제시된다.

이 책의 특성

이 책은 개념의 이해와 현장 적용에 도움이 될 수 있도록 구성되어 있다. 그리고 필자가 수년에 걸쳐 교실에서 검증한 자료를 담고 있다. 이러한 자료는 다음과 같은 구성요소에 소개되어 있다.

- 전략: 이것은 다양한 개념을 적용하기 위한 지침과 전략들을 제시한다.
- 예시: 2가지 유형이 있다. (1) 교사가 학생들에게 사용할 수 있는 양식들(예, 목표설정을 위한 양식), (2) 교사 신념의 예와 학생 작업의 실제와 사례들
- 생각해 보기: 생각해 보기의 질문들은 주제나 당신의 경험, 신념 등에 내재된 동기 문제에 대한 생각을 자극한다.
- 표와 그림: 개념을 이해하는 데 보조적인 역할을 한다.

각 장의 개관

제1부는 한 개의 장(1장)으로 구성되어 있다. 1장은 동기의 정의와 이 교재의 관점에 대한 설명으로 시작하기 위해 재조직화되었다. 이후 교육자들이 당면하는 동기의 도전과 문제들에 대해 고려하였고 그런 다음 이런 문제와 도전을 다룰 수 있는 방법들을 기술하였다. 이 장에서 개혁과 표준에 따른 문제점들이 소개된다. 가장 중심이 되는 문제는 동기의 평등과 불평등 이슈이다.

제2부는 동기에 영향을 주는 사회인지적 과정에 초점을 맞추는 4개의 장으로 구성되어 있다. 2장은 귀인의 인지이론과 우리가 자신의 성공과 실패, 그리고 다른 사람들의 성공과 실패를 설명한다고 믿는 이유들을 제시한다. 귀인이론(attributional theory)은 변화의 가능성을 제공하는 동시에 빈약한 수행을 이해하도록 도와준다. 귀인이론은 다음과 같은 문제들을 다룬다. 이전 성공과 실패에 대한 개인의 믿음이 어떻게 앞으로의 기대와 행동에 영향을 주는가? 교사들은 포기한 학생들을 어떻게 도울 수 있을까? 동기에 대한 귀인 설명은 교사와 부모, 코치, 상담가들이 계속해서 매우 유용하다고 생각하는 것이다. 실제로 어떤 수업에서 귀인에 대해 배운 한 학생이 같은 반 친구에게 "네가 귀인에 대해 배운다면 다시는 너 자신을 똑같은 방식으로 바라보지 않게 될 거야."라고 말하였다.

3장은 동기 요인으로 유능성과 능력에 대한 신념의 역할을 탐색한다. 능력에 대한 지각이 몇 가지 관점에서 설명된다. 첫 번째 관점은 자기효능감(self-efficacy)으로, 이것은 특정한 과제를 수행하는 것에 대한 지각된 유능감이다. 자기효능감의 강점은 우리에게 어떤 과제에 착수할 것인가와 어떤 과제를 지속할 것인가를 결정하도록 도와준다. 능력에 대한 두 번째 관점은 자기가치(self-worth)인데, 이것은 실패를 피하려는 동기와 낮은 능력의 지각으로부터 자기가치를 보호하려는 동기를 설명하는 이론이다. 이런 관점은 '왜 학생들이 노력하지 않는가?'라는 질문에 대한 답을 얻게 도와줄 수 있다. 세 번째 관점은 성취동기 지향이라는 것이다. 학생들은 자신의 능력을 높이려는 목표를 가지고, 혹은 자신의 능력을 입증하거나 낮은 능력에 대한 지각을 회피하려는 목표를 가지고 과제에 접근할 수 있다. 마지막 주제는 성취불안인데, 이것은 특히 고부담 시험을 강조하는 현재의 관점과 관련이 있다.

4장의 주제는 목표설정(goal setting)이다. 목표는 성취에 결정적이지만, 학업적인 장면보다는 보통 운동이나 직장에서 더 강조된다. 이 장은 다음과 같은 질문을 다룬다. 목표를 효과적인 것으로 만드는 특성에는 어떤 것들이 있는가? 학생의 동기와 학습을 향상시키기 위해 교육 장면에서 목표설정이 어떻게 사용될 수 있는가?

5장의 주제는 학생의 동기적 역량을 발달시키고 증진시키는 것으로, 이 장은 학생들에게 자기지시를 위한 기술을 갖추게 하는 자기조절의 구성요소에 대해 기술한다. 이에는 미래에 대한 비전, 의지적 통제, 학습전략과 초인지 전략, 자기지시, 시간과 자원 관리 등이 포함된다. 또한 이 장에서 실패에 대한 반응을 다룬다.

제3부는 학생 동기에 영향을 미치는 요인들(교사가 영향을 줄 수 있음)에 초점을 맞춘 4개의 장으로 구성되어 있다. 6장은 최적으로 학생을 동기화하는 데 필수적인 교사 동기와 관련된 2가지 측면, 즉 교사의 기대와 교사의 효능감을 제시한다. 이런 개념은 다음 문제를 다룬다. 교사의 기대는 학생의 동기와 학습에 어떻게 영향을 미치는가? 이런 기대는 학생에게 어떻게 전달되는가? 자신의 효과성에 대한 교사의 신념은 학생의 동기와 학습에 어떻게 영향을 주는가?

7장은 사회적 맥락이 학생의 동기와 참여에 미치는 영향을 다룬다. 긍정적인 사회적 환경은 학생들에게 소속감과 멤버십을 강화한다. 이것은 학생 집단의 다양성과 불평등의 문제라는 관점에서 특히 중요한 주제이다. 사회적 맥락은 다음과 같은 질문을 다룬다. 무엇이 멤버십을 높이는 분위기를 촉진하는가? 긍정적인 교실 분위기를 형성하는 데 또래와 문화적 다양성의 역할은 무엇인가? 최적의 교실 환경을 만들기 위해서 얼마나 많은 선택과 통제가 있어야 하는가? 사회적 지지체계를 만드는 데 있어 협동학습의 역할은 무엇인가? 지지적이고 모두 참여하는 교실 분위기를 만들려고 할 때 교사의 역할은 무엇인가?

8장은 학생의 참여와 동기에 영향을 주는 3가지 교수법, 즉 과제, 외재적 동기 및 내재적 동기, 평가에 초점을 맞추고 있다. 과제동기는 학생을 참여시킬 가능성이 높은 과제와 교사의 행동에 관한 것이다. 이에는 학생의 참여와 교사의 역할을 강화하는 과제 유형, 흥미의 역할, 과제가치 신념이 포함된다. 내재적 동기와 외재적 보상 간의 관계에 대한 현재 관점이 그다음 부분에 제시된다. 이에는 내재적 동기에 대한 외재적 유인가의 효과, 유인가를 효과적으로 사용하는 지침, 내재적 동기의 한계와 함께 내재적 동기를 높이는 방법 등이 포함된다. 이 장에서 논의되는 마지막 부분은 평가로, 이는 학생의 노력과 참여에 영향을 준다. 평가 유형과 동기적 시사점, 성적을 결정할 때 포함되는 노력과 같은 요인들, 고부담 시험과 동기의 문제, 동기를 높이기 위한 평가 프로그램에 대한 기술 등이 포함되어 있다.

9장은 이 책의 마지막 장으로, 교실에서의 동기 수행에 초점을 맞추고 있다. 동기를 교실에 처음 적용할 때 일어날 수 있는 걱정거리들에 대한 논의로 시작된다. 그리고 동기와 성취를 높일 가능성이 있는 프로그램들이 소개된다. 그다음으로 계획을 짜기 위한 문제해결 접근이 소개되고 동기가 어디에서 사용될 수 있는지에 대한 아이디어로 마무리된다.

M. Kay Alderman

차 례

제1부   동기부여 가능성의 토대 만들기

제2부   동기에 영향을 미치는 사회인지 과정

제3부 학업관여와 동기화를 최적화하기 위한 교실 분위기

제1부
동기부여 가능성의 토대 만들기

제1부는 동기의 관점에 대해 소개한다. 또한 교육자들이 당면하는 동기부여의 문제와 도전을 제시하고, 이를 다룰 수 있는 가능성에 대해 기술한다. 학교나 교사의 역할은 학생들에게 최적의 동기부여를 하는 것인데, 이를 위해 학교나 교사는 지지하는 분위기를 제공하고 학생들이 자기조절 능력을 계발하도록 도울 필요가 있다.

제1장

동기: 관점, 문제 그리고 가능성

> 교육은 적어도 사람들이 이전에는 할 수 없었던 어떤 것을 할 수 있게 하고, 그들이 이전에는 이해할 수 없었던 것들을 이해할 수 있게 하고, 자신이 될 수 있다고 기대하지 못했던 사람이 될 수 있게 만들려는 노력이다.
>
> – Sockett(1988, p. 195)

Sockett의 말은 동기의 역할에 대한 기본 전제를 표현하고 있다. 그것은 학생들의 잠재력 또는 '삶의 기회', 다시 말해 그들이 될 수 있다고 기대하지 못했던 사람이 될 수 있는 기회를 계발하도록 지원하는 것이다(McInerney & Van Etten, 2001, p. 10). 이러한 전제는 수업과 시험을 통한 동기부여 이상을 의미한다. 이 책의 핵심 주제는 교사들이 교육 장면에서 일차적인 책임을 지고 학생들이 포부와 독립적인 학습, 성취목표를 계발하고 여러 좌절에도 불구하고 회복탄력성을 강화할 수 있도록 자원을 제공해 주어서, 그들이 개별적으로 동기를 키우도록 도와주어야 한다는 것이다. 교사와 학교는 최적의 동기를 계발하도록 분위기를 만들어 줄 수 있다. 어쩌면 이러한 책임감은 21세기 초반에 가정과 학교에서 당면한 동기부여의 문제와 여러 난제가 존재하는 맥락에서 훨씬 더 중요할 수 있다.

이 장은 동기의 관점을 알려 주는 것으로 시작하며 이 책에서 취하고 있는 동기의 관점에 대해 소개하고자 한다. 그리고 교육자들이 맞닥뜨리는 동기부여의 문제와 도전들에 대해 알아볼 것이다. 그다음은 그러한 문제를 다룰 때 나타날 수 있는 일들과, 학교와 교사들이 학생들에게 최적의 동기부여를 하기 위해 취할 수 있는 역할에 대해 기술할 것이다. 이 장의 마지막 부분은 이후 장들에 대한 개관을 제공한다.

교실 학습에 대한 동기 관점

이 교재에 포함된 이론과 연구의 선택 기준은 교사들이 학생의 동기를 활성화하고 지속시키는 데 필요한 강력한 도구를 제공하는 개념을 파악하는 것에 있었다. 이런 의미에서 도구(tool)란 어떤 조작을 수행하는 데 사용되는 것 혹은 기술이나 직업을 수행할 때 필수적인 어떤 것을 뜻한다. 이러한 관점에서 동기부여의 도구는 2가지 형태를 가질 수 있다. (1) 개념적 이해(예, 왜 학생이 노력하지 않는지를 이해하는 것), (2) 전략의 사용(예, 적절한 보상). 이 교재에서 이야기되겠지만, 당신은 동기의 도구상자(이 장 마지막에 있음)를 만들기 시작할 수 있다. 그러한 도구상자(toolbox)는 최적의 동기부여를 지원하고 동기의 문제를 다룰 수 있도록 교실 분위기를 만드는 전략을 제공할 것이다. 이것을 위한 양식은 각 장마다 제공된다.

이 교재의 목표는 현장에 적용 가능하며 행동으로 옮길 수 있는 지식을 만드는 것이다(Argyris & Schon, 1974). 적용 가능한 지식(applicable knowledge)은 관련된 동기 개념을 기술하는 반면, 행동으로 옮길 수 있는 지식(actionable knowledge)은 동기부여 전략을 일상적인 삶에 어떻게 사용하는지를 보여 준다. 이것은 이론을 배우고 기술을 배우는 것이 별개의 활동으로 간주되어서는 안 된다는 것을 의미한다. 대신 지식은 반드시 행동과 통합되어야 한다. 학습된 무기력의 개념을 예로 든다면, 교사는 (1) 이 개념을 설명하고, (2) 학생의 무기력한 징후를 알아차리고, (3) 그 학생이 실패에 적응적으로 반응하기 시작하도록 도와주는 전략을 짜고 선택하는 법을 배워야 한다. 이 장의 나머지 부분에서는 동기를 정의하고 이 교재의 내용과 조직화를 반영하는 전체적인 조망을 제시할 것이다.

동기의 정의

동기이론이나 일상적인 언어에서, 대화는 동기를 함축하는 표현들로 가득 차 있다. "샘은 매우 열심히 노력한다." "사라는 계속해서 노력하지 않는다." "우리 직장에서는 잘한 일에 대해 아무런 보상이 없다."와 같은 말들은 모두 동기부여를 나타내는 표현의 예이다. 그러면 동기는 무엇인가? 어떤 종류가 있는가? 여러 해 동안 동기는 자주 3가지 심리적 기능을 가지고 있는 것으로 기술되어 왔다 (Ford, 1992). (1) **행동에 활력을 주거나 행동을 활성화하는 것**, 즉 학생들로 하여금 학습에 참여하도록 하거나 학습으로 방향을 바꾸도록 하는 것(예, 크로포드 선생님의 수학 시간에 학생들이 매주 새로운 문제를 풀고 싶어 한다.), (2) **행동에 방향성을 제시하는 것**, 즉 왜 다른 행동이 아닌 이 행동을 선택하는가(예, 마리아는 휴게실에 가기 전에 과제를 한다.), (3) **행동의 지속성을 조절하는 것**, 왜 학생들은 목표를 향해 지속적으로 행동하는가(예, 에디는 장학금을 받지 못함에도 팀의 일원이 되어 계속해서 크로스컨트리[역자 주: 들이나 산을 가로지르는 경주]에 참여한다.). 이러한 3가지 기능을 각각 설명할 수 있는 다양한 동기의 관점이 존재한다.

이러한 3가지 기능에 대해 설명하는 동기 지식의 기반은 대부분 커다란 공식적인 이론(예, 성취동기와 사회학습)에서 넓은 스펙트럼의 동기부여 주제로 확장되었다(Weiner, 1990). 더 최근에는 Elliot과 Dweck(2005)이 유능감을 핵심으로 하는 성취동기 이론을 제안하였다. 현재 유력한 2가지 관점은 욕구이론과 사회인지 이론이다(Pintrich, 2003). 욕구이론(need theory)에서는 인간으로서 우리는 동기에 방향성을 제공하는 기본적인 욕구들을 가지고 태어난다고 가정한다. 현재 두 개의 욕구이론, 즉 자기결정 이론(self-determination theory: SDT)과 자기가치 이론(self-worth theory)이 동기를 이해하는 데 도움을 주지만, 두 이론 모두 사회인지 구성개념을 욕구와 통합하고 있다. 자기결정은 자율성과 관계성, 유능감에 대한 심리적 욕구에 기반을 두고 있다(Deci & Ryan, 1985). 이 이론은 이런 욕구들이 인간기능에 기본적인 것이며 내재적 동기의 기초를 형성한다고 가정한다. 내재적 동기와 외재적 동기가 이전에는 둘 중 하나만 존재하는 것으로 간주되었지만, 지금은 자기결정 이론의 맥락에서 하나의 연속선에 존재하는 것으로 간주된다(Ryan & Deci, 2000)(8장 참조). 자기가치 이론은 이 장의 후반부에 소개될 것이며, 3장에서 자세히 설명된다.

이 교재의 초점은 주로 사회인지 이론(social-cognitive theory)에서 나온 것이다. 사회인지적 관점은 최근 동기 연구의 주된 초점이 되고 있는데, 특히 학업 성취와 교사의 역할, 학습자로서 학생의 신념과 관련될 때 그렇다(Pintrich, 2003).

동기에 대한 사회인지적 접근

사회인지 이론의 통일된 주제는 성취를 위한 노력에 영향을 미치는 신념과 인지 및 정서적 변인, 환경적 요인들에 초점을 두고 있다(Bandura, 1997; Graham & Weiner, 1996; Stipek, 1996; Weiner, 1990).[1] 이러한 인지 및 정서적 변인들은 자신의 노력과 능력, 목표에 대한 신념과 같이 자기초점화된 사고로 구성되어 있다. 이러한 접근들은 다음과 같은 내용을 포함한다.

- 인과적 귀인: 성공과 실패에 대한 이유
- 자기효능감: 어떤 과제를 수행할 수 있다는 자신의 능력에 대한 믿음
- 학습된 무기력: 어떤 상황에서 희망이 없다는 느낌과 믿음
- 목표에 대한 생각: 목표를 학습경험으로 혹은 능력의 반영으로 여기는 정도
- 자기가치감: 자신이 유능하거나 똑똑하다는 지각을 유지 또는 보호하려는 것
- 내재적 동기: 도전과 만족을 위해 어떤 활동에 참여하는 경향성

동기에서 인지와 자기의 역할에 대한 강조는 환경의 역할뿐만 아니라(Bandura, 1986), 학교에서 동기의 사회적 성질이 중요함을 인식하면서 비롯되었다(Weiner, 1990). 이러한 영역을 담당하면서 교수 및 학습 동기의 핵심을 형성하는 접근을

---

1 동기이론에 대한 역사적 고찰은 Graham과 Weiner(1996), Weiner(1990)를 참조하라.

사회인지 이론이라고 한다. 이 이론적 틀은 동기를 촉진하고 학생들이 적응적인 동기전략을 발달시키도록 도와주는 분위기를 만들어야 하는 복잡한 상황에서 교사들에게 도움이 되는 연구결과들을 점점 더 많이 제공하고 있다.

사회인지 이론은 개인의 인지과정과 사회적 환경 사이에 상호관계성(interrelation)이 있다고 가정한다(Bandura, 1997; Pintrich & Schrauben, 1992). 동기에 대한 이러한 관점은 (1) 인지-개인(예, 능력에 대한 믿음과 정서), (2) 환경(예, 교사들이 사용하는 보상과 평가), 그리고 (3) 개인의 행동이나 수행(낮은 성적을 받은 후 노력을 더 하는 것) 요인들을 서로 관련시킨다(Bandura, 1986; Dweck & Leggett, 1988). 이러한 3가지 요인은 Bandura(1986)가 **호혜적인 상호작용**(reciprocal interaction)이라고 부른 과정을 통해 서로 영향을 주고받는데, 각 요소는 다른 2가지에 서로 영향을 미친다. 각 구성요인은 동일한 힘을 가지지 않을 수도 있다. 이러한 요소들을 [**그림 1-1**]에 제시하였다.

자신의 능력에 대한 믿음처럼, 학생의 인지과정은 동기의 중요한 매개요인으로

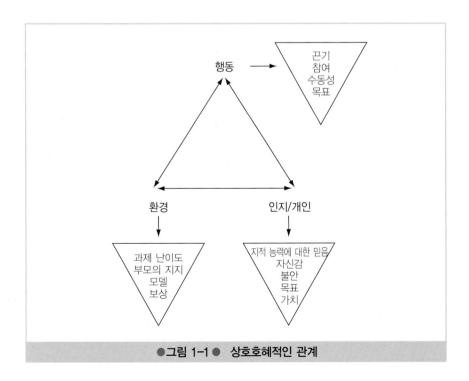

●**그림 1-1** ● **상호호혜적인 관계**

작용하는데, 그것은 미래 수행에 대한 기대와 행동, 둘 다에 영향을 준다. 이것은 복잡하고 연속적인 상호작용이지만, 예를 들면 이해하기 쉽다. 수학 수업을 듣고 있는 마틴과 마티의 예를 들어 3가지 요인의 상호작용을 〈예시 1-1〉에 제시하였다.

예시 1-1   사회인지의 예

인지

마틴과 마티는 사람들이 수학을 학습할 능력을 가지고 있거나 없거나 둘 중 하나라고 믿는다. 나아가 그들은 만약 사람들에게 수학을 학습할 능력이 없다면 수학과 관련해서 할 수 있는 것이 아무것도 없다고 믿는다.

환경

마틴은 존스 선생님 반 학생이다. 마틴은 최저성취 수학 집단에 배정되어 있다. 존스 선생님은 이 집단에게 수학 교과과정의 일부만을 제공한다. 그들이 '수학을 이해할 수' 없을 것이라고 생각하기 때문에, 존스 선생님은 거의 과제를 해 올 것을 요구하지 않는다.

마티는 크로포드 선생님의 보충수업반 학생이다. 이 수업은 학생들이 수학 기술을 발달시킬 수 있도록 구조화되어 있다. 학생들은 매 시험에서 A 또는 B를 맞아야 하고 그렇지 못하면 낙제이다. 낙제한 경우 그들은 B 이상으로 통과할 때까지 재시험을 치러야 한다.

행동

마틴은 수학에 점점 더 적은 시간을 쓴다. 혼란은 점점 커진다. 일부 교과과정은 수학이 다른 과목과 매우 동떨어져 있는 것처럼 보이게 하여서 마틴은 수학을 더욱 싫어하게 된다. 자신의 수학 능력에 대한 (부정적인) 믿음이 확고해진다. 그는 수학 공부를 마칠 때까지 계속해서 최하위 수학 집단에 남아 있을 것이다.

마티는 자신의 수학 점수가 계속해서 올라가는 것에 놀란다. 마티는 이제 수학 과제에 더 많은 시간을 쓰기로 결정하고, 계획한 것보다 수학 공부를 더 많이 하려고 생각하고 있다. 마티는 자신에 대해 매우 자랑스럽게 여기고 자신은 그럴 만하다고 생각한다. 자신의 수학 능력에 대한 믿음이 변하기 시작한다.

두 학생은 수학을 학습하는 자신의 능력에 대해서 비슷한 믿음을 가지고 있었지만 대조적인 교수 환경을 경험하였다. 그들의 행동은 자신의 믿음과 환경요인의 영향을 받았다. 이런 요인들은 이후 각 학생의 수학 능력에 대한 믿음과 행동에 영향을 주었다.

📎 문제와 도전들: 성취와 동기

오늘날 사회에서 통용되는 사회적 가치에서부터 학생의 노력에 이르기까지 동기부여의 문제에는 다양한 설명이 존재한다. 동기의 문제와 도전들은 서로 관련이 있는 2가지 개념틀로 설명될 수 있다. 첫 번째 관점은 노력과 능력에 대한 믿음의 역할에 대한 사회인지적 동기부여 연구에서 유래한 것으로, 학교 수행과 관련이 있다. 두 번째 관점은 학업 성취에 영향을 주는 것으로 동기부여의 불평등을 중요시한다. 이런 개념틀 내에 존재하는 많은 문제는 사회가 당면하고 있는 문제와 도전들에 토대를 두고 있다. 2가지 개념틀에서 볼 때, 학교는 문제의 일부이면서 동시에 해결 가능성을 제공할 수 있는 곳이다.

노력과 능력의 개념틀

Hidi와 Harackiewicz(2000)는 학생들의 만족스럽지 못한 학업 수행에 대해 2가지 설명—노력과 능력—이 존재한다고 제안하였다. 이것들은 사회인지적 관점을 반영한다. 어떤 종류의 동기부여 문제가 노력과 능력 개념틀과 연관되는가? 이런 개념틀은 학교에서의 수행과 성취에 노력과 능력, 각각이 기여하는 것에 관한 믿음과 관련이 있다. 다음 예들은 노력과 능력 개념틀에서 볼 때 어떤 문제를 가지고 있는가?

• 초등학교 3학년 로저스 선생님 반 학생들은 수학을 배울 수 없고 따라서 숙

제도 하지 못할 것이라고 믿는다.

- 고등학교 1학년 마샬 선생님의 고급영어 수업을 듣는 학생들은 대부분 A학점을 받으려고 애쓰지만, 자신이 A를 받을 만큼 똑똑하지는 않다고 생각한다.
- 샌더스 선생님은 영어에서 하위 수준인 학생들을 배정받았다. 교과과정을 살펴보고는 '이 학생들은 비판적인 사고를 할 수 없을 테니 교재에서 비판적인 사고 연습을 빼야겠어.'라고 생각한다.

이러한 문제들에서 로저스 선생님의 학생들은 자신의 능력에 대한 믿음의 부족 때문에 노력을 하지 않게 되는 결과를 보여 준다. 마샬 선생님의 고급영어 수업을 듣는 학생들은 성취를 위한 노력의 역할을 평가절하하고 능력의 역할을 과대평가한다. 샌더스 선생님은 학생들이 고차적인 사고를 할 수 있는 능력을 가지고 있다고 믿지 않는다.

능력에 대한 믿음 │ 능력 문제에서 핵심은 무엇인가? 1976년에 Covington과 Beery가 쓴 글은 학교의 동기부여 문제에 대한 고전적 설명이 되었다. 이 관점에서의 문제는 "개인의 자기가치감은 경쟁적 상황에서 성취할 수 있는 능력에 따라 달라지게 되며…… 성취를 인간의 가치와 동등한 것으로 여긴다."는 점이다 (Covington, 1998, p. 78). 우리 사회에도 인간의 가치를 성취와 동일하게 여기는 경향이 있다. 많은 학교와 교실에서의 경험은 개인의 자기가치감을 약화시키는 역할을 한다. 왜냐하면 학생들은 능력이 성공을 이루는 데 가장 중요한 요소이며 능력의 부족은 실패의 가장 중요한 이유라고 확신하게 되기 때문이다. 능력에 대한 개념은 다른 학생들과의 비교에 기반을 두고 있다. 경쟁적인 상황에서 많은 학생의 기본적인 동기는 자신의 능력이 부족하다는 지각으로부터 자기가치감을 보호하려는 것이다. 자기가치감을 보호하기 위해서 일부 학생은 실패의 지각을 회피하는 전략을 채택한다. 실패를 회피하는 2가지 전략은 비현실적인(너무 높거나 너무 낮은) 목표를 설정하는 것과 노력을 하지 않는 것이다. 두 전략 모두 학생들에게 성공하지 못한 것에 대해 능력이 아닌 다른 이유를 제공하며, 따라서 자기가치감을 보호할 수 있다. 교사들은 자주 이러한 동기화되지 않은 학생들을 무관심하거나 게으르다고 생각한다.

노력에 대한 믿음 │ 동기 문제에서 노력의 본질은 무엇인가? 그것은 일하는 습관이며 노력과 성공 및 실패 사이의 관계에 대해 학생들이 가지고 있는 믿음이다. Bempechat(1998)가 "끈기의 부족, 도전적인 과제보다 쉬운 과제를 선호하는 것, 어려움의 첫 번째 신호에서 무너지는 경향성"(p. 37)이라고 표현한 것에서 잘 드러나는 것처럼, 노력에 대한 이러한 관점은 학생의 성취에 해가 된다. Darling-Hammond와 Ifill-Lynch(2006)는 교사들이 "학생들이 공부를 하도록 만들 수만 있다면!"(p. 8)이라고 자주 말하는 것을 관찰했다. 노력이 부족하다면 교실은 어떻게 될 것인가? 포스터 선생님이 담임을 맡고 있는 중학교 3학년 반에 대한 다음의 기술에서 학업 관련 문제들을 볼 수 있다.

포스터 선생님은 많은 학생이 동기화되지 않았다고 말한다. 그녀는 이런 동기화되지 않은 행동을 다음과 같이 기술한다. 많은 학생들이 목표를 가지고 있지 않다. 교실에서 수동적으로 앉아 있다. 숙제도 하지 않고 노트북 컴퓨터도 가져오지 않는다. 기말시험을 보지 않고 주정부 능력시험을 진지하게 보지도 않는다. 비판적 사고 기술을 요구하는 새로운 학습 접근방법에 저항하며 과거에 했던 것처럼 유인물을 사용하는 것을 더 좋아한다. 협동학습 팀은 혼란 때문에 혹은 한 사람이 제대로 하지 않아서 대체로 성공적이지 않은 것으로 표현된다.

중등학교에서 학생 비참여(disengagement)나 학습에 대한 에너지 투입 부족은 노력과 관련된 또 다른 문제이다(Fredricks, Blumenfeld, & Paris, 2004; Newmann, 1992). 참여의 3가지 유형은 행동(예, 수업 출석), 인지(예, 초인지의 사용), 그리고 정서(예, 학교에 대한 소속감)이다(Fredricks et al., 2004). 비참여를 나타내는 행동들은 심한 것(예, 결석, 수업 방해, 과제 미수행)에서부터 표면적으로는 동기의 문제인 것처럼 보이지 않는 행동에 이르기까지 다양하다. 후자에 속하는 학생들은 잘 행동하고 수업에 참석하고 할 일을 완수하지만, 자신의 일에 거의 자부심을 보이지 않고 학습에 전념하지도 않는다. 비참여의 한 예는 다음 학생의 말에서 찾아볼 수 있다. "집에 돌아오면 항상 숙제 외에도 친구와 함께 할 수 있는 일들이 있다. 그래서 괜찮은 성적을 받을 정도만 하고 최고의 성적을 얻으려고 하지 않는다. 단지 졸업하기에 충분한 정도만 한다."(Newmann, 1992, p. 15)

> ‖ 생각해 보기 ‖ 겉보기에 학교에서 성공적인 학생들도 비참여 학생의 예에 포함된다고 해서 놀랐는가? 이것을 어떻게 설명할 수 있는가?

동기부여의 문제로서 노력과 능력의 또 다른 예는 수학 과목 성공에 있어 노력과 능력의 역할에 대한 미국 학생과 일본 및 중국 학생들의 관점의 차이에서 찾아볼 수 있다(Stevenson & Lee, 1990). 이 연구자들은 미국 학생들은 타고난 능력이 성공에 가장 중요하다고 믿는 반면, 일본과 중국 학생들은 노력을 강조한다는 것을 발견하였다. 또한 그들의 부모 사이에서도 학생들과 유사한 신념의 차이점이 발견되었다.

학교와 수업의 실제는 이러한 '부정적인' 노력과 능력의 동기부여 패턴을 강화할지도 모른다. 가장 흔한 것 중 하나는 '경쟁적 학습 게임'이라고 하는 것이다(Covington, 1992, p. 130). 이 게임은 학생들을 성적과 상을 가지고 서로 경쟁하도록 만드는 수업 관행을 일컫는다. 그러한 관행에는 학생들을 능력별로 구분하고, 보상을 받는 성취 범위를 제한하고, 노력보다 능력을 인정하는 것 등이 있다. 학생들은 이러한 상황에서 자신이 경쟁할 수 없다고 믿을 때, 낮은 능력을 가지고 있다는 지각으로부터 스스로를 보호하기 위해 노력을 철수할 가능성이 높다. 이런 주제들은 이미 앞에서 논의되었다.

문제와 도전이 되는 동기부여의 불평등

1979년에 Nicolls는 동기부여의 불평등이 학교에 만연하다고 주장하였다. Nicolls에 따르면 **동기부여의 불평등**(motivational inequality)이란, 지적 발달에 최적의 동기를 가지고 있지 않은 학생들은 그러한 동기를 가지고 있는 학생들에 비해 불리한 위치에 있다는 것을 뜻한다. 최적의 동기를 가지고 있는 학생들은 내재적 흥미의 유지, 목표설정, 자기점검(self-monitoring)과 같은 적응적인 태도와 전략을 가지고 있기 때문에 유리한 입장에 있다. 이러한 동기부여의 불평등은 처음 소개된 이래로 수년 동안 감소하기보다 오히려 증가하고 있다는 증거가 있다(Tomlinson, 1993). 동기부여의 불평등이 지배적인 상황은 Maeroff(1988)가 일부 도시 학교에서 목격할 수 있는 분위기에 대해 기술한 다음 시나리오에 잘 그려져 있다.

> 학교에서 원하는 요구사항과 기대 수준이 낮고, 학생들은 동기가 없으며 학교에 출석해야 할 아무런 이유도 찾지 못한다고 말한다. 낮은 성취가 일반적인 것으로 수용된다. 교사들은 숙제를 내주어도 학생들이 해 오지 않을 것이라고 기대하기 때문에 아예 숙제를 내주지 않는다. 학생들은 주위에서 성공한 사례를 거의 보지 못한다. 미래에 대한 느낌은 막막하고 어찌해도 학업적 성취를 이루지 못한다. 학생들은 자신과 비슷하게 성취 수준이 낮은 학생들 외에 다른 사람과 거의 접촉하지 않기 때문에 학업적 성취에 대한 새로운 대안적인 관점을 가지지 못한다. 많은 학생의 경우 "나는 네가 자랑스럽구나. 계속해서 잘해야 한다."라고 말해 주는 사람이 가족 중에 아무도 없다(p. 634).

이런 기술은 학교 성취의 주요한 문제점, 즉 많은 학생이 학업에 실패할 위험에 놓여 있는 상황을 잘 보여 준다. 이런 위험 집단에 있는 학생들은 주로 가난한 집안 출신이며 자신의 신체적 및 정신적 잠재력을 충분히 펼치지 못할 위험에 처해 있다(Hodgkinson, 1993; Knapp & Shields, 1990). 예를 들어, 국립빈곤아동센터(National Center for Children in Poverty, 2006)는 미국 아동의 40%가 저소득 가정에서 살고 있다고 보고했다. 그러나 이것이 경제적으로 불리한 아동들이 취학 전과 유치원 시절에도 학습동기가 없다는 것을 의미하지는 않는다(Stipek & Ryan, 1997). Stipek과 Ryan은 취학 전 혹은 유치원에 다니는 경제적으로 유리한 아동과 경제적으로 불리한 아동 사이에서 자신감과 성공에 대한 기대와 같은 동기를 측정하였을 때 아무런 차이도 발견하지 못하였다. 두 집단 간 차이는 인지 능력을 측정하였을 때 나타났는데, 경제적으로 불리한 아동들이 유리한 아동들보다 더 낮은 점수를 얻었다. 연구자들은 만약 낮은 인지 능력을 다뤄 주지 않는다면, 자신감과 기대 수준은 점차 낮아질 것이라고 경고하였다.

문화적 다양성과 인종의 다양성 │ 학생 모집단에서 인종 및 문화의 다양성이 증가하고 있기 때문에 동기부여의 불평등은 학교와 교사들에게 부가적인 어려움을 제공한다. 공립학교 학생들의 거의 46%가 소수집단 문화를 가진 학생들로 구성되며, 이런 비율은 앞으로 더 늘어날 것으로 기대된다(National Center for Educational Statistics, 2005). 포스터 선생님이 근무하는 학교는 아프리카계 미국 문화와 앵글로 문화, 히스패닉 문화를 가진 학생 집단들로 구성되어 있는데, 학교에서 점차 다양성이 증가하는 대표적인 사례라 할 수 있다. 사회경제적 수준(SES)은 중류층과 중상위층의 전문직 종사자 집단에서부터 불안정한 저소득 집단에 이르기까지 다양하다.

왜 학생들의 다양성이 증가하면 동기부여의 문제가 초래되는가? 교육자들에게 한 가지 어려운 점은 교육성과에서 인종의 차이가 발견되는 것인데, 특히 아프리카계 미국 학생들과 히스패닉 학생들에게서 저성취가 나타나는 것이다(Garibaldi, 1993; Mehan, Villanueva, Hubbard, & Lintz, 1996; Singham, 1998). 아프리카계 미국 학생들은 일반적으로 더 낮은 성적을 받고, 더 자주 중도탈락하며, 백인 학생들보다 더 적게 교육을 받는다는 것이 일관성 있게 나타나는 곤혹스러운 결과이다(Haycock, 2001; Mickelson, 1990). 초등학교 4학년까지는 아프리카계 미국 학생과 백인 학생의 수행에서 아무런 차이도 없다는 사실에도 불구하고, 이러한 일이 발생한다(Simmons & Grady, 1990). 소수인종과 백인 학생들이 보이는 점수에서의 차이는 성취의 차이로 언급된다. 하지만 Hilliard(2003)는 그러한 차이를 인종의 차이보다는 "아프리카계 학생들의 현재 수행과 뛰어난 것으로 인정받는 기준 간의 차이로 간주해야 한다." (p. 138)고 주장한다.

이러한 수행의 차이에는 어떤 동기부여 요인이 역할을 하는가? 한 가지 요인은 아프리카계 미국 학생들과 그들의 교사 사이에 포부의 측면에서 불일치가 있는 것이다. 교사는 학생들의 포부를 과소평가하고, 이것은 다시 교사가 학생들에게 제공하는 교육의 유형에 영향을 준다(Garibaldi, 1993). 또 다른 문제는 대부분 저소득층의 소수인종으로 구성된 많은 학교에 도전적인 교과과정이 없다는 것이다 (Haycock, 2001).

이에 더해서, 소수인종 학생들의 경우 때로 학업 성취와 관련된 행동에 반하는 부정적인 동료 압력이 존재한다. 학업 성취 행동은 '백인처럼 행동하기'로 언급된다(Fordham & Ogbu, 1986; Suarez-Orozco, 1989). 학교 분위기도 이런 부정적인 믿음의 존재 혹은 부재에 영향을 주는 하나의 요인이다(Flores-Gonzales, 1999). 이것은 다차원적인 문제이기 때문에, 학교와 교사, 부모, 지역사회 등 모두의 관여가 필요하다(Garibaldi, 1993; Ogbu & Simons, 1998).

능력에 따른 집단 구분 | 불행하게도 많은 경우 동기부여의 문제는 학생들이 자신의 잠재력에 도달하지 못하도록 막는 학교 분위기나 교수방법과 맞물려 있다. 이런 것 중 하나가 능력에 따른 집단 구분(ability grouping), 즉 학생들을 능력에 대한 판단에 근거하여 몇 개의 집단으로 분리하는 것이다(Osakes, 1985, 2005). 능력에 따른 집단 구분이 존재하는 경우, 많은 학생들(낮은 능력 집단에 속한 학생들)이 대학 입학시험과 대학 교육에 더 잘 준비되도록 하는 엄격한 수업을 받지 않게 되며, 직업도 준비하지 못하게 된다(Maeroff, 1988). 더구나 낮은 능력 수준 집단에 속한 학생들은 그들의 성취에 도움을 줄 수 있는 좋은 동기전략을 가진 동료 모델들을 박탈당한다(B. B. Brown, 1993). 마지막으로, 교사들은 이 집단에 대해 더 낮은 기대를 가질 가능성이 높고 그에 맞추어 그들을 가르칠 것이다(Osakes, 1985).

교육개혁과 관련된 동기의 난제들

지난 10년 동안 표준 기반 개혁(standard-based reform)이 학생 성취를 높이기 위한 노력의 최일선에 있었다(Goertz, 2001). 표준 기반 개혁은 더 높은 학업 기준, 책임성, 모든 학생을 포함할 것, 교수법의 변화에 강조점을 두었다. 표준에 대한 지지는 그것이 학생의 수행을 높이는 데 기준점을 제공할 수 있다는 믿음을 기반으로 하고 있다(Darling-Hammond, 1997).

표준 운동(standards movement)에는 동기부여와 관련하여 어떤 도전들이 내재되어 있는가? 동기는 학교개혁과 관련된 공공정책과 분리될 수 없다(Galloway, Rogers, Armstrong, & Leo, 1998). 대부분의 주(state)에서 학교개혁은 다양한 수준에 있는 학생들에게 반드시 통과해야 하는 의무적인 고부담 시험(high-stakes test)(역자 주: 표준에 얼마나 도달했는지 측정하기 위해 고안된 대규모 표준화 검사이며, 최소 능력검사라고 불리기도 함)을 실시하여 표준을 올리는 것에 초점을 두었다. 많은 주에서 고부담 시험을 확장하여 실시한 것은 학생과 교사들에게 동기를 높이는 결과를 가져왔지만, 학생 동기의 질적인 측면은 거의 관심을 받지 못하였다(Dembo, 2004; Meece & McColskey, 1997). Dembo는 만약 학생들이 더 높은 학업 기준을 충족할 것을 기대한다면, 학생들이 더 높은 기준과 고부담 시험에 맞닥뜨리게 될 때 무엇보다 그들의 동기가 중요한 요인이기 때문에 학생들에게 초점을 맞추어야 한다고 주장한다. 이런 기준을 충족하고 시험에 통과하도록 학생들에게 압력을 주는 것은 그들의 학습동기를 증가시킬 것인가, 아니면 일부 학생이 실패에 직면하여 결국 포기하게 될 것인가? 이것은 교사의 기대에 어떤 영향을 미칠 것인가? 이에 대한 연구는 제한적이며 동기에 미치는 효과는 혼재되어 있다(Sloane & Kelly, 2003). 학생들에게 더 열심히 공부하도록 동기부여한 것은 긍정적인 효과였던 반면(Roderick & Engel, 2001), 학생들의 좌절은 부정적인 효과였다(Sloane & Kelly, 2003). McCaslin(2006)은 문제는 기술(개인의 능력)과 도전(과제의 난이도) 사이의 비율이 균형을 벗어날 때라고 주장한다. 어떤 학생들에게는 그 기준이 도전거리가 안 되는데, 일부 학생은 기준에 따라 기술을 습득하기 위해 너무도 열심히 해야만 한다.

Battistich, Watson, Solomon, Lewis와 Schaps(1999)는 표준 개혁에서 협소하게 성취에만 초점을 두는 것은 문제가 되는데, 그 이유는 배우고자 하는 동기나 교육과정에의 전념과 같은 학교교육의 다른 결과들이 성취보다 더 적게 주의를 받기 때문이라고 주장하였다. 교육에의 전념이 없다면, 이런 분위기에서 더 많은 학생이 중도탈락할 가능성이 높다. 표준 기반 개혁에서 또 다른 동기부여의 난제는 노력 및 능력의 문제와 관련이 있다. Resnick(1999)은 적성이 학습에서 가장 중요한 측면이라는 미국 교육의 지배적인 관점이 개혁 노력을 약화시킬 것이라고 경고했다. Tomlinson(1993)은 표준을 높이는 것이 학생들의 노력을 증가시키지 못한다고 결론 내렸다. 표준 기반 개혁이 학생들의 성취를 이끌어 내려면 적성(혹은 능력)을 강조하는 전통적인 이론은 수정되어야 하며(Resnick, 1999), 더 높은 기준을 달성하기 위해 학생들에 대한 더 높은 수준의 지원이 동반되어야 한다(Battistich et al., 1999; Roderick & Camburn, 1999).

마지막으로 학교개혁의 또 다른 부분은 통합교육(inclusion)과 관련이 있다. 즉, 모든 학생이 교실 밖 프로그램에서가 아니라 교실 내에서 사회적 기회와 교육의 기회를 제공받는다(Tharp, Estrada, Dalton, & Yamauchi, 2000). 통합교육은 추가적인 동기부여의 문제를 제공한다. 학습장애(learning disability: LD)를 가진 학생을 포함하여, 많은 학생들이 실패의 과거력을 가지고 있다. 이런 학생들이 가진 커다란 동기부여의 문제는 자신은 학습할 수 없다는 믿음이며, 이것은 효과적인 학습전략의 부족에 의해 더욱 심각해진다(Licht, 1983). 따라서 교사들에게 도전은 학생들이 동기를 높여 주는 신념을 갖도록 하고 성공에 필요한 학습전략을 개발하도록 돕는 것이다.

학교에 존재하는 동기부여 문제에 대해서, 교사들은 "학생들은 20년 전만 해도 이렇지 않았다."라고 말한다. 이것은 많은 교사가 다양한 방식으로 반복해서 말하는 상투적인 표현이다. 교사들은 "요즘 학생들은 어떻게 가르쳐야 할지, 어떻게 동기부여를 할 수 있는지 모르겠다."라고 말한다. 이런 교육개혁의 개념틀에서 기술되는 동기부여 문제에서 반복되는 2가지 주제는 다음과 같다. (1) 학생들은 성공하기 위해 필요한 주의집중, 끈기, 의지력, 목표 지향성, 즉각적 만족의 지연, 새로운 정보를 습득하고 유지하는 전략과 같은 도구들을 가지고 있지 않다. (2) 많은 교사들이 이런 개혁적 노력에서 필요한 긍정적 동기를 강화하고 지지하는 교수전략을 획득하지 못하였다.

> ‖ **생각해 보기** ‖ 당신은 이런 개념틀에서 동기부여의 문제와 도전들에 대해 생각해 본 적이 있는가? 동기의 부족은 학생의 문제인가(학생들의 동기 부족), 학교의 문제인가, 문화적 문제인가, 교수법의 문제인가, 아니면 이 모든 것의 문제인가?

🔖 동기부여 가능성과 목표

교사들이 당면하는 동기부여 문제의 관점에서 볼 때, 동기부여의 불평등을 잘 다루고 긍정적인 동기를 강화할 가능성은 어떠한가? 학교에 만연한 동기부여의 불평등을 다루기 위해, Nicholls(1979)는 **최적의 동기부여**(optimum motivation)를 최대한의 지적 발달을 제공하는 것으로 기술하였고, 학생의 동기를 최적으로 부여하는 것이야말로 가치 있는 교육의 목표라고 제안하였다. Collier(1994)는 또한 정신 능력의 발달에 있어 동기부여의 중요성을 강조하였다. "동기부여 요인은 사람들이 추구하는 목표뿐만 아니라 그들이 정보를 찾고, 처리하고, 사용하는 방법도 결정한다." (p. 8) 동기는 아동의 **회복탄력성** 발달에서 중요한 요인으로, 회복탄력성은 열악한 환경에서 성장함에도 불구하고 성공적으로 딛고 일어날 수 있는(bounce back) 능력이다(Benard, 2004; Gordon, Padilla, Ford, & Thoresen, 1994).

최적의 동기부여란 무엇인가

최적의 동기부여는 포괄적인 것으로, 동기부여의 개인적인 측면과 동기를 지원하고 길러 주는 교실 환경을 모두 포함한다. 개인과 환경 구성요소를 포함하는 사회인지 모델은 둘 다에 대해 언급한다. 현재 동기 이론과 연구에서 중심이 되는 주제는 자기조절 학습자를 길러 내는 것에 초점을 두고 있다. 자기조절력을 갖춘 학생들은 동기와 학습전략, 둘 다를 사용한다(Zimmerman, 1994). 이런 자기조절 과정은 내재적 가치와 목표, 유능감에 대한 믿음, 자기평가를 포함한다 (Zimmerman, 2000). 또한 자기조절 학습자는 의지력이라고 알려진 것, 또는 장애물에도 불구하고 집중을 유지할 수 있는 능력을 가지고 있다(Corno, 1993). 이런 학습자들은 배우기를 원하고, 학습이 일어나도록 무엇인가를 하고, 자신의 교육 경험에 방향을 정한다. 최적의 동기부여와 유사한 관점은 배우고자 하는 의지이다 (Covington, 1992, 1998; Covington & Beery, 1976). **배우고자 하는 의지**를 지닌 학생들은 자신을 믿고 스스로 사고하는 능력을 믿는 특징이 있다. 그들은 또한 유능감을 키우고 자신의 성취에 스스로가 책임이 있다는 믿음을 가지고 있다.

- 중학교 1학년 영어 수업시간 첫날부터 아들러 선생님은 이런 기대를 가진다. "만약 네가 실패한다면, 그것은 네가 똑똑하지 못해서가 아니라 올바른 전략을 사용하지 못했기 때문이다."
- '결심＋훈육＋노력＝성공하는 길'은 에스칼란테 교사의 수업에서 성공의 공식이다(Mathews, 1988).

C. Ames(1992)는 최적의 동기부여를 촉진하는 교실 구조의 관점에서 동기를 기술하였다. 최적의 동기부여를 강화하는 교실의 특징은 다음을 포함한다. (1) 합리적인 수준의 도전적이며 의미 있는 과제, (2) 의사결정에 참여하고 책임감을 발달시킬 기회, (3) 발전과 내용의 숙달 정도를 파악하는 평가체계. Brophy(1983)는 이런 교실에서 학생들의 '배우고자 하는 동기'를, 최소기준의 충족에 필요한 정도에 그치지 않고 그들에게 필요한 지식이나 기술을 더 많이 습득하려고 시도하면서 분명한 목적을 가지고 학업 과제에 참여하는 것으로 기술하였다. 따라서 학습 동기는 시험에서 고득점을 받는 것 이상이다(Brophy, 1999).

이와 비슷하게, Newmann(1992)은 학생이 학업에 참여하는 것이 학교 성공에 있어 결정적이라고 주장하였다. 학생의 학업 **참여**(engagement)는 "학습에 대한 심리적 투자와 학습을 향한 노력, 학업이 향상시키고자 의도하는 지식이나 기술, 기능을 이해하고 정통하는 것"으로 정의된다(Newmann, Wehlage, & Lamborn, 1992, p. 12). Marks(2000)는 "참여는 학교 경험에서 특히 중요한데, 그 이유는 성취와 최적의 인간 발달 사이의 논리적 관계성 때문이다."(p. 155)라고 결론지었다.

시내의 한 초등학교에서 수행된 포괄적인 교실관리 프로그램은 훈육 문제를 감소시키고, 학생 참여와 교사 및 학생의 기대, 성취동기, 학업적 자기개념의 증가를 이끌어 내었다(Freiberg, Stein, & Huang, 1995).

학교와 교사의 역할

표준화와 같은 개혁 노력이 최적의 동기부여와 학습의 가능성을 제공하는가? 그렇다. Diez(2001)에 따르면, "표준은 K-12(역자 주: 유치원부터 고등학교까지의 교육기관)에서든 더 높은 수준의 교육에서든 교사가 학습자 발달에 대한 책임을 지도록 만든다"(p. 24). 교사는 학생들이 표준을 목표로서 내재화하도록 안내하며, 그에 따라 모든 학습자가 더 많이 참여할 수 있는 분위기를 창출해 낸다. Resnick(1999)은 그러한 분위기를 가진 학교를 "학업적 열정과 사고력을 키워 주는 교과과정이 모든 학생을 위해 학교 전 영역에 가득한 노력 기반 학교"라고 기술하였다(p. 39).

학교와 교사는 이러한 문제를 다루고 학생의 배우고자 하는 동기를 발달시키는 데 어떤 역할을 하는가? Darling-Hammond(1997)는 표준 기반 개혁이 제안하는 학업 수준을 성취하기 위해서는 동기부여에 대한 이해가 결정적이라고 주장하였다. 이 교재에서 주요한 주장은 동기부여가 하나의 부산물로 다뤄지기보다는 교수법과 사회화의 한 부분으로 명시적으로 다루어져야 한다는 것이다. 이러한 전제는 다양한 방식으로 표현되었다. 일례로, Sockett(1988)은 노력과 끈기, 주의집중력, 자제력, 시간준수와 같은 개인적 능력의 측면을 가르치는 것이 학교의 역할이라고 주장하였다.

또 다른 표현을 찾아보면, 학교가 해야 할 일은 학생들의 배우고자 하는 의지를 강화하는 것이고, 교사의 역할은 "학생의 자신감과 높은 성취를 지원하는 것"이다(Covington & Beery, 1976, p. 5). 자기조절학습과 의욕을 고취하는 조건을 학교에서 마련해 줄 수 있다(Corno, 1993; Pintrich, 1995). 따라서 교사와 학교는 학생들이 자기조절 학습자가 되도록 도와주어야 하는 분명한 책임을 가지고 있다. Brophy와 Kher(1986)는 교사들이 학업적 활동에 관한 학생들의 신념과 태도, 기대를 사회화함으로써, 그리고 정보처리 전략과 문제해결 전략을 학생들에게 가르쳐 줌으로써 학생의 학습 동기를 발달시킬 수 있어야 한다고 주장하였다. Newmann (1992)은 교사의 역할이 학생들로 하여금 학교의 힘든 작업, 즉 공부하고 결과물을 만들어 내고 실수를 수정하는 등의 계속되는 순환과정에 참여하도록 하고, 다음 예에서처럼 계속해서 다시 시작하도록 만드는 것이라고 하였다. "나는 열심히 공부하고 싶고, 만약 이해하지 못하는 것이 있다면 내 안에서 소화가 될 때까지 열심히 노력할 겁니다. 내가 어떤 것을 이해하지 못한다면, 그것을 이해할 때까지 계속 노력해야 한다고 믿어요. 나는 끝까지 해낼 것이고 결코 포기하지 않을 겁니다. 절대로 중간에 그만두는 사람이 되지 않을 거예요." (Newmann et al., 1992, p. 14).

　교사와 학교는 이러한 문제를 다루고 최적의 동기부여를 강화하기 위해 어떤 유형의 동기부여 지식을 필요로 하는가? 두 개의 표준 기반 조직인 주연합교사평가및지원협회(Interstate New Teacher Assessment and Support Consortium, INTASC)(1992)와 국립전문교수법표준위원회(National Board for Professional Teaching Standards, NBPTS)(1990)는 교사 역할을 수행하기 위한 동기부여 요소를 포함해서, 가르치는 전문직(teaching profession)을 강화하려는 목표를 가지고 있다. INTASC에 따르면, "교사는 내재적 동기를 촉진하거나 감소시키는 요인과 상황을 인식하고 학생들이 스스로 동기화되도록 돕는 법을 알아야 한다"(p. 20). NBPTS는 교사가 "배우려는 학생들을 동기화하는 법과, 일시적인 실패에도 불구하고 학생들이 자신의 흥미(자신감)를 유지하도록 하는 법을 이해해야 한다." (pp. 13-14) …… "교사는 학생들의 자기개념과 동기부여, 학습이 또래 관계에 미치는 영향, 그리고 성격 발달과 포부, 시민으로서 갖추어야 할 덕목들에 관심을 가져야 한다." (p. 19)라고 주장한다. 교사가 이러한 동기부여 역할을 수행하려면, 그러한 과정에 필요한 기술에 대한 유능성을 가져야 하며 미리 예측하여 행동하는 (proactive) 의사결정자가 될 필요가 있다(Rohrkemper, 1985). 이것은 교사가 동기부여 문제가 발생할 때 그때서야 대응하는 것이 아니라, 동기부여에 대해 적극적으로 계획을 세워야 함을 의미한다. 이런 과정 기술이 있을 때 교사들은 동기부여 전략의 필요성을 진단하고, 전략의 효과성을 결정하고, 전략을 정교화하거나 수정할 수 있다. 다음 예를 생각해 보자.

한 학부모가 교사교육 프로그램에 참여해서 목표설정과 귀인 피드백과 같은 동기부여 전략에 대해 배웠다(이에 대해서는 2장과 4장에서 기술될 것이다.). 그녀의 초등학교 6학년 된 아들은 읽기 성적을 높이고 싶다고 하였고, 어머니는 그를 도와줄 것이라고 말했다. 그녀는 아들에게 목표를 정하도록 하였고 그의 성취에 대해 피드백을 제공하였다. 그의 성적은 올라가기 시작하였다. 중간 성적표를 받았을 때, 아들은 성적이 기대했던 것보다 낮아서 크게 낙담했다. 부모가 교사와 이야기를 나누었는데, 교사는 중간 성적표에서 학생들에게 실제로 수행한 것보다 더 낮은 성적을 주었다고 설명하였다. 교사는 학생들이 지난 몇 주 동안 게으름을 피웠기 때문에 더 낮은 성적이 그들을 더 열심히 하도록 동기화할 것이라며 낮은 점수를 준 이유를 설명하였다. 부모가 그러한 방식이 오히려 자신이 아들에게 사용했던 전략의 효과를 약화시켰다고 설명하자, 교사는 그 학생에게 합당한 평균점수를 주었다. 기말 성적표에서 학생은 5개의 A와 1개의 B를 받았다. 그해에 받은 가장 좋은 점수였다.

∥ 생각해 보기 ∥ 이 시나리오에 대한 당신의 생각은 무엇인가? 이 시나리오는 교사가 동기부여의 원리와 전략에 대해 잘 이해하는 것의 중요성에 대해 무엇을 말해 주는가?

이 예는 동기부여를 이해하고 동기를 촉진하기 위한 전략을 선택하는 것과 관련된 몇 가지 중요한 점을 보여 준다.

- 동기부여와 관련된 지식들이 교사에게 효과적인 의사결정 전략의 기초를 제공하는 형태로 널리 보급되지 않았다. 따라서 그 교사는 동기화를 유지시키는 다른 유용한 전략들을 알지 못하였다고 가정할 수 있다.
- 성공과 실패의 동기적 역동을 이해해야 하는데, 특히 그 역동에 대한 학생의 반응을 이해해야 한다. 예를 들어, 이 교사는 실패(낮은 성적)가 학생의 동기부여에 어떤 영향을 미칠 것인가에 대해 잘못된 생각을 가지고 있었다.
- 어떤 전략은 다른 전략들보다 더 강력하다. 강력한 전략은 부모가 목표설정과 귀인 피드백을 결합한 앞의 사례에서처럼, 전략의 힘을 높이는 더 복잡하거나 동기부여 변인들이 결합된 것일 가능성이 높다.
- 이 예에서 어떤 전략은 동기를 촉진하는 것처럼 보이는 반면, 다른 전략은 동기를 약화시키는 것처럼 보인다.

　문화적으로 다양한 학생 집단에 맞는 최적의 동기부여가 존재할 가능성이 있는가? 초기의 동기부여 연구는 주로 인종 집단 사이의 차이를 결정하는 데 관심이 있었다. 이런 접근은 아프리카계 미국 학생들의 동기에 관한 잘못된 개념을 이끌어 내곤 했다(Graham, 1994). 문화적으로 다양한 집단의 동기는 집단 간 차이를 비교하는 것 이상이다. 예를 들어, 한 연구(McInerney, Roche, McInerney, & Marsh, 1997)에서는 서구문화와 비서구 토착 학생들의 동기부여 양상이 다르지 않고 서로 비슷함을 발견하였다. 중요한 것은 문화 간에 중립적이고, 그들 문화에서 가치 있게 여기며, 동시에 개인차를 알 수 있는 그러한 동기부여의 성질을 확인하는 것이다(Sockett, 1988). Tharp(1989)는 성취동기, 보상, 인정과 같은 일부 동기부여 요인이 여러 문화에 걸쳐 부모와 지역사회로부터 상대적으로 지속적인 지지를 받음을 관찰하였다. 유능감 동기는 모든 문화에 널리 퍼져 있는 동기의 또 다른 측면이다(Elliot & Dweck, 2005). 여러 다른 문화가 능력이나 노력과 같은 기본적인 동기부여 과정을 공유할 수 있지만, 그 과정을 다르게 사용할 수 있다(J. G. Miller, 1996).

　문화적으로 다양한 집단으로 구성되었지만 성공한 학교, 또는 주로 소수인종이 많았지만 성공적이었던 학교들은 소속감과 사회적 지지와 같은 요인들이 특징적이었다(L. Anderman & Freeman, 2004; Goodenow & Grady, 1993). T. Perry(2003)는 그러한 분위기를 "모든 구성원에게 확장된 성취 문화, 그리고 모든 학생이 성취할 것이라는 기대가 분명하게 표현되고 정기적인 공적 집단 만남에서 그러한 기대를 의사소통하는 강력한 집단 소속감"이라고 기술하였다(p. 107). 교실의 집단 소속감에서 문화적 정체감은 중요하다. Finn(1989)은 소속감의 정체성은 학생이 성공적으로 수행해서 유능감을 가지고 있는 학교활동에 대하여 동일시함으로써 나온다고 제안하였다.

Comer(2005)는 성공적인 학교를 교과과정을 넘어서서 아동과 청소년의 전반적인 발달(동기와 유능감 포함)에 초점을 두는 학교로 기술하였다. 예를 들어, 교사는 소속감을 가질 수 있는 분위기를 만들어 주고 학생들이 자기조절 신념과 사고를 배우도록 돕는다. 톨리버 선생님이 바로 이러한 예에 해당하는 교사이다.

> 톨리버 선생님의 수학 수업에 참여하는 중학교 2학년 학생들은 자신의 성취에 대해 인정을 받았다. 톨리버 선생님은 학년 초에 다음과 같이 말했다. "오늘은 새로운 날이고 우리는 여기서부터 시작할 거예요. 나는 낙제자가 없을 거라고 믿어요. 수학은 배우기 어려울 수도 있지만, 그리고 에너지를 쏟아붓고 열심히 해야 하지만, 나는 수업을 시작하면서 여러분에게 다음의 2가지를 알려 주려고 해요. 첫째, 나는 가르치기 위해 여러분과 함께 있을 것이고, 둘째, 여러분 대부분이 따라올 수 있을 것이라고 기대한다는 것이에요."
> (Toliver, 1993, p. 39)

당신이 이 교재를 가지고 계속해서 공부하면, 동기화된 교실을 시작하고 유지하는 것이 얼마나 복잡한지를 이해하게 될 것이다. 동기부여 문제가 너무나 큰 것처럼 보이고 최적의 동기부여는 도달하기 어려운 목표처럼 보일지도 모르지만, 좋은 소식은 현재 동기부여 연구와 이론에서 상당한 지식 기반이 만들어져서 교사들이 적극적으로 학생의 동기를 촉진할 수 있고 긍정적으로 동기화된 교실 환경을 만들 수 있다는 점이다. 이 책에 제시되는 연구들을 종합하면 동기 형성의 튼튼한 기반을 얻을 수 있으며 가장 효과적인 동기부여 전략에 관한 결정을 할 수 있을 것이다. 동기부여의 지식 기반은 너무 광범위하기 때문에 결정적 요인은 특정 문제에 대한 최선의 해답을 찾는 것이다. 만약 광범위한 동기부여 지식 기반을 학습하지 않는다면, 우리의 선택은 제한될 것이다. 9장에서는 교사와 교실, 둘 다의 동기를 높이기 위한 의사결정에 도움을 줄 문제해결 모델을 제시할 것이다.

주요 내용의 개관

1. 동기는 자주 3가지 기능을 가지고 있는 것으로 기술된다. (1) 행동에 활력을 주거나 활성화하는 것, (2) 행동에 방향성을 제시하는 것, (3) 행동의 지속성을 조절하는 것. 현재 동기의 주제들은 자기초점화된 사고에 초점을 두고 있다. 사회인지 이론이 이 교재의 가장 중요한 토대인데, 이 이론은 개인의 인지와 정서과정, 환경 및 사회적 요인, 개인의 행동 또는 수행 사이의 상호호혜적인 관계를 가정한다. 이와 유사하게, 이런 요인들의 상호관계성은 문화적으로 다양한 모집단과 작업할 때 이전의 비교 접근(comparative approach)보다 더 적절하다.

2. 교육자들은 동기부여의 문제와 도전들에 직면해 있다. 도전들 중 하나는 노력과 능력의 문제에서 비롯되는데, 노력을 배제하고 능력에만 초점을 두는 것은 일부 학생에게 실패의 지각을 피하기 위해 아예 시도조차 하지 않는 것과 같은 전략을 채택하게 만든다.

3. 또 다른 도전은 교육과 동기부여의 불평등이다. 이러한 문제에는 아프리카계 미국 학생과 히스패닉 학생들의 저성취와 함께, 학업적으로 실패할 위험이 있는 학생들의 수와 학교 구성원의 다양성 증가가 포함된다.

4. 표준, 고부담 시험, 통합교육 노력 등의 학교개혁 운동을 펼침에 따라 다른 도전들이 나타나고 있다.

5. 최적의 학생 동기부여는 정당화될 수 있는 교육목표라 할 수 있다. 그 이유는 동기부여 지식 기반이 문제와 도전들을 다룰 수 있는 많은 가능성을 제공하기 때문이다. 학교와 교사의 역할은 다양한 모집단의 학생들의 동기부여를 지지하는 분위기를 제공하고, 학생들이 자기조절 능력을 계발하도록 돕는 것이다.

동기의 도구상자

1. 생각해 보아야 할 중요한 점과 궁금한 질문은?

2. 내가 지금 활용할 수 있는 전략은?

3. 이후로 발전시키기를 원하는 전략은?

제2부

동기에 영향을 미치는 사회인지 과정

　제1부에서는 문제와 도전을 다루었지만, 제2부는 교실에서 일어나는 학생들의 동기과정을 이해하는 것으로 이동한다. 동기과정을 이해하는 것은 학생들이 자기조절을 발달시키도록 도와주는 첫 번째 단계이다. 제2부의 처음 세 장은 성공과 실패에 대한 인과적 귀인, 이런 믿음의 결과, 능력의 개념, 유능감의 평가, 성취를 위한 목표설정 등에 대한 사회인지 과정을 설명하고 있다. 이러한 개념들은 과제를 수행할 때 학생의 노력과 끈기, 자신감에 영향을 주며, 과제를 회피하게 하기도 한다. 교육자와 부모로서 이런 과정을 이해하는 것은 학생 동기를 이해하는 데 많은 도움이 된다. 이런 과정은 자기조절의 토대를 쌓는 것으로 생각될 수도 있다. 제5장은 가능한 자기들, 의지적 통제, 학습과 초인지 전략, 시간과 자원관리와 같은 자기조절의 추가적 요소들을 제시한다.

제2장

귀인신념과 동기

> 아이들이 끈기가 부족하거나 도전적인 과제보다 쉬운 과제를 선호하는 것, 또는 처음
> 어려움이 나타났을 때 물러서는 경향성처럼, 학습에 도움이 되지 않는 행동과 믿음을 쉽
> 게 보인다면 자신의 잠재력에 도달하지 못할 것이다.
>
> – Bempechat(1998, p. 37)

학습에 도움이 되지 않는 이러한 믿음을 어떻게 설명할 것인가? 어떤 믿음이 학
습에 도움이 되는가? 학습에 도움이 되는 믿음과 도움이 되지 않는 믿음에 대한
통찰을 제공하는 동기이론이 바로 귀인이론이다. **귀인**(attribution)이론은 결과의
원인에 대한 개인의 믿음과 관련된 인지이론으로, 이러한 믿음이 기대와 행동에
어떻게 영향을 주는지를 설명한다. 귀인이론에 대해 이해하는 것은 다음의 경우
에 도움이 될 것이다.

- 학습에 해가 되는 믿음과 도움이 되는 믿음을 구분하기
- 끈기 부족의 이유를 이해하기
- 노력 부족을 이해하고 다뤄 주기
- 학생들이 성공하고 자신감을 가질 수 있도록 돕는 데 사용될 수 있는 전략
  파악하기
- 성공과 실패에 관한 자신의 인과적 믿음을 이해하고 이러한 믿음이 학생의
  동기에 어떻게 영향을 미치는지 이해하기

귀인이론은 결과의 원인에 관한 것이기 때문에, '사람들은 그러한 행동을 왜 하는가?'라는 질문에 가장 직접적으로 관련된 동기이론이다. 이 질문은 교사와 학생에게 특히 중요하다. 실비아의 예를 생각해 보자.

실비아는 낙제했고 잘 해낼 자신감이 없다. 교사로서, 당신은 실비아에게 꼭 필요한 것이 과제에 대한 성공 경험이라고 생각한다. 그래서 다른 학생에게 그녀의 과제를 도와주라고 부탁했고 실비아는 그 과제를 성공적으로 완수할 수 있게 되었다. 이제 당신은 실비아가 더 자신감을 갖게 될 것이라고 기대한다. 그러나 당신이 실비아에게 이와 유사한 다른 과제를 완수할 수 있는지에 대해 물어보자, 실비아는 "저는 지난번에 새런이 도와주었기 때문에 그것을 했을 뿐인데요."라고 대답하며 자신이 그것을 해낼 수 있을지 자신 없어 한다.

왜 실비아는 여전히 자신 없어 하였을까? 실비아처럼 학생들의 자신감이 부족할 때, 교사들의 일반적인 반응은 다음의 예에서처럼 과제를 성공적으로 완수할 수 있게 도와주는 것이다. 실비아는 성공 경험을 얻었지만, 여전히 자신감이 부족하다. 자신의 수행에 대해 학생들이 생각하는 다양한 인과적 설명의 예들이 [그림 2-1]에 제시되어 있다.

귀인이론은 Fritz Heider의 상식(common-sense) 심리학과 함께 시작되었다. Heider(1958)는 과제에 대한 성공이나 실패와 같은 특정 결과에 대해 사람들이 제시하는 이유에 관심을 가졌다. 사람들이 결과에 책임이 있다고 믿는 이유가 그들의 미래에 대한 기대나 행동을 결정하는 중요한 요인이다. Heider는 사람들이 자신의 수행을 설명하기 위해 사용하는 주된 2가지 이유를 발견하였는데, 바로 **능력**(can)과 **노력**(try)이다. 능력은 어떤 사람이 과제를 해낼 능력을 가지고 있는가를 말하는 것이고, 노력은 개인이 얼마나 많은 노력을 쏟아부었는가를 말한다. 우리가 어떤 과제를 해내지 못했을 때, 그다음 성공에 대한 기대는 실패를 노력의 부족으로 귀인하는가 아니면 과제를 성공적으로 해낼 수 있는 능력을 가지고 있

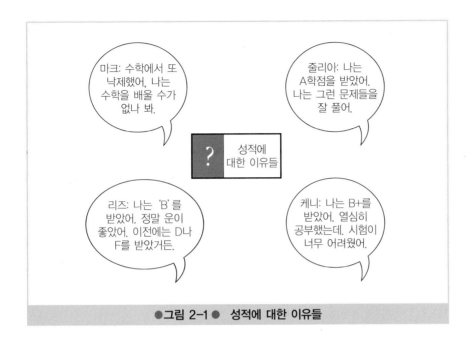

●그림 2-1●   성적에 대한 이유들

지 않은 것에 귀인하는가에 따라 달라진다. 예를 들어, 만약 캐시가 수학시험에 낙제하고 "나는 숫자에 약해."라고 말한다면, 캐시는 앞으로 더 나아질 것이라고 기대하지 않을 가능성이 높으며 결과적으로 캐시는 수학 시간에 열심히 하지 않을 것이다. 만약 캐시가 낙제한 후 "나는 충분히 공부하지 않았기 때문에 이런 결과를 이해할 수 있어."라고 말한다면, 다음 시험에서 더욱 열심히 공부할 가능성이 높다.

🖇 성취 장면에서 귀인의 특성

귀인사고(attributional thinking)의 특성은 무엇인가? Weiner(1979, 1985, 1986, 1992)는 성취 장면에서 귀인사고와 관련된 특성을 확인하는 많은 연구를 수행하였다. 귀인사고의 특성에는 성공과 실패의 구체적인 이유, 그 이유를 바라보는 다른 시각들, 신념의 출처, 기대의 변화에 영향을 주는 요인들이 포함된다.

귀인사고에 대한 설명: 내용과 차원

교사들은 교실에서 성공과 실패에 대한 어떤 이유들을 발견할 것으로 기대할
수 있는가? Weiner의 연구는 처음으로 성취 장면에서 성공과 실패의 원인으로
가장 빈번하게 이야기되는 4가지 이유—능력, 노력, 과제 난이도, 운—를 확인
하였다. 이후 연구에서 성공과 실패의 5번째 가능한 이유가 학습전략임을 확인하
였다(Clifford, 1986). 이런 이유들은 다음과 같이 정의된다.

- 능력: 적성이나 기술, 지식을 어떻게 평정하는가?("나는 스포츠를 잘 못해."
  "나는 법안이 어떻게 법이 되는지 알아.")
- 노력: (정신적 및 신체적 작업을 포함해서) 얼마나 열심히 노력했는가 그리고 목
  표를 달성하기 위해 얼마나 많은 시간을 썼는가?
- 과제 난이도: 과제가 얼마나 어렵다고 혹은 쉽다고 생각하는가?
- 전략: 학습을 위해 사용한 전략 유형(예, 미리 읽기 전략)
- 운: 운이 중요한 요인이었다고 믿는 정도

능력과 노력은 전형적으로 성취 맥락에서 성공과 실패에 대한 가장 흔한 이유
로 받아들여졌다(Weiner, 1992). 교사가 성공적인 수행에 있어 전략의 사용이 중
요함을 강조했을 때에만 학생들이 전략을 사용하였다(Clifford, 1986). 교사가 전
략을 강조하지 않으면, 학생들은 전략을 수행의 중요한 이유로 간주하지 않았다.
하지만 전략 사용이 강조된 수업에서 대학생들은 성공이나 실패의 가장 흔한 이
유로 전략을 들었다(Alderman, Klein, Seeley, & Sanders, 1993).

성공과 실패에 대한 이유는 원인을 찾는 3가지 차원 혹은 방식으로 세분되었다
(Weiner, 1979, 1992).

1. 귀인은 내부-외부 연속선에 따라 혹은 책임이 어디에 있는가에 따라 분류된
   다. 이것은 원인이 개인의 내부에 있는 요인인가(능력이나 적성, 노력, 기분)

아니면 개인의 외부에 있는 요인인가(운이나 과제 난이도)를 뜻한다.

2. 두 번째 차원은 안정-불안정 연속선이다. 안정성은 지각된 원인이 지속적인 것으로 보이는지, 시간에 따라 변하는 것으로 보이는지를 의미한다. 성공이나 실패의 불안정한 원인은 바뀔 수 있는 일시적인 요인에 귀인된 것이다.

3. 세 번째 차원은 통제 가능-통제 불가능 연속선으로, 우리가 결과의 원인에 영향력이나 통제력을 가지고 있다고 믿는 정도를 말한다. 통제 불가능한 요인에는 운이 있으며, 노력은 일반적으로 통제 가능한 것으로 간주된다.

〈표 2-1〉은 차원에 따라 분류된 귀인의 예들을 보여 준다. 이 예들은 학생의 관점에서 기술된 것이다.

이 분류에서 만약 캐시가 시험에 낙제하고 "나는 열심히 노력하지 않았어."라고 말한다면, 그녀가 더 열심히 노력할 수 있다고 믿고 있음을 추론할 수 있다. 즉, 그녀는 통제 가능한 내부/불안정 귀인을 한 것이다. 우리가 자신의 특징을 "기본적으로 게으르다."라고 할 때처럼, 또는 "앙상블의 멤버로 선발된 것은 내가 지난 6개월 동안 열심히 노력한 결과이다."라고 생각할 때처럼, 노력은 때때로 안정적인 것으로 지각되기도 한다.

교사들이 안정-불안정 차원을 이해하는 것이 특히 중요하다. 대체로 학생들은 능력과 과제 난이도를 상대적으로 안정적인 것으로 간주한다는 것을 연구를 통해 알 수 있다. 실비아가 낙제하고 "나는 결코 수학을 잘 할 수 없을 거야."라고 말했을 때, 그녀는 자신의 수학 능력을 안정적인 것으로 생각한 것이다. 이것은 내부/안정 귀인이며, 실패에 대한 이유가 고정되고 자기패배적인 귀인인 것처럼 보인다. 교사로서 우리는 학생들이 능력을 학습 가능한(불안정한 속성을 가진) 기술이나 지식으로 생각하기를 원한다. 예를 들어, 작문이 안정적인(심지어 선천적인) 능력이라고 믿는 매우 글을 못 쓰는 학생이 있다면, 그는 처음 쓴 원고를 수정하거나 작문수업을 듣는 것과 같은 도움을 구하려 하지 않을 것이다.

● 표 2-1 ● 차원에 따른 귀인의 예

	내부적인		외부적인
	통제 가능한	통제 불가능한	통제 불가능한
안정적인	• 지난 6개월 동안 연습해서 키보드 치는 기술을 향상시켰다. • PQ4R을 지속적으로 사용해서 성적이 올라갔다.	• 나는 수학을 잘 못한다. • 나는 직선을 똑바로 그을 수가 없다.	• 존스 선생님의 시험은 통과할 수가 없다. • 글을 잘 쓸 수 있도록 지도해 준 교사를 만난 적이 없기 때문에 나는 좋은 작가가 되지 못하였다.
불안정한	• 지난 시험에서 열심히 공부하지 않았다. 공부하면서 내용을 잘 조직화하지 못하였다. • "성공, 성공." 내가 기대한 것보다 더 잘했다. 통과하기 위해 최선의 노력을 다했고 좋은 결과를 얻었다. 나는 용어가 매우 익숙해질 때까지 공부했다.	• 나는 일주일 내내 아파서 그 시험을 대비할 수 없었다.	• 개인교사가 도와주어서 좋은 성적을 받았다. • 시험이 쉬워서 A학점을 받았다.

학생들은 항상 그들의 성공과 실패의 이유가 무엇인지에 대해 생각할까? 그런 것 같지는 않다. Alderman 등(1993)은 낮은 성적에 대한 이유로 "왜 이런 일이 일어났는지 모르겠어요."와 같이 설명하는 경우가 있음을 발견하고 이것을 **미스터리 귀인**이라고 불렀다. 초등학생이 말한 인과요인에 대한 연구에서, Butler와 Orion(1990)은 좋지 않은 시험결과의 원인이 무엇인지 모르겠다고 하는 경우가 저성취 학생들 중에 더 많음을 발견하였다. 또한 학생들은 성공과 실패에 대해 한 가지 이상의 이유를 댈 수도 있다(Dresel, Scober, & Ziegler, 2005). 따라서 교사들은 학생들이 설명하는 성공과 실패의 이유를 더 탐색할 필요가 있다. 학교 장면에서 성공과 실패를 설명하기 위해 학생들이 이러한 귀인을 어떻게 사용하는가에 대해 아는 것은 교사가 학생의 기대를 예측할 수 있게 도와주며 필요한 경우 개입전략에 대한 계획을 세우도록 도울 수 있다.

귀인정보의 출처

우리의 성공과 실패의 원인이 무엇인지를 어떻게 결정하는가? 결과가 능력이
나 노력, 또는 어떤 다른 요인에 의해 영향을 받았다는 것을 설명하기 위해 우리
는 어떤 단서를 사용하는가? 정보는 직접적인 단서와 간접적인 단서로부터 얻어
진다(Graham, 1991). 어떤 정보는 다른 학생들은 잘 본 시험에서 혼자 떨어지는
것과 같은, 직접적인 단서에서 온다. 정보는 또한 교사가 시험에서 낙제한 학생
에게 애석함을 표현할 때처럼, 의도하지 않게 전달되는 더 간접적인 단서로부터
얻어지기도 한다. 이와 함께, 원인이라고 말해진 것에 자주 편향(혹은 오류)이 존
재할 수도 있다(Weiner, 1992).

직접적인 귀인단서

가장 중요한 정보 단서 중 하나는 과제의 결과이다. 여기에서 학생들은 자신의
수행에 대한 직접적인 단서를 얻는다. 귀인정보의 또 다른 출처는 자신의 수행을
타인의 수행과 비교한 것에서 나온다(Weiner, 1992). 한 반의 학생들이 대부분 시
험에 낙제한 경우, 학생들은 실패를 자신의 능력이 아닌 과제의 난이도에 귀인할
가능성이 높다. 하지만 샘은 낙제했는데 그 수업을 들은 다른 모든 학생이 A 또
는 B를 받았다면, 샘은 실패가 자신의 낮은 능력 때문이라고 믿을 가능성이 높다.
만약 사라가 시험에 낙제하였는데 한 친구가 "나는 전혀 공부를 하지 않았는데도
A를 받았어."라고 말한다면, 사라는 이 말을 실패가 자신의 능력 때문임에 틀림
이 없다는 단서로 여길 것이다. 교사가 학생들이 시험 성적을 비교하는 것을 본다
면, 시험 점수 이외의 다른 정보가 귀인에 사용되고 있음을 알 수 있다. 교사의 중
요한 역할은 학생들이 시험 점수에 대한 가능한 이유들을 찾아내고 적응적인 귀
인을 하도록 돕는 것이다.

간접적인 귀인단서

학교에서 학생들이 교사로부터 받는 피드백은 자신의 능력에 관한 많은 정보

를 주는 원천이 된다. 학생들의 귀인 해석은 교사가 그들에게 명시적으로 또는 암묵적으로 전달하는 귀인에 기초할 수 있다(Reyna, 2000). Graham(1991)은 간접적인 단서의 출처로 4가지 피드백 유형을 확인하였다. 즉, 칭찬 대 비난, 동정 대 분노, 요청하지 않은 도움, 능력에 따른 집단 구분이다.

칭찬 대 비난 | 학생이 교사로부터 받는 칭찬이나 비난은 간접적으로 낮은 능력에 대한 단서로 작용할 수 있다(Graham, 1991). 칭찬이나 비난이 제공하는 단서는 과제 난이도와 학생이 기울이는 노력과 상호작용한다. 쉬운 과제를 완수한 것에 대해 학생을 칭찬하면, 이때 칭찬은 낮은 능력의 단서로 작용한다. 어린 아동들은 쉬운 과제에 대한 칭찬을 높은 능력의 단서로 해석하기도 한다(Graham & Barker, 1987). 학생이 과제에 실패하였으나 노력이 부족했다거나 하는 비난을 전혀 받지 않는다면, 이 또한 낮은 능력 단서로 전달된다. 학생은 이것을 "나는 어떻게 해도 실패할 수밖에 없었다."와 같이 해석할 수 있다. 8장에서는 효과적인 칭찬과 효과적이지 않은 칭찬에 대한 지침을 제공한다.

동정 대 분노 | 학생에게 동정(불쌍히 여김)을 전달하는 것이 낮은 능력의 증거로 해석될 수 있음을 경험한 적이 있는가? Graham(1984)은 학생의 저조한 수행 이후 교사가 동정을 전달할 때, 실패한 학생이 이것을 자신이 낮은 능력을 가지고 있다는 단서로 받아들임을 발견하였다. "이렇게 낮은 점수를 받다니 안됐구나."라는 말은 분명히 낮은 능력에 대한 단서일 것이다. 교사가 어떻게 말하면 학생에게 낮은 능력을 뜻하는 메시지를 무심코 전달하게 될 것인가? 한 학생이 수업에서 "홀리와 레이먼을 제외하고는 모두 이것을 해야만 한다."라는 말을 들었던 것을 기억한다. 홀리는 자신이 제외된 것이 자신은 그 과제를 할 수 없음을 의미한다고 여겼다. 이와 대조적으로 교사가 학생의 실패에 대해 가볍게 화를 내는 것은 그가 할 수 있다는 간접적인 단서를 제공할 수 있다. 예를 들어, "너는 이보다는 더 잘 할 수 있어. 이 보고서를 전혀 편집도 하지 않은 채 제출하다니!"와 같은 말은 학생에게 더 잘 할 수 있다는 단서를 제공한다.

요청하지 않은 도움 | 학생에게 또 다른 낮은 능력을 뜻하는 단서는 학생이 요청하지도 않았는데 교사가 도움을 제공하는 것이다(Graham & Barker, 1990). Graham과 Barker는 도움을 준 사람이 친구이든 교사이든 상관없이, 학생들은 도움을 받지 않은 친구들보다 요청하지도 않은 도움을 받은 학생을 능력이 더 낮은 학생으로 판단함을 발견하였다. 이 예에서 중요한 요인은 요청하지 않았다는 점이다. 실비아가 도움을 요청하지도 않았는데 교사가 실비아에게 계속 도움을 준다면, 이것은 실비아가 그것을 할 수 없을 것이라고 교사가 생각하고 있음을 시사한다.

능력에 따른 집단 구분 | 능력에 대한 강력한 단서는 능력 집단에 따라 학급을 편성하는 것으로, 이는 많은 학생에게 영향을 미친다. 상위반과 하위반에 있는 학생들은 높은 능력, 우수, 저성취, 느린, 보통과 같은 이름으로 정의된다(Oakes, 1985). 이런 명칭은 개인의 능력에 대한 강력한 단서이다. Oakes는 하위반에 속한 학생들이 통상 우둔한 것으로 여겨지며 그들도 자신을 그러한 방식으로 바라본다는 것을 관찰하였다. 상위반, 하위반 등으로 구분된 명칭은 고성취 학급에 속한 학생들에게도 해로운 영향을 줄 수 있다. 상위반에 속한 학생들은 이러한 명칭을 자신이 태어나면서부터 높은 능력을 가지고 있다는 단서로 받아들이고 부풀려진 자기개념을 갖게 된다. 이러한 믿음은 학업 기술을 개발하기 위해 학생들이 열심히 공부하는 것을 방해할 수 있다.

교사들이 능력에 대한 학생들의 지각에 의도치 않게 영향을 미칠 수 있는 미묘한 단서들에 대해 알고 있는 것이 중요하다. 학생들은 때때로 후한 칭찬이나 최소한의 비난, 동정, 요청하지 않은 도움과 같이, 흔히 쉽게 받아들여지는 관행을 낮은 능력의 단서로 해석할 수 있다(M. D. Clark, 1997; Graham, 1991). M. D. Clark는 학습장애(LD) 학생들에게 제공되는 반응이 자주 낮은 능력에 대한 단서로 해석됨을 발견하였다. Graham은 이러한 단서들이 아프리카계 미국 학생과 같은 소수인종 학생들의 동기와 관련하여 중요한 질문을 낳는다고 제안하였다. 예를 들어, 소수인종 학생들이 동정이 담긴 피드백을 받을 가능성이 더 높은가, 그래서 낮은 능력의 단서를 전달받게 될 가능성이 더 높은가? Reyna(2000)는 한 단계 더 나아가서 이름 붙이기(labeling)나 간접적인 단서들은 능력에 대한 안정적 신념을 갖게 하고, 낮은 능력을 가진 학생이라는 고정관념을 갖게 하는 부정적인 효과를 낼 수 있다고 주장하였다.

귀인편향

귀인편향(attributional bias)은 잘못된 어떤 귀인 판단을 하는 경향성을 말한다(Weiner, 1995). 성취 장면과 관련 있는 귀인편향의 몇 가지 유형이 확인되었다. 흔히 발생하는 잘못된 판단은 **쾌락주의적 편향**(hedonic bias)으로, 성공은 자신에게 귀인하나 실패는 자신에게 귀인하지 않는 경향성을 말한다(Weiner, 2000).

또한 사전 지식이 잘못된 귀인으로 이끌 수도 있다(Frieze, 1980). 귀인 판단에서 오류의 가능한 원천은 특정 집단에 대한 고정관념에서 찾을 수 있다(예, 소수집단, 성별[Reyna, 2000]). 이런 특정 집단에 대한 고정관념은 왜 어떤 학생이 성취하거나 성취하지 못하는가에 대한 준비된 설명을 제공한다. 낮은 수행에 대한 안정/통제 불가능 귀인은 더 낮은 기대로 이끄는 위험이 있다.

교육자에게 시사하는 바는, 많은 가능한 원인이 특정한 성공이나 실패를 설명할 수 있음을 인식해야 한다는 것이다. 따라서 잠재되어 있는 고정관념에 따른 귀인 오류를 자각하는 것이 중요하다. 편향이 한 요인일 수 있다면 더 많은 정보를 수집하여서 다른 가능한 원인들을 탐색하는 것이 바람직하다(〈전략 2-1〉 참조).

전략 2-1   귀인정보 수집하기

- 학생에게 어떻게 해서 성공했는지, 실패했는지, 혹은 향상되었는지를 단순히 질문하라. 일부 교사는 학생들에게 과제나 시험 이후에 자신이 어떻게 그렇게 잘했는지에 대한 이유를 말하도록 하여서 정보를 끌어낸다. 뒤의 〈예시 2-1〉을 참조하라.
- 귀인정보는 학습 일지(learning logs)를 사용하여 얻을 수도 있다. 학생들에게 학습 일지에 자신의 목표와 성공, 실패에 관하여 기록하고 글을 쓰도록 한다.
- 학생 수행에 관한 귀인과제 분석을 실시하라. 그것은 학생이 할 수 없었기 때문인가, 하

지 않았기 때문인가? 교사는 학생이 능력이 없거나 게으르기 때문에 잘 수행하지 못하였다고 믿을 수 있지만, 이와 달리 학생이 기초학습 기술을 가지고 있지 않기 때문에 잘 수행하지 못한 것일 수도 있다.

- 학생에게 기초학습 기술이 있는지를 당신이 결정할 수 있도록 하는 단서를 찾아보라. 학생이 기초 지식이나 기술을 가지고 있는가? 그 과제는 형식적 추론 능력을 요구하는데 학생은 구체적 추론 수준에 머물러 있는가? 학생은 꼭 필요한 학습전략이나 기억전략을 가지고 있는가?
- 만약 학생이 수행할 수 없다면, 먼저 갖춰야 할 기초 기술을 가르치거나 학생에게 적절한 도움을 줄 수 있는 곳을 안내하라.

귀인에 의해 발생되는 정서적 반응

성공이나 실패의 원인과 관련된 개인의 귀인신념에 따라 어떤 정서적 반응이 나타날 것인가? 이러한 정서는 동기에 얼마나 영향을 미칠까? 귀인신념은 자부심, 수치심, 절망감, 죄책감, 분노와 연민 등의 정서적 반응을 일으킨다(Weiner, 1985). Weiner에 따르면, 내부 요인으로의 귀인은 외부 요인으로의 귀인보다 더 높은 자부심과 수치심을 낳는다. 우리는 성공을 능력과 노력에 귀인할 때 더 높은 자부심을 경험한다. Nicholls(1979)는 성공 이후에 높은 능력으로 귀인하는 것이 자주 자부심이라는 감정을 일으킨다는 것을 발견하였다. 이것은 "내가 해냈어. 내 자신이 너무 자랑스러워."와 같은 학생의 말에서 분명하게 드러난다. 한 가지 주의점은 학생들이 너무 높은 자부심을 느끼면 지나친 자신감을 갖게 되어서 노력을 덜 하게 될 수도 있다는 것이다(Lewis & Sullivan, 2005). 그러나 실패를 능력에 귀인하게 되면 더 큰 절망감을 경험하게 된다(예, '나는 시험에 통과하지 못할 거야.'). 교사들은 학생들이 이러한 유형의 귀인을 하지 않기를 바라는데, 그 이유는 학생들의 이후 기대에 (악)영향을 주기 때문이다. 후회의 형태로 나타나는 죄책감이라는 정서는 "숙제를 했어야 했는데."라는 학생의 말에서 잘 표현된다.

반면, 외부 원인으로의 귀인은 성취와 관련된 정서반응을 최소화하는 경향이 있다. 만약 학생이 운이 좋아서 시험을 잘 보았다거나 운 때문에 취업이 되었다고 말한다면, 자부심의 감정은 최소화된다. 학생들이 시험이 쉬웠기 때문에 좋은 성적을 받는다면 기분이 좋을지는 모르지만, 그들이 자부심을 느끼지는 못할 것이다.

성공과 실패 이후 기대의 변화

귀인은 성공과 실패에 대한 목표 기대(goal expectancies)를 변화시키는 데 어떤 역할을 하는가? (귀인에 대한 설명이 없다면) 전형적인 경우, 성공 이후에 기대가 올라가고 실패 이후에 기대가 떨어지는 경향이 있다(Weiner, 1986). 이것은 "성공이 성공을 낳고 실패가 실패는 낳는다."라는 속담을 확인시켜 준다. 그러나 기대의 변화에서 결정적인 요인은 찾아낸 이유(즉, 귀인)이며 그것이 얼마나 안정적인가 하는 것이다. 기대의 변화가 성공과 실패, 그리고 이후 귀인에 의해서 얼마나 영향을 받는지가 [그림 2-2]에 제시되어 있다.

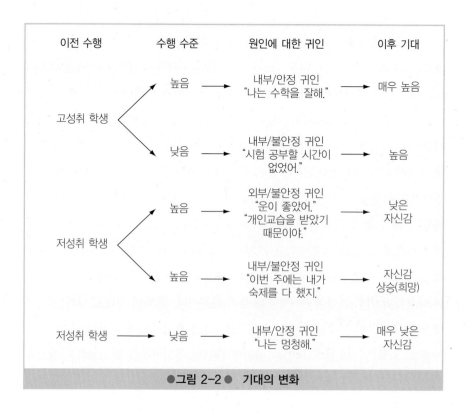

●그림 2-2● 기대의 변화

첫 두 줄은 높은 수준의 성취를 거둔 학생을 보여 준다. 학생은 성공을 자신의 수학 능력(안정적 요인)에 귀인하고, 따라서 그의 기대는 높게 유지된다. 만약 학생이 낮은 수행을 보이고 그것을 부족한 노력(불안정, 통제 가능한 요인)으로 귀인한다면, 그의 기대 또한 높게 유지된다. 실패의 경험이 있는 학생은 어떤가? [그림 2-2]에서 세 번째 줄을 보자. 학생이 성공을 경험한 이후에도 계속해서 낮은 자신감을 보이는 것이 이해가 되는가? 이것은 이 장의 첫 사례였던 실비아의 경우이다. 이것이 교사들을 당황하게 만드는 패턴이다. 실비아의 경우에서처럼 교사들은 직관적으로 이런 학생에게 성공 경험이 필요하다는 것을 알고, 그 학생이 과제를 성공적으로 해내도록 무언가 도움을 줄 것이다. 이 예에서 결정적인 것은 실비아의 귀인이다. 성공에 대한 귀인신념이 안정적, 외부, 통제 불가능한 것이라면(예, 타인의 도움), 다음번에 또 성공할 수 있다고 믿을 근거가 전혀 없다. 이것이 실비아의 계속된 자신감 부족을 설명할 수 있다.

‖생각해 보기‖ [그림 2-2]를 잘 보라. 어떤 것이 당신에게 적용되고 어떤 것이 그렇지 않은가? 성공을 경험한 후에도 계속해서 학생이 낮은 기대를 하도록 만드는 것은 무엇인가?

네 번째 줄에서는 실패 경험을 가지고 있는 학생이 성공을 경험한 후 그 성공을 자신의 노력으로 귀인하고, 성공에 대한 기대가 올라간다. [그림 2-2]에서 다섯 번째 줄에 나와 있는 예는 변화되기가 가장 어렵다. 이 학생은 실패한 과거 경험이 있고 실패를 능력 부족으로 귀인한다. 이 학생은 자신의 상황을 변화시키기 위해 자신이 할 수 있는 것이 없다고 생각한다.

요약하면, 실패에 대해 노력과 같은 불안정한 요인이 아니라 능력과 같은 안정적 요인에 귀인한다면 기대를 변화시키는 것이 더욱 어렵다(Graham, 1991; Weiner, 1985). 이런 신념 패턴을 **학습된 무기력**(learned helplessness)이라고 하는데, 이에 대해서는 이 장 후반부에서 논의할 것이다. 지금까지 살펴본 것처럼, 교사 개입에 있어 중요한 전략은 학생의 귀인을 (1) 노력이나 전략 사용과 같은 불안정, 통제 가능한 요인에 초점을 맞추고, (2) 능력을 학습될 수 있는 지식이나 기술로 여기도록 하는 것이다. 이것을 어떻게 할 수 있는가는 이 장의 후반부에서 설명될 것이다.

🖇 귀인정보 활용하기

귀인이론을 사용하는 첫 단계는 학생들의 귀인내용을 수집하고 해석하는 것을 배우는 것이다. 귀인정보는 교사들이 다음과 같은 것을 할 수 있게 해 준다.

- 학생들이 추가 회기에 참석해서 필요한 기술을 연습하기 위해 어느 정도까지 노력을 더 할 것인가를 예측할 수 있다.
- 적절한 귀인 피드백을 제공할 수 있다(예, 노력, 전략, 기술).
- 귀인이 특히 자기패배적인 학생 집단을 파악할 수 있다(예, 수학과 과학 과목을 수강하는 여학생, 학습장애로 분류된 학생들, 불안 수준이 높은 학생들).
- 무기력한 학생들을 파악해서 개입전략을 계획할 수 있다.

〈예시 2-1〉은 교사들이 성공과 실패에 대해 학생들이 생각하는 이유에 대한 정보를 모을 수 있는 방법을 제시한다.

예시 2-1 학생 귀인 평정 양식

시험 점수 _____

나의 시험 점수는 : 성공이다 _____   실패다 _____

내가 이 점수를 받은 이유는 다음과 같다.

1.

2.

3.

이 시험을 어떻게 준비하였는가?

1.

2.

3.

다음 번 나의 계획은 무엇인가?

귀인의 개인차와 상황 차이

성공과 실패에 대해 개인이 가지고 있는 믿음은 나이와 문화, 성별, 과제 유형에 따라 달라질 수 있다. 이제부터 귀인이 이런 요인들과 어떻게 관련되는지를 논의할 것이다.

귀인에서 상황의 차이

특정 유형의 과제나 상황이 학생의 귀인에 영향을 미치는가? Frieze와 Snyder (1980)는 초등학생들에게 미술 프로젝트, 축구, 시험, 개구리 잡기와 같은 과제에 대해 판단하도록 하였다. 학생들은 다른 과제에 대해 다른 귀인을 하였다. 미술 프로젝트와 축구에서의 승패의 경우, 능력이 더 중요한 것으로 간주되었다. 그러나 개구리 잡기에서는 과제 난이도가 더 중요했다. 귀인의 차이는 다음과 같이 설명되었다. 즉, 개구리 잡기는 학생들이 수행을 판단할 기준이 없는 활동인 반면,

미술과 축구의 경우에는 학생들이 판단 기준에 익숙하다. 시험의 경우, 노력이 가장 중요한 원인으로 지각되었다.

이후 연구에서 6세와 7세 아동들이 수학과 그림 그리기, 읽기에서의 성공과 실패에 대해 어떤 설명을 하는지, 그리고 어떻게 수행하는지를 조사하였다(Gipps & Tunstall, 1998). 이 조사에서 학생들이 성공과 실패의 이유로 가장 빈번하게 선택한 것은 노력이었다. 연구자들은 그들 교실에서 노력이 강조되었음에 주목하였다. 음악 영역에서 수행에 대해 학생들이 생각한 귀인은 혼재하였다. 어떤 사례에서는 능력이 더 중요한 것으로 간주되었고, 다른 사례에서는 능력과 노력이 성공과 실패의 원인으로 판단되었다(Leggette, 1998). Leggette는 어린 학생들은 능력에 더 강조점을 두는 경향이 있는 반면, 더 나이 든 학생들은 노력과 능력 모두를 강조한다는 것을 발견하였다.

교사에게 중요한 시사점은 학생들이 특정 과목 또는 다른 유형의 과제에서 자신의 성공과 실패에 대해 어떤 귀인을 사용하는지를 파악해야 한다는 것이다. 만약 학생들이 미술 프로젝트에서 성공의 핵심 요인이 능력이라고 생각하고 자신이 직선을 잘 그릴 수 없다고 믿는다면, 교사는 그림 그리기 능력을 계발될 수 있는 기술로 지각하도록 가르칠 계획을 세워야 할 것이다.

귀인의 발달적 차이

귀인 패턴이 연령이나 발달단계와 관련이 있는가? 능력과 노력의 역할을 포함해서, 귀인과 성취 간 관계를 어떻게 바라보는가에 있어 실제로 특정한 발달적 경향성이 존재한다(Nicholls, 1978, 1979). 어린 아동들은 노력과 능력을 같은 것으로 보고, 노력의 증가가 능력의 증가로 이끈다고 믿는다. 10세 이전 아동들의 경우 두 아이가 동일한 결과를 얻었다면, 더 열심히 노력한 아이가 (심지어 가장 낮은 성적을 받았다고 해도) 가장 똑똑하다고 믿는다. 최고 성적을 받은 아이는 실제로 그가 열심히 하지 않았더라도 가장 열심히 노력한 것으로 받아들여진다. 어린 아동들은 더 나이 든 학생들보다 능력을 수정 가능한 것으로 간주한다.

인지가 발달함에 따라 아동은 노력과 능력을 구분하기 시작하고 성공과 실패의 원인에 대해 더욱 정확해진다. 10세 정도 되면, 아동들은 낮은 능력을 가진 아이는 더 노력해서 부족한 능력을 메워야 한다고 믿기 시작한다. 그러나 Nicholls와 Miller(1984)는 노력과 능력을 구분하는 발달적 패턴은 학생의 동기에 부정적 영향을 줄 수 있다고 지적하였다. 만약 낮은 성취를 능력에 귀인한다면, 노력은 쓸모없는 것으로 여겨지고 학생들은 실제로 자기가치감을 보호하기 위해 노력을 더 적게 할 수도 있다. 따라서 어린 아동들이 더 나이 든 아동들보다 더 적응적인 귀인 패턴을 가지고 있다고 할 수 있다. 그들은 더 많이 노력하면 성공과 능력이 증가할 것이라고 믿기 때문이다.

노력과 능력을 구분하는 것은 능력을 수행 결과의 가장 중요한 이유로 여기는 경향이 있는 청소년들의 동기에 특히 해로운 영향을 줄 수 있다(Covington, 1984). 청소년들은 자주 자신의 능력을 친구들의 능력과 비교해서 판단하기 때문에, 이것이 교사들에게 새로운 문젯거리를 제공한다. 청소년들은 종종 더 많이 노력하는 것을 능력이 부족한 것과 동일하게 여긴다. 교실에서 이것은 '만약 네가 공부를 많이 해야 한다면, 그것은 네가 영리하지 않음에 틀림이 없다.'는 의미로 해석된다. 교사는 성공을 위해 열심히 공부한 학생보다 아무런 노력도 하지 않고 잘해낸 학생을 더 많이 인정하는 식으로 자신도 모르게 이러한 생각을 강화시킬 수 있다. 이것은 3장에서 자기가치 이론으로 자세히 설명된다.

성(gender)과 귀인

성공과 실패에 대해 남학생과 여학생은 다르게 설명하는가? 일부 사례에서는 그렇다. 전반적으로 소녀들의 귀인은 더 낮은 기대 패턴을 나타낸다(Meece & Courtney, 1992). 성차를 조사한 연구들은 소녀가 소년보다 (1) 더 많이 성취했어도 실패를 능력의 부족으로 귀인하고(Nicholls, 1979), (2) 성공에 대해 더 많이 외부 귀인(운)을 하는 경향이 높음을 발견하였다. 능력에 대한 귀인의 성차는 특히 수학(Wolleat, Pedro, Becker, & Fennema, 1980)과 과학(Licht, Strader, & Swenson,

1989)과 같은 과목에서 두드러지는데, 이런 과목들은 전통적으로 성별에 따라 유형화되어 있다. 이러한 과목의 경우 실제 수행에서 아무런 차이가 없음에도, 여학생들은 자신의 능력에 대해 더 낮은 기대 패턴을 가지는 경향이 있다. Vermeer, Boekaerts와 Seegers(2000)는 6학년 학생들의 문제해결에서 성차가 뚜렷하게 나타남을 발견하였다. 즉, 여학생들은 남학생들보다 안 좋은 결과를 능력의 부족으로 귀인하는 경향이 컸다.

어디에서 이런 기대의 차이가 시작되었는가? Yee와 Eccles(1988)는 부모가 아들과 딸의 수학 성공에 대해 다른 지각을 가지고 있음을 발견하였다. 부모들은 수학에 대한 재능을 아들의 성공에 대한 가장 중요한 이유로 평가한 반면, 딸의 성공에 대해서는 노력을 가장 중요한 이유로 생각했다. 아들에게는 수학 재능을, 딸에게는 노력을 중요한 요인으로 생각하는 것은 어떤 의미가 있는가? 성공에 노력이 중요하다고 믿는다면, 부모는 그 아동이 수학에 재능이 적다고 생각하는 것이다. 다시 말해서, 수학 성공에 있어 딸의 능력을 덜 신뢰하는 것이다.

하지만 희망을 가질 이유가 있다. 최근 한 연구는 수학 성취에서 성차가 좁혀지고 있고 소녀들이 수학 성공에 대한 귀인에서 발전적인 결과를 보였다고 보고하였다(Lloyd, Walsh, & Yailagh, 2005). 그 연구에서 초등학교 4학년 학생과 중학교 1학년 학생을 비교하였다. 소녀와 소년들은 똑같이 성공을 노력에 귀인하였고, 둘 다 능력을 성공의 가장 중요한 요인으로 평가하였다. 그런데 노력에 대해서 학년 차이가 있었다. 즉, 초등학교 4학년생들은 중학교 1학년생들보다 성공을 노력에 더 많이 귀인하였다. 그리고 소녀들은 실패를 노력의 부족으로 더 많이 귀인하였고 소년들은 과제 난이도로 귀인하였다.

인종 집단 간 귀인과 동기

성공과 실패에 대한 귀인 설명이 다른 인종 집단에서 중요한 동기적 힘을 발휘하는가? Graham(1989, 1994)에 따르면 귀인이론에서는 행동을 결정하는 데 있어 생각의 역할을 중요시하기 때문에, 귀인이론은 다른 문화와 인종 집단에서 동기를 조사할 때 특히 유용하다.

능력과 노력에 대한 신념

다른 인종 집단에서 유사한 귀인신념 패턴이 나타날 것인가? 초등학교 5학년과 6학년의 가난한 아프리카계 미국인과 히스패닉, 인도차이나인, 백인 학생들을 비교해 보면, 모든 집단에서 유사한 귀인 패턴을 발견할 수 있다(Bempechat, Nakkula, Wu, & Ginsberg, 1996). 모든 집단이 수학 성공에서 능력을 가장 중요한 요인으로 꼽았다. 초등학교 5학년과 6학년의 아프리카계 미국인과 히스패닉, 인도차이나인, 백인 학생들을 비교한 이후 연구에서, Bempechat, Graham과 Jimenez(1999)은 문화적 유사성뿐만 아니라 문화적 차이를 발견하였다. 모든 인종 집단에서 실패를 능력 부족으로 귀인하였고 성공은 외부 요인에 귀인하였다. 이와 대조적으로, 인도차이나인 학생들은 실패가 노력의 부족 때문이라는 데 더 강한 믿음을 가지고 있었다. 실패를 능력 부족으로 귀인하는 것은 모든 학생에게 문제가 되는데, 능력은 통제 불가능한 것으로 여겨지기 때문이다.

Graham(1984)은 중간과 하위의 사회경제적 수준(SES)에 속한 아프리카계 미국 학생과 백인 학생들을 대상으로 문제해결 과제 이후 이들의 실패에 대한 귀인을 비교하였다. 그중 두 인종 집단의 중간 정도의 사회경제적 수준에 해당하는 아동들은 실패를 노력의 부족으로 귀인하는 경향이 높았고, 실패를 경험한 이후에도 계속해서 성공에 대한 더 높은 기대를 유지하였다(이들은 노력을 하면 성공할 수 있다고 생각한 것이다.). 두 인종 집단 모두에서 이것은 실패 이후 적응적인 귀인 패턴을 보여 주는 것으로, Diener와 Dweck(1978)의 연구결과와 유사하다. 이 연구결과는 아프리카계 미국 학생들의 긍정적 동기 패턴(거의 관심을 받지 못했던 패턴)의 예시를 보여 주기 때문에 중요하다.

1장에서 언급한 것처럼, Stevenson과 Lee(1990)는 수학 성공에 있어 노력과 능력의 역할에 관하여 미국 학생과 아시아 학생이 갖고 있는 신념을 비교하였다. 그들은 미네소타, 일본, 대만에 살고 있는 어머니들에게 학업적 성공과 학교 수행에서 능력과 노력, 과제 난이도, 운의 중요성의 순위를 정하기 위해 각각에 대해 10점 기준으로 점수를 매기라고 요청하였다. 모든 어머니가 동일한 순서로 점수를 부여하였다. 결과는 1위 노력, 2위 능력, 3위 과제, 4위 운이었다. 미국인 어머니들은 능력과 노력에 거의 같은 점수를 주었다. 이와 대조적으로 대만과 일본 어머니들은 능력보다 노력에 더 높은 점수를 주었다. Peak(1993)는 일본 초등학교에서는 능력이 거의 언급되지 않는 반면, 노력이 성공의 핵심적 요인으로 일관성 있게 언급되는 것에 주목하였다. 반면 미국에서는 매우 열심히 노력하는 학생들이 자주 바보나 공부벌레로 불린다. 이런 태도에 대해서는 7장에서 더 자세히 설명할 것이다.

노력과 능력에 대한 이러한 지각은 숙제가 노력의 맥락에서 이해될 때 더욱 중요해진다. 일본과 중국 학생들은 미국 학생들보다 숙제를 하는 데 적어도 두 배 이상의 시간과 노력을 들인다(Stevenson & Lee, 1990). 미국 교사들은 숙제를 더 적게 내주고 덜 중요한 것으로 생각한다. Peak(1993)는 숙제는 교사가 수업 외 학습이 중요하다고 생각하는지, 학생들이 공부를 위해 기꺼이 추가적인 노력을 기울일 것이라고 생각하는지에 대한 믿음을 반영한다고 지적하였다. 미국 부모들은 아시아권 부모들처럼 좋은 학습 습관이 학업 성공에 결정적이라고 생각하는 것 같지 않다.

교사들을 위한 시사점

교사들은 교실 상황에서 다른 인종 집단이 가지는 귀인신념으로부터 무엇을 끌어낼 수 있을까? 중요한 문제는 특정 인종 집단 내에서 작동하고 있는 귀인과 동기과정을 이해하는 것이다(Bempechat et al., 1996; Graham, 1994). 인종 집단 간에 유사성이 발견된다면, 아이들의 인종에 따라서 교육적 개입을 반드시 다르게 할 필요는 없다.

Graham(1989)은 교사의 피드백이 사회경제적 수준이 낮은 소수집단 학생들의 능력과 기대에 대한 개념에 큰 영향을 미칠 수 있음을 강조하였다. 간접적 귀인단서들에 대한 이전 논의를 떠올려 보라. 교사는 학생들에게 그들이 낮은 능력을 지니고 있음을 간접적으로 전달할 수 있는 피드백을 인식하는 것이 중요하다.

Graham(1994)은 열악한 교육환경에 놓여 있는 많은 아프리카계 미국 아동의 수를 고려할 때, 소수집단이 목표 미달성에 대해 어떻게 느끼고, 생각하고, 행동하는지에 특히 민감할 필요가 있다고 제안하였다.

　다양한 문화와 인종, 성별을 가진 학생들을 위해 명심해야 하는 귀인지침이 〈전략 2-2〉에 제시되어 있다.

전략 2-2　문화와 인종, 성별에 따른 귀인지침

- 성별이나 문화와 관련되어 있을 수 있는 귀인 패턴을 확인하기 위해 수행에 대한 학생의 기대와 귀인을 주의 깊게 들으라.
- 교사 또는 예비교사로서, 전통적으로 성에 따라 유형화된 수학과 과학과 같은 과목에 대한 능력에 대해 당신이 가지고 있는 신념을 검토해 보라. 만약 당신이 초등학교 교사라면, 스스로를 수학 교사라고 생각하는가? 과학 교사라고 생각하는가?
- 남학생과 여학생 모두 자신의 능력에 대해 더 현실적으로 생각할 수 있도록 돕는 피드백을 제공하라.
- 능력과 노력에 대한 문화적 가치에 익숙해지라. 노력과 능력에 두는 상대적 가치는 어떠한가? 노력과 능력에 대한 태도에 익숙해지기 위해 〈전략 2-1〉에서 추천한 제안을 사용할 수 있다.
- 귀인신념과 귀인신념의 영향력에 대해 부모와 이야기 나눌 준비를 하라.
- 학생이 동정으로 받아들여서 자신이 낮은 능력을 가진 것으로 해석할 수 있는 피드백을 제공하는 데 특히 민감해야 한다.

 ## 2가지 귀인 결과: 학습된 무기력과 도움 구하기

　개인이 성공과 실패에 부여하는 이유가 행동과 기대 둘 다에 영향을 주는 결과를 초래한다는 것은 이미 설명하였다. 교육자에게 매우 중요한 2가지 결과는 바로 학습된 무기력과 도움 구하기이다.

학습된 무기력

과거에 실패를 경험하였고 이것이 변하지 않을 것이라고 기대하는 학생은 실패를 능력(내부적, 안정적 요인)에 귀인할 것이다. 이런 패턴은 **학습된 무기력**을 가진 것으로 분류되는 학생들에게서 특징적으로 나타난다. 이런 학생들은 자신의 행동이 미래의 결과에 영향을 전혀 미치지 못할 것이라고 기대한다. 결과적으로 그들은 포기한다. 학습된 무기력은 어떤 상황에서 피할 수 없는 전기충격을 받아야 하는 어린 동물들에서 처음 연구되었다. 그 동물들을 새로운 상황에 두었을 때, 동물들은 전기충격에서 도피하거나 회피하려고 시도하지 않았다(Seligman & Maier, 1967). 자신의 활동과 전기충격을 피하는 것 사이에 어떠한 연결도 경험하지 못한 동물들은 무기력을 학습하게 된 것이다. 나아가 인간도 유사한 방식으로 반응한다는 가설이 세워졌다. 즉, 자신의 행동이 그들에게 일어나는 일에 아무런 영향도 미치지 못할 것이라고 믿는 상황에서 사람들은 수동적이 된다. 처음에는 무기력이 전반적인 것으로, 즉 인생의 모든 영역에 영향을 주는 것으로 간주되었다. 그러나 이후 연구에서 사람들은 한 상황에서는 무기력을 경험하나 다른 상황에서는 그렇지 않다는 것이 발견되었다(Alloy, Abramson, Peterson, & Seligman, 1984). 이것은 학생이 수학을 배우는 데에는 무기력을 느끼지만, 역사를 배우는 데에는 그렇지 않을 수 있음을 의미한다.

무기력은 학생들이 자신의 행동과 자신의 수행 및 학업성적 간의 연결을 이해하지 못하는 성취 상황에서도 존재한다. 학습된 무기력의 중요한 측면은 실패에 직면했을 때 그것이 학생들의 동기적 행동에 영향을 준다는 것이다. 실패에 대한 학생들의 귀인은 다시 도전하는 것과 포기하는 경향성 사이를 이어 주는 다리 역할을 한다.

무기력 지향성과 숙달 지향성

이제는 고전적인 연구가 된 Diener와 Dweck(1978)의 연구에서, 문제해결 과제에서 성공한 이후 나타나는 실패에 대한 2가지 반응 패턴을 확인하였는데, 그것은 부적응적-무기력 지향성과 적응적-숙달 지향성이었다. 아동들은 사고와 혼잣말, 정서, 행동 등에서 실패에 대한 다른 반응 패턴을 보였다. 〈표 2-2〉는 2가지 반응 패턴을 비교한 것이다. 연구에 참여한 학생들은 과제를 수행하는 동안 동일한 실패를 경험하였지만, 실패 결과에 대한 2가지 다른 반응 패턴이 있었음을 명심할 필요가 있다. 무기력 지향성의 아동들은 사고와 혼잣말, 행동에서 자기패배적인 패턴을 보였다. 실패를 능력의 부족에 귀인하였을 때 수행이 저하되었다. 반면, 노력 부족으로 귀인한 경우 이러한 저하를 보이지 않는다(Dweck & Goetz, 1978).

학습된 무기력에서 능력 차이가 있는가? Butkowsky와 Willows(1980)는 우수한, 평균, 저조한 수준의 독서자들을 비교하였다. 저조한 독서자는 자신의 실패를 능력 부족으로 귀인하였다(저조한 독서자는 68%, 평균 독서자는 13%, 우수한 독서자는 12%). 그들은 우수한 독서자와 평균 독서자보다 성공을 과제의 쉬움(외부적 원인)에 귀인하였고, 성공에 더 적은 책임감을 가졌다. 어려움에 직면하면 저조한 독서자들은 끈기 있게 해내지 못하였다(자기패배적 행동).

또한 아동들이 혼란스러운 개념이 포함된 글을 읽어야 하는 새로운 자료를 공부할 때에도 무기력이 발견된다. Licht와 Dweck(1984)의 연구에서, 절반의 아동은 뜻이 명료한 문장이 들어 있는 자료를 받았고, 나머지 절반의 아동은 혼란스러운

● 표 2-2 ● 실패에 대한 반응에서 무기력과 숙달 패턴

무기력	숙달
부족한 기억력과 문제해결력, 지능 등 개인적 부적절함에 귀인	노력에 귀인
부정적 정서: 과제에 대한 반감, 불안, 과제와 관련 없는 혼잣말, 긍정적 기대의 부족	긍정적인 태도 유지. "전에도 이걸 했지, 다시 또 할 수 있어."
노력의 감소	어려운 과제를 끈기 있게 해냄. 새로운 전략 찾기
도전의 회피	도전적인 일 찾기
어려운 과제의 수행 감소	문제해결 전략의 유지 및 개선

출처: Diener & Dweck(1978); Dweck & Leggett(1988)에 기초함.

문장이 들어 있는 자료를 받았다. 문장이 분명하게 적혀 있는 경우에는 숙달 지향성과 무기력 지향성 간에 아무런 차이도 없었다. 이와 대조적으로, 문장이 분명하지 않았을 때, 숙달 지향성 아동들의 대부분은 학습 기준에 도달한 반면, 무기력 지향성 아동들의 경우 단지 1/3만이 학습 기준에 도달하였다. 수학과 같은 일부 과목은 처음에는 학생들에게 혼란스러울 수 있으나 지속적인 새로운 학습이 특징적이기 때문에 이러한 연구결과가 시사하는 바는 크다. 숙달 지향성 학생들은 초기의 어려움에도 낙담하지 않을 것이지만, 무기력 지향성 학생들은 동일한 수준의 능력을 가지고 있음에도 불구하고 즉시 자신감을 잃는다. 새로운 내용을 가르칠 때, 교사들은 초기 어려움에 맞닥뜨렸을 때 보이는 학생들의 무기력 패턴에 특히 주의해야 한다.

학습된 무기력과 학습장애 학생들

어떤 학생들이 무기력감을 더 많이 경험하는 경향이 있는가? 학습장애(LD)를 가진 것으로 확인된 학생들이 특히 학습된 무기력 패턴을 보이기 쉬운 학생군 중 하나다(Licht, 1983). 학습장애 아동들은 오랜 시간에 걸쳐 다양한 학교 과제에서 많은 실패를 경험한다. 그 결과, 이런 아동들은 자신의 학업기술에 의심을 갖게 되고, 자신이 할 수 있는 어떤 것도 성공하는 데 도움이 되지 않을 것이라는 믿음을 갖게 된다. 이에 따라 노력을 더 안 하는 자기패배적인 반응을 보이게 된다. 학습장애 아동들은 다음과 같은 학습된 무기력 패턴의 특징들을 보이는 것으로 확인되었다(Licht, 1983).

- 자존감 및 능력에 대한 지각 측정치에서 비학습장애 아동들보다 점수가 더 낮다.
- 과제의 어려움을 능력 부족으로 귀인하는 경향이 더 크다.
- 실패를 노력의 부족으로 귀인하지 않는 경향이 있다.
- 미래 성공에 대해 더 낮은 기대를 보이며 실패 이후 기대 수준이 더 크게 하

락한다.

학습된 무기력은 학생들의 동기 부족을 설명할 수 있기 때문에, 교사들이 이러한 무기력의 특징들을 알고 있는 것은 중요하다. 교사는 어떻게 무기력 패턴을 확인할 수 있을까? 무기력의 발생 가능성을 줄이고 이런 경향성을 가진 학생들을 돕기 위해 교사는 무엇을 할 수 있을까? Butkowsky와 Willows(1980)는 교육자들이 실패를 학습과정에서 필수적인 요소이며 피해야 할 해로운 경험이 아닌 것으로 다시 생각하기 시작해야 한다고 제안하였다. 〈전략 2-3〉은 무기력 패턴을 보이는 학생들을 돕기 위한 지침을 제공하고 있다.

전략 2-3   무기력한 학생 도와주기

- 무기력 패턴을 확인하기 위해서 실패에 대한 학생의 반응을 관찰하라. 단서는 학생이 말하는 것과 그들이 과제에 접근하는 방식에 있을 수 있다. (1) 그들의 설명은 낙관적인가, 비관적인가? (2) 그들은 쉽게 포기하는가 아니면 새로운 접근을 시도하는가? (3) 그들은 전혀 시도조차 하지 않는가? (4) 그들은 일반적으로 수동적인가? (5) 실패에 대한 귀인을 안정적 요인에 하는가?
- 학생의 과거력이 단서를 제공할 수 있다. 과거 실패 경험이 있는 학생들은 특히 무기력 패턴을 나타낼 가능성이 크다.
- 교사들은 수학이나 그 밖의 과목을 배울 때 학생들이 처음에는 혼란스러워할 수 있지만 새로운 학습이 일어날 것임을 예상할 수 있다. 그렇다면 학생들을 다음과 같이 도울 수 있다.
  - 모든 학생이 수학을 배울 수 있다는 귀인을 확립한다.
  - "내가 추가 문제들을 공부하였고 지난주 매일 치환법(conversion)을 연습했기 때문에, 이제 행렬 치환을 이해할 수 있다."와 같이, 학습을 노력과 능력에 귀인하도록 한다.
  - 학생들에게 학습전략을 가르친다.
  - 학생들이 곧바로 이해할 수 있도록 자료를 조직화한다.
- 실패 패턴을 보이는 학생들에게는 귀인 재훈련이 추천된다(Reid & Borkowski, 1987). 이 훈련은 이 장의 후반부에 기술되어 있다.
- 4장에서 소개되는 LINKS 모델은 무기력을 다루기 위한 몇 가지 동기 개념을 통합하고 있다.

학습된 무기력 패턴이 어린 아동들에게서도 나타나는가? Dweck과 Sorich (1999)는 8세 미만의 아동에게서도 무기력 패턴이 나타나는 분명한 증거가 있다고 결론지었다. 실패나 비판을 경험한 이후, 어린 아동들은 자기비난이나 끈기 부족, 건설적 전략의 부족과 같은 무기력의 증후를 보인다. 연구자들에 따르면, 부모와 교사에게 중요한 시사점은 아이에게 피드백을 줄 때 매우 조심해야 한다는 점이다. 극단적으로 긍정적이거나 부정적인 피드백은 자신의 유능감에 대한 아동의 믿음에 해를 줄 수 있다.

도움 구하기

당신은 필요할 때 도움을 요청하는가, 아니면 '나 혼자서 해야만 한다. 나 외에는 아무도 이것을 할 수 없다.' 와 같은 견해를 가지고 있는가? 동기의 관점에서 볼 때, 도움 구하기(help seeking)는 숙달과 성취를 위한 분투를 보여 주는 적응적인 인지적 전략이며(R. Ames, 1983; Karabenick, 1998; Newman, 1998), 일반적인 문제해결 전략이다(Nelson-Le Gall, 1985). 만약 도움 구하기가 적응적 전략이라면, 왜 교사들은 가장 도움이 필요한 학생들이 도움 구하기를 가장 꺼리는 것을 자주 관찰하게 되는가? 우리는 타인에게서 도움을 구하는 것이 부정적 의미를 함축하고 있음을 연구를 통해 알게 되었다(Newman, 1990, 1991). 학생이 도움 구하기를 낮은 능력을 드러내는 것으로 생각한다면, 그것은 위협적인 것으로 여겨질 수 있다. 이런 경우, 도움 구하기에 개인적 비용을 지불해야 한다. 즉, 학생들은 무능감을 느끼게 될 것이다.

학생들이 학습에 변화를 가져오기 위해 도움을 구할 때에는 도움 구하기가 긍정적이다. 도움 구하기가 긍정적인 것으로 또는 부정적인 것으로 간주되는 데 있어 귀인과정은 중요한 요인이며, 결과적으로 학생들의 학업 도움 수업(academic help session) 참석 여부에 영향을 준다. R. Ames와 Lau(1982)는 대학생들이 도움 수업 참석 여부에 영향을 미치는 요인들을 확인하였다.

- 낮은 수행의 학생들은 도움 수업의 효과에 대해 긍정적인 정보를 얻은 경우 (예, "참석한 학생들은 수행이 향상되었다."), 도움 수업에 더 많이 참석하는 경향이 있었다.
- 성공을 노력에 귀인한 학생들이 더 많이 참석하는 경향이 있었다.
- 도움을 구하지 않았던 학생들은 까다로운 시험문제 때문에 실패했다는 식의 외부 귀인을 더 많이 하였고, 이런 외부의 이유들을 변명으로 사용하였다.

Newman(1990, 1991)은 초등학교 3학년, 5학년 학생들과 중학교 1학년 학생들을 대상으로 도움 구하기에 대하여 연구하였는데, 그의 연구는 도움 구하기에 대하여 더욱 완전한 이해를 제공하였다. 예를 들어, 누가 도움을 구하는가, 높은 자존감을 가진 사람, 낮은 자존감을 가진 사람? 초등학교 3학년, 5학년, 중학교 1학년 모두에서, 학생의 지각된 유능감이 높을수록 도움 구하기에서 개인적 비용(예, 낮은 능력의 소유자로 생각되는 것)을 더 적게 지불하는 것으로 느꼈다. 낮은 자존감을 가진 학생들은 특히 도움을 구하지 않는 경향이 컸던 반면, 높은 자존감을 가진 학생들은 도움을 구하는 경향이 더 컸다. 성취 수준이 평균인 아프리카계 미국 아동들을 대상으로 한 Nelson-Le Gall과 Jones(1990)의 연구에서도 유사한 결과를 보였다.

Newman(1991)은 또한 도움 구하기에 대한 견해에서 어린 학생과 더 나이 든 학생 간의 차이점을 발견하였다. 어린 아동들에 비해 중학교 1학년생들은 도움 구하기에서 부정적인 결과(예, 당황스러움)가 초래될 수 있음을 더 많이 인식하고 있었다. 그러나 어린 아이들보다 더 나이 든 아이들은 또한 '어리석은' 친구가 아니라 똑똑한 친구가 교사에게 질문을 한다고 믿는 경향이 더 컸다.

대학생들의 도움 구하기는 아동들의 도움 구하기와 유사한 패턴을 보였다. Karabenick과 Knapp(1991)는 낮은 자존감을 가진 학생들이 도움 구하기에서 더 큰 위협감을 느낀다는 것을 발견하였다. 한 가지 중요하고도 어쩌면 놀라운 사실은 학습전략을 더 많이 사용하는 학생들이 필요할 때 더 많이 도움을 구하는 경향이 있는 반면, 더 적은 전략을 사용하는 학생들은 필요할 때 더 적게 도움을 구하는 경향이 있다는 것이었다. 이런 태도는 도움이 필요한 학생들에게 이중 구속으로 작용한다. 그들은 성공에 필요한 전략이 부족할 뿐만 아니라, 필요한 학업적 도움도 찾지 않는 것이다. 연구자들은 학생들이 도움이 필요할 때를 판단하는 것을 배울 필요가 있으며, 도움 구하기는 학습전략과 동기 프로그램에 반드시 포함되어야 한다고 결론 내렸다.

도움 구하기와 관련된 이런 연구결과들은 교사와 상담자가 학생에게 도움 수업에 참석하도록 하고, 필요할 때 상담을 받으면서 도움을 구하는 방법을 계획할 수 있도록 해 주기 때문에 중요하다. Nelson-Le Gall(1985)은 도움 구하기를 자기를 위협하는 활동이 아니라 오히려 적응적인 대처전략으로 생각할 필요가 있음을 강조하였다. 이런 것을 달성하는 몇 가지 방법이 〈전략 2-4〉에 제시되어 있다.

전략 2-4   도움 구하기

- 가장 어려운 과제는 학생들에게 필요할 때 도움을 구하도록 만드는 것으로, 그러한 행동이 어리석은 행동이 아닌 영리한 행동으로 받아들여지도록 해야 한다.
- 학생들이 질문을 쉽게 할 수 있도록 수업 분위기를 만들라. 출석과 향상된 수행을 도움 수업의 결과로 기록하고, 이것을 학생들에게 보여 주라.
- 도움 수업에 참여한 후 개선된 학생들이 그러한 개선을 반드시 도움 수업에 귀인하도록 하라.
- 한 중학교 교사가 한 것처럼, 학생들에게 수업시간에 문제가 있을 때 바로 교사에게 도움을 요청하는 것을 연습하는 혼잣말 스크립트를 가르쳐 주라. 혼잣말의 예는 5장을 참조하라.

 ## 교사의 귀인신념과 학생의 수행

학생의 수행에 대한 교사의 귀인은 학생의 동기에 어떻게 영향을 주는가? 교사가 능력과 노력의 역할에 대해 가지고 있는 믿음은 학생에 대한 반응에 영향을 주며, 이는 다시 학생의 동기에 영향을 준다. Weiner와 Kukla(1970)는 예비교사들에게 학생들의 능력 수준과 노력, 결과에 대한 정보를 주고 보상을 정하도록 하는 연구를 수행하였다.

‖ **생각해 보기** ‖ 다음과 같은 능력과 노력, 성공 패턴을 보이는 학생들에게 당신은 어떻게 보상할 것인가? 그들을 +5점(가장 높은 보상)에서 –5점(가장 큰 처벌)까지 10점 척도로 평가하라. 당신의 평가를 연구결과와 비교해 보고 당신이 준 점수의 이유에 대해 생각해 보라.

			(가장 큰 처벌) –5	0	(가장 높은 보상) 5
높은 능력	많은 노력	성공	├──────────────┼──────────────┤		
높은 능력	많은 노력	실패	├──────────────┼──────────────┤		
높은 능력	적은 노력	성공	├──────────────┼──────────────┤		
높은 능력	적은 노력	실패	├──────────────┼──────────────┤		
낮은 능력	많은 노력	성공	├──────────────┼──────────────┤		
낮은 능력	많은 노력	실패	├──────────────┼──────────────┤		
낮은 능력	적은 노력	성공	├──────────────┼──────────────┤		
낮은 능력	적은 노력	실패	├──────────────┼──────────────┤		

결과는 많이 노력하는 특징을 가진 학생들이 성공에 대해 더 많이 보상을 받았고 실패에 대해 더 적게 처벌을 받았음을 보여 준다. 즉, 낮은 능력-많은 노력, 그리고 성공의 특징을 지닌 학생들이 더 높은 보상을 받았고, 높은 능력-적은 노력과 실패의 특징을 가진 학생들이 가장 큰 처벌을 받았다. Weiner(1992, 2001)는 노력하지 않는 학생들은 교사에게 가장 큰 분노를 일으키고, 따라서 교사는 더 많이 처벌하는 것으로 반응한다고 결론지었다. 낮은 능력을 가졌지만 열심히 노력하여서 성공한 학생들은 더 우호적으로 평가된다. Weiner는 단점을 극복하여 성공하는 사람을 높게 평가하는 경향이 있는 미국 문화의 가치 체계의 관점에서 이러한 결과를 설명할 수 있다고 제안하였다. 따라서 다른 문화에서는 이런 패턴이

관찰되지 않을 수도 있다. M. D. Clark와 Artiles(2000)는 과테말라 교사의 경우 노력보다 학생의 능력을 더 중요시한다는 것을 발견하였다.

다른 연구들은 행동문제가 있는 학생들에 대한 교사의 귀인을 조사하였다. Medway(1979)는 심리상담센터에 의뢰된 적이 있는 학생들의 문제에 대해 교사들이 생각하는 원인을 조사하였다. 결과는 교사들이 학생의 특성에 더 큰 책임이 있다고 믿는다는 것을 보여 준다. 이에 더해서, 교사들은 학습문제를 학생의 능력에 귀인하였고 행동문제는 가정의 어려움에 귀인하였다. Weiner와 Kukla(1970)의 연구결과와 일치하게, 교사들은 학생에 대한 반응에서 노력 단서들에 더 강조점을 두었다. 예를 들어, 학생의 문제를 노력의 부족에 귀인한 교사들은 경고와 비판의 형식을 사용하여 학생들에게 더 부정적인 피드백을 제공하였다. Tollefson, Melvin과 Thippavajjala(1990)의 연구는 노력에 대한 교사들의 믿음에 추가적 통찰을 제공하였다. 학생의 불만족스러운 결과에 대해 교사들이 가장 빈번하게 생각하는 이유는 적은 노력이다. 교사들은 노력을 적게 하는 학생들이 개선될 수 있다고 지적하면서도, 동시에 노력을 안정적인 것으로 보고 그런 학생들이 장기적으로 성공할 것이라고 기대하지 않는다.

교사의 귀인은 또한 특수교육 학생들과 관련해서 연구되었다(M. D. Clark, 1997). M. D. Clark는 학습장애 아동에 대한 교사의 귀인과 반응이 '학습장애 아동들이 더 동정을 받을 만하고 더 많이 실패할 것이다.' 라는 믿음에 일정 부분 기초하고 있다고 결론지었다. Palmer(1983)에 따르면, 교사의 귀인은 특수교육이라는 낙인(label)과 학생의 이전 수행에 의해 영향을 받는다. 일반적으로, 교사들은 교육 가능급(경도) 정신지체 아동들의 실패를 낮은 능력에 귀인하였고, 그런 낙인이 붙지 않은 아동들의 실패는 적은 노력이나 외부 원인에 귀인하였다(Rolison & Medway, 1985). 이런 연구들은 학생에게 찍힌 낙인이 학생의 수행에 대한 교사의 기대에 영향을 줄 수 있음을 제안한다. (특수교육 학생들에 대한) 비현실적으로 낮은 기대를 피하기 위해서는 이런 가능성을 인식하는 것이 중요하다. 특수교육 학생들이 통합교육 교실로 이동함에 따라, 이들에 대한 믿음을 자각하는 것이 점차 중요해지고 있다.

이런 연구들로 인해서 학생의 수행과 행동의 원인에 대한 교사의 믿음이 특수교육 학생들에 대한 피드백과 평가에 영향을 줄 수 있다는 것이 받아들여지고 있다.

‖ **생각해 보기** ‖ 〈예시 2-2〉를 생각해 보면서 노력과 능력의 역할에 대한 당신의 신념을 탐색해 보라. 당신은 학생의 수행과 행동에 어떤 이유가 있다고 생각하는가? 어떤 단서를 사용하는가? 이러한 믿음이 학생들에 대한 당신의 평가와 기대, 그리고 당신이 학생들에게 주는 피드백에 어떠한 영향을 주는지 생각해 보라.

예시 2-2   노력에 대한 성찰: 노력과 능력에 대한 교사의 신념 탐색하기

목적: 노력에 대한 현재 자신의 견해를 분명하게 하고 구체적인 용어로 노력을 조작적으로 정의하기 위함

활동

1. 능력에 비해서 학생의 노력이 당신에게 얼마나 중요한가 말해 보라. 당신은 노력을 일종의 성격 특성으로 생각하는가 아니면 학습된 습관으로 생각하는가?

2. 교실에서 노력을 의미하는 학생의 행동은 무엇인지 적어 보라.

3. 학생들이 열심히 노력했다고 말할 때 그들이 의미하는 것이 무엇이라고 생각하는지 적어 보라.

4. 노력에 대한 당신의 의미와 학생들의 의미를 비교해 보라.

5. 당신의 교실에서 노력한 것에 대한 보상은 무엇인가?

6. 당신의 노력전략의 목록을 만들어 보라. 이것을 학생들과 공유할 수 있다.

귀인 재훈련

성공과 실패를 설명하기 위해 학생들이 전형적으로 하는 인과적 귀인의 유형이 학생의 미래 수행에 적응적이거나 혹은 해로울 수 있음을 보여 주었다. 학생들이 학습된 무기력과 관련된 사고 패턴과 전략 등 자기패배적인 귀인을 나타낸다면 무엇을 할 수 있을까? 가장 효과적인 접근은 귀인 재훈련(attribution retraining)으로 알려져 있다. 재훈련은 일반적으로 실패에 대한 학생의 부적응적인 설명을 재구성하고 성공을 적응적 설명으로 재구성하려는 시도를 의미한다. 여기서 바라는 결과는 학생의 끈기와 긍정적 설명을 늘리고, 성공을 증가시키는 것이다. 노력 (귀인) 재훈련, 자기지시, 사전 정보(antecedent information)와 같은 다양한 접근이 개발되었다. 이런 접근들 중에서, Robertson(2000)은 2가지 훈련 접근(직접적인 훈련과 간접적인 훈련)의 결과를 요약하였다. 학생들은 직접적인 훈련에서 스스로에게 귀인 진술을 하였고, 간접적인 훈련에서는 교사가 귀인 진술의 모델이 되었다.

노력 귀인과 능력 귀인 재훈련

노력의 중요성이 귀인 훈련의 핵심이 되었다. 많은 이런 변화 프로그램들은 두 단계를 포함한다. (1) 학생이 성공을 이룬다, (2) 성공 이후 학생들은 성공을 노력에 귀인한다.

노력은 내부적, 통제 가능한, 그리고 통상 불안정한 것으로 지각되기 때문에, 노력에의 귀인이 강조된다. 이 분야의 초석이 된 연구에서, Dweck(1975)은 무기력한 것으로 확인된 12명의 아동을 위한 훈련을 수행하였다. 훈련 이전에는 모든 아동의 수행력이 실패 이후 심각하게 떨어졌다. 훈련 실험은 2가지 조건을 포함하였다. (1) 아무런 귀인 수정 없이 아동이 성공한 경우(성공 조건), (2) 아동이 실패에 대해 자신이 책임이 있다고 생각하고 성공을 노력에 귀인하는 경우(성공＋귀인 훈련 조건).

이 연구의 결과는 실패를 불충분한 노력에 귀인하도록 배운 아동들이 과제 실패 이후에도 끈기를 가지고 계속하는 것을 보여 준다. 성공만 있는 처치 조건의 아동들은 실패 이후 끈기에 있어 어떤 일관성 있는 향상을 보여 주지 못하였다. 이것은 다시 [그림 2-2](그리고 실비아의 사례)에 나타난 기대 패턴을 설명해 주는데, 이 그림에서 학생은 성공 경험 이후 계속 낮은 기대를 가지고 있다. 학생은 노력과 성공 사이에 아무런 연결도 짓지 못하였다. Andrews와 Debus(1978)는 노력에 귀인하는 것에 언어적 칭찬의 형태로 정적 강화를 더하는 식으로 훈련 절차를 수정하였다. 이들의 연구결과는 실패를 노력에 귀인한 학생들이 더 오래 지속한다는 Dweck(1975)의 연구결과를 지지한다. 연구자들은 자신의 연구에서 한 것처럼 적응적 귀인을 향상시키기 위해 노력에 체계적으로 강화를 제공하는 것이 도움이 될 수 있다고 제안하였다.

다른 훈련에서는 성공에 대해 노력 귀인과 능력 귀인 둘 다를 제공하였다. 이렇게 한 이유는 학생들이 열심히 노력하는 사람보다 '똑똑한' 사람으로 여겨지는 것을 더 높이 평가할 수 있기 때문이었다(Weiner, 1986). Ziegler와 Heller(2000)는 물리학에 재능이 있는 여학생들을 대상으로 한 귀인 재훈련에서, 이 학생들이 종종 자신의 능력을 과소평가하였기 때문에 능력과 노력 피드백을 동시에 제공하였다. 10주간의 훈련 후에, 재훈련집단은 통제집단보다 내부 귀인 사용이 증가하였고 더 풍부한 물리학 지식을 보여 주었다. 반면, 통제집단은 무기력의 증가를 나타내었다.

자기지시

재훈련의 또 다른 접근으로, Reiher와 Dembo(1984)는 중학교 2학년생들에게 원인에 대한 귀인을 변화시키기 위해 자기지시 절차를 가르쳤다. 그들은 학생들에게 "나는 여기서 정말로 최선의 노력을 다하고 싶어."와 같은 말을 자신에게 하도록 가르쳤다. 이 훈련은 학생들이 성공과 실패를 노력과 능력과 같은 내부 원인에 더 많이 귀인하도록 하는 데 효과적이었다. 그들은 또한 정해진 시간을 넘겨서 더 오랫동안 과제에 몰두하였다. 연구자들은 귀인을 변화시키기 위해 사용된 자기지시 절차를 교사들이 교실에서 실행할 수 있다고 결론 내렸다. 이 훈련은 5장에 기술되어 있다.

사전 정보

귀인 훈련의 다른 접근은 더 적응적인 사고로 이끌기 위해 사전 정보를 사용하는 것이다. 이 접근은 어떤 의미에서 학습활동 이전에 학생들에게 성공에 대한 가능한 귀인을 제공한다. 한 연구에서 대학생들에게 비디오테이프를 통해 어려운 수업에서 성공하는 것에 대한 사전 정보를 제공하였다(Van Overwalle, Segebarth, & Goldchstein, 1989). 이 비디오테이프에서는 이전에 그 과목을 수강했던 학생들이 학습의 어려움과 그 어려움의 원인, 그리고 자신의 수행을 어떻게 향상시켰는지에 대해 이야기하는 모습을 보여 준다. 비디오테이프에서 모델을 보았던 학생들이 통제집단보다 그다음 시험과 다음 해의 모든 시험에서 더 많이 향상되었다. 이 훈련은 자신의 초기 실패를 지능에 귀인했던 학생들에게 더욱 효과적이었으나, 자신의 실패를 전략에 귀인했던 학생들에게는 효과가 적었다. 이것이 가장 중요한 요인이다. 비디오테이프에 나오는 모델들이 자신이 경험했던 어려움과 향상시킨 방법에 대해 말하는 것을 듣고 실험집단 학생들은 지능을 불안정한 것으로 보게 되었다(적응적 신념). 사전귀인을 제공하는 전략을 **〈전략 2-5〉**에 제시하였다.

전략 2-5　사전귀인 형성하기

- 공부전략과 노력이 학습에서 핵심이라는 기대를 알려 주라(이것은 학생들이 자신이 왜 낮은 점수를 받았는지를 모른다고 말할 때, 원인불명이나 미스터리 귀인을 최소화한다.). 학생들이 성공과 실패 둘 다에 대해서 귀인을 찾지 못할 때 그들에게 전략적인 귀인을 제공하라.
- 도움 구하기를 할 수 있는 분위기를 형성하라. 똑똑한 것의 한 측면은 언제 도움을 구해야 하는지를 아는 것이다. 필요하다면, 학생들이 역할연기나 교사에게 도움을 요청하는 혼잣말 스크립트를 사용해서 도움을 구하는 방법을 연습할 수 있게 하라.
- 모든 학생들이 특정 과목을 학습할 수 있음을 분명히 보여 주라.

학습장애 학생들을 위한 재훈련

앞에서 이야기한 것처럼, 학습장애 학생들은 무기력과 부적응적인 양상을 자주 보인다. 귀인 재훈련은 이러한 부적응적인 양상을 보이는 학습장애 학생들에게 맞추어져 있다(Robertson, 2000; Shelton, Anastopoulos, & Linden, 1985). 귀인 재훈련은 인지전략(예, 기억전략과 요약과 같은 독해력 전략: Borkowski, 1988) 지시와 결합될 때 가장 강력한 개입이 일어난다.

Borkowski와 동료들은 효율적이지 않은 학습자들(전략이 도움이 될 때에도 그러한 전략을 사용하지 못하는 학습자들)이 기억력과 독해력에서 흔히 보이는 학습 손상을 다루기 위해 많은 연구를 수행하였다. 한 연구에서 학습장애 학생들(10~14세)에게 읽기 요약 전략과 전략 사용에서 노력의 역할에 대해 6주간의 수업을 제공하였다(Borkowski, Weyhing, & Carr, 1988). 실험에는 4개의 집단이 포함되었다.

1. 읽기전략과 복잡한 귀인(두 단계로 된 전략과 귀인; [그림 2-3] 참조) 훈련집단
2. 읽기전략과 귀인 훈련집단
3. 귀인 통제집단
4. 읽기전략 통제집단

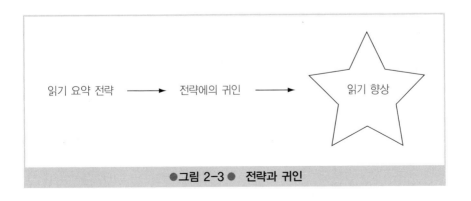

읽기 요약 전략 ⟶ 전략에의 귀인 ⟶ 읽기 향상

●그림 2-3 ● 전략과 귀인

전략과 귀인 훈련을 제공받은 집단은 두 통제집단보다 독해력에서 유의하게
더 좋은 점수를 받았다(훈련집단 50% 향상 대 통제집단 15% 향상). 오랫동안 낮은
자존감과 개인 통제력의 중요성에 대하여 부정적인 귀인신념을 가진 학생들의
경우, 그들에게 귀인 훈련 없이 전략만 훈련시키는 것은 효과적이지 않다고 연구
자들은 결론지었다. 나아가 연구자들은 각 내용 영역에서 구체적인 귀인 훈련을
포함하는 것이 중요하다고 결론 내렸다. 그렇지 않으면 학생들은 그들이 훈련받은
내용 영역에서만 전략을 사용할 가능성이 높다. 이 연구의 재훈련 절차에 기초해서
Fulk와 Mastropieri(1990)는 재훈련 전략 단계들을 개발하였다(〈표 2-3〉 참조). 전략
의 예에는 읽기에서 문장 요약하기 또는 수학에서 문제풀이 단계 등이 포함된다.

● 표 2-3 ● 귀인/전략 훈련을 위한 단계들

단계	전략
1	새로운 전략의 목적을 기술하라.
2	결과를 통제 가능한 원인으로 귀인할 때 노력의 중요한 역할을 기술하라.
3	전략이 어떻게 효과를 내는지와 관련하여 좋은 예와 안 좋은 예를 기술하라.
4	전략 사용과 긍정적인 귀인을 결합한 모델을 제공하라. (예, "내가 전략을 사용하고 열심히 노력했기 때문에 지금 이것을 해낸 거야.")
5	학생들이 전략과 귀인을 결합하여 연습하면 피드백을 제공하라. (예, "정말 잘 했어! 전략을 사용해서 열심히 했고 정답을 찾았구나.")
6	학생들이 독립적으로 전략 사용을 연습할 수 있게 하고 계속 모니터링하면서 필요할 때 교정 피드백을 제공하라. (예, "네가 얻은 결과를 노력과 이런 단계들로 귀인하는 것을 기억해라.")
7	형성 평가를 실시하라.

출처: Fulk & Mastropiere(1991). "Training Positive Attitudes: 'I Tried Hard and Did Well.'"
Intervention in School and Clinic, 26(2), 79-83. 허락받고 실음.

귀인 피드백을 위한 지침

귀인 피드백의 목표는 학생들이 성공의 이유로 노력(조작적으로 정의된)과 전
략, 능력 또는 기술에 초점을 맞추고, 실패의 원인으로 노력이나 전략의 부족에

초점을 맞추도록 하는 것이다. 귀인 피드백이 재훈련에 있어 중요한 측면임에도 불구하고, Foote(1999)는 초등학교 3학년 교사들이 거의 이런 귀인 피드백을 사용하지 않는다는 것을 발견하였다. 이것은 다른 학년에서도 마찬가지일 것이다.

　적응적 귀인 피드백을 제공하는 데 어떤 요인들이 중요한가? "정말 잘했어, 줄리."와 같은 말은 줄리에게 자신의 수행에 대한 구체적인 정보를 제공하지 않는다. 중요한 요인은 학생이 얼마나 노력했는가와 수행의 향상을 연결시켜서 노력을 조작적으로 정의하는 것이다(예, "잘했어. 이제 너는 자료를 찾기 위해 웹 브라우저 사용하는 법을 알게 되었구나."). 실패에 대한 피드백을 제공할 때에도 고려해야 할 중요한 사항들이 있다. 성공에 대한 학생의 기대라는 관점에서 볼 때, 실패에 대한 귀인 유형이 특히 중요하다. 만약 학생이 자신의 실패를 '내가 올바른 전략을 사용하지 못했기 때문이야.'라고 귀인한다면, 그 학생은 '내가 똑똑한 사람이 아니어서' 실패했다고 믿는 학생보다 다시 시도하도록 동기화될 가능성이 높다. 귀인 피드백을 제공하면서 노력의 부족을 실패의 원인으로 제시할 때 주의해야 한다. 과제가 학생의 근접발달영역(zone of proximal development) 내에 있음(즉, 도움을 받으면 수행할 능력이 있음)을 확신하라. 예를 들어, "섀넌, 너는 에세이를 주의 깊게 편집하고 수정하지 않았구나. 네가 이런 점에 주의를 했다면 에세이가 훨씬 더 좋아졌을 거야."라고 말할 수 있다. 다음은 귀인 피드백을 위한 지침이다.

- 학생들이 자신에게 성공할 능력이 있음을 확실히 믿게끔 하라(Robertson, 2000).
- 학생들이 자신에게 귀인 피드백을 주도록 하는 직접적인 방법을 사용하라(Robertson, 2000).
- 학생들이 자신이 왜 실패했는지를 모른다고 말할 때, 그들에게 과제를 완수하도록 도와줄 전략을 제안하고, 성공을 그 전략에 귀인하도록 하라.
- 과제 몰입도, 학업기술의 발달, 자기효능감을 높이기 위해 과거의 성취를 노력과 연결시키는 귀인 피드백을 제공하라. 미래 성취만을 강조하는 것은 그만큼의 효과를 가져오지 못한다(Schunk, 1982).
- 귀인 피드백이 제공되는 순서가 중요하다. 어려운 과제의 경우, 초기 피드백

은 노력에 대한 것이어야 한다. 기술이 발달하면 피드백은 능력으로 바뀌어
야 한다(Schunk, 1984b).
• 노력 피드백이 저성취 학생들에게 더 생산적이다(Ho & McMurtrie, 1991). 능
력 피드백은 자신에게 능력이 부족하다고 믿는 학생들에게 혼란을 가중시킬
수 있다.

협동학습이 더 생산적인 귀인을 촉진하는 것으로 확인되었다. 학생들이 서로
에게 귀인 피드백을 제공하는 것을 배운다면 협동학습은 더욱더 효과적일 것이
다. 〈전략 2-6〉은 귀인 피드백을 연습하는 방법을 제시한다.

전략 2-6 귀인 피드백 연습하기

• 학생들(또는 다른 누군가)에게 귀인 피드백을 제공하려면 연습이 필요하다. 성공적인 경험
에 대해 노력과 능력, 전략 사용으로 귀인 피드백을 제공하는 진술을 써 보는 것으로 시
작하라. 그런 다음 실패에 대한 귀인 피드백을 써 보라. 귀인 피드백의 예는 다음과 같다.
• 노력: "줄리, 훌륭해. 분수 나누기 연습을 많이 했기 때문에 잘 해낸 거야."
• 능력: "줄리, 훌륭해. 너는 이제 정말로 분수 나누는 방법을 잘 이해하는구나."
• 전략: "줄리, 순서대로 단계를 적용하고 내용을 검토했기 때문에 잘 맞힌 거야."

결과가 실패인 경우
• 학생의 성공에 대한 기대라는 관점에서 볼 때, 실패가 발생했을 때 그에 대한 귀인이 매
우 중요하다. 만약 학생이 자신의 실패를 '내가 올바른 전략을 사용하지 않았기 때문이
야.'라고 귀인한다면, 그 학생은 '내가 똑똑한 사람이 아니어서' 실패했다고 믿는 학생보
다 다시 시도하도록 동기화될 가능성이 높다. 귀인 피드백을 제공하면서 노력의 부족을
실패의 원인으로 제시할 때 주의해야 한다. 과제가 학생의 근접발달영역 내에 있음(즉, 도
움을 받으면 수행할 능력이 있음)을 확신하라. 만약 학생이 자신이 왜 실패했는지 모른다
고 말하면, 교사는 과제를 성취할 수 있는 전략을 제안하고, 그런 다음 성공을 그 전략에
귀인하도록 해야 한다. "섀넌, 너는 에세이를 주의 깊게 편집하고 수정하지 않았구나. 네
가 이런 점에 주의를 했다면 에세이가 훨씬 더 좋아졌을 거야."라고 말할 수 있다.

적응적 귀인 발달시키기

요약하면, 귀인 훈련에 관한 연구결과들은 일부 가장 어려운 동기 문제에 개입할 때 유용한 도구들을 제공한다. Robertson(2000)은 왜 우리가 이러한 도구들을 더 자주 사용하지 않는가에 의문을 제기하였다. 〈전략 2-1〉은 귀인정보를 수집하기 위한 방법들을 제안한다. 이 정보를 가지고 교사는 학생들이 (끈기와 더 높은 성취로 이끄는) 적응적 귀인을 발달시키도록 돕는 전략들을 고안함으로써 중요한 역할을 할 수 있다. 이 장은 〈전략 2-7〉로 마무리를 지을 것인데, 이는 학생들이 적응적 귀인을 발달시킬 수 있도록 도와주는 제안들이다.

전략 2-7　적응적 귀인 발달시키기

노력을 조작적으로 정의하고 보상하라

- 노력에 대해 당신과 학생이 모두 같은 생각을 가지고 있도록 하라. 노력이 무엇을 의미하는지에 대해 합의를 이루라. 노력에 대한 믿음을 분석하기 위해 〈예시 2-2〉를 사용하라. 학년 초부터 학급에서 **노력**이 의미하는 것에 대한 공통된 합의를 이루기 위해 학생들에게 노력의 의미에 대해 토의할 기회를 제공하라.
- "마술을 배제하라." 학생들에게 전략을 제공하라. 노력을 '발달시킬 수 있는 전략'으로 강조하라. 노력을 과제에 쓴 시간 이상인 것으로 조작적으로 정의하라. 예로는 구체적인 기억전략, 독해전략, 연습, 적절한 도움 구하기 등이 있다.
- **생산적인 노력을 하도록 하라.** 학생들이 생산적인 노력과 비생산적인 노력을 구분하도록 도와주라. 학생이 잘하지 못하고서 "하지만 나는 정말 열심히 했는데."라고 말한다면, 당신은 그 학생에게 열심히 공부하면서 '무엇을 했는지' 말해 달라고 하라.
- **노력을 결과와 연결하라.** 학생의 노력에 대해 보상을 주는 평가체계를 만들라. 한 가지 예는 학생이 시도한 것과 숙제한 것을 시험 성적과 연결시키는 것이다. 시도한 수를 노력으로 인정해 주라. 성공이나 실패로 이끈 학생의 행동을 구체적으로 말해 주는 피드백을 사용하라. 학생들이 숙제와 시험 점수 간 관계를 알 수 있도록 하라.

- 성공과 실패에 대한 기준을 '친구들이 얼마나 수행하였는가'에서 '자기 자신의 이전 수행에 비해 현재의 수행이 얼마나 나아졌는가'로 바꾸도록 도와주라. 청소년들은 특히 성공과 실패를 능력에 귀인한다("만약 내가 똑똑하다면 열심히 공부할 필요가 없을 거야."). 자신의 향상 정도를 볼 수 있도록 하기 위해 자신의 시험 점수와 성적을 계속 기록하도록 하라.
- 전략과 노력에 초점을 맞추라. 숙달 귀인 패턴을 칭찬 혹은 강화하라. 이것을 저학년 때부터 시작하라. 학생의 실수를 실패를 다루고 전략을 수정하고, 특정한 개념을 배우기 위해 더 많은 노력을 기울이는 것을 학생들에게 가르치는 기회로 사용하라.
- 학생이 책임감을 갖도록 하라. 만약 시험 결과가 좋다면 학생들에게 좋은 성적에 도움이 된 행동에 대해 말하게 하라. 만약 결과가 안 좋다면, 그들이 어떻게 다르게 했어야 했는지에 대해 논의하라. 이것이 다른 학생과의 비교가 아니라, 준거(역자 주: 교육목표에 도달하는 최저 수준)와 관련되도록 해야 한다.

능력에 대한 지각을 안정적인 것에서 불안정한 것으로 변화시키라

- 학생들이 능력은 지시와 연습, 피드백에 의해 학습될 수 있는 하나의 기술 또는 내용이라는 귀인을 발달시키도록 도와주라(예, 수학, 컴퓨터, 글쓰기, 독서, 음악, 테니스는 모두 학습하는 영역이다.).
- 새로운 학습이 처음에는 대부분 혼란스럽다는 것을 학생들이 인식할 수 있도록 하라. 특히 무기력한 학생들은 새로운 개념이나 절차를 결코 이해하지 못할 것이라고 믿는 경향이 있기 때문에 이것을 이해할 필요가 있다. 그들에게 학습은 점차적으로 획득되는 것임을 보여 주라. 근접목표(4장)와 혼잣말(5장)이 유용할 것이다.
- 비디오나 오디오 훈련을 통해서 친구들이 사전 귀인과 대처전략의 모델이 되도록 하라.
- 〈예시 2-1〉에서처럼 귀인의 예를 수집하고 그 예들을 게시판이나 학생 정보자료실에 올려 두라.

주요 내용의 개관

1. 귀인은 결과의 원인에 대한 개인의 신념과 그러한 신념이 기대와 행동에 어떻게 영향을 미치는지에 관한 인지이론이다. 결과의 원인에는 능력과 노력, 과제 난이도, 전략, 운 등이 포함된다. 3가지 차원은 내부-외부, 안정-불안

정, 통제 가능-통제 불가능이다.

2. 학교 장면(학업과 운동)에서 성공과 실패를 설명하기 위해 학생들이 이러한 귀인을 어떻게 사용하는가에 관한 지식은 교사들이 학생들이 가지고 있는 기대를 예측하고 필요할 때 개입전략을 세울 수 있게 도와준다.

3. 귀인은 직접적인 단서와 간접적인 단서에 의해 영향을 받는다. 직접적인 단서는 시험 결과이다. 간접적인 단서는 칭찬과 비난, 동정과 분노, 도움과 무시와 같은 교사의 언어와 행동을 통해 전달될 수 있고, 높은 능력, 낮은 성취, 뒤처진, 평균 등의 명칭에 의해 전달될 수도 있다.

4. 귀인신념은 자부심과 수치심, 무력감, 죄책감, 분노, 동정심 등의 정서적 반응을 야기한다. 성공 이후에 높은 능력에 귀인하는 것은 자주 자부심의 감정을 일으킨다. 실패를 능력에 귀인할 때 더 큰 무력감을 경험할 수 있다.

5. 귀인은 성공과 실패에 대한 목표 기대를 바꾸는 데 중요한 역할을 한다. 목표 기대를 바꾸는 데 결정적인 요인은 제시된 이유(귀인)와 그것의 안정성이다. 실패를 안정적인 요인인 능력에 귀인할 때 기대를 변화시키기는 더욱 어렵다.

6. 성공과 실패에 대한 귀인은 아동의 인지 수준과 관련이 있다. 즉, 더 어린 아동은 노력과 능력을 같은 것으로 보고, 노력의 증가가 능력의 증가를 이끈다고 믿는다. 아동이 인지적으로 발달함에 따라 그들은 점차 노력과 능력을 구분하기 시작한다.

7. 성공과 실패에 대한 귀인에서 확인된 성차는 다음과 같다. 소녀는 그들의 성취가 더 높다고 하더라도, 소년보다 실패를 자신의 능력 부족으로 귀인하는 경향이 크고 성공에 대해서는 외부 귀인(운)을 더 많이 한다. 소녀들은 자신의 수행을 과소평가하는 경향이 있는 반면, 소년들은 과대평가하는 경향이 있다.

8. 다른 인종 집단 간에도 유사한 귀인 패턴이 발견되었다. 초등학교 5학년과 6학년의 가난한 아프리카계 미국 학생과 히스패닉, 인도차이나인, 백인 학생을 비교한 결과, 모든 집단이 능력을 수학 성공에서 가장 중요한 요인으로

꼽았다. 인종 집단에 상관없이, 아동들이 노력과 능력을 개념화하는 방식이 관건이다.

9. 학습된 무기력은 귀인 설명의 결과로, 개인이 자신의 행동이 미래 결과에 영향을 미치는 데 아무런 효과가 없을 것이라고 기대할 때 존재한다. 학습된 무기력의 중요한 측면은 실패에 맞닥뜨렸을 때 그것이 학생들의 동기적 행동에 어떻게 영향을 미치는가 하는 것이다. 실패에 대한 2가지 반응 패턴, 부적응적–무기력 지향성과 적응적–숙달 지향성이 확인되었다. 똑같은 능력을 지니고 있는데도 숙달 지향성 학생들은 초기 어려움에 낙담하지 않는 반면, 무기력 지향성 학생들은 즉시 자신감을 잃는다. 학습장애 학생들은 특히 학습된 무기력 패턴을 보이기 쉬운데, 그들은 오랜 시간 동안 다양한 학교 과제에서 많은 실패를 경험하였기 때문이다.

10. 귀인과정은 도움 구하기가 긍정적인 것으로 또는 부정적인 것으로 간주되는 데 있어 중요한 요인으로 작용한다. 모든 학년에서, 아동의 지각된 유능감이 높을수록 그들은 도움 구하기에서 개인적 비용(예, 낮은 능력의 소유자로 생각되는 것)을 더 적게 느꼈다. 낮은 자존감을 가진 학생들은 특히 도움을 구하지 않는 경향이 있었던 반면, 높은 자존감을 가진 학생들은 더 많이 도움을 구하는 경향이 있었다. 교사들이 도움 구하기를 자기에게 위협적인 활동이라기보다 적응적인 대처전략으로 생각하도록 강조하는 것이 중요하다.

11. 교사가 능력과 노력의 역할에 대해 가지고 있는 믿음은 학생들에 대한 교사의 반응에 영향을 준다. 노력하지 않는 학생은 교사에게 가장 큰 분노를 일으키는 반면, 능력은 부족하지만 열심히 노력해서 성공하는 학생은 더욱 호의적으로 받아들여질 가능성이 높다.

12. 귀인 재훈련은 일반적으로 성공과 실패에 대한 학생의 부적응적인 설명을 적응적 설명으로 재구성하려는 시도를 의미하며, 이 훈련에서 원하는 결과는 학생의 끈기와 긍정적 기대를 증가시키는 것이다. 귀인 재훈련 접근에는 노력 (귀인) 재훈련, 자기지시, 사전정보 등이 있다. 귀인 재훈련이 인지전략 지시와 결합될 때 가장 강력한 개입이 일어난다.

동 기 의 도 구 상 자

1. 생각해 보아야 할 중요한 점과 궁금한 질문은?

2. 내가 지금 활용할 수 있는 전략은?

3. 이후로 발전시키기를 원하는 전략은?

제3장

능력과 동기 개념

> 학교는 배우고 또 배울 의지를…… 강화해 주어야 한다……. 학생들은 자기 자신과
> 스스로의 사고과정의 타당성에 대해 믿도록 격려를 받아야 되며…… 개인적 능력을 계발
> 해야 한다……. 교사는 학생들의 자신감과 높은 성취를 지지해 주어야 한다……. 자신감
> 과 유능성 둘 중 하나라도 성장한다면 이 둘은 함께 증가할 수밖에 없다.
>
> – Covington & Beery(1976, pp. 4–5)

이 장에서 중심적인 관심사는 자신의 능력에 대한 학생들의 지각과 평가이며, 그것이 그들의 동기에 어떻게 영향을 미치는가이다. 사람들이 연극이나 운동 팀에 참여하는 것에 대해 생각하든, 자신의 능력을 친구와 비교하든, 어떤 과정을 이수할 것인지 결정하든, 인생의 모든 측면에서 우리는 자신의 능력과 유능성을 평가하고 있다. Wigfield와 Eccles(2000)는 능력 신념(ability belief)을 성공에 대한 기대와 구분하였다. 능력 신념은 현재 능력에 초점을 두고 있으며, 기대는 미래의 결과에 초점을 맞춘다. 능력에 대한 자기지각과 관련된 관점을 이해하는 것은 교육자들이 학생의 자신감과 유능성, 그리고 현재와 미래의 적응적인 대처기술을 강화하는 데 도움이 될 것이다.

 ## 능력에 대한 자기지각: 개관

능력에 대한 자기지각은 동기에 대한 현재의 여러 관점, 즉 지각된 유능성과 기대가치, 자기효능감, 자기가치, 목표 지향성(Pajares, 1996), 내재적 동기(Connell & Wellborn, 1991)의 주요 요소이다. 개인의 유능성에 대한 지각에 가장 크게 영향을 미치는 것은 노력과 능력에 대한 신념이다(Paris, Byrnes, & Paris, 2001). 능력이 부족하다는 학생의 지각은 그 학생에게 심각한 동기 문제가 있다는 것을 교육자에게 말해 주며(Graham & Weiner, 1996), 그러한 지각은 능력과 노력에 대한 학생의 왜곡된 견해에서 발생한다(Paris et al., 2001). 능력에 대한 이런 신념은 학생이 향후 과제의 성공에 대해 가지고 있는 기대와 밀접히 관련되며, 과제에 대해 가지고 있는 가치와도 관련이 깊다(Bandura, 1986; Meece, Eccles, & Wigfield, 1990). 학생들이 어떤 과제나 과목에서 성공할 수 있다고 믿을 때, 그들은 더욱 그 과제에 착수할 가능성이 크고 과제에 두는 가치도 증가하게 된다(Bandura, 1986; Mac Iver, Stipek, & Daniels, 1991).

능력 신념의 발달적 경향에 관해 지금까지 밝혀진 것은 무엇인가? 일반적으로, 능력에 대한 아동의 신념은 "아동기를 거치며 더 분화되고 복잡해진다"는 것이다(Wigfield & Eccles, 2001, p. 2). 어린 아동들은 자신의 성공 가능성을 과대추정하는 경향이 있다(Stipek & Mac Iver, 1989). 이런 과대추정은 점차 나이를 먹으면서 수정되고 더 현실적인 것이 된다. 학업적 유능성에 대한 자기지각 또한 나이를 먹으면서 감소한다는 일부 증거가 있다(Eccles, Wigfield, Harold, & Blumenfeld, 1993). 이런 감소는 발달적 변화와 교실 환경의 결과인 것으로 가정된다.

여기서 중요한 질문은 아동이 자신을 모든 영역에서 똑같이 유능하다고 지각하는가이다. 오늘날 주된 견해는 8세 아동들이 인지 혹은 학업적 유능성, 스포츠에서의 신체적 유능성, 친구들과의 사회적 유능성, 일반적인 유능성 영역들에서 능력을 따로 구분한다는 것이다(Harter, 1982). 능력에 대한 자기지각은 영역 특수적일 뿐만 아니라, 다른 교과 영역에서도 구분된다(Bong & R. E. Clark, 1999). 예를 들어, 학생들이 수학에서 자신의 능력에 대한 높은 자기지각을 가질 수 있지만, 언어 과목에서는 낮은 자기지각을 가질 수 있다(Marsh, Byrne, & Shavelson, 1988).

능력에 대한 지각의 출처는 무엇인가? 자신의 수행을 판단하기 위해 개인이 사용하는 정보가 중요한 출처가 된다. 그들은 자신의 수행을 타인의 수행과 비교하는 **사**

회적 비교(social comparison) 기준을 사용할 수 있고, 현재 수행을 자신의 이전 수행
과 비교하는 개인적 기준(자기참조적 비교, self-referenced comparison)을 사용할 수
도 있다. 또한 수행을 비교할 때에도 발달적 패턴이 있다(Dweck, 2001). Dweck은
어린 아동들이 타인과의 비교에서 자신의 위치를 알 수 있지만, 그것이 그들에게는
아무런 의미도 없다고 지적하였다. 더 나이 든 아동들이 사회적 비교를 더 많이 사
용한다. 다음 절에서는 능력에 대한 신념에 긍정적 또는 부정적인 방식으로 영향을
미치는 사회적 비교와 자기참조적 기준의 차별적 효과에 대해 살펴볼 것이다.

  이 장의 주된 초점은 자기효능감, 자기가치, 성취목표 지향성 등을 포함하는 사
회인지 관점에 있다. 각각의 이론에서 능력에 대한 교사와 학생의 믿음이 중심이
되며 이러한 믿음은 교사의 행동과 학생의 자신감 및 노력에 영향을 준다. 이런 중
요한 개념을 파악하기 위해, 포스터 선생님의 과학 수업에 참여한 학생들이 자신
의 능력에 대해 가지고 있는 다양한 믿음에 대해 생각해 보자([그림 3-1] 참조).

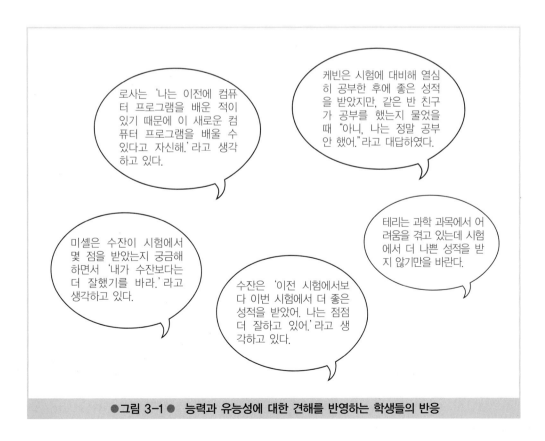

●그림 3-1 ● 능력과 유능성에 대한 견해를 반영하는 학생들의 반응

학생들의 유능성 신념은 그들의 진술과 행동에 의해 추론될 수 있다. 모든 학생이 자신의 유능성이나 능력에 대해 자기평가를 내리고 있다. 그러나 평가의 출처와 각 학생이 표현한 자신감에는 중요한 차이가 있다. 어떤 믿음은 학생들이 학교에서 향상되고 성공하도록 도와줄 것이지만, 어떤 믿음은 그들의 능력이 발달하는 것을 제한할 가능성이 있다. 포스터 선생님은 일부 믿음에 대해서는 알고 있지만, 믿음의 다른 미묘한 단서들과 그 믿음의 동기적 시사점에 대해서는 모르고 있다. 이 장에서의 관점은 능력에 대한 학생의 믿음과 그 믿음의 동기적 시사점, 적응적 믿음을 기르기 위한 방법들을 교사들이 이해하도록 도울 것이다. 자기효능감은 유능성에 대한 믿음을 더 잘 이해하기 위해 탐색되어야 할 첫 번째 영역이다.

✎ 자기효능감 신념

"자기효능감은 어떤 것을 달성하기 위해 요구되는 행동들을 조직화하고 시행할 수 있는 개인의 능력에 대한 믿음을 일컫는다."(Bandura, 1997, p. 3) 자기효능감은 학생이 구체적인 미래 과제를 성취하는 자신의 능력에 대해 내리는 판단이다. 그들이 가지고 있는 기술과 상관없이 자기효능감은 그 자체로 학생의 학습에 대한 강력한 예언 변인이다. 자기효능감에 내재되어 있는 핵심 가정은 과제를 수행할 기술을 가지고 있는 것과 그 기술을 여러 상황에서 사용하는 것은 다르다는 것이다. 이런 가정은 동기에 어떻게 영향을 주는가?

Bandura(1986)에 따르면, 가능한 결과에 대해 생각하는 데에는 결과 기대와 자기효능감 기대라는 2가지 유형의 기대가 있다. **결과 기대**(outcome expectancy)는 어떤 행동이 특정한 긍정적 또는 부정적 결과를 낳을 수 있다는 개인의 예상을 말한다("만약 내가 효과적인 학습전략을 사용한다면, 적어도 이 과목에서 B는 받을 수 있을 거야."). **자기효능감 기대**(self-efficacy expectancy)는 어떤 결과를 얻기 위해 필요한 기술이나 행동, 끈기를 실행하는 능력에 대한 개인의 판단이다("나는 이 수업에서 B를 받기 위해 필요한 학습전략을 사용할 수 있을까?"). 가장 영향력이 큰 요인은 효능감 기대이다(내가 얼마나 효과적으로 해낼 수 있을 것인가?). 개인효능감에 대한 신념은 주체성(agency, 의도를 가지고 수행하는 행동)의 가장 기본적인 요소이다. 개인효능감에 대한 신념은 선택과 행동, 노력, 지속성을 조절한다.

　자기효능감 판단은 학업 과제에서 진로 선택이나 운동 수행에 이르기까지 여러 영역의 동기에 영향을 주는 중요한 요인이다. 이것은 기대의 더 일반적인 판단이라고 할 수 있는 자기개념이나 자존감과는 다르다. 자기효능감 판단은 일반적인 것이 아니라 영역, 과제, 맥락에 더 특정적이다(Bong, 2002; Pajares & M. D. Miller, 1994). 즉, 읽기에서의 자기효능감은 인터넷 사용에 대한 자기효능감을 예측하지 못할 것이다.

　자기효능감은 또한 개별적인 효능감뿐만 아니라 집단효능감, 즉 자신감에 대한 사회적 판단을 반영한다. Bandura(1997)는 **집단효능감**(collective efficacy)을 "특정 수준의 성취를 이루기 위해 필요한 행동들을 조직화하고 실행하는 공동의 능력에 대해 집단이 공유하는 믿음"이라고 정의하였다(p. 477). 집단 과제에서, 구성원들은 개인적 능력에 대한 신념뿐만 아니라 전체로서 성공할 것이라는 집단의 능력에 대한 믿음을 가지고 있다. 이것은 전체로서 학교에 있는 교사들의 믿음이나 협동학습을 하는 학생들의 믿음, 운동 팀원들의 믿음과 관련될 수 있다. 더 효과적인 집단은 더 강한 집단효능감을 가질 것이다.

학업 과제에 영향을 주는 자기효능감

　자기효능감 판단은, 정확하든 그렇지 않든 (1) 어떤 활동을 시작하고 어떤 활동은 피할 것인가, (2) 얼마나 많은 노력을 기울이고 장애물이 있음에도 불구하고 얼마나 오랫동안 지속할 것인가를 결정하는 데 도움이 된다(Bandura, 1986). 우리는 자신이 기술을 가지고 있다고 믿는 과제에 착수할 가능성이 더 크고, 자신이 가지고 있는 것보다 더 많은 기술을 요구한다고 생각되는 과제는 피할 가능성이 더 크다. 예를 들어, 자신의 수학 능력에 자신이 없는 학생은 할 수만 있다면 수학

과목을 수강하지 않을 확률이 높다. 이에 더해서 자기효능감이 더 높을수록 사람들은 그 과제를 완수하기 위해 더욱 열심히 노력할 것이다. 이것은 특히 어려움에 직면했을 때 중요하다(Bandura, 1986). 강한 자기효능감을 가진 사람들은 자신의 능력에 대한 회의로 굳어 있는 사람들보다 더 쉽게 포기하지 않을 확률이 크다.

Collins가 수행한 연구(Bandura, 1993에 인용되어 있음)는 능력에 대해서 가지고 있는 믿음이 어떻게 전략에 영향을 미치는지를 잘 보여 준다. Collins는 수학 능력이 낮은 아동과 중간인 아동, 높은 아동을 선발하여서 그들에게 풀기 어려운 수학 문제를 주었다. 각각의 능력 집단에서는 자신의 수학 능력에 자신감을 보이는 아동과 자기의심을 보이는 아동들이 있었다. 실제 능력이 아니라 자신의 능력에 대한 아동들의 믿음이 각 집단의 아동이 사용하는 문제해결 전략을 구분해 주는 요인임이 입증되었다. 능력에 대해 의심을 가진 아동들보다 자신감이 있는 아동들이 더 많은 문제를 다시 풀려고 하였고 비효과적인 전략을 더 빨리 포기하였다. 사실상, 실제 능력보다 지각된 자기효능감이 수학에 대한 긍정적 태도의 더 좋은 예측요인이었다. 이것은 자기효능감이 개인의 능력을 반영하는 것이 아니라, 능력에 대해 가지고 있는 신념임을 확증해 준다.

이와 유사하게, Bouffard-Bouchard, Parent와 Larivee(1991)는 성적 수준(표본에는 중학생과 고등학생이 포함됨)이나 인지 능력과 관계없이, 자기효능감이 인지적 유능성보다 더 중요하다는 것을 발견하였다. Bandura(1993)가 지적한 것처럼, 사람들은 (1) 기술이 부족하거나 (2) 기술은 가지고 있지만 그것을 잘 사용할 수 있게 해 주는 자신감이 부족해서 제대로 잘 수행을 하지 못한다.

학생들이 사용하는 자기조절 전략에서 자기효능감의 수준이 핵심적인 역할을 한다. 연구결과의 예는 다음과 같다.

• 더 높은 자기효능감을 가진 학생들은 더 높은 목표를 설정하고 그 목표를 달성하기 위해 더 많이 노력한다(Zimmerman, Bandura, & Martinez-Pons, 1992).

• 학생들이 학교를 다니며 성장함에 따라 교과 영역에서 학업적 자기효능감이

높아진다(Zimmerman & Martinez-Pons, 1992).

- 더 높은 자기효능감을 가진 학생들이 더 많은 인지전략과 초인지 전략을 사용하고 더 오랫동안 끈기 있게 공부한다(Pintrich & DeGroot, 1990).
- 더 높은 자기효능감을 가진 학생들이 더 어려운 수학 과제에 도전했다(Bandura & Schunk, 1981).
- 자기효능감은 중학생의 인터넷 사용에 대한 자신감과 관련이 있었다(Joo, Bong, & Choi, 2001).
- 학생들이 대학교 1학년 동안 보고했던 자기효능감의 수준이 그들의 기대와 전반적 만족감 그리고 수행의 강력한 예측 변인이었다(Chemers, Hu, & Garcia, 2001).

적절한 수준의 효능감 신념이 존재하는가? Bandura(1986)는 가장 유용한 자기효능감 판단은 한 개인이 특정 과제에서 수행할 수 있는 것보다 약간 높은 것이라고 제안하였다.

자기효능감 판단의 출처

사람들의 자기 능력에 대한 신념에 영향을 주는 정보의 출처는 무엇인가? 능력에 대한 신념은 4가지 정보 출처, 즉 이전 과제 성취, 대리 경험(타인을 관찰하는 것), 언어적 설득, 그리고 생리적 상태에서 나온다(Bandura, 1997). 중요한 것은 출처 자체가 아니라 정보에 대한 개인의 평가이다. 이런 출처들이 동일한 영향력을 갖지는 않는다. 자기효능감에 영향을 미치는 4가지 정보 출처를 영향력의 순서에 따라 기술하였다([그림 3-2] 참조).

이전 과제 성취

이 장의 초반에 제시된 학생들의 생각을 기억하는가? 로사는 이전에 컴퓨터를 성공적으로 배웠기 때문에 새로운 컴퓨터 프로그램을 배울 수 있다고 자신한다.

가장 강력한			가장 약한
과제 성취 →	대리 경험 →	언어적 설득 →	생리적 상태

●그림 3-2 ● **자기효능감 신념의 출처**

이것은 자신의 개인적 경험, 즉 과거의 성공적인 과제 수행에 기초한 자기효능감의 예이다. 개인적 경험은 성공하기 위해 해야 하는 어떤 것을 자신이 할 수 있는지에 대한 직접적인 증거이기 때문에, 효능감 정보의 가장 중요한 출처이다. 이때 성공은 효능감 기대를 높이는 경향이 있는 반면, 실패는 효능감 기대를 낮추는 경향이 있다. 그러나 개인적 경험 자체는 효능감에 직접적인 영향을 주지 못하며, 개인이 그 경험을 어떻게 해석하느냐가 중요하다(Bandura, 1997). 실패가 학습 경험 초기에 발생한다면, 그것이 노력의 부족과 같은 내부-불안정한 요인에 귀인되지 않는 한, 개인의 자신감에 특히 해롭다.

대리 경험

자기효능감 신념의 두 번째 출처는 타인의 수행을 관찰하는 등의 대리 경험으로부터 나온다. 대리 경험은 이전의 성공적인 수행만큼 강력하지는 않지만, 모델을 보는 것은 개인이 제한된 기술을 가지고 있거나 새로운 기술을 학습하려고 할 때에 특히 유용하다. 모델이 위협적인 상황에서 성공적으로 수행하는 것을 관찰한 학생은 자신이 같은 기술을 획득할 수 있다는 기대를 발전시킬 가능성이 더 높다. 모델은 기술을 시연해 줄 뿐만 아니라, 하나의 과제를 공략하기 위해 여러 방법을 시도하는 것 혹은 끈기와 같은 대처전략을 보여 준다(Schunk & Hanson, 1985). 비디오나 오디오 모델뿐만 아니라 실제 모델도 대리학습을 제공하기 위해 사용될 수 있다. 이런 맥락에서 학생들은 자신의 유능성과 관련된 적응적 정보 출처로서 사회적 비교판단을 사용할 것이다.

언어적 설득

"너는 할 수 있어!" 새로운 문제를 해결해야 할 때 당신은 이렇게 격려해 주는 말을 몇 번이나 들었는가? 언어적 설득은 사람들이 이미 어느 정도 자신이 유능하다는 증거를 가지고 있을 때 가장 효과적이다. 학생에게 "너는 할 수 있어."라고 말하는 것이 널리 사용되는 전략이긴 하지만, 효능감 기대를 높이는 효과는 직접적인 경험이나 대리 경험을 통한 피드백보다는 더 약한 경향이 있다. 다른 말로 하면, 학생에게 글쓰기를 배울 수 있다고 말하는 것은 성공적으로 에세이를 쓴 직접적인 경험만큼 영향력이 있지는 않다. 긍정적인 메시지와 부정적인 메시지가 모두 효능감에 영향을 미친다는 것에 주의하라. 그러나 긍정적인 메시지가 효능감을 높이는 데 미치는 영향력보다 부정적인 메시지가 효능감 기대를 낮추는 데 훨씬 더 큰 영향력을 발휘한다(Bandura, 1986).

생리적 상태

사람들은 또한 자기 몸의 생리적 반응으로부터 자신의 유능성에 대한 정보를 얻는다. 땀을 흘리거나 심장박동이 빨라지는 것과 같은 생리적 증상이 효능감에 대한 단서를 제공할 수 있다(Schunk, 1989). 발표를 하기 위해 마지막으로 사람들 앞에 서 있었던 때를 떠올려 보라. 과제에 접근할 때 너무 큰 불안은 발표를 회피하거나 자신이 할 수 있는 수행에 대해 부정적으로 생각하도록 만들 수 있다. 불안은 자기효능감 지각을 방해할 수 있고, 이것은 다시 수행을 방해한다.

컴퓨터 효능감에 영향을 주는 출처에 관한 Smith(2001)의 연구에서 확인된 것처럼, 자기효능감의 이런 4가지 출처는 서로 상호작용할 수 있다. 자기효능감에 미치는 영향력이 성별과 인종에 따라 다르다는 연구결과가 유명한데, 그 결과에서 과제 성취 경험은 백인 남학생에게 가장 중요했고 대리 경험은 여학생과 백인이 아닌 경우에 가장 강력하였다. 중학교에 입학한 학생들에 관한 연구에서, Usher와 Pajares(2006)는 여성과 아프리카계 미국인들의 경우 언어적 설득이 숙달(이전 성취)보다 더 강력한 영향을 미쳤음을 발견하였다.

자기효능감의 출처를 아는 것은 교사들에게 어떤 도움을 줄 수 있는가?

Pajares와 Schunk(2002)는 "교사들은 유능성에 대한 학생들의 자기신념에 많은 주의를 기울여야 한다. 왜냐하면 그것이 학생의 동기와 성취를 더욱 정확하게 예측할 수 있기 때문이다."라고 주장하였다(p. 18). 학생들이 자신의 능력에 관한 정보를 얻기 위해 사용하는 지식 유형을 아는 것은 교사들이 적절한 피드백을 제공하고 학생들의 자기효능감을 지지하고 높이기 위한 전략을 고안하는 데 도움을 줄 수 있다. 학생들이 스스로가 할 수 있다고 생각하는 것이 그들의 실제 능력보다 성공적인 성취를 위한 더 좋은 지표라는 것을 기억하라.

자기효능감의 발달

자기효능감의 근원은 부모나 보호자가 제공해 주는 숙달 경험에 뿌리를 두고 있다. 높은 효능감을 가진 부모들은 자녀 발달에 호의적인 환경을 만들어 줄 가능성이 더 높다(Bandura, Barbaranelli, Caprara, & Pastorelli, 1996). 이런 경험은 어떤 행동(예, 모빌을 흔들고 그것이 움직이는 것을 바라봄)이 어떤 결과를 낳는다는 인식을 갖고 유아가 하게 되는 행동에서부터 시작된다(Bandura, 1997). 아동의 자기효능감 발달은 다시 부모의 자기효능감에 영향을 준다. 학령기 동안 아동이 기술을 학습하고 발달시킴에 따라 자기효능감이 올라가는 경향이 있다(Schunk & Pajares, 2002). 고학년 학생들이 저학년 학생들보다 더 높은 효능감을 표현한다.

그러나 만약 아동이 긍정적인 자기효능감이 없이 학교생활을 시작한다면, 교사와 학교는 무엇을 할 수 있을까? 교사는 동기와 성취를 강화하기 위해서 자기효능감 지식을 어떻게 사용할 수 있을까?

효능감 신념의 확인과 자각

Pajares와 Miller(1994)는 어떤 과목에 대한 학생의 사전 지식 수준을 교사가 모르기 때문에, 학생들의 부정확한 효능감을 파악하고 이해하고 수정하는 과정에서 교사는 학생의 동기에 관한 통찰을 얻게 될 것이라고 믿었다. 학생의 효능감을 알아차리고 전략을 가르치는 것은 자기효능감을 높이고 학생의 성취를 증가시킬 수 있다.

인지적인 측면이나 동기의 측면에서 준비된 상태에서 학교에 오는 학생들은 빨리 배우고, 학교도 그들에게 잘 대해 준다(Bandura, 1997). 그러나 학생들은 자신의 능력에 대해 서로 다른 믿음을 가지고 학습 상황에 들어온다(Schunk, 1989). 능력에 대한 학생들의 판단이 일관성 있게 낮거나 과소평가된 영역이 있는가? 물론 있다. 수학이 그러한 영역으로, 능력에 대한 믿음이 중요하다. 연구자들은 수학에서 여학생들이 남학생들보다 일관되게 더 낮은 자기효능감을 가지고 있음을 발견하였다(Pajares & Miller, 1994; Randhawa, Beamer, & Lundberg, 1993). Pajares와 Miller는 수학에서의 실제 능력과 대학생들이 자신의 능력에 대해 믿는 것이 상응하지 않는다고 지적하였다. 학생들은 실제 능력에 기초하여 진로를 선택하는 대신, 자신의 능력에 대한 믿음을 기초로 진로를 선택하였다. 이들은 "내 전공분야는 수학을 필요로 할까?" "수학이 내가 가르치는 세부전공 분야가 될 것인가?"와 같은 질문을 하고, "많은 수학 지식이 필요하지 않다는 것을 알기 때문에 나는 초등학교 교사가 되기로 했어."와 같이 말하기도 하였다.

특수교육 학생들은 집단적으로 낮은 자기효능감을 보인다. 예를 들어, Gresham, Evans와 Elliott(1988)은 경도 장애 아동과 비장애 아동, 영재 아동 간의 자기효능감을 비교하였을 때, 경도 장애 아동이 비장애 아동과 영재 아동보다 더 낮은 학업 성취와 사회적 자기효능감을 경험한다는 것을 발견하였다. Lakaye, Margalit, Ziv와 Ziman(2006)도 학습장애가 있는 중학교 1학년 학생들이 비학습 장애 학생들보다 더 낮은 자기효능감 지각을 보고한다는 것을 발견하였다. Gresham(1984)은 경도 장애 아동에서 낮은 자기효능감이 계속해서 보고되는 것은 그들이 경험한 학업적 실패와 사회적 실패의 경험 때문이라고 설명하였다. Hampton과 Mason(2003)은 학습장애 학생들이 자기효능감 출처(예, 과제 성취)에 더 적게 접근하여서 더 낮은 자기효능감 지각을 갖게 된다고 하였다.

학생이 낮은 자기효능감을 갖고 있다는 것을 알게 되면 다음 단계로 나아가게 된다. 즉, 교사는 학생들의 자기효능감을 높이기 위해 무엇을 할 수 있을까?

자기효능감 강화하기

자기효능감을 강화하는 것과 관련하여 알려진 것은 무엇인가? 자기효능감을 높이기 위해 교사가 사용할 수 있는 전략들이 명시화되었다(Schunk, 1991). 교사가 자기효능감에 영향을 주기 위해 사용할 수 있는 전략에는 (1) 목표와 피드백, (2) 보상, (3) 전략의 언어화를 위한 자기지시, (4) 참여적 모델링, (5) 이런 전략들의 다양한 결합이 있다. 수학 문제 풀이든 축구 기술이든 글쓰기든 간에, 자기효능감과 기술 발달, 전략 사용은 맞물려 돌아간다는 점을 명심하라. 학생들이 기술을 발달시킬 수 있는 전략을 학습하면, 그것은 다시 자기효능감의 증가를 가져온다.

목표, 피드백, 보상, 언어화

과제 성취는 자기효능감 정보의 가장 강력한 출처이기 때문에, 과제 성취를 강화할 수 있는 전략을 사용하는 것이 무엇보다 중요한 접근이 된다. 학습장애를 갖고 있거나 치료가 필요한 것으로 분류된 학생들의 자기효능감을 강화하기 위해 도우려고 할 때, 목표설정과 피드백, 보상, 혼잣말 또는 언어화와 같은 전략들을 다양하게 결합하여 사용한다.

Schunk와 Cox(1986)는 언어화와 노력 피드백(effort feedback) 전략의 결합이 학습장애 학생들의 수행과 자기효능감에 미치는 영향을 연구하였다. 뺄셈 문제를 풀 때, 학생들은 과제의 단계들을 자신에게 큰 소리로 말한다. 그다음 그들은 노력 때문에 성공했다는 피드백을 받는다. 언어화와 노력 피드백의 결합은 성공적인 문제해결로 이끌고 더 높은 자기효능감과 뺄셈 기술을 갖게 한다. 연구자들은 언어화와 노력 피드백의 2가지 전략이 다른 목적으로 사용된다고 믿었다. 언어화는 학생들이 과제전략을 체계적으로 사용하도록 훈련하는 데 유용하였다. 학생들에게 노력이 성공의 원인이라는 피드백을 제공하는 것은 자신이 기술을 발달시키고 있고 열심히 하면 계속 잘 수행할 수 있다는 귀인 피드백을 전달하였다.

교사는 때때로 자기효능감을 높이는 데 있어 피드백의 중요성을 간과한다. Pajares와 Johnson(1994)은 예비교사들의 언어 과목 수업에서 연구를 수행하였다. 학생들은 교사로부터 글쓰기 과제를 시도하고 완성한 것에 대한 피드백은 받았지만, 특정한 글쓰기 기술에 대한 피드백은 받지 못하였다. 그 수업의 마지막 평가에서 학생들의 글쓰기 기술이 향상되었지만 자신의 글쓰기 기술에 대한 자기효능감 판단은 증가하지 않았다는 것이 드러났다. 연구자들은 교사가 기술(이 경우, 글쓰기)의 향상이나 저하에 주목할 때, 학생들에게 구체적인 기술 발달에 대한 피드백을 주는 것이 필수적이라는 결론을 내렸다. 앞에서도 강조한 것처럼, 학생들은 실제 기술에 대해서 판단을 내릴 뿐만 아니라 그 기술을 사용하는 유능성 지각에 대해서도 판단을 내릴 것이다. 이런 자기효능감 지각은 구체적인 교사 피드백으로 향상될 가능성이 높다.

참여적 모델링

대리 경험은 자기효능감의 두 번째로 강력한 출처이다. 학생들의 경우 대리 경험의 가장 흔한 형태는 자신이 배우려고 하는 기술을 어떤 모델(다른 학생이나 교사)이 수행하는 것을 보는 것이다. 어떤 모델이 더 효과적인 모델인가? 친구 모델인가 또는 교사 모델인가? 숙달 모델인가 또는 대처 모델인가?

친구 모델 또는 교사 모델 | Schunk와 Hanson(1985)은 8~10세 학생들에게 비디오테이프를 통해 분수를 푸는 또래 또는 교사 모델을 관찰하도록 하였다. 또래 모델을 관찰한 아동들은 교사 모델을 관찰했던 학생들보다 더 높은 자기효능감을 보였고 수학 평가에서 더 높은 점수를 보였다. 연구자들은 아동들이 자신을 또래 모델과 더 유사하다고 생각했기 때문에 이러한 결과가 나타났다고 결론 내렸다. 또래 모델을 사용하는 것은 저성취 학생들의 자기효능감을 높이고자 할 때 특히 권장된다. 저성취 학생들은 교사가 시범을 보여 줄 때 유능감을 달성하는 것에 더 회의적이기 때문이다.

숙달 모델 또는 대처 모델 │ 자기효능감을 강화하는 데 어떤 모델이 더 효과적일 것이라고 생각하는가? 높은 수준의 전문성을 보여 주는 전문가인가 혹은 유능하지만 기술을 획득하기 위해 사용한 전략을 보여 주는 전문가인가? 이전 연구에서는 유능성에 대한 관찰자의 믿음은 자신이 모델과 유능성에서 유사하다고 지각하는 것에 의해 영향을 받는다는 것을 발견하였다(Zimmerman & Ringle, 1981). 모델들은 숙달 행동 또는 대처 행동을 보여 줄 수 있다(Schunk & Hanson, 1985; Schunk, Hanson, & Cox, 1987). 숙달(mastery) 모델은 높은 수준의 자신감과 높은 수준의 전문성을 가지고 과제를 수행하는 것을 보여 준다. 이와 대조적으로 대처 (coping) 모델은 학생들이 경험하는 어려움과 그것을 극복하기 위해 사용한 전략 (예, 노력)을 가지고 과제를 수행하는 것을 보여 준다. Schunk 등(1987)은 대처 모델 대 숙달 모델의 효과성을 비교하였다. 두 유형의 모델은 다음과 같은 전략들을 보여 주었다.

1. 또래 대처 모델: 처음에 실수를 하고 부정적 자기효능감을 나타내는 진술을 말한다(예, "내가 이것을 할 수 있을지 자신이 없어."). 그리고 나서 교사가 촉구를 한다(예, "분모가 같을 때 너는 어떻게 하겠니?"). 그런 다음, 대처 모델이 실패를 어떻게 극복하였는지에 대해 말하고(예, "내가 하고 있는 것에 주의를 집중할 필요가 있어."), 결국 숙달 수준으로 수행하였다.
2. 또래 숙달 모델: 보통 수준으로 공부하면서 모든 문제를 올바르게 수행하였다. 높은 자기효능감과 능력에 대해 언어화한다(예, "나는 이런 것을 잘해." "이것은 쉬웠어.").

연구결과는 학생들이 자신을 또래 대처 모델과 더 유사하다고 판단하는 것으로 나타났다. 또래 대처 모델을 관찰한 학생들은 또래 숙달 모델을 관찰한 학생들에 비해서 학습에 대해 더 높은 자기효능감을 보였으며 사후검사(posttest)에서 자기효능감이 높아지고 기술의 발전을 보였다.

모델링은 교실에서 바로 사용할 수 있는 자원이다. 이것은 타인과의 긍정적 사회비교의 한 사례이다(Schunk, 2001). 이때 교사에게 중요한 것은 또래 모델을 선택할 때 주의해야 한다는 점이다. 예민하고 기민한 교사는 학급에서 적절한 또래 대처 모델을 찾을 수 있고 많은 학생의 자기효능감을 강화하는 데 그들을 활용할 수 있다.

교실에서 자기효능감 활용하기

Pajares(1996, 2006)는 자기효능감을 높이는 간단한 방법은 없다는 것을 상기시켰다. 그럼에도 불구하고 연구결과는 (1) 모든 학생의 효능감을 증진시키고, (2) 낮은 자기효능감이 뚜렷이 보이는 학생들을 돕고자 할 때 교사에게 유용한 자원들을 제공한다. 자기효능감을 활용하는 첫 번째 단계는 우선 자신의 유능성에 대한 학생들의 판단과 관련된 정보를 모으는 것이다. Zimmerman과 Martinez-Pons(1990)는 자기효능감 측정치는 동기가 거의 없는 학생들을 더 잘 이해하는 데에 사용될 수 있고, 학생의 영재성이 있는 영역을 확인하는 데에도 사용될 수 있다고 제안하였다. 〈전략 3-1〉은 자기효능감을 높이기 위해 학생의 유능성과 전략에 대한 정보를 얻는 방법들을 제시한다.

전략 3-1　자기효능감 개발하기

모델의 사용

• **또래 모델을 주의 깊게 선택하라.** 끈기와 전략 사용의 중요성을 강조하기 위해 효과적인 대처 모델이 될 수 있는 또래를 선택하는 것이 중요하다. 또한 자연스럽게 자신을 숙달 모델로 보여 주는 영향력 있는 학생에 유의하라. 그들이 사용한 대처전략을 통해서 어려움들을 어떻게 극복하였는지에 대해 질문하라.

• **대처 모델의 역할을 하라.** 교사나 코치 또는 부모로서 쉽게 숙달 모델이 될 수 있을지 모르지만, 그보다는 대처 모델로 행동하라. 예를 들어, 중학교 3학년 작문 교사는 익숙하지 않은 주제에 대한 에세이 초고를 작성함으로써 글쓰기 초심자의 모델이 될 수 있

다. 교사는 학생들에게 글쓰기 과정의 초기 단계를 보여 주기 위해 자신의 초고를 슬라이드기 위에 놓는다.

- **자기효능감 스토리를 공유하라.** 자기효능감 신념이 실패나 좌절을 극복하는 데 어떻게 도움이 되었는지에 대한 자기효능감 스토리를 적으라. 학생들에게 자기효능감 스토리를 글로 쓰거나 말하도록 한다.
- **학생의 자기효능감 수준을 평가하라.** 구체적으로 특정 과제를 위해 개발된 척도를 가지고 자기효능감 수준을 쉽게 평가할 수 있다. 이 정보를 얻는 것은 낮은 자기효능감이 나타나기 쉬운 영역(여학생과 수학처럼)에서나 어려운 과목을 가르칠 때 특히 중요하다. 다음 척도는 예로 보여 주기 위해 Bandura와 Schunk(1981)에서 수정한 것이다.

당신이 워드프로세서로 한 쪽 분량의 글을 쓰고 그것을 프린트할 수 있다고 얼마나 확신하는지 1~100점 척도로 평정하라.

전혀								매우
확신이 없다								확신한다

1 — 10 — 20 — 30 — 40 — 50 — 60 — 70 — 80 — 90 — 100

- **귀인 피드백**: 자기효능감을 높이는 가장 중요한 방법 중 하나는 학생에게 그들이 특정 기술이나 전략 사용에서 발전이 있다는 피드백을 주는 것이다. 앞 장으로 돌아가 귀인에 대해 생각해 보자. 노력과 전략에 대한 피드백은 자기효능감을 높일 가능성이 크다. "찰리, 네가 틀린 단어를 다시 공부하면서 보여 주었던 노력이 이제 빛을 발하였구나. 얼마나 나아졌는지 보렴."
- **전략 사용**: 기억하고 이해하고 문제를 해결하는 구체적인 전략들을 학생에게 가르치라. 이후 향상된 것을 학생이 사용한 특정 전략과 연결시킨다.
- **목표설정**: 학생들에게 구체적인 목표를 세우도록 격려하고 그런 다음 현재 수행을 현재 목표와 비교하게 한다. 자신이 향상되었다고 생각할 때, 학생들의 자기효능감은 증가할 가능성이 높다(Schunk, 1989).
- **보상**: 보상은 구체적인 성취와 연결될 때 자기효능감을 높인다(Schunk, 1989).
- **교사의 자기효능감**: 학생의 학습에 변화를 가져올 수 있는 유능성에 대한 교사의 신념이 학생의 자기효능감에 영향을 미친다. 교사의 자기효능감은 6장에서 교사효능감으로 다뤄진다.

우리는 과제를 성취하는 유능성에 대한 자기효능감 신념이 어떤 과제를 시도할 것인지, 그 과제를 완수하는 데 얼마나 많이 노력하고 지속할 것인지에 영향을 미치는 등 동기의 측면에서 중요하다는 것을 보았다. 이후에는 자기가치 이론과 성취목표 지향성이 능력에 대한 판단과 동기에 미치는 영향력에 관한 2가지 다른 관점을 설명할 것이다.

> ‖ **생각해 보기** ‖ 당신 삶에서 자기효능감 스토리―자신의 능력에 대한 신념이 목표를 달성하고 좌절을 극복하는 것을 어떻게 도와주었는지에 관한 이야기―에 대해 생각해 보라. 당신 스스로 자신의 동기 회복탄력성을 상기시키기 위해 그것을 어떻게 사용할 수 있는가?

자기가치 이론: 지각된 능력의 자기보호

능력에 대한 지각과 그 영향력에 대한 또 다른 관점은 자기가치 동기이다. 이 동기는 자신의 능력에 대해 긍정적 이미지를 유지하려는 학생들의 욕구가 모든 교실 성취에서 가장 중요한 부분이라는 전제를 기반으로 하고 있다(Covington, 1992). 우리 사회에서 개인의 자기가치는 그의 성취와 동일시되곤 한다(Covington, 1998). 학생들은 종종 능력이 성공을 이끄는 일차적인 요인이며 능력의 부족이 실패의 주된 이유라고 믿는다. 그래서 학생은 실패를 피하고 자신의 능력이 부족하다는 지각으로부터 자기가치를 보호하려는 동기를 갖게 된다. 학생들은 다음에 소개되는 자기패배적인 전략들을 사용하여서 자신을 보호하고자 한다. 이런 자기방어적인 동기는 청소년기 동안 만연하다.

능력에 대한 자기보호에서 귀인 설명은 중요한 요소이다. 학생들이 실패를 노력을 적게 한 것에 귀인한다면, 귀인은 능력이 부족해서 실패했다는 설명으로부터 그들을 보호하는 역할을 한다(J. Brown & Weiner, 1984). 이것은 왜 케빈이 좋은 성적을 받은 후에 실제로는 공부를 하였음에도 공부하지 않았다고 주장하는지를 설명해 준다. 케빈은 만약 사람들이 자신이 좋은 성적을 받기 위해 공부해야만 한다는 것을 알아차리게 되면, 그들이 자기를 능력이 부족한 사람으로 생각할 것이라고 믿고 있다. 성공할 것 같지 않다고 믿는 학생들에게 가장 우선적인 것은 실패-회피 전략을 사용해서 능력에 귀인되거나 능력과 연결된 실패를 피하는 것이다(Covington, 1992; Covington & Beery, 1976).

교실에서의 자기가치 보호

실패 회피의 부정적 동기 패턴은 자주 학교와 교실 장면에서 강화되곤 한다. 아마도 가장 흔한 예는 경쟁적 학습 게임일 것이다(Covington, 1992). 경쟁적 학습 게임(competitive learning game)은 학생들이 성적과 보상을 두고 서로 경쟁하도록 하는 것이다. 다음은 학생들이 경쟁적 게임을 하도록 만드는 교실 상황들이다.

- 학생들에게 충분하지 않은 보상을 제공하여 서로 경쟁하게 만들거나 포기하게 만들기
- 노력을 고려하지 않고 학생의 능력에 대해 보상하기
- 각 학생을 다른 학생과 비교하여 성적 주기
- 학생들의 능력에 따라 집단 구분하기

이러한 상황들은 능력이 자기가치를 나타낸다고 믿는 학생들에게 해가 될 수 있다.

실패-회피 전략

학생들이 능력이 부족하다는 타인의 지각으로부터 스스로를 보호하기 위해 사용하는 실패-회피 전략은 무엇인가? 그것은 적은 노력(low-effort), 자기결손(self-handicapping), 성공의 보장(guarantee of success)과 같은 3가지 커다란 범주로 구분된다.

적은 노력

능력이 부족하다는 지각을 피하기 위한 가장 흔한 방법은 적게 노력했다는 설명을 사용하는 것이다. 적은 노력은 잘못된 노력과 비참여와 같은 행동으로 나타난다(Covington, 1992). 이런 행동은 학생에게 논리적인 것처럼 보일지 모르지만, 교사나 부모에게는 비합리적인 것으로 보일 수 있다. 하지만 이런 것들은 전략(즉, 능력이 적은 것처럼 보이는 것으로부터 자신을 보호하기 위한 전략)으로 인식되어야 한다.

자기가치 이론은 교사에게 가장 좌절스러운 문제 중 하나인, 왜 학생들이 노력하지 않는가에 대해 설명해 준다. 만약 학생들이 열심히 노력했는데도(시험을 위해 많은 시간 공부를 함) 실패한다면, 그것은 자신에게 능력이 부족하다는 생각을 갖게 할 위험이 있다. 따라서 이 전략은 학생들이 열심히 노력했다는 것을 부인하고 만약 그들이 정말로 열심히 노력했다면 성공했을 것이라고 합리화하면서 자존감을 보호하도록 만들어 준다. 학생들이 이런 착각을 유지하기 위해 사용하는 방법들은 다음과 같다.

- 쉬운 질문에만 대답함으로써 이해하고 있는 척하는 잘못된 노력
- 눈이나 머리를 아래로 향해서 교사의 주의를 피하려는 시도
- 필수적으로 해야 하는 것이 아닌 일은 회피함(Covington, 1992)

노력은 양날의 칼로 불려 왔다(Covington & Omelich, 1979). 이것은 '학생들이 교사의 처벌과 개인적인 죄책감을 피하려면 어느 정도 노력을 해야 하지만, 열심히 노력했는데도 실패했다는 무능감과 관련된 굴욕감을 감수하는 위험이 발생할 정도까지는 노력할 필요가 없다.'는 것을 의미한다(Covington, 1984, p. 10). 학생들은 자주 노력에 대한 교사의 모순적인 반응에 혼란을 느낀다. 즉, 교사는 한편으로 노력의 가치를 높이 평가하고 강화한다. 다른 한편으로 교사에게 어떤 학생이 가장 많이 배울 수 있을 것이라고 예상하는지 질문하면, 그들은 노력하는 학생이 아니라 능력이 있는 학생이라면서 능력을 가장 중요한 요인으로 꼽는다. 3가

지 전략 모두 타인이 자신의 능력을 부정적으로 판단하는 것으로부터 학생들을 보호하지만, 결국에는 자신의 수행을 일부러 방해하게 되는 것이다.

자기결손

실패-회피 전략의 또 다른 예는 자기결손(self-handicapping)이라고 알려진 것이다. 이것은 활동 이전 혹은 활동과 동시에 일어나며 수행을 방해하는 행동이나 생각을 말한다(Urdan & Midgley, 2003). 이것은 미리 실패에 대한 자기방어적 변명을 제공한다. 자기결손 행동들의 예로는 지연, 달성할 수 없는 목표, 저성취, 학업의 약점 등이 있다.

지연은 학생들이 지체해야 할 분명한 이유가 없음에도 비합리적으로 일을 미루는 것을 말한다(Covington, 1992). 이것은 학생들에게 "나는 초치기로 공부했기 때문에 실패에 대해 비난받지 않을 거야."(즉, "적어도 내 능력을 비난해서는 안 되지.")라는 변명을 제공한다. 지연은 (1) 초치기로 공부하기, (2) 보여 줄 것은 거의 없으면서 계속 바쁘게 움직이기, (3) 프로젝트를 위한 자료를 수집하지만 결코 일을 시작하지 않거나 시작을 미루기, (4) 여러 활동을 착수해서 그중 어떤 것에도 충분한 시간을 쓸 수 없게 하기 등의 형태를 취할 수 있다.

달성할 수 없는 목표는 또 다른 실패-회피 전략이다(Covington, 1992; Covington & Beery, 1976). Covington과 Omelich(1979)는 달성할 수 없는 목표를 정하는 것은 학생들에게 "명예로운 실패"를 허용한다고 지적하였다(p. 170). 그러한 실패는 능력의 부족을 의미하지 않는다. 예를 들어, 학생이 1주일에 30시간 아르바이트를 계속 하면서 15학점을 수강하고 모두 A학점을 받으려고 애쓴다면, 실패하더라도 그것은 능력을 반영하는 것이 아니다. 아무도 그것을 할 수 없기 때문이다.

저성취로 분류된 학생들은 공부하기를 거부함으로써 능력을 검증하는 것을 회피하는 경향이 있다. 그들은 기꺼이 성취하지 않으려는 태도에 자부심을 가지고 공부의 중요성을 최소화한다(Covington, 1992). Mike Rose(1989)는 자신이 취업반으로 잘못 배정되었을 때의 경험에 대한 자서전적 설명에서 이런 현상의 생생한 예를 기술하였다.

켄이 "나는 평균만 하면 좋겠어."라고 말했다……. 그 말이 나를 일깨웠다.
평균! …… 누가 평균이 되기를 원하는가? …… 그러나 켄 하비는 그것을 열망
하고 있었다……. 만약 당신이 취업반에 있는 노동계층의 자녀라면, 학교의
복잡한 상황을 헤쳐 나가기 위해 당신이 선택할 수 있는 것은 특정한 방식으
로 제한될 것이다. 당신은 학교에서 '뒤처진' 학생으로 정의된다. 즉, 당신을
자유롭게 하는 것이 아니라 구속하기 위해 마련된 교과과정에 배치될 것이다.
혹은 운이 좋다면 당신을 훈련시킬 교과과정에 배치될 것인데, 그 훈련은 사
회가 존중하지 않는 일을 위한 훈련이다. 켄과 많은 다른 학생이 할 수 있는 것
은 취업반이 의미하는 정체성을 문자 그대로 받아들임으로써 숨 막히게 하는
강한 기운으로부터 자신을 보호하는 것이다. 자신을 '평범한 사람'으로 공개
적으로 정의함으로써 혼란과 좌절을 거부한다. 그리고 평균을 옹호한다…….
비극은 당신이 이런 방어적인 작업을 하기 위해 자신의 능력에 칼을 대야 한
다는 것이다(pp. 28-29).

학업의 약점은 학생들이 상징하는 더 큰 약점으로부터 자신을 보호하기 위해
사소한 약점을 공개적으로 시인할 때 나타난다(Covington, 1992). 이것은 불안해
보이는 것이 멍청하게 보이는 것보다는 낫기 때문에 학생들이 시험불안이 있다
고 주장할 때를 예로 들 수 있다.

성공의 보장

학생들이 성공을 보장하기 위해 사용하는 3가지 전략은 지나치게 노력하기,
컨닝하기, 너무 쉬운 목표 세우기이다. 자기방어적 전략으로서 지나치게 노력하
기(overstriving)는 겉으로 잘 드러나지 않아서, 처음에 언뜻 보기에는 긍정적인
것으로 간주될 수도 있다. 지나치게 노력하는 사람들의 행동은 희망과 공포에 의
해 유발되며, 완벽주의적인 경향성을 보인다. Covington과 Omelich(1987)에 의
하면, 이런 학생들은 성공을 해도 실패에 대해 두려워한다.

자기가치와 능력은 학생들의 마음속에서 뒤얽혀 있기 때문에, 경쟁적 상황은

종종 컨닝 전략을 활성화할 것이다. Covington과 Beery(1976)는 컨닝을 했던 초등학생들로부터 이런 유형의 능력에 대한 자기보호의 예들을 수집하여 다음과 같이 보고하였다.

- 나는 시험에 대비해 열심히 공부하고도 컨닝을 하는 누군가를 알고 있다. 그들은 정말로 나쁘다고 느끼지만 안 좋은 성적으로 야단맞는 것보다는 낫다고 생각한다(p. 55).
- 학생들은 다른 아이들보다 더 못 할까 봐 두렵고 다른 아이들과 다르거나 뒤처지는 것에 대해 끔찍하다고 느끼기 때문에 컨닝을 한다. 일부 학생은 교실에서 최고가 되려고 혹은 바로 위 집단으로 올라가기 위해 컨닝을 한다(p. 55).

자신이 실패할 수 없는 너무나 쉬운 목표를 설정하는 것은 성공을 보장하려는 전략이다. 이것은 학생들이 계속해서 이미 숙달된 과제를 선택하거나 자신의 기대를 낮출 때 발생한다. 그 예로 충분히 B 이상을 받을 수 있는 학생이 시험을 치기 전에 "패스만 해도 좋겠어."라고 말하는 경우를 들 수 있다.

자기가치, 실패-회피 전략과 소수인종 학생들

소수인종 학생들의 경우에는 학교에서 성취 능력을 강조할 때 그들의 능력에 대한 지각에 위험이 초래될 수 있다. Claude Steele(1992)은 아프리카계 미국 학생들이 쉽게 인종적 고정관념으로 판단받는 위험에 직면하고 있다고 기술하였는데, 이것은 학교와의 탈동일시(disidentification)로 이끌며 이들에게 이중의 위험성을 초래한다. 아프리카계 미국 학생들에게 시험에서 낮은 점수를 받는 것은 그 과목에서 무능함을 반영할 뿐이다. 그러나 다른 사람들은 낮은 성적을 인종이나 문화와 관련된 더 폭넓은 열등감을 확증하는 것으로 생각할 수 있다. Steele (1997)은 자기가치 보호에 대한 이런 설명을 '수학 전공 여학생'과 같은 고정관

넘 이미지가 존재하는 영역에 속한 다른 범주의 학생들에게까지 확장하였다. 고정관념에 근거하여 판단받기 쉬운 학생들은 학교의 가치와 목표에 저항할 것이다. 예를 들어, 그들은 자기가치의 기반을 또래 관계처럼 (수업 외의) 다른 영역으로 바꿀 수가 있다. 한 예로, Hare(1985)는 아프리카계 미국 소년들의 자존감의 출처가 학교 성취보다는 또래 관계에 의존한다는 것을 발견하였다.

　이런 학교와의 탈동일시와 학업적 성공에 영향을 미치는 것은 무엇인가? Steele(1992)은 인종에 대한 평가절하로 이끄는 사회 내 만연된 이미지가 주된 요인이라고 설명하였다. 이런 평가절하가 반드시 인종주의에 기반을 둔 것은 아니지만, 미국 사회에 미치는 아프리카계 미국인들의 영향력에 대한 편향된 이미지에 기반을 둔 것이다. 이러한 평가절하는 미묘한 방식으로 이루어질 수 있다. 예를 들어, 교사들은 학생의 재능이나 훌륭한 결과를 인정하지 않을 수 있다. Steele은 교사들의 평가절하의 예를 보여 주기 위해 제롬의 사례를 기술하였다. 초등학교 3학년인 제롬은 미술에서 뛰어난 재능을 보여 주었다. 그러나 제롬이 4학년으로 올라갔을 때 교사는 그의 재능에 대해 거의 언급하지 않았다. 그 결과, 제롬은 (인정받지 못한) 자신의 재능에 대해 관심이 없는 것처럼 행동하였다. 자신의 예술적 재능을 인식하지 않음으로써 그는 자신의 가치를 인정받지 못할 가능성의 영향을 덜 받게 되며 자기방어의 행태를 띠게 되었다.

　Steele(1992, 1997)은 소수인종 학생들의 실패 회피를 다루기 위한 몇 가지 지침을 마련하였다.

- 학생들에게 자기 자신이 가치가 있고 그들의 문화가 가치가 있다는 느낌을 갖도록 만들라. 하나의 독립된 프로그램이나 한 해의 특정 기간에만 제한하지 말고, 일반 교과과정에 소수인종 경험을 포함하라.
- 학교에서는 다중지능 또는 다양한 능력이 필요하다고 강조하라.
- 학생들에게 현재 그들의 기술 수준을 설명해 주고 어려움을 극복할 수 있도록 시간을 더 주어서 학생들이 압도되지 않고 도전할 수 있게 하라.
- 학생들에게 그들이 학교에 소속되어 있음을 전달하고 그 학생의 잠재력에

대해 당신이 믿는 바를 말해 주라.

- 그 학생이 고정관념의 영향을 받는다는 것을 인식하라.

Steele은 아프리카계 미국 학생들만을 위해 이러한 전략을 제안했지만, 이 전략들은 모든 학생에게 유용하다. 소수인종 학생들의 학교와의 동일시와 탈동일시는 7장에서 더 자세히 논의된다.

📎 성취목표 지향성

성취목표 지향성은 개인적 유능성이나 능력에 대한 신념이 동기에 어떻게 영향을 주는가에 대한 또 다른 관점을 제공한다. 성취목표 이론은 인지적 신념과 정서를 통합하며 목표를 성취하는 것에 내재된 목적이 무엇인가에 초점을 맞추는데, 이는 적응적일 수도 있고 부적응적일 수도 있다(Dweck, 1986, 1992). 이것은 축구팀을 만드는 목표와 같은 목표설정 내용과는 구분된다. 이에 대해서는 4장에서 다뤄진다. 수업에서 발표를 준비하고 있는 찬드라, 라트렐, 스테파니라는 세 학생의 반응에 대해 생각해 보자.

찬드라는 '나는 사람들 앞에서 발표할 때 항상 의식을 많이 했는데, 이번 발표가 나에게는 최종 평가에 대비해 내가 얼마나 준비되었는지를 알아볼 좋은 기회가 될 거야.' 라고 생각하고 있다. 한편, 라트렐은 '이 발표 후에 모든 아이가 내가 최고의 발표자라는 것을 알아줄 거야.' 라고 생각하고 있다. 스테파니는 '내 발표가 이 수업에서 평균보다 못한 것이 아니면 좋겠고 선생님이 C만 줘도 좋겠어.' 라고 생각한다.

각 학생의 진술은 내재된 목표와 성공의 정의를 나타내며, 곧 다가올 과제가 그들의 능력을 어떻게 비춰 줄 것인가에 대한 믿음을 포함하고 있다(Molden &

Dweck, 2000). 이런 신념 패턴은 무엇인가? 그것들은 노력이나 도움 구하기, 참여, 자기효능감, 흥미 불안(interest anxiety), 실수에 대한 반응 등의 행동과 신념에 어떻게 차별적으로 영향을 줄 것인가? 교실 맥락은 목표에 내재된 목적에 어떻게 영향을 주는가?

성취목표 지향성의 유형

처음에는 성취 상황에서 목표 지향성의 2가지 일반적인 집단이 확인되었다(학습목표와 수행목표). 최신 이론과 연구에 기초해서, 수행목표는 수행접근과 수행회피라는 2가지 유형으로 확장되었다(예, Elliot, 1999; Elliot & Harackiewicz, 1996; Pintrich, 2000b). 초기의 목표 모델은 다음처럼 구분되었다.

- 학습목표와 수행목표(Dweck, 1986, 1992; Dweck & Leggett, 1988; Dweck & Sorich, 1999)
- 숙달목표와 수행목표(C. Ames, 1992; C. Ames & Archer, 1988)
- 과제참여적 목표와 자아참여적 목표(Nicholls, 1983; Nicholls, 1990)

단순성을 위해, 이 교재에서는 학습(learning)과 수행(performance)이라는 용어를 사용할 것이다.

어떤 의미에서 2가지 유형의 목표는 "자신의 유능성을 입증하려는 것 대 자신의 유능성을 높이려는 것"으로 기술된다(Dweck, 1992, p. 165). 최신 이론과 연구에 기초해서, 목표들은 이제 2가지 유형의 수행목표(수행접근과 수행회피)와 함께 3가지로 확장되었다(예, Elliot, 1999; Elliot & Harackiewicz, 1996; Pintrich, 2000b). 목표 지향성 패턴을 기술하는 용어들은 목표 이론가들에 따라 다르지만, 목표의 본질에 대해서는 기본적으로 합의가 이루어져 있다(Pintrich & Schunk, 2002; Urban, 1997). 목표들의 패턴을 구분하는 것은 무엇인가?

학습목표

개인적 학습목표(learning goal) 패턴을 가진 학생들은 자신이 학습하고 있는 내용을 이해하고 기술을 익히고 노력을 통해 유능성을 증가시키고자 애쓴다. 그들의 능력에 대한 판단은 이전 수행으로부터 향상된 정도에 초점을 맞추거나, 자신의 발전을 평가하기 위한 준거로 어떤 기준이나 목표를 사용한다. 이전 예에서 찬드라의 반응은 학습목표 지향성을 보여 준다. 학습목표는 과제 참여나 학습의 내재적 가치와 같은 긍정적인 교육적 결과와 연합될 가능성이 높다(예, C. Ames, 1992; Elliot, 1999; Linnenbrink & Pintrich, 2002; Meece, 1991). 적응적 동기로서 학습목표는 또한 실패에 직면해서 회복탄력성을 제공한다(Grant & Dweck, 2003; Molden & Dweck, 2000).

수행목표

수행목표(performance goal)는 학생의 결과에 미치는 효과의 측면에서 학습목표보다 덜 분명하다. 일반적으로 수행목표를 가진 학생들은 자신의 능력과 자신의 수행이 남들과 어떻게 비교되는가, 그리고 외부의 인센티브에 더 관심이 있다(Anderman, Austin, & Johnson, 2001). 성공에 대한 귀인은 노력보다는 능력에 더 초점이 맞춰지기 쉽다. 그러나 앞에서도 언급한 것처럼, 수행목표 지향성은 접근목표와 회피목표 둘 다를 포함하는 것으로 확장되었다. 어떤 경우든, 유능성에 대한 판단은 타인의 수행과 비교한 것에 기반을 둔다(Pintrich, 2000a).

수행접근(performance approach) 지향성을 가진 경우, 학생의 관심사는 자신이 어느 정도까지 유능하게 보이는가(라트렐처럼 똑똑해 보이는가)에 있다. 수행회피(performance avoidance) 지향성을 가진 학생들의 목표는 자기가치 방어와 유사하게 자신의 능력이 부족하다는 지각으로부터 스스로를 지키기 위한 것(스테파니처럼 무능하게 보이지 않는 것)이다. 연구는 수행회피 목표가 부적응적임을 일관성 있게 보여 준다(E. Anderman & Wolters, 2006).

수행접근이 수행회피보다 학습에 더 적응적이지만, 수행접근 목표는 동기와 학습에 긍정적인 영향을 줄 수 있을까? 연구결과는 분명하지 않고 논쟁은 계속되고 있다(E. Anderman & Wolters, 2006). 상대평가 조건에 있는 대학생들에서 긍정적인 결과가 발견되었다. 하지만 타인과의 비교에 초점을 두는 수행접근은 불안이나 자기에 대한 부정적 판단과 관련된 주의산만 요소 때문에 수업(학습) 참여에 부정적인 영향을 줄 수 있다(Brophy, 2005; Pintrich, 2000b).

한 사람이 학습목표와 수행목표 둘 다를 가질 수 있는가? 답은 그렇다이다. 2가지 목표 지향성은 상호 배타적이지 않다(예, Pintrich, 2000a). 한 사람이 학습과 수행의 동기를 모두 가질 수 있다. 동기의 방해물은 수행에 대한 관심이 학습이나 숙달에 대한 관심보다 더 강력할 때 나타난다. Pintrich(2000b)는 두 학생이 같은 목표를 가지고 같은 수준에서 성취할 수 있지만, (어떤 목표를 더 중요시하느냐에 따라) 부작용은 다를 수 있다고 지적하였다. Midgley, Kaplan과 Middleton(2001)은 수행목표를 강조하는 수준과 상관없이, 숙달목표를 높이는 데 더 많은 에너지가 주어져야 한다고 결론지었다. 학업과제에 대한 수행목표와 학습목표 지향성의 특징들을 〈표 3-1〉에 제시하였다.

● 표 3-1 ● **목표 지향성의 비교**

특징	학습/숙달	수행/자아
학습의 가치	학습 그 자체에 대해 내재적 가치를 둔다. 학습을 높이려는 목표.	학습 그 자체가 목표가 아니다. 똑똑하게 보이는 것에 초점이 맞추어져 있다.
능력/유능성	노력 귀인. 노력을 하면 올라간다.	개인의 능력으로 간주된다. 능력에 대한 귀인이 가장 빈번하다.
실수/실패 피드백	실수로부터 배운다. 발전의 정도를 평가할 때 사용된다.	능력을 의심한다. 수행을 타인과 비교할 때 사용된다.
전략 도전	인지적 전략과 초인지적 전략. 도전을 추구한다.	표면적/기계적 전략. 위험 감수와 도전을 회피한다.

출처: C. Ames & Archer(1988); Dweck & Leggett(1988); Nicholls(1983, 1990).

성취목표에 미치는 영향

학생이 학습목표 지향성을 가지고 과제에 접근할 가능성이 높은지 혹은 수행목표 지향성을 가지고 과제에 접근할 가능성이 높은지에 영향을 주는 것은 무엇인가? 학생이 추구하는 특정 목표는 학생이 가지고 있는 지능에 대한 개인적 이론이나 교실 구조와 같은 맥락적 영향에 따라 달라질 수 있다.

지능이론

고정이론(entity theory)이든 증가이론(incremental theory)이든, 학생이 가지고 있는 지능이론이 수행목표 또는 학습목표의 채택에 영향을 미친다(Dweck & Leggett, 1988; Elliott & Dweck, 1988; Molden & Dweck, 2000). 이 설명에 의하면, 어떤 사람들은 지능이 '우리가 가지고 있는 어떤 것', 즉 고정된 것이라고 믿는다. 다른 사람들은 지능을 증가되고 수정되는 것, 즉 기술과 지식을 얻게 됨에 따라 계속해서 발달하는 것으로 믿는다. Stipek과 Gralinski(1996)는 지능이 고정된 것이라고 믿는 아동들은 지능 수준과 수행이 시간이 경과해도 안정적이라고 믿는다는 것을 발견하였다. 이러한 아동들은 수행목표를 추구할 가능성이 더 높고, 자신의 능력을 방어하거나 자신이 영리함을 보여 주려고 할 가능성이 더 크다. 이것은 아동이 실패하고 그 실패를 낮은 능력에 귀인할 때 특히 부적응적일 수 있다. 이와 대조적으로, 능력에 대한 증가 관점을 가지고 있는 아동들은 자신의 능력을 발달시키는 데 강조점을 두고 학습목표를 채택할 가능성이 더 크다(Dweck & Leggett, 1988; Dweck & Sorich, 1999). 많은 노력이 능력을 증가시킨다고 믿어지지만, 수행목표와 대조적으로 많은 노력은 종종 능력이 부족함을 의미할 수도 있다. 지능에 대한 이런 믿음에 있어 교사의 역할은 6장에서 다뤄질 것이다.

이것은 어떤 능력의 차이도 없음을 의미하는가? Nicholls(1989)는 아동들이 각자의 유능성에 대해 인식하고 있지만, 수행/자아 관련 초점이 존재할 때에만 그것이 동기적 문제가 된다고 지적하였다. 아이들은 능력에서의 차이가 더 높은 능력을 가진 사람이 우월하다는 식으로 해석되어서는 안 된다는 것을 배워야 하며, 교사들 또한 이를 명심해야 한다. 중요한 점은 지능에 대한 신념이 모든 교과목에서 성공을 촉진할 수도 있고 제한할 수도 있다는 점이다(Stipek & Gralinski, 1996).

‖ 생각해 보기 ‖   앞 장에서 〈예시 2-2〉는 노력과 능력의 중요성에 대한 당신의 견해를 비교해 보도록 하였다. 이런 것들을 어떻게 판단하였는가? 당신의 신념에 모순이 존재하는가? 그것은 지능에 대한 관점과 관련이 있는가?

교실의 맥락적 영향

교실의 맥락적 요인들은 개인의 목표 지향성에 어느 정도까지 영향을 주는가? Nicholls(1990)는 학생들의 능력에 대한 개념이 교실 상황에서 주어지는 단서에 의해 영향을 받는다는 것을 발견하였다. 교실의 구조와 메시지는 학생이 학습목표를 더 많이 가질 것인가, 수행목표를 더 많이 가질 것인가에 영향을 주는 단서이다(C. Ames, 1992; Meece, 1991; Pintrich, 2000b; Turner et al., 2002). 성취의 목적과 의미에 대한 메시지를 전달하는 교실의 특징에는 학습에 대한 교사의 기대, 보상받는 것, 피드백과 평가의 유형, 학생들을 어떻게 집단 구분하는가, 학생들이 의사결정 기회를 어느 정도까지 갖는가 등이 있다.

Linnenbrink(2005)는 3가지 목표 조건(숙달접근, 수행접근, 숙달-수행접근의 결합)을 설정하여 학생의 동기와 행동에 미치는 영향을 비교하였다. 학생들은 수학 모둠작업에 참여하고 있는 초등학교 고학년 학생들이었다. 각 목표 조건에서 교사들은 그 목표 조건에 맞는 지침을 제공하였다. 개입 전과 5주 후에 목표 지향성을 평가하였다. 조건이 목표 지향성에 영향을 준 것처럼 보였다. 즉, 숙달 조건의 학생들이 더 높은 숙달 점수를 보였고 수행접근의 학생들은 더 높은 수행 점수를 보였다. Linnenbrink는 교실 환경이 학생의 목표 지향성에 영향을 줄 수 있다고 결론 내렸다.

교실 구조 자체가 수행목표나 학습목표를 지향하는 것은 아닐 것이다. 학습목표 환경에 기여하는 교실의 맥락 요인들을 〈표 3-2〉에 제시하였다. 목표 환경 유형을 결정하는 것은 교실 구조와 메시지가 아닌 학생들의 지각임을 명심하라.

●표 3-2● 학습목표 환경에 기여하는 맥락 요인들

교실 구조 또는 메세지	예시
유능감을 발달시킬 기회	학생들이 내용에 대한 기초적인 이해를 가지고 있을 뿐만 아니라 다른 영역에서도 유능성을 발달시켰다는 것을 분명히 밝힌다.
자기주도적 학습의 기회	학생들이 자신이 공부한 것을 평가하도록 돕는다. 학생들이 유능성을 획득하였을 때 책임을 그들에게 돌린다.
기대와 학습에 대한 내재적 가치에 대한 강조	학생들이 학습하고 있는 것의 가치와 흥미, 적용을 강조하고, 모든 학생이 학습할 것이라고 기대한다.
협동과 협력의 기회	효과적으로 함께 작업하는 것과 서로를 도와주는 것에 강조점을 가지고 집단으로 작업한다.
능력/노력 메시지	발전을 인정한다. 학생들에게 향상도 측정을 위해 재검사를 받도록 한다.

출처: Meece(1991); Turner et al.(2002).

학생의 인지와 행동에 미치는 목표 지향성의 영향

학생들이 가지고 있는 특정한 목표 지향성은 초등학교부터 대학교에 이르기까지 다양한 행동 및 신념과 연합되어 있음을 연구를 통해 알 수 있다. 학습목표 또는 수행목표에 의해 영향을 받는 주요 영역에는 인지전략과 참여, 동기적 신념과 행동이 있다.

인지전략과 참여

학습목표는 인지적 참여(cognitive engagement)와 노력을 강화한다(Meece, Blumenfeld, & Hoyle, 1988). 학습목표에 더 큰 강조를 두는 초등학교 5학년과 6학년 과학반 학생들은 더 적극적인 인지적 참여를 보고하였다. (교사를 기쁘게 하거나 사회적 인정을 추구하는) 수행목표를 가진 학생들은 더 낮은 수준의 인지적 참여를 보였다. Wolters, Yu와 Pintrich(1996)는 과제의 가치와 흥미가 학습목표와 관련되어 있음을 발견하였다.

인지전략의 사용과 정보처리는 수준에 따라 교육을 받는 학생들의 목표 지향성과 관련이 있다. 깊은 수준의 정보처리를 요구하는 잠재적으로 더 의미 있고 복잡한 학습은 수행목표의 부정적인 효과에 가장 취약한 것처럼 보인다(Graham & Golan, 1991). 수행목표 상황에서처럼 강조점이 능력에 있을 때, 많은 인지적 노력을 요구하는 과제에서 기억 장해가 발생하였다. 수행목표는 또한 아동의 문제해결 전략을 약화시켰다(Elliott & Dweck, 1988; Bereby-Meyer & Kaplan, 2005).

이와 대조적으로 학습목표는 공부할 때 중학교 1학년과 2학년 학생들의 인지전략 사용(Wolters et al., 1996)과 중학생들의 빈번한 초인지 전략 사용(Wolters, 2004)의 가장 강력한 예측요인이었다. 학습목표는 또한 깊은 수준의 정보처리, 끈기, 노력, 대학생의 시험 수행 등을 예측하였다(Elliot, McGregor, & Gable, 1999).

동기적 신념과 행동

특정한 목표 지향성이 학습에서 노력의 역할, 자기효능감 신념, 자기결손 전략의 사용 경향성, 도움 구하기, 무기력한 패턴과 같은 동기적 신념에 영향을 준다.

자기효능감 │ 전반적으로 학습목표 지향성은 더 높은 자기효능감과 관련이 있는 것으로 밝혀졌다. Wolters 등(1996)은 학습목표를 가지고 있다고 보고한 중학교 1학년과 2학년 학생들이 더 높은 수준의 자기효능감을 보고하는 경향이 있다고 밝혔다. 학습목표는 또한 쓰기와 과학 과목에서의 자기효능감과 정적으로 관련되어 있었고(Pajares, Britner, & Valiante, 2000), 수학 과목에서 초등학교 5학년과 6학년 학생들의 자기효능감과도 관련이 있었다(Linnenbrink, 2005). 이와 대조적으로 수행목표를 가진 초등학교 5학년과 6학년 학생들은 더 높은 불안을 보고하였다. 수행목표는 또한 대학생의 낮은 자기효능감과 관련이 있었다(Pintrich, Zusho, Schiefele, & Pekrun, 2001).

자기결손 │ 낮은 노력과 같은 자기결손 전략은 수행목표와 연합되어 있다(Midgley & Urdan, 2001). Elliott과 Dweck(1988)은 수행목표를 가진 아동들이 도전을 피하고 낮은 끈기를 나타내고 학생의 성취를 약화시키는 전략을 사용할 가능성이 더 크다는 것을 발견하였다. 수행목표와 관련이 있는 자기결손 전략의 또 다른 유형은 컨닝이다(E. Anderman, Griesinger, & Westerfield, 1998; E. Anderman & Midgley, 2004). Anderman과 Midgley는 중학교에서 고등학교로의 진학 전후에 더 높은 수준의 컨닝이 목표 지향성과 연관이 있음을 발견하였다. 자기가치 방어와 유사하게, 연구자들은 컨닝이 낮은 능력의 지각으로부터 학생들을 보호해 준다고 설명하였다.

도움 구하기 | 특정 목표 지향성이 도움 구하기 행동에 영향을 미치는 것으로 밝혀졌다(Butler & Neuman, 1995). 초등학교 2학년과 6학년 학생들은 과제가 유능성을 발달시킬 기회로 제시되었을 때 도움을 구할 가능성이 더 컸다. 과제가 그들의 능력을 측정하는 것으로 제시되었을 때 그들은 도움 구하기를 더 적게 하였다. 학습목표 초점을 가진 교실에서는 학생들이 도움 구하기를 더 많이 하고, 수행목표 구조에서는 도움 구하기를 피하는 경향이 있었다(Butler & Neuman, 1995; Ryan, Gheen, & Midgley, 1998). 컴퓨터 과목을 수강하는 고등학생들에서도 유사한 결과가 보고되었다(Cheong, Pajares, & Oberman, 2004).

무기력 패턴 | 마지막으로, 수행목표의 가장 해로운 효과 중 하나는 무기력 패턴에의 취약성이다(Dweck, 1986). 학생의 능력을 평가하기 위해 수행에 초점을 맞추는 목표는 학생들이 실패하였을 때 무기력 패턴에 취약하게 만들 수 있다(Dweck & Sorich, 1999; Heyman & Dweck, 1992; Midgley et al., 2001).

학습목표 패턴이 더 적응적일 뿐만 아니라 내재적 동기를 반영하는 장기적인 성취를 지지한다는 데 지속적인 합의가 있다(C. Ames, 1992; Heyman & Dweck, 1992; Kaplan & Middleton, 2002; Linnenbrink, 2005; Meece, 1991; Midgley et al., 2001). Kaplan과 Middleton은 "아동기가 여행이 되어야 하는가, 경주가 되어야 하는가?"라고 질문하였다. 연구결과는 인지전략 사용과 적응적 동기신념이 학습목표와 더 많이 연합됨을 보여 준다. Linnenbrink는 교실 상황에서, "학습(배우는 것 자체)에 대한 강조와 교실 환경에 대한 이해가 필요하다."(2005, p. 210)라고 결론지었다.

학습목표와 긍정적인 유능성 평가를 강화하는 교실 관행

교실의 관행은 학생과 교사 모두에게 학습목표와 수행목표를 알아차릴 수 있게 해 준다(Urdan, Kneisel, & Mason, 1999). 첫째, 교사는 수행목표나 학습목표의 단서를 암시하는 학생들의 믿음과 행동을 알아차리는 것이 중요하다. 학생의 목표 지향성을 인식함으로써, 교사는 학생의 동기를 더 잘 이해하고 다룰 수 있는 위치에 있게 되며, 부모가 자녀의 동기를 이해하도록 도울 수 있다. 둘째, 의사소통과 교수 행동을 알아차리는 것은 교사가 부정적인 행동을 피하고 더 긍정적인 행동을 하도록 도울 것이다.

학생의 어떤 행동이 그들의 특정한 목표 지향성을 가리킬 것인가? 수행목표 또는 학습목표를 가리키는 신념과 행동의 단서들을 〈전략 3-2〉에 제시하였다.

전략 3-2   학생의 목표 지향성 인식하기

다음의 예는 수행목표를 나타낸다.

- 저성취 학생이 협동학습 같은 것에서 성공하면 고성취 학생들이 뭔가를 잃는다고 교사와 학생 모두 믿는다.
- 학생들이 자신의 학습을 추적하는 방식으로서가 아니라 순위를 비교하기 위해 성적을 계속 기억한다.
- 한 학생이 에세이 시험에서 B학점을 받고 몹시 흥분해서 "하지만 나는 A급 학생이에요."라고 교사에게 항변한다.
- 숙제를 제출하지 않아서 낮은 성적은 받은 한 중학생이 어머니에게 "그건 너무 쉬웠어요. 내가 이미 알고 있는 거였다고요."라고 말한다.

• 한 학생이 친구에게 말한다. "너는 성적을 잘 받았구나. 정말 똑똑해."

다음의 예에서 학습/숙달목표에 대한 초점을 알 수 있다.

• 위 학생의 말을 들은 친구가 "성적을 잘 받기 위해 열심히 공부했어."라고 답한다.
• 한 학생이 자신이 향상되었는지 확인하기 위해 가장 최근 시험 성적을 이전 성적과 비교한다.
• 학생들이 더 좋은 성적을 받기 위해서가 아니라 향상되기 위해 추가적으로 공부한다.
• 한 학생이 초고에 대해 받은 피드백을 사용해서 글을 수정한다.

교실 맥락에서 어떤 요인이 자기가치 방어와 수행목표와 같은 부정적인 동기 패턴 또는 적응적 패턴에 기여하는가? R. Ames와 C. Ames(1991)는 부정적인 동기 패턴에 기여하는 상황을 확인하였다. 이러한 상황은 다음을 포함한다.

• '낮은 기대를 전달하기'
• '노력 대신 능력을 강화하기'
• '학습 대신 수행을 강화하기'
• 최고 점수를 게시하는 것과 같은 '공적인 평가'
• '성적에 대한 과도한 강조' (p. 255)

실패회피 전략과 수행목표 지향성을 감소시킬 수 있는 전략과 지침은 무엇인가? 교실 환경이 너무 복잡해서 정확한 목표를 수행할 수 없을지도 모르지만 (Urban et al., 1999), 학습 환경을 함양하는 교수법과 의사소통을 실시할 수는 있다. 〈전략 3-3〉은 긍정적인 유능성 평가를 강화하기 위한 권장사항들을 제시하며, 〈예시 3-1〉은 적응적 목표 지향성을 촉진하기 위한 성공적 개입을 기술하고 있다.

전략 3-3 긍정적인 유능성 평가 강화하기

유능성 발달을 강화하는 교실 분위기의 특징

- 노력과 전략이 강조되고 존중받는다.
- 지능은 학습될 수 있다고 강조된다.
- 평가에서 향상이 인정된다.
- 실패가 어리석음을 의미하지 않는다.
- 의미 있는 학습이 강조된다.
- 모든 학생이 가치 있고 존엄한 존재로 대우받는다.
- 공적인 인정과 상대적인 성적평가를 통한 사회적 비교는 덜 강조된다.

구체적으로

- '지식과 기술을 습득함에 따라 능력이 커진다.'는 귀인의 전제(antecedents)를 소개한다.
- 학생에게 재시험과 수정을 통해 지식과 기술을 향상시킬 기회를 제공한다.
- 학생에게 학습전략을 가르친다.
- 학생의 발전을 강조한다. 기술 발달에서 향상이 있었다는 피드백을 제공한다.
- 능력을 높이는 데 노력이 결정적임을 강조한다.
- 능력에 따른 서열 매기기로 해석될 수 있는 명칭이나 진술(가장 똑똑한, 가장 느린)을 피한다.
- 학생이 성취한 학습을 강조하기 위해 보상을 사용한다. 다른 사람과의 비교가 아니라 개별 성취에 의미를 부여하기 위해 보상을 사용한다. 학생들에게 보상을 받을 수 있는 더 많은 기회를 제공하기 위해 비경쟁적 혹은 협동적 학습 구조를 사용한다.

예시 3-1 성공적인 개입

Bell과 Kanevsky(1996)는 정규 초등학교 2학년 교실에서 학습목표 지향성과 관련된 적응적 학습반응을 촉진하기 위한 개입을 고안하였다. 그 목적은 "학업성취 상황에 내재되어 있는, 평가와 어려움이라는 문제를 극복할 수 있도록 긍정적 동기의 강력한 토대를 발달시키는"것이었다(p. 2).

개입은 패턴 인식 과제가 있는 수학 시간에 수행되었다. 7회기 동안의 동기 수업에는 다음의 3가지 구성요소가 포함되었다.

학습목표: 학생들에게 목표는 그들이 학습하는 것이라고 훈련 기간 내내 말해 주었다. 예를 들어, "나와 공부하는 동안 중요한 것은 네가 포기하지 않고 연습하는 것이다. 그러면 너는 배울 수 있다."라고 말해 주었다.

학습의 본질이 학습목표를 지지하기 위해 사용되었다. "무언가를 학습하려면 종종 많은 공부와 많은 시도와 많은 시간과 많은 실수가 필요하다."가 한 예다. 이런 것들은 좋은 혹은 유용한 학습 행동이라고 불렸고, '좋은 학습을 위해 기억할 내용'이라고 불리는 게시판에 게시되었다.

귀인 훈련이 노력의 역할에 대한 인식을 높이고 학생들이 학습에 노력을 사용하도록 돕기 위해 사용되었다. 이것은 게시판에 4가지 부분으로 제시되었다. (1) 나는 학습할 수 있다. (2) 어디서 시작할까? (3) 이미 알고 있는 것은 무엇인가? (4) 도움 (구하기).

결과는 이 훈련이 효과적임을 보여 주었다. 훈련받지 않은 집단과 비교할 때, (1) 훈련집단은 사전검사에서보다 사후검사에서 도전적인 과제를 더 많이 선택하였다. (2) 훈련집단에서 노력 귀인이 증가한 반면, 비훈련집단에서는 감소하였다. (3) 훈련집단에서 패턴 인식 점수가 증가한 반면, 비훈련집단에서는 점수의 변화가 없었다.

유능성과 성취불안

유능성에 대한 자기평가는 또한 성취불안과 관련이 있다. 학생들이 자신의 유능성이 과제의 요구 수준에 미치지 못할 것이라고 믿을 때 시험불안이 나타난다 (Zeidner, 1998). Pekrun, Goetz, Titz와 Perry(2002)는 불안이 성취와 직접 연결된 정서 중 하나임을 확인하였다. 불안은 오랫동안 학교 수행에 해로운 영향을 줄 수 있는 요인으로 확인되었다(Hill & Wigfield, 1984). 시험불안은 모든 연령과 학년에서 성취와 부적 상관이 있는 것으로 나타났다(Pekrun et al., 2002; Zeidner,

1998). 초등학교에서 고등학교로 올라감에 따라 학생들의 시험불안은 증가하며 (Hill, 1984), 이는 학습과 시험을 방해할 수 있다. 불안이 증가함에 따라 학생들이 더 낮은 성취를 보일 가능성이 높다. Jones 등(1999)은 매우 중요한 시험에서 시험불안은 흔히 나타나는 문제라고 보고하였다. 그러나 Sloane과 Kelly(2003)는 시험불안이 시험 때문인지, 불충분한 준비 때문인지는 분명하지 않다고 주장한다. 불안과 성취와 관련된 핵심 질문은 (1) 최근에는 불안과 수행의 관계에 대하여 어떻게 설명하는가, (2) 이렇게 해로운 불안을 완화시키기 위해 교사들은 무엇을 할 수 있는가이다.

성취불안에 대한 설명

많은 이론적 모델이 불안의 원인과 효과를 설명하기 위해 제안되었지만, 어떤 모델도 그 복잡성을 완전히 설명할 수는 없다(Zeidner, 1998). 설명에는 인지적, 정서적, 동기적 요인이 포함된다. 인지적 방해와 인지기술의 결함, 동기적 설명이 교육자들에게 가장 적절한 것처럼 보인다.

인지적 방해와 인지기술의 결함

인지적 방해는 어떻게 작동되는가? 자기패배적 사고가 과제에 필요한 주의를 분산시킨다(Zeidner, 1998). 정보를 처리하는 인간의 제한된 능력이 모든 학습 단계에서 주의분산과 자기패배적 사고에 의해 더욱 제한된다(Tobias, 1985). 시험 상황에서, 불안 수준이 높은 학생들은 자기 자신과 결과에 대한 걱정에 초점을 맞추고 과제에 집중하는 데에는 더 적은 시간을 써서 결과적으로 더 빈약한 수행을 보이게 된다. 일반적인 믿음과는 달리, 시험 상황은 불안에 의해 영향을 받는 한 단계일 뿐이다. 공부하기 전에 주의력이 불안에 의해 영향을 받으며, 자기패배적인 생각 또한 공부하는 동안 정보처리를 방해한다.

인지기술의 결함은 무엇보다 부적절한 공부로 야기되는 빈약한 수행을 설명한다(Culler & Holahan, 1980; Tobias, 1985). 학생은 자신이 시험에 준비되지 않은 상태임을 인식한다. 이런 경우, 불안이 직접적으로 빈약한 수행을 초래하지는 않는다. 불안 수준이 높은 학생들은 몇 가지 공부습관 영역에서 결함을 가지고 있다.

- 자기점검: 시험에 준비가 되었는지 판단하기(Covington, 1992)
- 정보를 더 의미 있는 패턴으로 조직화하기(Steiner, Wiener, & Cromer, 1971; Zeidner & Matthews, 2005)
- 주의분산: 교실의 방해요소와 학생 자신의 걱정(Eysenck, 1988)

인지적 방해를 경험하는 학생은 주의를 분산시키는 생각을 피하고 과제에 집중할 필요가 있다. 기술 결함 관점에서 볼 때, 불안 수준이 높은 학생들에게는 이런 결함을 극복할 공부기술과 조직화 기술이 필요하다(5장의 자기조절 전략을 참조하라.).

동기적 설명

Pekrun 등(2002)에 의하면, 불안은 학생들이 실패를 떠올릴 때 유발된다. 학습된 무기력 신념을 가진 학생들은 불안을 경험하고 그 상황에서 통제감을 가지지 못한다. 이와 유사하게, 낮은 자기효능감을 가진 학생들은 성취불안의 부정적인 효과를 경험할 가능성이 높다. 하지만 높은 효능감은 학생을 불안으로부터 보호하는 것처럼 보인다(Bandura, 1993). 이것은 부적응적 귀인과 낮은 효능감 판단을 확인하고, 귀인 재훈련과 학생들의 효능감을 높이는 전략을 제공하는 것의 중요성을 다시 한 번 강조한다(Pekrun et al., 2002).

목표 지향성과 자기가치 방어 또한 불안과 관련이 있다. 수행목표를 가지고 있으며 지능에 대한 고정적 관점을 가진 학생들은 능력의 부족을 두려워하기 때문에 잘 수행하지 못하는 것에 대해 쉽게 높은 수준의 불안을 보일 수 있다(Molden & Dweck, 2000). 이것은 수행회피 동기로 이끌 수 있다. Linnenbrink(2005)는 수행회피 목표(자신의 능력이 부족하다는 지각으로부터 스스로를 지키려는 목표)가 시험불안에 해로운 영향을 미친다고 주장하였다. 자기가치 관점에서 볼 때, Covington (1992)은 성취불안이 실패의 위험에 대한 반응이라고 이론화하였다. 과거에 잘 수행하지 못했던 학생은 실패를 반복하고 무능한 존재로 생각되는 것을 두려워 한다. 좋은 전략을 가지고 있고 잘 수행하는 학생들 또한 불안에 영향을 받을 수 있다. 그들의 자기가치는 완벽함에 의존하며, 그들은 똑똑해 보이는 것에 더 관 심이 많다. 실패는 완벽함과 그들의 이미지를 훼손할 것이다. Covington은 이런 학생들을 '지나치게 노력하는 사람들'이라고 하였다. 그들은 좋은 성적을 받는 법을 알고 있지만, 이것이 그들이 정말로 능력이 있는 것은 아닐 수도 있다는 두 려움을 완화시키지 못한다.

이것은 다음과 같은 질문으로 우리를 안내한다. 교육자들은 불안의 치명적인 영향력을 다루기 위해 무엇을 할 수 있는가?

시험불안을 완화시키기 위한 전략

학생과 교사를 대상으로 한 고부담 시험(high-stakes testing)이 전국적으로 증 가하고 있는 상황에서, 교사와 학교 당국이 불안을 최소화하고 학생들이 성취불 안을 다룰 수 있도록 돕는 전략들을 개발하는 것은 절대적으로 필요하다. 처음 단 계는 수행목표보다 학습목표를 강조하는 교실 분위기이다(Pekrun et al., 2002). 여기에는 고부담 시험에 취약한 학습장애를 가진 청소년들도 포함된다(E. W. Clark et al., 2005).

중요한 것은 교사들이 기대와 피드백을 통해 학생들과 어떻게 상호작용하는 가이다(Zeidner, 1998). 이것은 교사들이 귀인 피드백에 대해 특히 잘 알고 있어 야 한다는 것을 의미한다. 학생들이 고부담 시험에서 불안을 다룰 수 있도록 돕 는 것은 그들이 정보처리 전략과 수검전략을 개발하고(Hill & Wigfield, 1984; Tobias, 1985; Wigfield & Eccles, 1989), 대처전략을 개발하며, 실패를 건설적인 방식으로 다루는 법을 배우도록 도와주는 개입과 관련이 있다(Rohrkemper & Corno, 1988). 학생들이 성취불안을 다루도록 도와주는 구체적인 지침은 〈전략 3-4〉에 제시되어 있다. 지지적인 교실 분위기를 위한 추가적인 제안은 6장과 7 장, 8장에서 제공된다.

> **전략 3-4   시험불안을 감소시키기 위한 전략**
>
> **1. 태도와 신념**
> • 학습 측면을 강조하면서 시험의 목적을 설명하라.
> • '최선을 다하는 것'의 중요성을 강조하라.
> • 학습목표 진술을 사용하라.
> • 시험 치는 기술을 학교에서 배울 수 있음을 강조하라.
>
> **2. 인지전략**
> • 학생들에게 수업의 일부로 학습기술을 가르치라.
> • 학생들에게 사전 지식을 활성화하는 방법을 가르치라.
> • 모의 시험을 마련하라.
> • 시험 유형에 맞는 인지전략을 강조하라.
>
> **3. 시험을 치는 동안, 학생들에게 다음을 상기시키라**
> • 편하게 글을 쓸 수 있는 장소에 앉을 것
> • 교사의 말과 시험에 적힌 지시문에 주의를 기울일 것
> • 무엇을 해도 되는지 확인할 것(예, 메모를 할 수 있는지, 밑줄을 긋거나 색을 칠할 수 있는지)
> • 시간이 종료되기 전에 다 풀었으면 되돌아가서 답을 체크할 것
> • 서두르거나 너무 느리게 하지 말고, 본인의 페이스대로 할 것. 어떤 문제의 답을 모른다면, 넘어가고 나중에 다시 돌아올 것 (Clark et al., 2005; Hill & Wigfield, 1984)

 결론적 생각

이 장에서 기술된 능력 개념은 교육자들에게 중요한 함의를 가진다. Resnick(1999)은 우수함과 평등을 모두 성취하는 방법으로 노력 기반(effort-based) 학교를 제안하였다. 중요한 목표는 능력 수준과 상관없이, 모든 아동이 그들의 잠재

력에 도달하도록 도와주는 것이다. 이것이 동기적 평등(motivational equality)의 진정한 의미이다(Nicholls, 1989). 마지막으로, "단지 능력이 있거나 잠재력이 있다는 것만으로는 학교나 인생에서 성공을 향유하기에 충분하지 않다. 아동들이 자신에게 능력이 있고 그러한 재능을 사용하고 개발할 자유가 있다는 것을 믿지 않는 한, 재능과 잠재력은 낭비될 것이다"(Miserandino, 1996, p. 210).

📎 주요 내용의 개관

1. 학생들이 자신의 능력을 어떻게 평가하는가는 학업 동기와 성공에 대한 기대에 중요한 시사점을 가진다. 오늘날 주된 입장은 유능감 지각이 영역 특수적인 것일 뿐만 아니라 과목 영역마다 독립적이라는 것이다.

2. 자기효능감은 미래 과제를 달성하는 데 필요한 자신의 능력에 대해 개인이 내리는 판단이다. 이것은 단순히 개인의 능력을 반영하는 것이 아니라, 개인이 자신의 능력에 대해 가지고 있는 신념이다. 자기효능감 판단은 어떤 활동을 시작하거나 피할 것인가, 얼마나 많은 노력을 기울일 것인가, 그리고 장애물이 있음에도 불구하고 얼마나 오랫동안 지속할 것인가에 영향을 준다.

3. 자신의 능력에 대한 신념은 4가지 정보 출처, 즉 과제 완수, 대리 경험(타인을 관찰하는 것), 언어적 설득, 생리적 상태로부터 나온다. 가장 강력한 출처는 과제 완수 또는 직접적인 증거이다.

4. 자기효능감을 높일 수 있는 전략에는 목표와 피드백, 보상, 전략을 언어화하는 자기지시, 참여적 모델링, 그리고 이런 전략들의 다양한 결합이 있다. 어려움을 경험하면서 성공하기 위한 전략을 가지고 과제를 시연하는 대처 모델이 숙달 모델이나 전문가 모델보다 자기효능감을 높일 가능성이 더 크다. 아동의 자기효능감을 높이는 데는 또래 모델이 성인 모델보다 더 효과적인 것으로 밝혀졌다.

5. 자기가치 동기는 자신의 유능성과 능력에 대한 긍정적 이미지를 유지하려는 학생들의 욕구를 기반으로 하고 있다. 학생들은 종종 능력과 자기가치를 동의어로 간주한다. 그래서 그들의 동기는 실패를 피하고 능력이 부족하다는 지각으로부터 자기가치를 방어하려는 것이 된다.

6. 학생들은 실패 회피 전략을 사용해서 자기가치를 보호한다. 이에는 적은 노력, 자기결손 행동(지연, 너무 높은 목표, 학업의 약점), 그리고 성공 보장 전략(컨닝과 너무 낮은 목표) 등이 있다. 자기가치 보호 경향성은 학생들 간 경쟁을 부추기는 교실 관행에 의해 영향을 받는다. 이런 관행에는 불충분한 보상을 제공해서 학생들을 경쟁하거나 포기하도록 만드는 것, 학생의 노력이 아닌 능력을 보상하는 것, 다른 학생들과 비교한 서열에 따라 성적을 주는 평가체계 등이 있다.

7. 소수 학생의 경우, 능력에 초점을 두는 것은 인종 고정관념에 취약하게 만들 수 있으며, 그것은 학교와의 탈동일시와 자기가치 방어로 이끌 수 있다. 소수 학생은 학교의 가치와 목표에 저항하고 의도적으로 학업적 성공에 해로운 행동들을 선택함으로써 자기가치를 보호하려고 할 수 있다. 모든 학생이 교육에서 이루고자 하는 목표와 동일시할 수 있도록 교사와 학교가 관행을 만들어 가는 것이 중요하다.

8. 2가지 반대되는 성취목표 지향성인 학습목표와 수행목표 지향성은 행동 뒤에 내재된 목적을 말해 준다. 학습 초점을 가진 학생들은 기술 개발을 추구하고, 유능성에 대한 그들의 느낌은 향상에서 온다. 수행목표(접근 또는 회피)는 타인의 수행과 관련이 있다. 수행접근의 초점은 타인과 비교해서 자신의 능력을 보여 주는 것에 관심이 있으며, 수행회피 초점은 능력이 부족하다는 지각을 피하는 것에 있으며 더 부적응적이다. 학습목표가 대부분의 상황에서 더 적응적인 동기 패턴이다. 교실 맥락 또한 목표 지향성의 유형에 영향을 준다.

9. 특정한 목표 지향성의 일차적인 출처는 지능이 선천적이고 고정된 것인가, 아니면 개인이 기술과 지식을 습득함에 따라 증가하고 변화되며 계속해서

발달하는 것인가에 있다. 개인이 학습과 수행 둘 다에 의해 동기화될 수 있다고 하더라도, 학습목표는 지능의 증가이론과 관련되어 있다. 학습목표는 도움 구하기, 자기효능감, 인지전략의 사용과 정적인 상관이 있는 것으로 밝혀졌다.

10. 성취불안에 대한 2가지 대표적인 설명은 전략 사용에서 인지적 방해와 기술의 결함이다. 빈약한 수행은 시험 준비와 시험 치르기를 방해하는 자기패배적인 생각들과 불충분한 공부로부터 비롯되는 것으로 생각된다. 낮은 자기효능감을 가진 학생들은 성취불안의 부정적인 효과를 더 많이 경험할 가능성이 높은 반면, 높은 효능감은 학생을 불안으로부터 보호하는 것처럼 보인다. 학생들이 정보처리 전략과 수검전략을 개발하도록 도와주는 개입이 고부담 시험과 같은 성취 상황에서 불안을 다루도록 하는 데 도움이 된다.

1. 생각해 보아야 할 중요한 점과 궁금한 질문은?

2. 내가 지금 활용할 수 있는 전략은?

3. 이후로 발전시키기를 원하는 전략은?

목표와 목표설정

당신은 목표, 포부, 목적, 또는 의도와 같은 용어를 사용한 적이 있는가? 이런 것들은 흔히 목표설정(goal setting)을 함축하고 있는 용어로 생각된다. 목표는 단순하게 "개인이 성취하기를 원하는 어떤 것"으로 정의된다(Locke & Latham, 1990, p. 2). "목표설정 이론은 인간의 행동이 의식적인 목표와 의도에 의해 방향 지어진다고 가정한다."(Locke & Latham, 1990, p. 4) 목표설정과 목표 지향성 간에는 중요한 구분이 존재한다(3장). 목표설정은 개인이 성취하고자 노력하는 구체적인 결과를 말하는 반면, 목표 지향성은 목표를 위해 노력하는 것 이면에 내재된 목적이나 목표 지향성 유형을 말한다(Dweck, 1992). 이 장의 초점은 성취 결과를 얻는 데 목표설정이 얼마나 중요한가에 있다.

코치는 팀의 목표와 개인의 목표 둘 다를 중요하게 여기면서 한 시즌을 시작하려고 생각할 것이다. 목표는 (대부분은 아니더라도) 많은 직원 평가 기준 중 표준적인 구성요소의 하나이다. 수업에서 목표설정은 어떠한가? 교사가 마음에 목표를 가지고 있다고 해도, 이런 것들이 얼마나 자주 명시화되는가? 학생들은 스스로 목표를 세우도록 얼마나 자주 격려받는가? 동기의 관점에서 볼 때, 목표와 목표설정은 자기조절에서 중심적인 역할을 한다(Schutz, 1991). 목표설정은 목표(target)와 함께 자신이 얼마나 잘하고 있는가에 대한 정보를 제공함으로써 학습과 동기에 영향을 미친다. 이 장은 목표의 동기적 효과와 목표의 유형, 동기를 높이는 목표의 성질, 목표와 피드백의 관계, 목표설정을 교육 장면에 적용하는 것 등에 대해 기술한다.

 ## 목표설정의 동기적 효과

목표는 미래 사건에 대한 인지적 표상이며, 그래서 5가지 과정을 통해 동기에 영향을 준다(Locke & Latham, 1990; Locke, Shaw, Saari, & Latham, 1981). 더 구체적인 내용은 다음과 같다.

- 목표는 의도한 표적(target)에 주의를 기울이고 그것에 행동을 맞추게 한다. 이것은 개인이 즉시 과제에 초점을 맞추고 목표 달성을 위해 지식과 전략을 조직화하도록 돕는다.
- 목표는 성취할 과제의 난이도에 맞추어서 노력을 동원하게 한다.
- 목표는 복잡한 과제에는 끈기와 더 많은 노력을 기울이도록 촉진한다. 이것은 과제가 잘 진행되지 않더라도 계속해서 열심히 일할 이유를 제공한다.
- 목표는 그에 도달하기 위한 창조적 계획과 전략을 개발하도록 촉진한다.
- 목표는 개인의 수행에 대한 정보를 알려 주는 참조점(reference point)을 제공한다.

요약하면, 목표는 개인이 얼마나 잘하고 있는가를 알려 주는 기준을 제공하며, 그래서 자기평가 과정을 활성화한다. Bandura(1997)는 "자신이 어떻게 하고 있는지를 모르면서 목표를 채택하는 것 혹은 목표가 없으면서 자신이 어떻게 하고 있는지를 아는 것은 지속적인 동기적 효과를 갖지 못한다."(p. 128)고 말했다.

목표의 내용과 다양한 목표

개인이 목표를 세울 때, 목표의 초점은 무엇인가? 목표는 전달하기 어려운 애매한 생각일 수도 있고, 분명한 비전일 수도 있다. 목표의 초점은 어떤 대통령의 생애에 대한 멀티미디어 전시 계획처럼 하나의 결과물일 수도 있고, 전시를 성공적으로 끝내는 데 필요한 전략과 같은 과정일 수도 있다. 많은 목표가 동시에 작동한다고 해도 사람들은 핵심 목표들, 즉 행동을 이끄는 1~5개의 일련의 개인적 목표를 가지고 활동하는 경향이 있다(Ford, 1992). Schutz(1994)는 예비교사들이 가장 중요한 것으로 여기는 3가지의 핵심 목표가 가족과 직업, 교육임을 확인하였다. 그들이 보고한 활동의 대부분은 이 3가지 목표를 중심으로 이루어졌다.

이런 다중목표 관점의 중요성은 무엇인가? 그것은 한 가지 목표를 세우면, 다른 것들도 활성화될 수 있다는 것이다(Ford, 1992). 예를 들어, 어떤 사람이 석사학위를 얻기 위해 대학원에 입학할 때, 목표는 학위를 따는 것이다. 이 목표는 더 많은 임금을 받는 것, 인간관계를 넓히는 것, 교수법을 향상시키기 위해 새로운 아이디어를 학습하는 것과 같이 동시에 다른 목표들을 활성화할 수 있다. 이런 예가 보여 주는 것처럼, 한 가지 목표의 활성화는 또 다른 것의 활성화를 배제하지 않는다.

하지만 다중목표는 특히 청소년에서 문제가 될 수 있다(Wentzel, 2000). Wentzel(1989)은 청소년에게 수업에서 성취하고자 하는 것의 목록을 쓰라고 요청하였다. 이들의 반응에서 Wentzel은 12개의 목록을 정리하였다. 그런 다음 수업에서 이 12가지 목표를 달성하기 위해 학생들이 얼마나 노력하는지를 확인하기 위해 조사를 실시하였다. 낮은, 중간, 높은 성적(GPA) 집단을 비교한 결과, 집단마다 각각의 목표를 다르게 평가하였다. 높은 성적 집단은 12개의 목표 중 성공적인 학생이 되는 것, 일을 제시간에 마치는 것, 신뢰성 있고 책임감 있게 행동하는 것에 가장 높은 순위를 매겼다. 이와 대조적으로, 낮은 성적 집단은 즐기고 친구와 사귀는 것에 가장 높은 순위를 매겼다. 낮은 성적 집단의 19%만이 성공적인 학생이 되는 것이 목표였다고 하였다. 일부 학생은 사회적 목표(친구 사귀기)와 학업적 목표(숙제 마치기)를 아무런 문제없이 잘 조정할 수 있지만, 다른 학생들은 이런 목표들을 조정할 수가 없다. 교사나 학교가 어떻게 학생의 목표에 영향을 줄 수 있는가? 즐거움을 가장 높은 목표로 생각하는 낮은 성적 집단 학생에게 성취와 연합된 목표에 더 강조점을 두도록 어떻게 격려할 수 있는가?

교사가 할 수 있는 한 가지 일은 학습 과제가 다양한 결과 또는 목표를 갖는다고 강조하는 것이다. 위 예의 목표 순위가 가리키는 것처럼, 높은 성적의 학생들은 낮은 성적과 중간 성적의 학생들보다 동시에 몇 가지의 목표를 달성하고자 노력하는 경향이 있다. Ford(1992)는 개인이 어떤 활동에 참여하는 한 가지 이상의 이유를 가질 때, 그것이 일종의 보험이 되어서 동기의 힘이 증가된다고 지적하였다. 예를 들어, Wentzel(1991)은 두 번째 연구에서 또래들과 상호작용하려는 목표는 그 자체로 수업에 방해가 되지 않는다고 결론지었다. 사회적 책임감과 학업 목표를 추구하는 것은 성취와 가장 깊은 관련이 있었다. 따라서 학습과 자기향상보다 즐거움과 우정에 일반적으로 더 초점을 두는 학생들의 경우, 의미 있는 참여를 촉진하기 위해 다중목표 원리를 사용할 수 있다. 예를 들어, 협동학습은 학업, 사회적 기술, 또래 상호작용, 책임감 등 다중목표의 기회를 제공한다. 사회적 맥락에서의 협동학습은 7장에서 자세히 설명된다.

일부 교육자는 학교에서 가능한 학습 결과의 유형을 확장함으로써 가능한 목표의 유형을 넓히기 시작하였다. Ellison(1992)은 Gardner(1983)가 초등학교 5학년생의 목표로 제안한 7가지 지능 유형인 논리/수학, 언어, 음악, 공간, 신체/운동감각, 대인관계, 개인내적인 지능을 사용하였다. 그 단계는 다음과 같다.

- 학생과의 목표설정 면담은 3월에 "올해 너의 목표에 대해서 생각해 보았니?"라고 물음으로써 시작했다. 부모로부터 자녀의 강점과 어려움이 있는 영역에 대한 정보를 얻었다.
- 목표설정은 개인내적 지능(자기를 이해하는 능력)으로 시작해서, 자신감과 책임감, 자기관리에 초점을 두었다.
- 목표에 대한 자기평가는 8월에 목표를 확인하고 다시 목표에 집중하도록 하

고, 성과를 축하하고, 필요한 경우 교사가 재지시하는 것으로 이루어졌다.

〈예시 4-1〉은 학생 목표의 예를 보여 준다(Ellison, 1992).

다중목표가 생산적이 되려면, 목표들이 조화를 이루어야 하며 갈등을 일으키지 말아야 한다. 사람들이 자신이 다룰 수 있는 것보다 더 많은 목표를 시도하는 경우, 한 개 혹은 그 이상의 목표가 실패로 끝나거나 한 가지 목표가 주된 것이 된다. 예를 들어, 즐거움이 성공적인 학생이 되는 것을 이길 수 있다. 중요한 것은 학생이 목표들 간의 균형을 이루도록 돕는 것이다. 목표는 그것이 교사의 목표 및 기대와 조화를 이룰 때 학생의 학업적 유능성에 기여할 가능성이 가장 크다(Wentzel, 2000).

예시 4-1 목표설정: 학생-부모-교사

목표설정: 학생-부모-교사

학생 이름 ___샐리___   학년 ___5___   교사 ___엘리슨___

개인내적인: 자신감, 책임감, 자기관리, 윤리……
학교에 대해 좋게 느낌

대인관계적인: 타인과의 관계, 존경, 다문화 이해, 문제해결……
새 친구 사귀기. 즐겁게 지내기! 긴장하지 않고 편안하게 있기

세계-이해: 과학, 사회학, 시각예술, 미디어, 다문화, 국제학……
독일에 대해 배우기

언어: 읽기, 쓰기, 말하기, 미디어……
더 빨리 읽기
글쓰기 향상시키기

논리-수학: 수학, 시각, 문제해결……

체스 배우기

공간: 시각예술, 기하학, 공간적 추론 능력……

수채화 그리는 기술 향상시키기

신체-운동감각: 신체교육, 춤, 협응……

달리기 연습하기

음악: 목소리, 악기, 문화……

플루트 연습하기

다른 목표: 교실 외의 생활……

내 방에 있기, 화가 나면 어른들에게 말하기!

서명: 학생, 부모, 교사……   — Launa Ellison(1983, 1991년 개정)

엘리슨   샐리

자익+긱

출처: L. Ellison, "Using Multiple Intelligences to Set Goals", *Educational Leadership*, *50*(2), 71.
Association for Supervision and Curriculum의 허락을 받고 사용함. Copyright ⓒ 1992 by ASCD.
All rights reserved.

📎 동기를 높이는 목표의 성질

목표는 얼마나 어렵고 구체적이어야 하는가? 목표 그 자체가 자동적으로 더 효과적인 과제 수행으로 이끄는 것은 아니다. 하지만 목표의 특정한 성질이 과제 수행에 영향을 준다. 멀리 있는 목표와 근접목표, 어려운 목표와 쉬운 목표, 구체적인 목표와 일반적인 목표, 부과된 목표와 자신이 선택한 목표, 목표에의 전념 등이 그것이다.

장기목표와 단기목표

장기목표와 단기목표의 관계는 어떠한가? 타깃 목표, 미션 목표, 궁극적인 목표, 마지막 목표, 멀리 있는 목표, 그리고 "마음속에 목적을 품고 시작하라."(Covey, 1989, p. 97) 등은 모두 장기목표를 암시하는 말들이다. 장기목표 또는 멀리 있는 목표는 최종적인 타깃을 향해 나아가도록 한다. 근접목표 또는 하위목표로 알려져 있는 단기목표 또한 장기목표에 도달하는 단계를 밟게 해 준다. Bandura(1997)는 근접목표가 없다면 사람들은 멀리 있는 목표를 달성하는 데 필수적인 단계들을 수행할 수 없다고 제안하였다. 앞에서 기술한 것처럼, 목표의 내용은 우리가 달성하기를 원하는 어떤 것이다. 문제는 장기목표가 더 효과적인가, 단기목표가 더 효과적인가가 아니다. 각 목표는 자기 역할을 가지고 있고, 그것들은 성취와 자기조절에 기여하는 데 있어 서로를 보완해 준다. 이런 관계를 [그림 4-1]에 예시하였다.

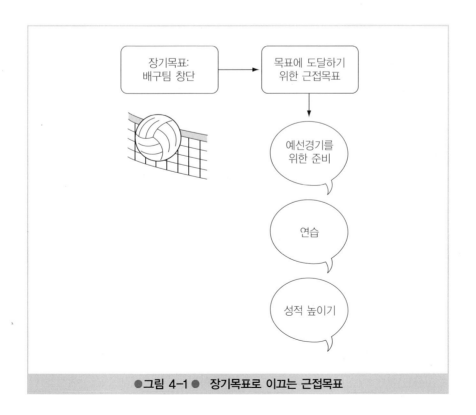

●그림 4-1 ● 장기목표로 이끄는 근접목표

아동의 자기효능감과 수학 수행에 영향을 미치는 근접목표와 멀리 있는 목표의 효과를 비교한 한 연구에서 이런 목표들의 상호관계성이 잘 나타난다(Bandura & Schunk, 1981). 초등학교 3학년생들을 다음의 세 집단 중 하나에 배치하였다.

1. 근접목표 집단: 아이들에게 매 회기에 적어도 6쪽씩 공부하는 목표를 세우는 것에 대해 생각해 보라고 말하였다.
2. 멀리 있는 목표 집단: 아이들에게 7번째 회기가 끝날 때까지 총 42쪽을 공부하는 목표를 세우는 것에 대해 생각해 보라고 말하였다.
3. 목표가 없는 집단: 아이들에게 목표를 언급하지 않았다.

　　결과는 달성할 수 있는 하위목표를 설정한 아동들이 더 빠른 속도로 성취하였고, 수학 내용의 숙달을 보였으며, 자기효능감이 증가하였음을 보여 준다. 근접목표 집단은 또한 더 높은 유능성을 보여 주었고 문제해결에 가장 많은 내재적 흥미를 보였다. 연구자들은 다음과 같이 결론지었다.

　　　　미래의 더 큰 목표로 이끄는 달성 가능한 하위목표들은 자기동기화(self-motivation)를 가장 잘 형성하고 유지할 수 있게 한다. 근접목표들은 수행에 대한 즉각적인 인센티브와 지침을 제공하는 반면, 멀리 있는 목표는 노력을 효과적으로 동원하거나 개인이 지금-여기에서 하는 행동에 방향을 제시하기에는 시간적으로 너무 멀다(Bandura & Schunk, 1981, p. 587).

목표설정을 위해 마음에 새겨야 할 요점은 다음과 같다.

• 멀리 있는 목표는 마음에 더 큰 그림을 유지하도록 돕는다. 하지만 먼 미래에 초점을 맞추는 것은 더 지체하도록 만들 수도 있다.
• 멀리 있는 목표를 설정할 때 그것을 근접목표들로 쪼개는 경향이 있지만, 교사는 모든 학생(또는 심지어 자기 자신)이 이렇게 할 것이라고 가정해서는 안

된다.

- 장기적인 프로젝트를 계획할 때, 학생들은 그들이 하루하루 교실에서 하고 있는 행동과 장기목표 간의 관계를 살펴볼 필요가 있다.

요약하면, 근접목표와 멀리 있는 목표는 둘 다 동기와 수행에 영향을 준다. 〈예시 4-2〉는 장기목표 설정을 위한 양식을 보여 준다. 〈예시 4-3〉은 근접목표 설정을 위한 양식으로, 다양한 연령 집단에 맞추어 수정될 수 있다. 〈전략 4-1〉은 이 양식들을 사용하는 방법들을 제시한다.

예시 4-2   장기적인 성취목표 양식

장기목표는 우리에게 초점을 맞추게 하고 방향을 알려 주고 단기목표를 달성하는 목적을 제공한다. 다음 형식을 사용하여서 장기목표를 기술하라.

1. 앞으로 6개월에서 2년 동안 내가 달성하기를 원하는 한 가지 중요한 목표는 무엇인가?

2. 이 목표는 나에게 왜 중요한가?

3. 이 목표를 달성하기 위해 취해야 할 행동이나 단계는 무엇인가?

4. 이 목표를 달성하려고 할 때 개인적 장애물과 외부의 장애물은 무엇인가?

5. 이러한 장애물을 줄이기 위해 무엇을 할 수 있는가?

6. 누구에게 도움을 얻을 수 있는가?

예시 4-3 근접목표 양식

근접목표와 진행과정

이 양식은 매주 목표를 세우고 진행과정을 모니터하는 방법을 알려 준다. 목표를 가능한 한 구체적으로 세우라.

계획 세우기

1. 이번 주 나의 구체적인 학습목표는 무엇인가?

2. 내가 이 목표를 달성하기 위해 취해야 할 행동이나 단계는 무엇인가?

3. 내 목표를 달성했다는 것을 어떻게 알 수 있는가?

4. 이런 목표를 달성하는 데 방해가 될 수 있는 개인적 장애물과 외부의 장애물은 무엇인 가, 그리고 이런 장애물들을 어떻게 극복할 수 있는가?

5. 목표를 달성하기 위해 누구에게 도움을 받을 수 있는가?

6. 이 목표를 달성하는 것에 나는 얼마나 자신이 있는가?

전혀 자신 없음   매우 자신 있음

0 _____ 25

평가

7. 이전 목표 달성에 나는 얼마나 만족하는가:

불만족   중간   매우 만족

0 _____ 25

8. 목표 달성 혹은 미달성의 이유는 무엇인가?

전략 **4-1**   **목표 양식 사용하기**

- **장기목표 양식**: 학생들에게 학기 초에 이 양식을 완성하도록 요청할 수 있다. 학생들이 다양한 목표와 목표의 우선순위에 대해 생각해 보도록 하는 데 사용될 수 있다.
- **근접목표 양식**: 이 양식은 연령 수준에 따라 원하는 대로 수정할 수 있다. 나는 대학생들에게 이 양식을 매주 사용하도록 하였다. 처음 몇 번은 교사가 피드백을 제공한다. 학생들이 효과적인 목표의 기준을 학습하게 되면, 목표 친구들(goal buddies)로 짝을 지워서 서로에게 피드백을 주게 한다. 피드백은 목표를 더 구체적으로 만들고 행동 단계를 구체화할 때 가장 많이 필요하다. 장애물을 극복하는 법을 익히는 것이 매우 중요하다. 평가 단계에서 그들이 왜 목표를 달성하거나 달성하지 못했는지에 대한 귀인을 끌어낸다.

목표의 난이도와 도전

쉬운 목표와 어려운 목표 중 어떤 것이 더 효과적인 목표인가? 쉬운 목표라고 생각했는가? 놀랍게도 만약 과제가 자발적으로 선택된 것이고 그 사람이 그 목표를 달성할 능력을 가지고 있다면, 쉬운 목표보다 어려운 목표가 더 높은 수준의 수행으로 이끈다(Locke & Latham, 1990). 사람들은 어렵다고 지각한 목표를 달성하기 위해 더 많은 노력을 기울이는 경향이 있다. 하지만 목표는 달성할 수 없을 것처럼 보일 정도로 너무 어렵지는 않아야 하는데, 왜냐하면 대부분의 사람은 불가능한 과제를 피할 것이기 때문이다.

학생들을 대상으로 한 연구에서, Schunk(1983a)는 수학 나눗셈에서 결함이 있는 아동의 수행에서 목표 난이도의 효과를 연구하였다. 한 집단은 어려운 목표를 받았고 또 다른 집단은 쉬운 목표를 받았다. 어려운 목표 집단의 아동들은 쉬운 목표 집단의 아동들보다 더 많은 문제를 풀었고 과제에 대하여 더 큰 동기를 유지하였다.

목표 난이도 수준을 도전적이지만 현실적인 것으로 맞추는 것은 학생들이 최선을 다하도록 돕기 때문에, 교사들에게 균형감이 요구되는 행동이다. 목표는 필요한 경우 수정을 할 수 없을 정도로 너무 경직되어서는 안 된다. 목표 달성의 기준이 너무 어렵거나 경직되어 있으면, 동기가 저하될 가능성이 높다. 3장에서 기술한 것처럼, 성취 불가능한 목표를 설정하는 것은 개인이 자기가치를 보호하기 위해 사용하는 하나의 방어기제이다. 따라서 학생들이 현실적인 목표를 세우도록 도와줄 필요가 있다. Schunk(1999)는 학생들이 현실적인 목표를 세우도록 도와주는 방법으로, 상한선과 하한선을 정하는 것과 목표에 대한 면담을 할 것을 추천하였다.

‖ 생각해 보기 ‖ 현실적인 목표가 당신에게 의미하는 것이 무엇인지 생각해 보라. 당신의 개인적 목표와 직업적 목표에는 얼마나 많은 위험이 내포되어 있는가?

목표의 구체성

구체성은 수행에 영향을 미치는 목표의 또 하나의 성질이다. 구체적인 목표는 성취에 대한 분명한 기준을 가진다(예, "나의 목표는 내일 영어 수업을 위해 이야기를 읽고 이해하고 요약을 마무리짓는 것이다."). 일반적인 목표는 애매하며 구체적이지 않은 결과를 포함한다(예, "나의 목표는 숙제를 다 하는 것이다."). 구체적인 목표가 일반적인 목표나 목표가 없는 것보다 더 높은 수행을 낳는 것으로 입증되었다 (Locke & Latham, 1990). 학기가 끝난 이후 대학생들이 세운 주간 목표를 적어 놓은 학습일지를 분석한 결과, 성적에 따라 목표 유형에서의 차이가 나타남을 발견하였다(Alderman et al., 1993). A학점 집단은 B학점 집단과 C학점 집단보다 구체적인 목표를 두 배 이상 적었다. 구체적인 목표의 예로는 "다음 시험에서 40문제 중 36문제를 맞힐 거야."가 있고, 일반적인 목표의 예로는 "다음 시험에서 좋은 성적을 받고 싶어."가 있었다. 구체적인 목표가 과제 수행을 높이는 이유는 구체적인 목표가 과제를 완수하는 데 필요한 노력의 양과 유형을 알려 주기 때문이다 (Bandura, 1986). 좋은 의도보다 구체적인 목표가 개인을 더 높은 수행으로 동기

화하는 경향이 있다. 근접목표 양식(〈예시 4-3〉)은 학생들이 구체적이고 단기적인
목표를 세우는 것을 학습하도록 도와준다.

목표 전념

목표 전념(goal commitment)은 우리가 달성하기를 열망하는 목표로 이끌어 줄,
행동과정을 추구하겠다는 결정을 뜻한다(Bandura, 1986). 이것이 어떻게 목표 달
성에 영향을 주는가? 목표 전념의 강도는 목표를 달성하기 위해 얼마나 노력할
것인가에 영향을 준다. 목표가 어려운 것일 때는 전념이 매우 중요하다(Locke &
Latham, 2002). 목표에 대한 전념 강도에 영향을 미치는 것은 무엇인가? 목표 전
념은 자기효능감과 지금까지 기술한 성질들(난이도와 구체성)에 의해 영향을 받는
다. 예를 들어, 목표가 너무 어려우면 전념은 감소하며 수행에서 중도 포기가 잇
따른다(Locke & Latham, 1990). 전념은 또한 목표 강도와 목표 참여, 또래 영향에
따라 달라진다.

목표 강도 │ 전념은 목표 강도(goal intensity), 즉 목표를 구성하고 그것이 어떻
게 달성될 것인가를 설계하는 데 드는 정신적 노력 혹은 사고의 양과 관련이 있다
(Locke & Latham, 1990). 이것은 목표 명료화(goal clarification)와 유사한데, 왜냐
하면 우리가 목표를 명료화할 때 목표와 과제, 그리고 그것을 달성하는 자신의 능
력에 대한 정보를 수집하는 의식적 과정에 참여하게 되기 때문이다(Schutz,
1989). 초등학교 5학년 학생들을 대상으로 한 연구에서 Henderson은 독서를 하
는 이유에 대해 더 구체적이고 정교하게 많이 기술한 학생들이 피상적으로 기술
한 학생들보다 자신의 목표를 더 많이 달성하였음을 발견하였다(Locke & Latham,
1990에서 재인용). 집단 간 지능점수에서는 아무런 차이가 없었지만, 더 정교하게
목표를 세운 학생들이 더 독서를 잘하게 되었다. 이런 결과는 목표를 세우는 데
더 많은 생각을 할수록 그 목표에 전념할 가능성이 더 높아짐을 말해 준다.

목표 참여 │ 동기의 측면에서 볼 때 사람들이 목표설정에 참여하는 것은 얼마나 중요한가? 이것은 목표가 자주 집이나 학교, 직장에서 타인에 의해 부과되기 때문에 중요한 질문이다. 주정부가 교사에게 교과과정 표준안이나 목표를 나눠 주고, 교사는 다시 그것을 학생들에게 부여한다. 개인에게 목표설정에 참여하도록 하는 것은 더 큰 만족으로 이끌며, 사람들에게 목표를 달성할 것이라고 말하는 것은 자신이 그 목표를 달성할 수 있음을 의미하기 때문에 자기효능감에 영향을 줄 수 있다(Locke & Latham, 1990).

부과된 목표와 자신이 선택한 목표의 효과를 조사하기 위해, Schunk(1985)는 뺄셈을 배우고 있는 초등학교 6학년 학습장애 학생들에 대한 연구를 수행하였다. 한 집단에는 목표를 부과하였다(예, "오늘 7쪽을 풀어 볼래?"). 두 번째 집단은 스스로 목표를 세웠다(예, "오늘 네가 몇 쪽을 풀 수 있는지 정해라."). 세 번째 집단은 목표가 없이 공부하였다. 자기가 목표를 정한 집단의 학생들이 가장 높은 자기효능감과 수학점수를 보였다. 두 목표 집단은 아무런 목표도 없었던 통제집단에 비해 더 높은 수준의 자기조절을 보였다.

그럼에도 불구하고 Locke와 Latham(1990)은 수행을 높이는 데 있어 자기가 정한 목표가 부과된 목표보다 일관성 있게 더 효과적인 것으로 나타나지는 않았다고 결론지었다. 부과된 목표에서 결정적 요인은 수용이다. 일단 개인이 목표에 관여하게 되면, 목표가 어떻게 정해졌는지, 그것이 부과된 것인지 아닌지보다 목표 자체가 더 중요하게 된다. 직장이나 학교에서 목표가 자주 타인에 의해 부여되기 때문에, 부과된 목표의 목적을 참여자들에게 설명하는 것이 중요하다. 교사와 학생이 목표를 설정하는 데 함께 참여하는 것이 목표의 수용을 높일 수 있다.

또래 영향 │ 교사가 목표 수용과 전념을 촉진하는 데 영향을 줄 수 있는 한 가지 요인은 또래 영향이다. 강한 집단 압력은 목표에의 전념을 증가시킬 가능성이 높다(Locke & Latham, 1990). 이런 집단의 응집력은 운동 팀에서 더 자주 발견된다. 코치가 팀원들이 팀의 목표에 강하게 전념할 것을 원한다는 것은 명백하다. 교실의 경우, 집단의 목표는 협동학습 집단에서 작업하는 학생들의 전념을 도우며 따라서 더 양질의 작업으로 이끌 것이다.

피드백과 목표의 관계

목표는 과정을 평가하는 기준을 제공하기 때문에, 목표가 동기에 영향을 주는 자기평가 과정을 시작하게 한다는 점을 강조하는 것은 중요하다(Bandura, 1986). 이것은 단순히 두 개의 비교과정, 즉 목표와 피드백(또는 진행 결과에 대한 정보)이 필요함을 의미한다. 목표가 효과적이려면, 개인이나 팀이 목표와의 관계에서 자신이 어디에 있는지를 아는 것이 필요하다. 피드백과 목표의 관계는 다음과 같다.

1. 목표는 학생들에게 어떤 유형의 수행이 달성되어야 하는가와 행동과 노력을 평가하는 방법을 말해 준다.
2. 그리고 피드백은 목표와의 관계에서 진행과정을 추적하고 조정 또는 수정하는 데 사용된다(Locke & Latham, 1990). 이 과정을 [그림 4-2]에 제시하였다.

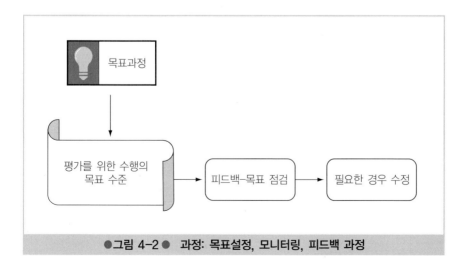

●그림 4-2 ● 과정: 목표설정, 모니터링, 피드백 과정

피드백이 일어날 가능성을 높이는 것은 어떤 요인인가? 근접목표는 결과에 대한 정보를 알 수 있는 기회를 더 많이 제공하는데, 개인이 자신의 수행을 점검하고 필요한 경우 수정할 수 있기 때문이다. 사람들이 자신의 목표와 수행 간 불일치를 보게 된다면, 그것이 이후 수행에 미치는 효과는 어떠한가? 대부분의 경우에는 수행을 높인다(Locke & Latham, 2002). Bandura와 Cervone(1983, 1986)의 연구에서도 목표와 수행 간의 불일치 효과를 조사하였는데, 그 결과 높은 자기효능감을 가진 개인은 자신의 수행에 더 많이 불만족할수록 미래 과제에 많은 노력을 기울이는 것으로 나타났다. 목표와 수행 간 불일치가 나타날 때 발생하는 동기적 영향은 한 학생이 "내 목표 중 두 개를 완수하지 못했다. 몇 가지 목표의 우선순위를 바로잡아야 한다고 생각한다."라고 쓴, 〈예시 4-4〉의 일지 내용에서 분명하게 나타난다.

예시 4-4   목표와 피드백의 관계를 보여 주는 일지 내용

세 번째 주

시험에서 40문제 중 32개를 맞혔다. 먼저 여러 장을 읽었고 그런 다음 공부 지침을 검토하였다. 수업 노트를 복습하였지만 어제 밤보다 더 전에 미리 공부했어야 했다. 내가 더 많은 시간을 투자했다면 할 수 있었다는 것을 안다. B 정도면 괜찮다는 것을 알고 있지만, A가 내 목표다.

다음 내용

1주일 중 숙제를 할 수 있는 첫 번째 기회. (또 다음 수업을 위해) 나의 메모장에 체크를 했다. 달성 가능한 목표를 세우는 것이 도움이 된다고 생각한다. 그것은 나 스스로 시험을 치는 것과 비슷하다. 아무도 그것에 대해 모르겠지만 만약 목표를 달성하지 못한다면 나는 여전히 실패한 것처럼 느낀다. 다음 주 나는 다음과 같은 목표들을 달성할 것이다.

1. 모든 수업에서 진도에 맞추어 해당 부분을 미리 읽는다.
2. 메모장에 나에게 필요한 모든 정보를 적어 둔다.

다음 내용

지금까지는 좋다. 읽을 거리를 잘 소화하였고 세 프로그램 중 두 개를 끝냈다. 지난주부터 나의 목표는 거의 달성되었다. 새로운 목표를 달성하기까지, 나는 메모장을 사용하기 시작할 것이다. 달성 가능한 목표를 정하면, 해야 할 일이 매우 많은 것처럼 보이더라도 한 번에 한 단계씩, 그것을 해낼 수 있음을 깨닫게 된다는 것을 발견하였다.

다음 내용

내 목표 중 두 개를 완수하지 못하였다. 몇 가지 목표의 우선순위를 바로잡아야 한다고 생각한다.

다음 내용

• 나는 수업 시간에 배운 PQ4R 기법을 실천하기 시작했다. 나는 개관을 읽고 제목과 요약을 읽었다. 나는 질문을 하지 않았지만, 공부 지침을 사용하였다. 나는 이번에 40문제 중 36개를 맞춰서 성적이 올랐다. 그래서 매우 기쁜데, 이것은 비단 점수 때문만이 아니고 내가 PQ4R 기법을 사용하려고 시도하였고 그것이 효과가 있었기 때문이다.

출처: Alderman, M. K., Klein, R., Seeley, S., & Sanders, M. (1993). "Preservice Teachers as Learners in Formation: Metacognitive Self-Portraits," *Reading Research in Instruction, 32*, 38-54. 허락받고 사용함.

피드백의 초점은 어떤 것이어야 하는가? 발전된 정도일까, 부족한 점일까? Bandura(1993)는 발전에 대한 피드백을 강조하였다. 피드백이 발전 정도를 강조할 때, 개인의 능력이 강조된다. 이것은 자기효능감과 포부 수준을 높인다. 이와 대조적으로, 부족한 점을 강조하는 피드백은 자기조절 과정을 약화시킨다.

목표설정에서 교실 개입

어떤 유형의 목표설정 개입이 교실 장면에 적용되었고 결과는 어떠했는가? 여기에서는 초등학교와 중고등학교, 대학교 수준에서 실시된 개입들과 다른 문화에서 온 학생들과 학습장애 학생들을 대상으로 한 개입들을 기술할 것이다.

초등학생과 중고등학생 개입

White, Hohn과 Tollefson(1997)은 초등학교 3~6학년 학생들이 어느 정도까지 현실적인 목표(도전적이지만 성취 가능한 목표)를 세우는지를 알아보기 위해 연구를 수행하였다. 아동들에게 오자미(콩이나 팥 등을 넣어 만든 작은 주머니)를 사용하는 농구와 야구 게임(과정 훈련은 뒤의 〈전략 4-3〉 참조)을 통해 현실적인 목표설정을 가르쳤다. 그 훈련에는 또한 성취 계약서를 쓰는 것이 포함되었다. 훈련 이후, 학생들은 현실적인 목표를 설정한 사람과 비현실적인 목표를 설정한 사람으로 구분되었다. 초등학교 2학년 2학기 즈음, 아이들이 현실적인 목표를 세울 수 있는 것처럼 보였다. 주목할 만한 결과는 초등학교 2학년과 3학년의 어린아이들이 과제의 난이도와 관련해서 자신의 능력을 평가할 수 있었다는 것이다.

영어를 배우는 중학생들의 포트폴리오를 스스로 평가하도록 돕기 위해 목표가 사용되었다(Smolen, Newman, Walthen, & Lee, 1995). 자신의 작업에 대한 자기평가에 기초해서, 학생들은 개인적 목표를 세웠다. 매주 월요일마다 학생들에게 색인 카드를 나누어 주었다. 학생들은 카드의 한 면에 새로운 목표를 적었고 다른 면에는 평가를 적었다. 몇 주간의 모델링과 시연, 연습 이후에 학생들은 자신만의 목표를 적을 수 있었다. 그들은 방에 붙여져 있는 전략 중에서 목표를 선택하도록 격려받았다. 학생의 목표는 교사에게 학생의 발전 정도를 볼 수 있도록 하였다. 학생 목표의 한 예가 〈예시 4-5〉에 제시되어 있다.

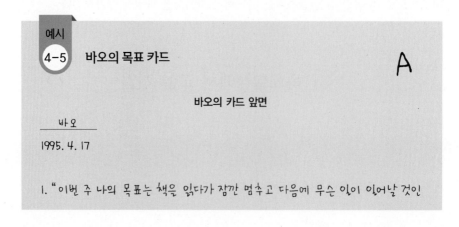

예시 4-5 **바오의 목표 카드** A

바오의 카드 앞면

바오
1995. 4. 17

1. "이번 주 나의 목표는 책을 읽다가 잠깐 멈추고 다음에 무슨 일이 일어날 것인

지 예속하는 것이다."

2. "이번 주 나의 목표는 글쓰기을 마치는 것이다."

바오의 카드 뒷면

나는 이번 주의 내 목표를 달성하였다. 첫 번째 목표는 읽고 있을 때 많은 것을 이해하도록 도와주었다.

Gaa(1973, 1979)는 개인의 목표설정 회의가 초등학생과 중고등학생의 성취에 미치는 효과를 조사하였다. 초등학교 1학년과 2학년 아이들을 3가지 실험 조건-목표설정을 하는 회의, 목표설정이 없는 회의, 회의 없음 중 하나에 배정하였다. 모든 학생이 동일한 읽기 지시를 받았다. 목표설정을 하는 회의 집단에 속한 아이들은 1주일에 한 번씩 실험자와 만났고 읽기기술 목록을 받았다. 회의 때마다 아이들은 1주일 동안 작업한 목표(기술)를 점검하였고, 목표를 달성할 수 있는 자신의 능력에 대한 자신감을 평정하였다. 목표설정이 없는 회의 집단에 속한 아동들 또한 1주일에 한 번씩 실험자와 만났지만, 목표를 설정하거나 피드백을 받지는 않았다. 추수 평가에서 목표설정 집단은 읽기 성취 사후검사에서 더 높은 점수를 받았고, 더 적은 목표를 정하였으며 자신이 정한 목표를 더 많이 달성하였다. Gaa는 목표설정 연습과 피드백이 더 현실적인 목표를 갖게 하며 학생들이 더 정확한 목표를 설정하도록 도와준다고 결론 내렸다. 그는 목표설정 회의 집단이 더 적은 수의 목표를 정하였던 이유는 자신이 성취할 목표에 노력을 집중하는 것을 배웠기 때문이라고 설명하였다.

Gaa(1979)는 고등학생을 대상으로 두 번째 연구를 진행하였다. 이 연구의 초점은 과정목표(process goal)였다. 과정목표는 결과물(예, 논문)을 완성하기 위한 행동 또는 단계를 말한다. 회의는 하였으나 목표를 세우지 않았던 집단과 비교해

서, 목표설정 회의 집단이 영어 성취시험에서 더 높은 점수를 받았고 자신이 성취
결과를 더 많이 통제하는 것으로 나타났다. 목표달성에 대한 그들의 귀인은 외적
요인보다는 자기 자신에게로 더 많이 향했다.

이런 연구들은 다양한 연령층에서 목표설정 전략의 긍정적인 효과를 지지한
다. White 등(1997)은 초등학생의 경우 현실적인 목표설정 전략에 대하여 직접적
인 지도를 받는 것이 유용하다는 결론을 내렸다. 초등학생을 돕는 2가지 방법을
〈전략 4-2〉에 제시하였다.

전략 4-2 초등학생을 위한 목표설정

• Lois Peak(1993)는 일본에서 초등학생들에게 목표설정을 가르치는 방법을 기술하였다. 신학기를 시작할 때, 학생들에게 자신의 지난 수행에 대해 생각해 보고 이번 학기를 위한 개인적 목표를 세우도록 격려한다. 그다음 그들은 그 목표에 도달하기 위한 계획을 짜고, 목표를 적고, 그것을 교실 벽에 붙인다. 학생들은 자기향상이라는 목표를 향해 얼마나 나아갔는지에 대해 쓰는 간단한 에세이를 정기적으로 작성하게 된다. 학기말에 자신의 성공과 그동안 겪었던 어려움을 기술하는 마지막 에세이를 쓰고 학생들 앞에서 그것을 읽는다. 학생들이 에세이를 읽는 것을 마치면, 교사는 몇 마디 칭찬을 해 주고 같은 반 학생들이 모두 박수를 친다.

• **목표 면담**: 아동이 목표를 정하도록 돕기 위해 5단계가 사용된다. 학생들에게 다음을 요청한다.

1. 그들이 자신에게 원하는 어떤 것에 대해 이야기하거나 써 보라(예, 강아지, 집안일 하기, 친절함).
2. 왜 그들이 특정한 것을 원하는지(동기) 말해 보라.
3. 그 목표를 어떻게 달성할 것인지를 말해 보라.
4. 무엇이 그 목표 달성을 막을 수 있는지 말해 보라(장애물).
5. 장애물을 극복하는 것에 대해 말해 보라. (Goldman, 1982)

대학생을 위한 개입

목표설정 훈련을 받는 것과 시간관리 훈련을 받는 것 중 어떤 것이 대학생의 수행을 더 향상시킬 것인가? Morgan(1985, 1987)은 목표설정이 대학생의 수행을 향상시킬 수 있는지를 결정하기 위해 2가지 실험을 수행하였다. 첫 번째 연구에서 다음의 네 집단이 있었다(Morgan, 1985).

1. 하위목표 집단(subgoal group)은 과제로 내준 읽을거리에서 개념을 파악하기 위해 공부의 하위목표를 정하고 이를 점검하도록 훈련받았다(예, "내 목표는 동화와 조절의 차이점을 공부하는 것이다.").
2. 시간 집단(time group)은 공부에 쓰는 시간을 점검하도록 훈련받았다.
3. 멀리 있는 목표 집단(distal group)은 한 가지 목표에 초점을 맞추었다.
4. 통제집단(control group)은 단지 평가를 하기 위해서만 만났다.

개념 하위목표를 스스로 점검한 집단이 공부 시간이나 멀리 있는 목표를 점검한 집단보다 나은 수행을 보였다. 공부 시간을 스스로 점검한 집단의 경우 공부 시간이 증가하였고 실제로 하위목표 집단보다 공부한 시간도 많았지만, 그들의 수행은 통제집단보다 유의하게 더 좋지는 않았다. Morgan은 이런 놀라운 결과를 다음과 같이 설명하였다. 즉, 하위목표를 정하는 것이 시간의 더 효과적인 사용을 초래하는데, 여기서 가장 중요한 것은 그 시간을 가지고 무엇을 하느냐이다. 이런 결과를 참조하여 Winne(2001)은 공부할 시간의 양에 맞추어진 목표는 기준을 제공하지 못한다고 주장하였다.

두 번째 연구에서, Morgan(1987)은 목표설정만 한 집단과 자기점검만 한 집단, 자기점검과 목표설정을 결합한 집단, 그리고 두 개의 통제집단을 비교하였다. 세 개의 실험집단이 모두 통제집단보다 더 나은 수행을 보였다. 하지만 기대와 달리 목표설정과 자기점검을 결합한 집단이 목표설정 집단이나 자기점검 집단보다 더 나은 수행을 보이지는 않았다. 이런 결과에 대한 Morgan의 설명은 목표설정과 자기점검이 서로 얽혀 있어서 분리하는 것이 어렵다는 것이다. 만약 한 가지 요소를 사용하게 된다면, 다른 것도 함께 작동된다.

학습장애 학생을 위한 개입

목표설정의 긍정적 효과는 Tollefson과 동료들이 연구한 학습장애를 가진 학생들과의 작업에서도 역시 발견되었다(Tollefson, Tracy, Johnsen, & Chatman, 1986; Tollefson, Tracy, Johnsen, Farmer, & Buenning, 1984). 학습장애가 있는 중학교 1학년, 2학년, 3학년 학생들에게 현실적인 목표를 세우고 그 목표를 달성하기 위해 노력을 하도록 훈련시켰다(Tollefson et al., 1984). 학생들은 먼저 자신이 얼마나 많이 농구 골을 넣을 수 있는지를 통해 목표설정을 하는 법을 배웠다. 목표설정 훈련 이후, 학생들은 그들이 가장 어려워하는 것인 철자쓰기와 수학 공부를 위한 목표를 세웠다. 목표 계약과 귀인 재훈련이 결합되었다. 처음에 학생들

전략 4-3 현실적인 목표 세우는 법 배우기

• **농구 게임**: 거리에 따라 긴, 중간, 짧은 등의 3가지 선택안이 있다. 각 학생은 이 중 하나를 선택하고 오자미 공을 던져서 바구니에 넣어야 한다(기회는 3번까지 주어짐). 그들은 얼마나 많은 공을 넣을 수 있을지 미리 예측하였다. 학생들은 자신이 예측한 점수와 실제 득점을 기록하였다.

• **야구 게임**: 각 학생들을 위한 4가지의 단어 목록을 만들었다. 쉬운(일루타), 중간 정도 어려운(이루타), 어려운(삼루타), 매우 어려운(홈런) 단어 목록이 그것이다. 그런 다음 학생들에게 그들의 철자쓰기 수준에 맞는 단어들을 제공하였다. 이닝을 시작하면서, 학생들은 자신이 원하는 히트 유형을 선택하고 자신이 예측한 것을 기록하였다. 그런 다음 학생들에게 그 단어의 철자를 입으로 말하게 하였다. 정답을 말하면 '안타'이고 잘못된 단어를 말하면 '아웃'이다. 학생들은 자신의 실제 결과를 기록하였다. 각 팀에게 타석에서의 시간을 2분씩 제공하였고 그 시간을 넘기면 쓰리아웃이 되었다(Tollefson et al., 1984).

은 현실적인 목표를 세우지 못하였다(단지 19%만이 현실적인 목표설정자로 분류되었다.). 훈련 이후, 유의한 수의 학생들(79%)이 현실적인 목표를 세웠다. 또한 학생들이 노력에 귀인하는 것이 증가하였고 운에 귀인하는 것은 감소하였다. 훈련 과정은 〈전략 4-3〉에 기술되어 있다.

또 다른 연구에서, Graham, MacArthur, Schwartz와 Page-Voth(1992)는 초등학교 5학년 학습장애 학생에게 에세이 작문을 위한 결과목표와 과정목표의 2가지 목표를 세우기 위한 전략을 가르쳤다. 학생들이 따라야 했던 계획은 다음과 같다.

1. 결과목표를 선택하라(예, 글의 목적).
2. 결과목표를 어떻게 달성할 것인지에 대한 과정목표를 개발하라.
3. 계획대로 수행하면서 글을 쓰라.
4. 글쓰기 전에 메모를 하고 조직화하라.
5. 목표를 달성하는 데 있어 진전 정도를 평가하라.

학생들이 잘 기억하도록 돕기 위해 기억술이 사용되었다. PLANS("목표를 선택하고[Pick], 목표를 달성하는 방법을 나열하고[List], 그리고[And] 메모를 하고[Notes], 글을 연결하라[Sequence]"; Graham, MacArthur, et al., 1992, p. 327). 이런 전략을 학습한 이후, 학생들은 더 길고 질적으로 향상된 에세이를 썼다. 이런 연구는 과정목표와 결과목표의 효과성을 입증해 주었다. 목표설정은 또한 학습장애가 있는 중학교 1학년, 2학년 학생들의 글쓰기 수행에도 긍정적인 영향을 준 것으로 확인되었다(Page-Voth & Graham, 1999). 목표는 에세이에 무엇을 포함할 것인지를 분명하게 가르쳐 주었다.

다른 문화에서의 목표설정

목표설정 전략이 다른 문화에서도 유용한가? Shih와 Alexander(2000)는 자기참조 비교보다 사회적 비교가 강조되는 대만 학교에서 이 문제를 연구하였다. 한 가지 처치 조건에서 학생들은 분수 문제를 푸는 목표를 정하였고 자기참조적 비교 피드백 혹은 사회적 비교 피드백을 받았다. 목표가 있고 자기참조적 비교 피드백을 받은 집단이 더 높은 자기효능감과 학습목표 지향성을 보였다. 목표가 있고 사회적 비교 피드백을 받은 집단은 수행목표에서 더 높은 점수를 보였다. 연구자들은 경쟁적인 교실이라고 하더라도 자기참조적 비교 피드백이 학생들로 하여금 향상에 집중하도록 이끌어 주며, 일반적으로 이러한 자기조절 기제는 대만 학생들에게도 적용 가능하다고 결론 내렸다.

목표를 설정하는 것이 첫 번째 단계이고, 목표를 이행하는 것이 핵심이며, 목표는 반드시 해야 하는 것이 되어야 한다(Oettingen, Honig & Gollwitzer, 2000). 연구자들은 희망 목표(goal desire)를 필수 목표(binding goal)로 바꾸려는 목적을 가지고 연구를 수행하였다. 연구는 영어를 외국어로 배우는 독일의 초등학교 5학년 학생들을 대상으로 이루어졌다. 학생들에게 영어 학습목표를 달성했을 때와 그 목표를 달성하지 못했을 때 어떻게 느낄 것인가를 이야기로 적어서 대조해 보라고 요청하였다. 실험집단은 긍정적인 이야기를 쓴 집단과 비교되었고, 부정적인 이야기를 쓴 집단과도 비교되었다. 결과는 높은 기대를 가지고 긍정적인 목표 결과와 부정적인 목표 결과를 대조시켰던 학생들이 영어 학습에서 더 많은 노력과 더 좋은 수행을 보고하였다. 연구자들은 희망을 부정적인 결과와 마음속에서 대조해 보는 것이 희망 목표를 필수 목표로 바꾼다고 결론 내렸다.

📎 교실에서 목표설정을 위한 지침과 전략

지금까지 교실에서 목표설정의 긍정적 효과에 대해 기술하였다. 그러나 목표설정을 배우지 않는다면 학생들이 얼마나 능숙하게 목표설정을 할 것인가? Bergin(1989)은 과외 학습활동에서 고등학생들이 목표를 어떻게 적용하는지에 대해 연구하였다. 결과는 소수의 학생만이 효과적인 목표설정 기법을 사용하는 것으로 나타났다. 단지 12%만이 목표를 달성하는 데 필수적인 하위목표를 적었다. 또한 대다수의 목표는 구체적이지 않고 일반적이었다.

목표는 학생의 유능성과 동기를 높이는 데 중요한 역할을 할 수 있다. 교사나 코치는 학생들이 효과적인 목표설정 방법을 안다고 가정하지 말아야 한다. 〈전략 4-4〉는 목표설정을 사용하기 위한 지침을 제시하며 교수방법을 기술한다.

전략 4-4　교실에서 목표설정을 사용하기 위한 지침

- 학생에게 과제를 성취해야 하는 '목표'로 제시하라. 이런 과제는 근접목표로 쪼개질 수 있다.
- 자신의 수행을 점검할 수 있도록, 학생들에게 정한 목표와 실제 수행(예, 시험 점수)을 기록하게 하라. 자신의 수행을 그래프로 그리는 것은 진전 정도를 볼 수 있게 해 준다 (Harris & Graham, 1985).
- 학생들이 목표 달성을 방해할 수도 있는 장애물을 찾아내도록 도와주라.
- 꾸물거리는 학생의 경우 근접목표를 세우고 그 목표를 점검하도록 가르치라.
- 협동학습 집단에게 다음 작업을 위한 목표를 세우고, 가장 최근의 작업을 기준으로 그들의 목표를 평가하도록 하라.

목표설정 수업

다음은 필자가 발달장애가 있는 사람들을 포함해서 교사나 대학생, 고등학생들에게 근접 목표 설정을 가르치기 위해 사용하는 교수방법이다. 이 단계들은 목표를 진술하고 정교화하는 모델에 기초하고 있다(Doverspike, 1973).

1. 먼저 교사가 소리 내어 생각하기(think-a-loud) 모델을 보여 준다. "(슬라이드 또는 칠판에) 여기 너무 일반적이고 이상적인 목표가 있네. 너희는 내가 이 목표를 쉽게 이해할 수 있고 현실적이고 구체적이 되도록 수정하는 것을 도와주어야 해. 목표는 '나는 매우 훌륭한 공부 습관을 가지고 싶다.'야."
2. 학생들은 일반적인 용어를 확인하고 새로운 용어로 대체하는 식으로 수정을 위한 아이디어를 제공한다. 새로운 용어가 결정되면 처음 용어를 지운다.
3. 수정된 목표를 읽는다. "나는 PQ4R을 학습해서 독해력을 향상시킬 것이다." 가능한 하위목표는 "나는 한 번에 하나씩 각 부분을 연습할 것이다." 또는 "시험이 끝날 때마다 점수를 확인할 것이다." 등이 된다.
4. 각 학생에게 목표를 적게 하고, 그런 다음 두 명이나 세 명씩 묶어서 각자의 목표를 더 쉽게 이해할 수 있고 더 구체적이고 더 현실적이 되도록 정교화하는 작업을 서로 도와주게 한다.

∥ **생각해 보기** ∥ 목표를 달성했을 때 당신의 느낌은 어떠한가? 목표설정은 왜 학생들에게 종종 두렵게 느껴질까? 당신은 어떠한가?

🔖 동기과정 결합하기

동기과정은 1장과 2장, 3장에서 자세히 검토되었다. 이런 과정으로부터 나온 원리들은 개입전략으로서 결합될 수 있다. LINKS 모델은 그러한 결합 중 하나이다.

LINKS 모델은 학습된 무기력과 연합된 낮은 기대의 악순환을 깨기 위해 만들어

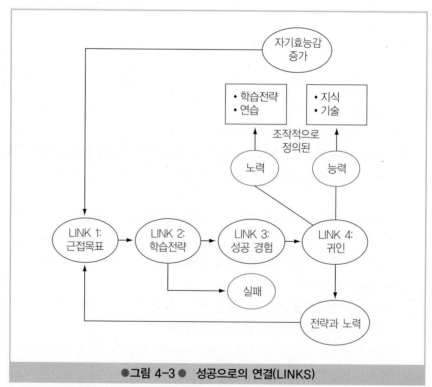

●그림 4-3 ● 성공으로의 연결(LINKS)

졌다(Alderman, 1990). 단계들은 목표설정과 귀인 재훈련, 자기효능감, 그리고 그다음 단계로 학습과 초인지 전략을 결합한다. 이 단계들을 [그림 4-3]에 제시하였다.

이 모델의 핵심 가정은 성공 경험이 충분하지 않다는 것이다. 학생들의 기대와 자신감이 증가하려면 그들이 성공을 통제 가능한 요인(자신의 능력이나 조작적으로 정의된 노력)에 귀인해야 한다.

LINK 1: 근접목표

성공으로의 첫 번째 연결은 수행을 위한 목표를 정하는 것이다. 교사는 어떻게 이 시작점 또는 근접목표를 결정하는가? 학생의 수행 수준이 어디쯤인지 결정하라 또는 기초선을 설정하라. 기초선은 (공식적인, 비공식적인) 사전검사나 교사의 관찰, 학생의 오류 분석을 통해 결정될 수 있다. 그런 다음 교사와 학생이 함께 근접목표를 결정한다.

LINK 2: 학습전략

학생의 성공으로의 두 번째 연결은 과제를 수행하기 위해 필요한 학습전략을 발달시키는 것이다. 저성취 학생들은 비효율적인 학습자(inefficient learners)라는 범주에 해당된다고 가정될 수 있다(Pressley & Levin, 1987). 비효율적인 학습자는 학습전략이 유익한 상황에서 학습전략을 적용하지 못하는 학생으로 기술된다. LINK 2에서, 학생은 자신의 목표를 성취하기 위해 필요한 학습전략을 배운다. 이러한 학습전략의 예로는 기억전략이나 독해전략, 이러한 전략들을 언제 사용해야 하는가에 대한 초인지 지식 등이 있다.

LINK 3: 성공 경험

이 연결에서 성공은 수행목표라기보다 학습목표로 정의된다. 초점은 '내가 얼마나 똑똑한가.' 가 아니라 '내가 얼마나 발전했는가.' 에 있다. 근접목표가 성공 경험의 기준이 된다. 그러나 성공이 마지막이 아니다. 성공에 대한 학생의 귀인에서 개인적 노력이나 전략을 성공적 결과에 연결시켜야 한다.

LINK 4: 성공에 대한 귀인

LINK 4에서, 학생들은 성공을 자신의 개인적 노력이나 전략, 능력에 귀인한다. 교사의 역할은 학생들이 적절한 귀인을 하도록 돕는 것이다. 내부/불안정 귀인은 가장 변하기가 쉽다. 학생들이 자신의 노력을 통제할 수 있기 때문에, 이것이 성공에 대한 귀인의 출발점이 될 수 있다. 이런 귀인이 효과적이려면, 노력이 조작적으로 정의되어야 한다. 학생은 노력할 때 무엇을 하였는가? 노력은 숙제를 모두 다 하기, 혹은 오류 수정하기, 과제 다시 하기, 도움을 구하거나 복습하기, 적절한 학습전략 사용하기 등이 될 수 있다. 학생들은 또한 성공을 (지식이나 기술로 조작적으로 정의된) 능력에 귀인해야 한다. 성공한 이후 성공을 자신의 노력이나 능력으로 귀인한 학생들은 구체적인 수행 피드백을 갖게 되며, 그것은 다시 자기효능감의 증가로 이끌 것이다. 증가된 자기효능감은 다시 교사효능감의 증가와 함께 목표 성취에 대한 자신감의 증가로 이끈다.

🖇 결론적 생각

목표설정은 운동경기에서 오랫동안 코치들이 중요하게 인식해 왔던 것이다. 목표설정은 또한 학습과 성취동기에 유용한 전략이며, 초등학생부터 대학생에 이르기까지 모두 적용 가능하다. 학생들(또는 교사들)이 해야 할 과제로 인해 압도 당할 때, 목표를 세우는 것에서 시작해야 한다.

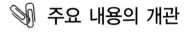 **주요 내용의 개관**

1. 목표와 목표설정은 자기조절에서 중심적인 역할을 하며, 5가지 과정을 통해 동기에 영향을 줌으로써 학습과 동기에 영향을 미친다. 5가지 과정은 주의력과 행동의 방향 맞추기, 노력 동원하기, 오랫동안 끈기 있게 노력하도록 촉진하기, 목표에 도달하기 위한 창조적인 계획과 전략 개발을 촉진하기, 개인의 수행에 대한 정보를 제공하는 참조점 제공하기이다. 목표의 초점은 결과물 또는 과정이 될 수 있다.

2. 사람들은 핵심 목표들, 행동을 안내하는 1~5개의 개인적 목표들을 가지고 행동하는 경향이 있다. 이런 다중목표 관점은 우리가 한 가지 목표를 세울 때 다른 것들이 활성화될 수 있기 때문에 중요하다. 다중목표가 생산적이 되려면, 그것들이 잘 조화를 이루어야 하며 갈등이 없어야 한다.

3. 과제 수행에 영향을 주는 목표의 성질에는 멀리 있는 목표와 근접목표, 쉬운 목표와 어려운 목표, 구체적인 목표와 일반적인 목표, 부과된 목표와 자기가 선택한 목표, 목표에의 전념이 있다. 멀리 있는 장기목표는 궁극적인 목표지점을 잊지 않도록 해 준다. 근접목표나 하위목표로 알려진 단기목표는 장기목표로 나아가는 디딤돌이 된다. 과제가 자발적으로 선택된 것이며 개인이 그 목표를 달성할 능력을 가지고 있다면, 쉬운 목표보다 어려운 목표가 더 높은 수준의 수행으로 이끈다. 구체적인 목표가 아무런 목표가 없거나 일반적인 목표가 있는 경우보다 더 높은 수행을 낳는다.

4. 목표 전념은 달성하고자 열망하는 목표로 이끌어 주는 일련의 행동을 추구하겠다는 우리의 결정이며, 목표 강도와 관련이 있다. 강도는 목표를 구성하고 목표가 어떻게 달성될 것인가를 설계하는 데 드는 정신적 노력 또는 사고의 양을 의미한다.

5. 개인이 목표설정에 참여하도록 하는 것은 더 큰 만족으로 이끌 수 있지만, 사람들에게 목표를 달성하겠다고 말하는 것은 그것이 목표를 달성할 수 있다는

것을 시사하기 때문에 자기효능감에 영향을 줄 수 있다. 부과된 목표에서 결정적인 요인은 수용이다. 일단 개인이 목표에 관여하게 되면, 목표가 어떻게 정해졌는지, 부과된 것인지 아닌지보다 목표 자체가 더 중요하게 된다.

6. 목표는 (과정을 판단하는 기준을 제공함으로써 동기에 영향을 주는) 자기평가 과정을 시작하도록 하기 때문에 피드백이 중요하다. 피드백은 학생들이 합리적인 목표를 세우고 목표와 관련하여 수행 정도를 추적할 수 있게 해 주며, 필요한 경우 노력과 방향, 전략에서 수정을 하도록 해 준다. 피드백이 발전 정도를 강조할 때는 개인의 능력을 강조할 필요가 있다. 이것은 자기효능감과 포부 수준을 높인다.

7. 목표설정은 학교교육의 모든 수준에서, 다른 문화권에서도, 학습장애 학생에게도 효과적인 것으로 확인되었다. 그러나 일부 연구는 소수의 학생만이 효과적인 목표설정 기술을 사용함을 보여 준다. 교사의 중요한 역할은 학생들에게 목표를 설정하는 법을 가르치는 것이다.

8. LINKS 모델은 목표설정과 전략, 귀인, 자기효능감을 통합하는 포괄적인 체계이다.

동기 의 도구상자

1. 생각해 보아야 할 중요한 점과 궁금한 질문은?

2. 내가 지금 활용할 수 있는 전략은?

3. 이후로 발전시키기를 원하는 전략은?

제5장

학생의 자기조절 능력 계발하기

> 가장 멋진 순간은 어렵지만 가치 있는 어떤 것을 성취하기 위해 자발적으로 노력해서 자신의 한계에까지 도달했을 때 일어난다. 따라서 절정 경험(optimal experience)은 우리가 일어나게 할 수 있는 어떤 것이다……. 사람들은 도전적인 일을 극복하는 이러한 시간이 자신의 삶에서 가장 즐거운 때였다고 생각한다……. 그러한 사람은 기술을 확장하고 더 높은 도전을 함으로써 점차 뛰어난 사람이 된다.
>
> – Csikszentmihalyi(1990, p. 6)

이 장은 학습 동기에 필요한 개인의 능력에 초점을 맞추고 있다. **자기주체성**(self-agency), **자기동기화**(self-motivation), **자기결정**(self-determinism), **임파워먼트**(empowerment)는 개인의 능력을 기술하기 위해 사용되는 용어들로, 학생들이 독립적인 학습자가 되고 회복탄력성의 핵심을 계발할 수 있게 한다. 자기조절(self-regulation)에 대한 사회인지적 관점은 개인의 능력 계발을 위한 기본틀을 제공한다. 이러한 관점은 "학생들이 자신의 학습과정에서 초인지적으로, 동기적으로 그리고 행동적으로 적극적으로 참여한다는 것을 뜻한다"(Zimmerman, 2001, p. 5).

어린 아동에서 대학생에 이르기까지 학업적 성공에 있어 자기조절의 중요성을 강조한 연구들이 점차 늘고 있다. 재수생과 대학 입학생(Ley & Young, 1998), 고성취 고등학생과 저성취 고등학생(Zimmerman & Martinez-Pons, 1986), 위험군 어린 아동과 비위험군 어린 아동(Howse, Lange, Farran, & Boyles, 2003) 사이에 자기조절 능력 사용의 차이가 있는 것으로 나타났다. 자기조절 전략은 또한 학습장애(LD)가 있는 학생들의 수행을 향상시키는 것으로 나타났다(Graham, Harris, & Troia, 1998). 자기조절 능력이 학교 성공과 인생에서 중요하긴 하나, Zimmerman

(2002)에 따르면 소수의 교사만이 학생들에게 이러한 능력을 준비시킨다. 나아가 Dembo(2004)는 학교개혁 운동에서 학생의 자기조절학습이 간과되었다고 제안한다.

🔖 자기조절 능력과 학업적 성공

주의집중력과 자기훈련, 노력, 계획 세우기, 결심, 인내력과 같은 능력은 학생의 학업적 성공에 얼마나 많이 기여하는가? 이러한 특성의 부재는 학생의 학업 실패에 어느 정도까지 기여하는가? 두 명의 초등학교 1학년 학생을 대조함으로써 학교 성공에서 이러한 특성의 중요성을 잘 알 수 있다(Greenspan & Lodish, 1991). 앨버트와 안젤라는 초등학교 1학년으로 색깔에 대해 배우기 위해 책상에 앉아 있다.

앨버트	안젤라
• (뚜렷한 자부심을 가지고) 그림과 함께 있는 글자에 원을 그리고 있다. • 주의를 집중하고, 밀러 선생님이 옆을 지나갈 때 따뜻하게 미소 짓는다. • 지시사항을 계속 읽으면서도, 교사의 얼굴 표정과 자세, 말에서 무엇을 해야 하는지 생각해 내었다.	• 종이에 색깔을 아무렇게나 칠하고, 끝낼 때 안절부절못한다. • 얼굴에 당황스러운 표정을 하고 절반은 앉아 있고, 절반은 의자에서 일어나 있으면서, 밀러 선생님에게 무엇을 해야 하는지 묻지 않는다. • 브래드의 연필을 빼앗고 브래드를 괴롭혀서, 타임아웃을 받게 된다.

학업적인 면에서 성공하도록 하는 행동들에서 앨버트는 확실히 안젤라보다 강점을 가졌다. 앨버트는 Greenspan과 Lodish(1991)가 '학교 학습의 ABC'라고 불렀던 능력들을 보여 주었다. ABC는 다음의 4가지 요소를 가지고 있다. (1) 주의를 기울이고 초점 맞추기, (2) 긍정적인 관계 맺기, (3) 의사소통하기, (4) 자신을

관찰하고 점검하기.

앨버트와 같은 많은 학생은 학교에서보다 가정에서 먼저 이러한 특성을 배운다. 이러한 특성이 부족한 안젤라에게 해 줄 수 있는 학교의 역할은 무엇인가? 교사들은 주의력과 집중력, 노력과 인내력, 자기절제와 정확성과 같은 개인의 특성을 높게 평가하지만, 학생이 그러한 특성을 계발하도록 돕기 위해 학교는 협력적으로 노력하지 못하는 것 같다고 Sockett(1988)은 지적하였다. 대신 이러한 특성은 가르칠 수 없다는 믿음이 존재한다.

> ‖ **생각해 보기** ‖　당신의 신념은 무엇인가? 이러한 특성은 가르칠 수 있는 것인가? 학생들에게 가르쳐야 하는가? 당신은 이런 특성 중 어떤 것이라도 가르치는가?

다른 학생을 생각해 보자. 다음은 릴리아가 쓴 대학 지원서 내용의 일부이다. 릴리아는 부모의 이혼과 폭식증, 소년원에서의 생활로 인한 불안전성을 극복했다.

> AVID(대학에 들어갈 가능성이 많은 학생들을 돕기 위해 만들어진 프로그램)의 도움으로, 나는 꿈도 꾸지 못했던 두 개의 대학진학 준비 수업(Advanced Placement)(역자 주: 미국 대학에서 요구하는 필수과목 수업)을 듣고 있다. 나는 학습의 기쁨과 내가 최선을 다함으로써 얻을 수 있는 성취감을 안다. 나의 철학 중 하나는 만약 처음에 성공하지 못한다면, 할 수 있을 때까지 계속 시도하라는 것이다. 이것이 내가 ACT(미국 대학입학 학력검사)를 한 번 치르고 SAT(미국 대학진학 적성검사)를 두 번 본 이유 중 하나이다. 나는 고등학교에서 내가 성공할 수 있도록 도와주었던 나의 강점과 의지를 대학 생활 내내 계속 사용할 계획이다(Mehan et al., 1996, pp. 1-2).

릴리아는 자기조절의 개인적 특성과 행동을 잘 보여 주었다. 그러나 자기조절은 또한 환경적 영향, 이 사례에서는 사회적 맥락을 포함하는 사회인지적 현상이라고 할 수 있다. 학교는 릴리아가 대학에 들어갈 기회를 가질 수 있게끔 능력을 발달시키도록 하기 위해 지지적 환경을 제공하는 역할을 하였다. (AVID 프로그램은 9장에서 자세히 설명될 것이다.) 6장과 7장, 8장은 동기 가르치기, 사회적 분위기, 교수법 실제를 기술하고 있는데, 이런 것들은 학생이 자기조절학습의 특징들을 발달시키도록 도와준다.

🔖 자기조절학습에 대한 개관

학생들이 자신에게 주어진 대부분의 기회를 놓치지 않고 기회로 만들 수 있게 도와주는 개인적 능력은 무엇인가? 자기조절학습 모델은 다양하지만, 그러한 모델들은 일반적인 몇 가지 가정을 공유한다. 목표에 대한 학습자의 적극적 참여, 자신의 동기를 모니터하고 준거나 기준과 비교하면서 학습하는 것, 그리고 자신의 신념과 행동, 환경을 중재하는 것이 그것이다(Pintrich, 2003; Zimmerman, 2001).

Zimmerman(2001)은 순환적으로 작용하는 자기조절의 3단계 모델을 기술하였다([그림 5-1] 참조). 3단계는 다음과 같다.

1. 사전의 고려사항(forethought): 계획 세우기, 목표설정, 신념과 같은 것으로 이 것은 학습 이전에 존재하며 학습의 토대를 이룬다. 여기에는 능력과 노력에 대한 적응적 신념, 과제 수행에 대한 긍정적인 자기신념, 과제의 내재적 가치 등이 포함된다.

2. 수행 또는 의지적 통제(performance or volitional control): 학습자가 과제에 머무르도록 돕기 위해 학습 동안 발생하는 과정. 여기에는 자기점검, 주의집중 전략, 자기지시 등이 포함된다.

3. 자기성찰(reflection): 과제의 결과를 평가하고, 다시 앞으로 돌아가 사전의 고려사항을 점검한다. 자기성찰의 유형에는 준거에 맞추어 자신의 결과를 평가하는 것, 원인에 대한 귀인을 분석하는 것, 수정이 필요한지에 대한 의사결정을 내리기 위해 이러한 정보를 사용하는 것 등이 포함된다.

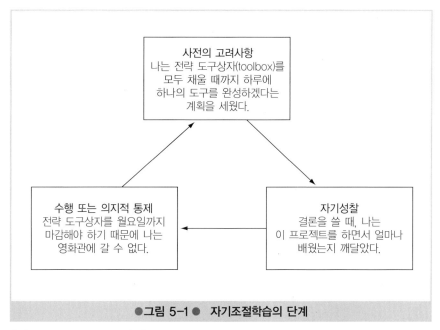

●그림 5-1● 자기조절학습의 단계

출처: Zimmerman, B. J. (1998). "Developing Self-Fulfilling Cycles of Academic Regulation: An Analysis of Exemplary Instructional Models." In D. H. Schunk & B. J. Zimmerman (Eds.), *Self-Regulated Learning: From Teaching to Self-Reflective Practice* (pp. 1-19). New York: Guilford Press. 수정하여 인용함.

자기조절 전략의 순환적 단계가 중요한 역할을 하는 한 가지 예로는 글쓰기 과정 동안 한 숙련된 작가가 사용한 접근방법을 들 수 있다(예, 계획 세우기와 목표설정, 개요 잡기, 매일 기록함으로써 점검하기, 수정하기: Graham & Harris, 1994).

2장과 3장, 4장에 제시된 인지과정과 전략, 신념은 자기조절의 기초를 형성한다. 이것에는 (1) 노력이 성공률의 증가와 강한 자기효능감으로 이끌 것이라는 믿음, (2) 효과적인 목표를 세우고 과정을 점검하는 도구를 갖추고 필요할 때 도움을 구하는 것, (3) 적응적 귀인신념, 즉 자신의 학습에 대한 책임을 수용하는 것 등이 포함된다. 이 장에 제시된 자기조절학습의 다른 특성으로는 미래에 대한 비전과 의지적 통제전략, 인지 및 초인지 전략, 자기지시의 핵심적 도구(자기코칭), 자기점검, 자기평가, 그리고 시간과 자원 관리 등이 있다.

자기조절학습의 이러한 특성은 모든 문화에 보편적인 것인가? Paris, Byrnes

와 Paris(2001)에 따르면, 모든 학생이 따라야 하는 보편적인 자기조절 전략 목록은 없다. 각 문화의 사회적 규범은 자기조절학습의 어떤 측면이 중요한지를 보여준다. 예를 들어, 독립성에 대한 강조는 문화적 규범에 따라 다를 수 있다.

미래에 대한 비전과 가능한 자기들

자기조절에서 미래에 대한 비전은 얼마나 중요한가? 고등학교 중도탈락(제적) 예방 프로그램(Farrell, 1990, 1994)에 참여한 학생들은 '자신에 대해 어떤 기대를 가지고 있는가?'라는 질문을 받았다. 다음은 그 프로그램에 참여한 세 학생의 대답이다.

> 캐시: "나는 무언가 되고 싶기는 한데…… 어떤 직업을 갖고 싶은지 모르겠어 ……. 하지만 어떤 직업을 선택하든, 성공하고 싶고 가정을 이루고 내가 될 수 있는 최선의 모습이 되고 싶어."(Farrell, 1994, p. 15)
>
> 로버타: "나는 되고 싶은 게 너무 많아. 가수도 되고 싶고, 교사도 되고 싶고, 스튜어디스도 되고 싶고, 심리학자도 되고 싶어."(Farrell, 1994, p. 15)
>
> 마이클: "나를 가장 겁나게 하는 것은…… 미래가 없다는 것이야. 그것이 정말로 나를 겁나게 해. 커서 건달이 될까 봐 정말 두려워."(Farrell, 1990, p. 14)

캐시와 로버타는 미래에 자신이 어떻게 되고 싶은지에 대해 긍정적인 비전을 가지고 있다. 이와 대조적으로 마이클은 자신의 미래에 대해 두려워한다. 이 학생들이 표현한 미래에 대한 견해가 **가능한 자기들**(possible selves)의 개념을 보여준다. 가능한 자기들은 우리가 자신과 미래에 대해 어떻게 생각하는가이다 (Marcus & Nurius, 1986). [그림 5-2]에 그려져 있는 것처럼, 가능한 자기들은 우리가 그렇게 될까 봐 두려워하는 자기들뿐만 아니라 되고 싶어 하는 이상적인 자기들을 포함한다. 예를 들어, 아프리카계 미국 청소년들에게 되고 싶은 가능한 자

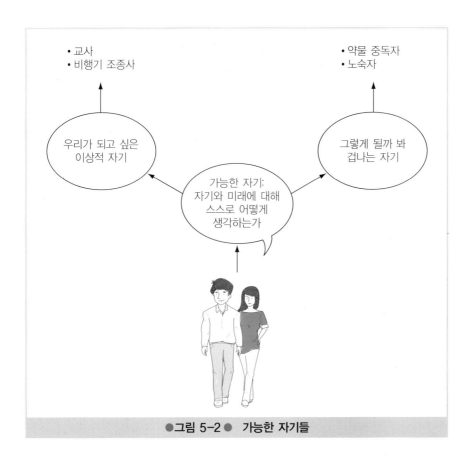

●그림 5-2 ● 가능한 자기들

기들과 그렇게 될까 봐 두려운 자기들의 목록을 쓰라고 하였다(McCready, 1996).
되고 싶은 자기들에는 의사, 무용가, 미용사, 사회사업가가 포함되었다. 그렇게
될까 봐 두려운 자기에는 마약 판매상, 노숙자, 맥도널드에서 일하는 것이 포함
되었다. 우리가 상상하는 가능한 자기는 캐시와 로버타의 경우에서처럼 희망의
상징으로, 혹은 마이클의 경우에서처럼 어두운 미래의 암시로 간주될 수 있다.

미래에 대한 비전은 동기에 얼마나 중요한가

가능한 자기에 대한 비전을 갖는 것이 자기조절을 발달시키기 위한 첫 번째 단
계이다. 그러한 비전은 행동의 계획을 세우게 하고 현재 행동에 유인가로 작용한

다(Borkowski & Thorpe, 1994; Marcus & Nurius, 1986). 당신의 과거 어느 시점에서, 교사는 당신의 가능한 자기였다. 교사가 되고 싶다는 소망은 그렇게 하기 위해 대학 진학을 선택하고 경제적으로 희생하는 것(학비 부담 등)과 같은 결정을 하도록 만들었다. 혹은 만약 당신이 지금 교사가 되었다면, 훨씬 더 좋은 교사가 되겠다는 당신의 비전이 계속해서 배워야겠다는 결정을 하도록 만들 수 있다.

만약 한 학생이 마이클처럼 미래에 대해 두려워하는 생각을 가지고 있다면 어떻게 할 것인가? 가능한 자기가 없는 것은 자기조절의 다른 구성요소에 영향을 주는 심각한 동기적 문제로 간주된다. 저성취 고학년 학생과 성인들의 가장 큰 특징은 미래에 대한 비전이 없는 것이다(Borkowski & Thorpe, 1994). 미래에 대한 학생들의 관점이 불명확할 때, 그들의 현재 행동은 그 순간 일어나고 있는 일들에 의해 지배받을 가능성이 크다. 4장에 나온 학교에서 가장 중요한 목표가 재미였던 학생들을 기억하는가? 재미에 대한 즉각적 관심은 대학진학이나 취업 기회를 얻는 데 필요한 학업적 준비를 하지 못하도록 가로막았다. 만약 학생들이 미래의 비전을 발전시키지 못하거나 학업적 지원이 필요한 장단기 개인적 목표에 전념하지 않는다면, 그들은 공부 행동에서 자기조절을 거의 보이지 못할 것이다. 초기 아동기에 다양한 긍정적인 자기를 발달시키지 못하면 현재의 복잡한 문제해결 활동을 하려는 장기적 동기가 거의 없는 상태에 도달하게 될 것이다(Borkowski & Thorpe, 1994).

가능한 자기들은 어떻게 발달하는가

가능한 자기의 형성은 발달적 요인과 사회문화적 요인 둘 다에 의해 영향을 받는다(Day, Borkowski, Dietmeyer, Howsepian, & Saenz, 1992; Yowell & Smylie, 1999). 어린 아동들의 경우 미래는 모호하다. 하지만 그들이 성장하면서 미래는 더욱 분명하게 규정된다. 사회 환경(부모와 미디어, 존경하는 사람들, 친구, 학교 경험을 포함해서)과의 상호작용은 가능한 자기를 형성하는 영향력(formative influence)을 갖는다.

Homer Hickham(1999)은 스푸트니크호(역자 주: 1957년에 세계 최초로 발사된 소련의 인공위성)가 웨스트버지니아의 콜우드 상공을 가로지르는 것을 보았을 때 로켓 과학자가 되겠다고 생각했다. "나는 달에 착륙한 첫 번째 과학위성을 보았을 때 이런저런 상상을 하였다……. 어떤 영감이 나에게 왔다. 그날 밤 저녁 식사 시간에, 나는 포크를 내려놓고 로켓을 만들겠다고 선언했다."(pp. 38-39)

타인은 가능한 자기에 긍정적 혹은 부정적인 영향을 줄 수 있다. 육상 스타인 칼 루이스는 제시 오웬즈를 기초로 한 이미지를 형성하였다(Marcus & Nurius, 1986). 아마도 많은 육상 선수가 칼 루이스를 기반으로 하여 가능한 자기의 이미지를 형성하였을 것이다. 하지만 중도탈락 가능성이 있는 집단에 속한 학생들의 경우 그들 삶에 있는 친구나 어른들은 그들을 학생으로도, 근로자로도 여기지 않았다(Farrell, 1990). 결과적으로 이러한 학생들은 그와 같은 역할을 수행하고 있는 자신을 보지 못하였다. Welch와 Hodges(1997)는 학업적 정체성이 없다면, 학생들은 스스로 자신에 대한 기대에 제한을 두게 될 것이라고 주장하였다. 아마도 캐시와 로버타는 가족이나 학교에 있는 누군가의 영향을 받아서 미래에 대한 긍정적 비전을 형성한 반면, 마이클은 이런 긍정적 영향을 받지 못한 듯 하다. 사실, Usinger(2005)는 중학교 1학년 학생의 미래에 대한 부모들의 기대를 조사하였다. 반응을 분석한 결과, 부모들의 경우 아무런 반응이 없었던 것에서부터 자녀의 미래 역할에 대해 분명한 비전을 말하는 것에 이르기까지 연속선이 존재함을 발견하였다.

가능한 자기는 또한 귀인 과거력과 자기효능감 판단의 영향을 받는다. 성공에 대한 능력 귀인과 노력 귀인이 결합되는 경우, 더욱 긍정적인 가능한 자기를 창조하도록 돕는 것으로 생각된다(Borkowski & Thorpe, 1994). 성공과 실패에 대한 사전 설명이 일차적으로 통제 불가능한 요인들에 귀인된다면, 우리는 큰 희망을 가지고 미래를 꿈꾸지 않을 것이다. 이에 더해서 가능한 자기는 일시적으로 패배나 상실, 의지력의 저하로 초래되는 부정적 가능성의 지배를 받게 될 것이다. 이러한 좌절을 일시적인 것으로 간주하는 것이 미래를 위한 동기부여에 있어 핵심이다(Marcus & Nurius, 1986).

마음속에 그리고 있는 가능한 자기와 연결된 자기효능감 신념이 경력 선택에 영향을 미칠 가능성이 크다(Borkowski & Thorpe, 1994). 자신의 수학 능력에 강한 믿음을 가지고 있는 학생은 노력을 더 많이 기울이고 지속할 것이고, 자신이 꿈꾸는 직업에 수학을 포함시킬 가능성이 크다. 학생이 적응적 귀인과 강한 자기효능감 신념을 발달시키도록 돕는 것의 중요성은 미래에 대한 긍정적 견해에 미치는 이런 귀인과 신념의 영향력 때문에 강조될 수밖에 없다.

학생들이 미래에 대한 비전을 발달시키도록 도와주기

학교와 교사는 학생들이 가능한 자기 혹은 미래에 대한 비전을 발달시키도록 돕는 데 있어 어떤 역할을 할 수 있는가? 학생이 되고 싶은 자기(hoped-for self)에 대한 기대를 가질 때, 그들은 또한 꿈꾸는 자기를 실현하기 위해 필요한 지식과 신념, 기술을 습득해야 한다(Yowell & Smylie, 1999). 학생들이 미래에 대한 비전을 발달시키도록 돕기 위해 만들어진 두 개의 프로그램이 있다. 하나는 초등학생들에게 가능한 자기를 더 구체적으로 만들 수 있도록 도와주는 프로젝트이고, 다른 하나는 히스패닉 학생들이 대학에서 성공하도록 도와주기 위해 만들어진 프로젝트이다.

가능한 자기 프로젝트: 초등학생 | 프로젝트의 구체적인 내용은 초등학교 3~5학년의 멕시코계 미국 학생들이 학업 성취 및 직업 성취와 관련해서 가지는 희망과 두려움에 대해 생각해 보도록 돕기 위해 만들어졌다(Day et al., 1992; Day, Borkowski, Punzo, & Howsepian, 1994). 프로젝트는 8개의 수업으로 이루어져 있으며, 3개의 핵심 구성요소로 짜여 있다. 수업 1은 기본적인 규칙을 알려 주고 논의하는 것으로 구성되어 있다.

- 수업 2: 학생들이 가능한 자기를 구체적으로 만들도록 하기 위해 '가능한-나-나무(possible-me-tree)' 비유가 사용된다. 가능한-나-나무는 인생의

4개 영역을 대표하는 4개의 강력한 가지를 가지고 있다. (1) 가족과 친구, (2) 자유시간, (3) 학교, (4) 일. 각 유형의 가지는 2가지 유형의 잎을 가지고 있다. 즉, 미래에 대한 소망을 뜻하는 초록 잎과 미래에 대한 두려움을 나타내는 붉은 잎이다. 가능한-나-나무는 예술제작 활동으로 소개되는데, 먼저 학생들에게 자신을 나무로 상상하라고 하고, 나무를 자기의 건강한 부분으로 만들어진 강한 몸통(지식과 기술)과 튼튼한 가지(인생의 4가지 영역)와 미래에 대한 희망과 두려움을 나타내는 2가지 유형의 잎(희망과 공포의 동기적 측면을 설명함)을 가지고 있는 것으로 설명하라고 한다. 그런 다음 학생들은 펠트로 나무를 만들고 각 가지마다 잎을 만든 뒤, 왜 건강하지 않은 나무(약한 몸통, 부러지기 쉬운 가지, 적은 나뭇잎)가 목표에 도달하는 그들의 능력을 방해하는지에 대해 논의하였다. 학생들은 스스로 새로운 가능성과 두려움을 찾을 때마다 나무에 잎을 덧붙였다.

• 수업 3~6: 학생들에게 목표를 달성하기 위한 3가지 자기조절 전략—"해야 하는 공부를 하기 전에 생각하라, 공부를 하면서 생각하라, 배운 것에 대해 다시 생각해 보라"(Day et al., 1994, p. 80)(이것은 자기조절의 단계를 의미한다.)—을 가르치고 연습하도록 한다. 학생들은 좋은 학습자와 그렇지 못한 학습자를 비교하고, 3가지 전략을 연습하기 위해 타임머신을 탔다고 가정하였다. 타임머신을 타고 가서, 학생들은 숙제를 잊어버리고 그와 관련된 시험에서 낙제하고 이후 실패에 대해 논의하는 상황을 실제로 수행해 보았다. 마지막으로 학생들에게 같은 방법으로 타임머신을 사용해서 3가지 전략을 연습하고 성공에 대한 느낌에 대해 토의하는 숙제를 내주었다.

• 수업 7~8: 수업의 초점은 되고 싶은 자기와 두려워하는 자기, 그리고 학교에서 잘하는 것 사이를 연결하는 데에 있다. 타임머신을 사용하여 몇 년 뒤 학생들의 미래로 가서 그때 자신이 무엇을 하고 싶은지를 떠올리게 하였다. 학생들은 자신이 하고 있을지도 모르는 특정한 직업, 즐거운 직업과 고등학교를 졸업하지 못한 결과로 가지게 될 수 있는 직업 둘 다를 역할 연기해 보았다.

모든 수업 내내 학생들은 자신이 현재 학교에서 하고 있는 것과 미래의 직업 간의, 그리고 근접목표와 멀리 있는 목표 간의 연결을 짓도록 도움을 받았다.

결과는 개입을 받은 학생들이 좋은 학습자의 특성과 미리 생각하고 지금 생각하고 다시 생각하는 3가지 자기조절 전략의 특성을 더 잘 이해하게 된 것으로 나타났다. 나아가 그들의 되고 싶은 미래의 자기들은 직업 수준을 상향 조정하였다.

J. D. Gibson(1998)은 가능한-나(possible-me) 훈련을 중학교 1학년 학생들에 맞게 수정하였다. 훈련 결과, 학생들은 적은 수의 되고 싶은 미래의 자기들을 적었지만 그들의 미래의 자기들은 더욱 현실적이 되었음을 보여 주었다.

고등학생을 위한 프로그램 │ PLAN(Programa: Latinos Adelantan De Nuevo)은 중고등학교에 다니고 있는 히스패닉 학생들이 미래에 대한 비전을 발달시키도록 도와주기 위해 개발되었다(Abi-Nader, 1990). 이것은 자신의 삶에 대해 아무런 통제력도 가지지 못하고 따라서 자신의 미래를 만들어 나가는 데 아무런 힘도 없는, 대도시의 중심지역의 많은 소수인종 학생이 가지고 있는 (부정적) 믿음을 다루기 위해 만들어진 포괄적인 프로그램이었다. 결과적으로 이런 학생들은 동기가 부족하고, 목표를 세우지 못하고, 학교의 중요성에 무관심하였다. 이것은 마이클의 경우에 해당될 수 있을 것이다.

PLAN의 한 가지 암묵적인 목표는 학생들이 미래에 대한 비전을 가질 수 있도록 돕는 것이었다. 이 목표를 달성하기 위해 이 프로그램의 몇 가지 요소가 사용되었다. 그것은 문학작품의 이야기를 가지고 하는 숙제와 멘토, 그리고 미래에 대한 대화이다. 예를 들어, 학생들은 William Jacobs(1979)의 『원숭이의 발(*The Monkey's Paw*)』을 읽는다. 이것은 소망이 실현되도록 하기 위해 신비한 발을 사용하지만 좋지 않은 운명적 결과로 끝나는 한 가족에 관한 이야기이다. 학생들에게 자신의 꿈과 소망에 대해 말하는 3분 스피치 추수 과제가 주어진다. 3분 스피치에서 학생들은 자신의 미래를 상상하고 꿈에 대해 이야기하며 그것을 어떻게 성취할 것인지를 설명해야 한다.

PLAN은 또한 히스패닉 대학생과 전문직 종사자에게 한 달에 한 번 학생들에게 강의를 하도록 하여서 학생들에게 멘토와 모델을 제공하였다. 멘토는 이전 PLAN 참가자들이고, 그들은 자신의 성공을 이 프로그램에서 배운 기술에 귀인하였다. 이러한 이야기를 듣는 것은 학생들이 자신과 같은 사람들이 대학에 진학하는 것이 가능하다는 것을 알 수 있도록 도와주었다.

PLAN 교실에서 교사의 중요한 역할은 미래 지향적인 교실 대화가 시작되도록 하는 것이었다. 교사들은 다음의 4가지 활동에서 미래에 초점을 맞추어 토론하도록 하였다.

- 준비(예, 지역 대학교 방문 계획하기와 재정지원 양식 작성법 배우기)
- 학생들이 대학에서 만나게 될 확률이 높은 상황에 대한 설명(예, 기말 보고서와 관련하여, "네가 기말 보고서를 어떻게 쓰는지 배우기를 바란다. 대학에 들어갔을 때 네가 놀라지 않았으면 한다": Abi-Nader, 1987, p. 165)
- PLAN 졸업자와 대학에서 이룬 그들의 성공에 관한 스토리텔링. 교사는 이야기를 들려주고 이 프로그램을 성공적으로 마친 역할 모델의 예를 제공하였다. 예에는 이전 학생들의 좋은 보고서도 포함되었다. (이전 학생들에 대한) 이야기에 포함된 일부 학생은 성공과 동일시하는 데 곤란을 겪어 처음에는 어려움이 있었지만 마침내 잘 해내었다(대처 모델).
- PLAN의 기술 형성 연습에 대한 논리적 근거 제공하기(예, 학생들에게 많은 사람 앞에서 발표하는 것이 왜 대학에서 그리고 구직 면담에서 중요한 기술인지에 대한 예 제공하기)

이런 활동을 하는 동안 교사의 이야기는 "만약 네가 대학에 간다면"과 같은 조건적인 형식이 아니라 "네가 대학에 갈 때"와 같은 직설적인 형식으로 진행되었다. PLAN 접근은 효과적이었다. PLAN에 참여한 학생들은 고등학교를 졸업하고 대부분 전액 장학금을 받고 대학에 진학하였다(Abi-Nader, 1991).

학생들에게 미래에 대한 비전을 발달시키도록 도울 수 있는 한 가지 전략은 모델을 사용하는 것이다. 학생들이 미래에 대한 비전을 발달시키도록 돕기 위해 모델을 사용할 때의 방법을 〈전략 5-1〉에 제시하였다. 이 두 프로그램은 모두 직업에 관해 배우는 것을 넘어서서 목표를 달성하는 데 필요한 지식과 신념, 기술을 제공하는 것에까지 이른다.

전략 5-1 미래에 대한 비전을 위해 학생들에게 모델 제공하기

1. 한 교사가 발견한 것처럼, 모든 학생이 알아서 긍정적인 모델과 동일시할 것이라고 가정해서는 안 된다. 교사는 학생들에게 성공한 사람의 예를 찾기 위해 신문을 잘 들여다보라고 하였다. 교사는 학생들이 선택한 대다수의 사례가 마약 소지로 체포되었던 프로 운동선수 내지는 경찰과 싸워서 체포되었던 여배우였다는 것을 발견하고는 놀랐다. 학생들에게 긍정적인 모델을 보여 주고, 성공으로 이끈 모델의 특성과 전략들을 그들이 동일시할 수 있게 해야 한다.

2. 학생들이 성공 모델로 동일시할 수 있는 사람들을 초청한다. 모델들은 자신이 성공을 이루는 데 도움이 되었던 전략들을 설명해 주어야 한다.

3. 토론을 위해 소설, 자서전, 영화에서 영감을 줄 수 있는 이야기를 찾아 사용한다.

‖ 생각해 보기 ‖ 개인적 역량에 관한 예들에서 어떤 이야기들이 당신을 고무시켰는가? 어떤 이야기들이 당신의 학생들에게 영감을 줄 수 있을 것인가?

🔖 의지적 통제: 동기부여와 노력을 가르치기

자기조절의 가장 중요한 구성요소 중 하나는 의지이다. **의지력**(volition)은 행동통제의 한 형태로, "잠재적인 방해요소(혹은 주의산만 요소)에도 불구하고 목표를 향해 초점과 노력을 유지하려는 경향성"이다(Corno, 1994, p. 229). 일상생활에서 우리는 **의지**(will), **의지력**(will power), **훈육**(discipline), **자기지시**(self-direction), **자원이 많음**(resourcefulness) 등 의지력(volition)을 의미하는 많은 용어를 사용한다. 이런 용어들은 모두 어려운 과제를 해낼 수 있는 능력을 함축하고 있다(Corno, 1993). 현재 의지이론은 개인의 행동을 통제하고 효과적인 직무 습관으로 이끄는 전략 그 이상이다(Corno, 2004). 다음의 예는 의지력을 잘 보여 준다.

> 대학생인 엘리사는 샤넬이라는 7세 자녀를 둔 한부모(single parent)이다. 엘리사는 오늘 밤 공부하기가 매우 어려웠다. 샤넬이 숙제를 도와 달라고 하는 등 계속 방해를 하였기 때문이다. 엘리사는 지자체 센터(Urban League Center)에서 밤에 학생들의 숙제를 봐 주는 프로그램을 실시한다는 것을 떠올렸다. 엘리사는 1주일에 두 번, 밤에 샤넬을 그 센터로 데려다 놓고 자신은 도서관에서 공부를 하였다.

엘리사는 자녀에게 자원을 제공하면서 자신도 공부할 수 있는 방법을 찾아냄으로써 의지적 전략의 사용을 보여 주었다.

자기조절에서 의지의 기능

의지적 전략은 목표를 향한 에너지의 방향을 정하고 그 에너지를 통제함으로써 목표를 보호한다. 엘리사는 두 개의 목표, 즉 가족을 돌보려는 욕구와 학업적 성공에 대한 욕구를 동시에 보호하고 있었다. 4장의 《예시 4-3》에 있는 근접목표 양식을 참조하라. 먼저 목표를 계획한다. Corno(1993)에 따르면, 이것은 동기적 측면이다. 이 예시에서 단계 4인 의지적 요소는 있을 수 있는 장애물을 모두 적고 그것을 어떻게 극복할 것인지를 적도록 하고 있다. 그러한 장애물을 극복하기 위해 당신이 취하는 행동이 의지적 전략이다. 의지는 목표가 실천되도록 하는 데 핵심적 역할을 한다. 목표가 쉬운 것일 때, 의지는 필요하지 않다. 의지적 전략은 (1) 주의를 기울이고, (2) 목표의 우선순위를 정하고 목표를 완수하며, (3) 주의산만 요소를 조정하고, (4) 계속 노력함으로써 목표를 보호한다(Corno, 1993, 2001).

학생들이 직면하는, 의지에 도전이 되는 것은 무엇인가? 사회적 압력을 포함해서 학교 안과 밖에 많은 방해요소가 있는데, 이런 것들이 학생들의 목표 성취를 가로막을 수 있다. 도전과 방해요소에는 다음과 같은 것들이 포함된다.

- 숙제하는 데 필요한 시간을 운동이나 음악 연습하는 데 나누어 쓰는 것
- 과제가 너무 쉽다, 너무 어렵다, 혹은 지루하다는 믿음
- 가치가 없게 느껴지는 목표
- 협동학습 동안 과제에 집중하는 것
- 복잡한 숙제와 장기적인 프로젝트
- 숙제를 하는 것
- 일과 학업의 병행을 잘하는 것
- 웹 서핑처럼 컴퓨터 사용 시 주의를 산만하게 만드는 요소
- 주의가 산만한 교실이나 가정환경

이런 항목들 중 일부는 성인에게 보잘것없는 것처럼 보일 수 있지만, 그러한 방해요소와 갈등이 아동의 의지와 학업 영역에서의 수행에 심각한 영향을 줄 수 있다.

숙제 자체는 많은 가능한 방해요소 때문에 학생에게 어려운 의지적 도전을 제공한다. 따라서 성공 여부는 학생이 방해요소를 다룰 수 있는가에 달려 있다. Benson(1988)은 숙제의 방해요소에 대한 연구를 하였는데, 6학년 학생들에게 숙제를 할 때 가장 방해가 되는 것이 무엇인지 말해 보라고 요청하였다. 그때 학생들이 가장 많이 언급한 방해물은 전화와 텔레비전이었다(요즘 같으면, 스마트폰과 컴퓨터가 될 것이다.). 그 밖에도 사람들, 전기제품으로 인한 일반적인 소음, 배경음악 등이 있었다. 또한 학생들에게 방해물에 대한 해결책을 말해 보라고 하였다. 학생들이 말한 주요한 해결책은 부모에게 도와 달라고 하는 것이었다. 연구자들은 학생들이 방해물을 통제할 책임을 자신이 아닌 타인 혹은 환경에 두는 경향이 있다고 결론지었다. 하지만 학생들에게 방해물과 해결책의 목록을 말해 보라고

한 그 행위 자체가, 학생들 자신이 해결책을 찾는 데 더 많이 책임질 수 있음을 알 도록 도와준 것처럼 보였다.

Baird(2002)는 호주의 고등학교 1학년 학생들을 대상으로 숙제와 의지적 통제 전략, 그 전략에 대한 그들 교사의 지각에 대해 조사하였다. 학생들이 사용한 한 가지 전략은 숙제 완수에 필요한 '시간 정하기'였다. 그러나 교사들을 조사한 결 과, 그들은 학생을 도와줄 의지적 통제의 2가지 중요한 측면인, 방해물을 통제하 는 전략과 효과적인 학습전략을 무시하는 것으로 나타났다.

Guthrie, Van Meter 등(1996)은 가정에서 책을 읽는 아동들에게 의지적 전략 이 필요하다고 제안하였는데, 예를 들면 시간과 장소의 관리, 자료를 찾고 간직 하기, 무엇을 읽어야 하고 무엇을 읽지 말아야 하는지에 대한 결정, 잠재적인 장 애물에 대해 아는 것 등이다.

점차로 자기조절적 의지 통제전략이 중요한 영역은 인터넷을 효과적으로 사용 하는 것과 관련이 있다(Rogers & Swan, 2004). Whipp과 Chiarelli(2004)는 웹 기 반 테크놀로지 수업을 듣는 대학원생들이 자기조절학습 전략을 사용하고, 웹 기 반 수업에 필요한 경우 그 전략들을 수정한다는 것을 발견하였다.

의지적 통제전략

의지적 통제전략이란 무엇인가? 그것은 우리의 행동과 생각에 외현적, 내현적 통 제력을 발휘하는 전략들이다. 초인지적, 정서적, 동기적 전략의 내현적 통제는 자 기패배적 생각을 통제하고 자신에게 목표나 과제에 초점을 맞추도록 상기시키는 데 사용된다. 외현적 전략은 환경에 속한 개인을 포함해서, 환경을 통제함으로써 자기를 통제하는 것이다(Corno & Kanfer, 1993). 중학교 1학년 학생과 교사들이 보 고한 5가지 전략 유형과 각각의 예를 〈표 5-1〉에 제시하였다(Corno & Kanfer, 1993).

만약 학업적으로 성공하려면, 학생들은 하고 싶은 다른 것들이 있음에도 불구 하고 목표에 맞추어 계속 공부하려는 의지적 전략이 필요하다. Garcia, McCann, Turner와 Roska(1998)는 의지적 전략이 대학생들의 인지전략 사용과 밀접한 관

● 표 5-1 ● 학생과 교사를 예로 한 의지적 통제전략

전략	학생	교사
내현적		
초인지적 통제	바로 지금 착수하기 위한 첫 번째 단계에 대해 생각한다. 제출하기 전에 내 작업에 대해 다시 검토하고 향상되도록 수정한다.	내가 X에게 그의 행동에 대해 말해야 했던 때를 기억한다. 수업 직후에 수업 내용에 대해 곰곰이 생각해 보고 다음번에는 어떻게 다르게 수업할 것인지에 대해 머릿속으로 정리한다.
동기 통제	잘 했다고 스스로 등을 두드린다. "이 작업에 집중해라. 왜냐하면……."이라고 자신에게 말한다. 이 과제를 더 재미있고 더 도전적이고 더 확신을 줄 수 있는 방식으로 수행하는 방법에 대해 생각한다.	내가 다른 어떤 것을 하고 있을 때에도 이 보고서의 성적 평가에 대해 잊지 않는다. 생각할 여유 시간이 생길 때마다(예, 운전하거나 걷는 동안) 나의 교수법을 개선하는 방법에 대한 계획을 세운다.
정서적 통제	폭발하기 전에 10까지 센다. 스스로 할 수 있는 많은 것이 있음을 떠올린다. 이전에도 이런 일을 한 적이 있다.	화가 나서 말하기 전에 5초 동안 기다린다. 나의 내적 자원을 총동원하고 이것보다 더한 일도 겪었고 결국 해냈다는 것을 기억한다.
외현적		
과제 상황 통제하기	원하는 상태에 도달하기 위해 할 수 있는 것들의 목록을 작성한다.	목표가 더 현실적인 것이 되도록 목표를 재정의한다.
과제 상황에서 타인 통제하기	소음과 방해물을 제거한다. 친구에게 도움을 청한다.	학생 행동에 대한 규칙을 정하고 시행한다. 교사는 스터디 그룹에게 문제를 협동해서 해결하라고 요청한다. 특별한 관심이 필요한 학생들에게 역할을 준다.

출처: Corno, L. & Kanfer, R. (1993). "The Role of Volition in Learning and Performance." In L. Darling-Hammond (Ed.), *Review of Research in Education* (Vol. 19, pp. 53-90). New York: American Educational Research Association. 허락받고 수정함.

련이 있음을 발견하였다. 하지만 Wolters(1998)는 가설적 문제에 반응하는 대학생들이 의지적 전략보다는 자신의 의지력에 의존함을 발견하였다. 학생들은 과

제를 완수하려는 뜻을 유지하기 위해 의지적 전략의 의식적 통제를 필요로 한다는 것을 자각하지 못할 수도 있다. 학생들이 방해물을 다루기 위한 의지적 전략을 발달시키도록 하기 위해 교사는 어떻게 도울 수 있을까?

학생들이 의지적 전략을 습득하도록 도와주기

학생들이 의지적 전략을 습득하도록 돕기 위한 개입이 초등학교 1학년부터 대학생 수준까지 실시되었다. 초등학교 1학년 학생들은 독서 집단작업 동안 주의산만함을 감소시키는 법을 배웠다(McDonough, Meyer, Stone, & Hamman, 1991). 학생들은 목표설정하는 법, 주의산만해지는 것을 피하는 법, 산만하게 하는 친구 피하는 법 등을 배웠다. Manning(1988)은 초등학교 1학년과 3학년 학생들에게 인지적 자기지시(이 장의 후반부에 기술됨)를 사용해서 교실에서의 방해 행동과 딴 짓하기를 통제하도록 가르쳤다.

대학생들에게는 의지적 전략을 발달시키도록 돕기 위한 의지향상 프로그램(volitional enhancement program)이 실시되었다(Trawick, 1991). 이 프로그램은 4번의 70분 수업으로 구성되어 있으며, 내적ㆍ외적 환경을 통제하는 데 초점이 맞추어져 있다. 4번의 수업은 (1) 과제와 환경(setting) 통제, (2) 과제 상황에서 타인 통제, (3) 주의를 통제하기 위한 자기점검, (4) 귀인 진술과 같은 동기적 통제이다.

8명의 피험자와의 면담을 통해 학생들이 만들어 낸 가장 중요한 변화는 학습환경에 대한 통제력을 얻게 된 것임이 밝혀졌다. 그들은 친구와 형제자매, 타인들로부터의 방해를 더 잘 다룰 수 있게 되었다. 학생들에게 외적 환경을 변화시키는 것은 자신의 내적 초인지 과정을 변화시키는 것보다 더 쉬웠다. 이런 연구결과는 학생들이 의지적 통제를 습득하도록 도와줄 때, 내적 초인지 전략의 경우 더 많은 시간과 연습이 필요함을 시사한다.

Corno(1994)는 학생들이 전략을 습득하는 데 도움이 되는, 잘 짜인 의지 커리큘럼을 기술하였다. 그 커리큘럼을 위해 개발된 수업활동이 〈전략 5-2〉에 제시되었다. 이것은 학생들이 의지적 통제전략을 습득하도록 돕는 출발점이 될 것이다.

의지향상 커리큘럼에서의 활동

1. 교사와 학생은 공부할 때 있을 수 있는 방해요소(주의산만 요소)의 목록을 적는다.
2. 교사와 학생은 가장 자주 나타나는 방해물의 목록을 작성하고, 그것들이 어디에서 발생하는지, 그것들이 방해하는 생각인지의 여부에 따라 분류한다.
3. 학생이 일반적으로 방해요소를 다루는 방식을 적는다. 그런 다음 그 반응과 방해요소를 짝짓는다. 그런 반응이 얼마나 효과적인지 평가한다. 가장 효과적인 방법은 과제에 다시 집중하는 것이다.
4. 교사는 모델이 되어서, 주의를 분산시키는 상황에서의 효과적인 반응과 비효과적인 반응을 보여 준다.
5. 교사는 더 효과적인 전략을 확인하고 분류하는 데 필요한 20문항짜리 퀴즈를 실시하여 학생들을 지도한다.
6. 글로 된 시나리오를 사용해서, 학생들은 방해물을 다루는 더 효과적인 전략을 소집단으로 역할 연기한다. 친구들로 구성된 관중이 역할연기에서 사용된 친구의 전략을 평가한다.
7. 교사는 방해물을 다루기 위한 전략을 사용하면 과제를 할 수 있게 된다는 증거를 얻게 될 것이라고 학생들에게 알려 준다. 관찰할 핵심 과제를 선택한다. 개인과 집단이 과제를 하는 데 걸린 시간의 양을 기록한다. 학생들이 자기평가를 한다. 그런 다음 학생들과 결과에 대해 논의한다.

출처: Corno, L. (1994). "Student Volition and Education: Outcomes, Influences, and Practices." In D. H. Schunk & B. J. Zimmerman (Eds.), *Self-Regulation of Learning and Performance* (pp. 229-254). New York: Taylor & Francis. 허락받고 수정함.

　　교육자로서 학생들의 이전 경험을 변화시킬 수 없을 때, 우리는 학생들에게 의지적 통제를 가르칠 수 있는 대안들을 가지고 있다(Corno, 2001). 예를 들어, 의지적 통제는 부적응적인 귀인을 조정할 수 있다. 의지적 전략들은 바쁜 업무와 학업적 삶을 잘 이끌어 나가는 데 필수적이지만, 부정적인 측면도 있다. 의지적 전략들은 목표가 더 이상 적절하지 않을 때 부적응적인 것이 된다(Corno & Kanfer, 1993).

학습전략과 초인지 전략

자기조절 학습자는 독해전략이나 기억전략과 같은 다양한 학습전략을 알고 있다. 그들은 또한 학습전략이 어떻게 작동하는지 이해하고, 그것을 언제 사용하는지를 알고 있으며, 효과성을 평가할 수 있다. 이런 과정들을 초인지 전략이라고 한다(Borkowski & Muthukrishna, 1992). 학습전략과 초인지 전략은 학생들에게 학업 내용을 습득하고 정통하게 한다. 학습전략을 모두 기술하는 것은 이 교재의 범위를 넘어서는 것이지만, 학습전략과 초인지 전략의 기초에 대해 설명하고자 한다.

학습전략

학습전략의 2가지 목록을 제시한다. 첫 번째 목록에는 C. E. Weinstein과 Mayer(1986)가 제안한 학습전략의 8가지 범주가 포함되어 있는데, 이것들은 유용한 시작점을 제공한다. 이 전략들은 〈표 5-2〉에 제시되어 있다. 이 목록은 시연과 같은 단순한 전략에서 깊은 수준의 정보처리에 필수적인 정교화까지 망라하고 있다.

● 표 5-2 ● 학습전략의 8가지 범주

전략	설명
1. 기초적인 시연전략	반복
2. 복잡한 시연전략	모방하기 또는 강조하기
3. 기초적인 정교화 전략	항목들을 연결시키는 정신적 이미지 또는 그림 만들어 내기
4. 복잡한 정교화 전략	요약하거나 사전 지식과 관련시킴으로써 학습 확장하기
5. 기초적인 조직화 전략	항목의 범주화 또는 집단으로 묶기
6. 복잡한 조직화 전략	관계성을 보여 주는 도표나 조직화 그림 그리기
7. 이해력 점검	이해를 점검하기 위해 스스로 질문하기
8. 정서 및 동기 전략	불안을 낮추기 위한 혼잣말 사용

두 번째 목록에는 독해력 영역에서 초등학생들에게 정말로 효과적인 인지전략이 포함되어 있다. Pressley, Johnson, Symons, McGoldrick와 Kurita(1989)가 이 목록을 만들었다.

- 요약: 문장이나 짧은 문단, 시각적인 지도를 구성하여서 정확하게 요약할 수 있는 능력
- 정신적 심상: 내용에 대한 시각적 표상 만들기
- 스토리 원리: 스토리가 어떻게 구성되었는가에 대한 지식
- 질문 생성: 중심 개념과 관련된 질문 구성하기
- 질문에 답하기: (예를 들면 한 장의 끝 부분에서) 내용에 대한 질문에 답하기
- 사전 지식 활성화: 이전에 습득한 지식을 기억해 내는 전략

많은 중고등학생과 심지어 대학생들이 이런 독해전략에 능숙해지지 못할 수도 있다는 점을 명심하라. 이런 경우, 교사의 역할은 한 번에 하나씩 시작해서, 이런 전략을 분명하게 가르쳐서 학생이 자기조절 학습자가 되도록 돕는 것이다. 학습전략에 대한 더 자세한 내용은 Gaskins와 Elliot(1991), Gettinger와 Seibert(2002), Pressley, Johnson 등(1989), Pressley, Woloshyn과 동료들(1995), Wood, Woloshyn과 Willoughby(1995)를 참조하라.

초인지 전략

자기조절의 관점에서 볼 때, 초인지(metacognition)는 인지, 동기, 상황적 특성의 통합이다(Borkowski & Thorpe, 1994). 초인지의 인지적 측면은 일반적으로 개인의 인지과정에 대한 지식과 신념을 말하며, 이런 과정의 점검과 통제를 뜻한다(Flavell, Miller, & Miller, 1993). 학생이 독립적으로 학습하고 자신의 삶을 관리하고자 한다면, 초인지 전략이 필수적이다.

초인지 지식과 전략은 세 개의 범주로 세분될 수 있다. 즉, 사람, 과제, 전략이

다(Flavell et al., 1993). 각 범주의 예는 다음과 같다.

- **사람**: 기억에 대한 지식과 믿음, 그리고 기억이 어떻게 작동하는지에 대한 지식과 믿음. 지능에 대한 믿음(예, 일부 학생은 좋은 기억력을 누군가는 가지고 있고 누군가는 가지지 못한 어떤 것이라고 믿는다.)
- **과제**: 어떤 과제는 다른 과제보다 더 어렵다는 지각과 과제 난이도 및 과제 완수에 필요한 시간의 양에 대한 평가(예, 프로젝트를 계획하고 필요한 시간을 추정하고 가용한 시간과 비교하는 것)
- **전략**: 어떤 유형의 과제에 어떤 전략이 최선일 것인가에 대한 결정(예, 에세이 시험에 어떤 전략이 최선인지, 화학의 원소 주기율표를 익히는 데 어떤 전략이 최선인지)

저성취 학생들의 경우, 학습을 통제하도록 도와주는 초인지 전략이 부족한 경우가 많다(Gaskins & Elliot, 1991). 교사로서 우리는 학생들이 스스로 전략을 습득하도록 도와주는 대신, 학생을 위해 이런 초인지 작업을 하는 경우가 자주 있다.

📎 자기지시와 자기점검을 통한 자기조절

행동과 사고를 조절하기 위해 자기조절 학습자가 사용하는 도구는, 수행 단계에서는 자기지시(self-instruction)와 자기점검이고, 성찰 단계에서는 자기평가이다. 인간으로서 우리는 자신의 행동을 안내하기 위해 스스로에게 말할 때 자기지시를 사용한다. 자기점검은 자신의 행동과정을 관찰하고 평가할 때 일어난다. 이 2가지 전략은 결합하여 자주 사용된다. 예를 들어, 한 학생이 어떤 문제에서 일련의 단계를 실행하는 법을 기억하기 위해 자기지시를 사용할 수 있고, 그런 다음 경과를 추적하고 결과를 평가하기 위해 자기점검을 사용할 수 있다.

자기지시

인지적 자기조절에서 중요한 도구는 사고와 행동을 통제하기 위한 자기에게로 향한(self-directed) 대화이다(K. R. Harris, 1990; Rohrkemper, 1989). 자기지시는 내현적, 즉 소리 없이 자신에게 말하는 것이거나 혹은 외현적, 즉 소리 내어 크게 말하는 것일 수 있다. 자기지시는 행동의 통제, 초인지의 발달, 그리고 학업 문제의 처치에 유용하다(Meichenbaum, 1977). 자기지시의 예로는 (1) 엘리사가 익숙하지 않은 시험문제를 보았을 때 당황하지 말라고 속으로 자신에게 상기시키는 것, (2) 안젤라가 "색깔을 모두 칠할 때까지 자리에 앉아 있어야 해."라고 소리 내어 반복해서 말하는 것이 있다.

자기에게로 향한 대화의 출처는 어디인가? 그것의 뿌리는 아동의 언어(speech) 발달과 역할에 대한 Vygotsky(1962)의 설명에 있다. 자기에게로 향한 대화는 아동기 초기에 다른 사람들이 있는 데에서도 어린 아동이 자신에게 큰 소리로 말할 때 시작되는 것이다. Vygotsky는 어린 아동이 자신의 행동을 지시하기 위해 자신에게 말하거나 사적인 말하기를 사용한다고 설명하였다. 6, 7세경에 아동은 자신에게 큰 소리로 말하는 것이 적절하지 않다는 것을 깨닫게 된다. 이후 혼자 말하기(self-speech)는 내현적으로 혹은 속으로 하게 된다([그림 5-3] 참조).

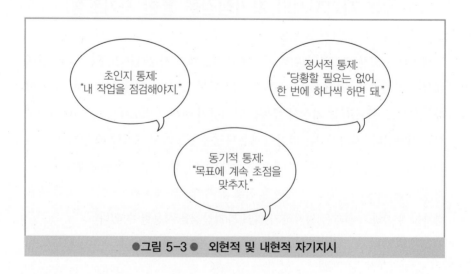

●그림 5-3 ● 외현적 및 내현적 자기지시

자기조절 과정으로서, 자기지시적 말하기는 6가지 형태를 취할 수 있다 (Graham, Harris, & Reid, 1992). 이 형태들은 학생이 과제를 이해하도록 돕고, 과제를 완성하기 위한 전략을 생성하고, 불안을 조절하고, 과정을 평가하도록 도울 수 있다. 이런 형태들은 독립적으로 사용될 수도 있고, 필요한 경우 결합해서 사용될 수도 있다. 〈표 5-3〉은 자기지시의 6가지 형태와 각각의 예를 보여 준다.

● 표 5-3 ● **자기지시의 형태와 예들**

형태	예
1. 문제 정의 진술	나는 첫 번째 시험에서 D를 받았다. 어떻게 해야 하나? 내가 공부한 방법이 문제였나? 어떻게 향상시킬 수 있을까?
2. 주의를 집중하고 계획 세우기	나는 공부하는 더 좋은 방법을 찾아내야 한다. 교재가 어렵기 때문에 내가 읽은 것을 이해하는 방법을 찾아야만 한다.
3. 전략 진술	나는 선생님이 우리에게 주었던 SQ3R을 해 볼 것이다.
4. 자기평가와 오류 교정 진술	나는 지금까지 읽은 것을 요약해 보았지만 아직 이해하지는 못한다. 반 친구 중 한 명에게 그녀는 어떻게 하고 있는지 알아보기 위해 전화하는 것이 필요하다.
5. 학생들이 곤란이나 실패를 극복하도록 돕는 대처와 자기통제 진술	아직 그것을 이해하지는 못하지만, 크게 당황할 필요는 없다. 나는 언제나 선생님에게 물어볼 수 있다.
6. 자기강화	친구가 내게 질문을 하였는데, 나는 대답을 해 줄 수 있었다. 나는 시험 준비가 다 되었다.

출처: Graham, S., & Harris, K. R. (1996). *Making the Writing Process Work: Strategies for Composition and Self-Regulation.* Cambridge, MA: Brookline Books. 허락받고 수정함.

학생에게 자기지시 가르치기

자기지시는 긍정적인 교실 행동, 작문 기술, 문제해결 등 다양한 목표에 사용되었다. 자기지시는 특히 학습장애 학생들이 학업 유능감을 발달시키도록 돕는 데 유용하다(Graham et al., 1992). 혼잣말(self-talk)을 위한 지시는 학급 전체나 개별 학생에게 맞추어질 수 있다(Manning, 1991). 자기지시 훈련은 전형적으로 교사의 모델링으로 시작되며, 학생의 연습으로 이어진다. 혼잣말을 가르치기 위한 단계는 〈전략 5-3〉에 기술한 것과 같다.

전략 5-3   혼잣말을 가르치기 위한 단계

1. 혼잣말의 중요성을 설명한다.
2. 자기지시의 모델이 되어 준다. 대처 모델로서, 교사나 친구들은 수행을 향상시키기 위해 어떻게 혼잣말을 사용하였는지 보여 줄 수 있다. 학생들은 혼잣말 스크립트를 받은 다음 자신의 것을 개발할 수 있을 것이다.
3. 과제를 선택하고 학생들에게 혼잣말을 연습하게끔 한다. 학생들이 자신만의 혼잣말을 사용할 수 있게 됨에 따라 점차로 모델링과 촉구를 줄여 나간다. 학생이 독립적으로 수행할 때까지 단서 카드와 포스터를 통해 단서를 제공한다.

출처: Graham, Harris, et al.(1992); Manning(1991)을 기초로 함.

이후 연구결과는 자기지시 훈련의 효과를 보여 준다. 부적절한 교실 행동의 과거력을 가진 초등학교 1학년과 3학년 학생들이 적절한 교실 행동 늘리기 개입에 참여하도록 선택되었다(Manning, 1988). 훈련은 학생들이 감소시킬 필요가 있는 행동(예, 자리 이탈하기, 공상하기, 다른 친구들 방해하기)과 증가시킬 필요가 있는 행동(예, 제자리에 앉아 있기, 귀 기울여 듣기, 집중하기, 손과 발 가만히 두기)에 맞춰졌다. 훈련은 1주일에 2번, 각 회기당 50분씩, 4주 동안 실시되었다. 훈련의 구성 요소는 다음과 같다.

- 모델링(modeling): 학생들은 교실에서 성인 모델을 관찰하고 비디오테이프를 통해 친구 모델을 보았다. 모델은 소리 질러 대답하는 대신 손을 높이 들어 올리는 습관을 향상시키기 위해 자기지시를 사용하였다.
- 안내된 연습(guided practice): 학생은 게임이나 역할연기, 미완성 시나리오의 완성을 통해 행동을 연습하였다.

- 단서제공(cueing): 학생들이 교실에서 적절한 행동을 할 수 있도록 하기 위해 단서 카드를 제공하였다. 단서 제공은 학생이 촉구 없이 행동을 할 수 있을 때까지 지속되었다.

자기지시 훈련집단을 통제집단과 비교하였는데, 통제집단은 세 번의 시기(훈련 직후, 1달 후, 3달 후) 동안 자기지시 훈련을 받지 않았다. 실험집단이 세 번의 시기 모두에서 통제집단보다 더 큰 과제 집중과 더 적은 방해 행동을 보였다. 또한 교사는 향상된 행동을 직접 관찰할 수 있었다.

학습장애 학생들은 자기조절 전략 훈련을 통해 이득을 얻을 수 있을까? Miranda, Villaescussa와 Vidal-Abarca(1997)의 훈련 연구결과를 기초로 할 때, 대답은 '그렇다'이다. 학습장애가 있는 초등학교 5학년과 6학년 학생의 두 집단에게 독해력과 초인지 전략의 기초훈련으로서 자기지시를 가르쳤다. 한 집단에게는 이와 함께 귀인 재훈련을 실시하였다. 두 훈련집단 모두 독해력 사후검사에서 보통의 학습 수준인 통제집단과 유사한 점수를 얻었고, 두 집단 모두 적응적인 귀인을 보였다.

학생과 교사가 자기조절 전략으로서 자기지시를 사용할 수 있는 다양한 방법이 있다. 자기지시는 다음과 같이 사용될 수 있다.

- 자신에게 일에 집중하도록 상기시키는 의지적 전략으로서
- 문제해결이나 글쓰기와 같은 학업 과제에서 단계들을 기억하기 위해
- 주의력과 과제집중 행동을 통제하기 위해
- 불안과 실패에 대처하기 위해
- 귀인 재훈련의 일부로서

자기점검과 자기평가

자기점검(또는 자기관찰)은 학생이 과제집중 행동과 같은 특정 행동이나 혹은 귀인사고와 같은 과정에 선택적으로 주의를 기울이도록 만든다. 자기점검은 함

께 맞물려 돌아가는 2가지 구성요소를 포함하는데, 바로 자기기록과 자기평가이다(Zimmerman, 1995). 자기기록(self-recording)은 학생이 점검한 인지나 행동의 기록이다. 기록의 방법에는 점수 기록용지나 차트, 그래프, 내러티브 기록이 있다. 학생은 행동의 빈도나 자신이 공부하면서 책상에 얼마나 오랫동안 앉아 있었는지와 같이 행동의 지속시간을 평가할 수 있다. 혹은 숙제를 시작하기 전에 자신의 해결책을 재점검함으로써 정확성을 평가할 수 있다. Zimmerman과 Martinez-Pons(1986)는 자기조절을 잘하는 학생들은 자신의 작업을 제출하기 전에 그것을 체계적으로 점검한다는 것을 발견하였다. 숙제 목표의 자기점검을 위한 양식의 예를 〈예시 5-1〉에 제시하였다.

예시 5-1   숙제 자기점검하기

1. 숙제 내용을 썼는가?   네 _____ 아니요 _____
2. 집에 무엇을 가져가야 할까?
    a. _____
    b. _____
    c. _____
3. 숙제를 할 시간 _____
4. 숙제 완성   네 _____ 아니요 _____
5. 내가 이해하지 못한 것은 무엇인가? _____

자신의 학습을 점검할 수 없는 학생은 매우 불리하다. 그들은 동일한 실수를 계속할 가능성이 높다. 자기점검은 자기개선을 위한 도구의 역할을 하며, 여러 측면에서 학습을 향상시킨다(Zimmerman, 1995). 자기점검은 다음과 같은 특징이 있다.

- 학생들에게 제한된 반응에 초점을 맞추도록 함으로써 선택적 주의를 증가시킨다.

- 학생들이 수행이 얼마나 효과적이었는지를 결정하도록 도와준다.
- 학생들에게 학습전략이 얼마나 효과적이었는지를 알게 하고, 더 나은 전략을 찾도록 격려한다.
- 시간의 관리와 사용을 개선시킨다.

기록하기는 자기조절의 특징들을 보여 주는 대도시 중심 지역의 학생들이 사용한 전략이었다(Wibrowski, 1992). 한 학생이 다음과 같이 보고하였다.

> 단어 목록을 작성한다, 틀렸다……. 교재를 공부할 때 중요한 무언가를 발견한 경우, 나는 종이에 그 사람의 이름과 그가 한 일이나 그와 비슷한 것을 적는다. 나는 공부노트(study sheet)를 가지고 있다(p. 78).

자기점검과 기록은 주의를 기울이는 데 어려움이 있는 학생들에게 특히 중요하다. 초등학교 5학년과 6학년 학생들에게 개별화된 수학 프로그램에서 공부전략을 자기점검하도록 가르쳤다(Sagotsky, Patterson, & Lepper, 1978). 그들은 실제로 수학 공부를 한 경우 표에 '+'를, 공부를 하지 않은 경우는 표에 '-'를 정기적으로 기록했다. 학생들의 공부 행동이 증진되었으며 수학 성취도 향상되었다.

> 개인 노트: 나는 이 교재를 쓰면서 매일 일지를 작성했다. 나는 참고문헌과 주석 달기, 초안에 대한 수정, 내가 다음 작업을 어디에서 시작해야 하는지, 떠오르는 생각들 등을 기록했다. 새로운 작업을 시작할 때, 나는 어디에서 시작해야 하는지 잘 알았다. 이것이 과제를 반복하지 않도록 도와주었다. 더 중요한 것은, 그러한 것이 더 나은 조직화와 목표설정, 시간 사용을 하도록 이끌었다는 점이다.

과정에 대한 자기점검은 자기평가에서 핵심적이다. 점검한 작업이나 과정은 목표나 기대되는 표준 등의 준거와의 비교를 위한 기초 정보를 제공한다(Zimmerman, 1998). 그러면 자기평가는 귀인 설명의 출처가 되며, 귀인 설명에 잇따른 적응적 혹은 부적응적 반응의 출처가 된다.

🖇 자원관리 전략: 시간과 환경

자기조절 학습자는 목표를 달성하기 위해 자신의 시간과 환경 자원을 관리한다. 여기에서는 시간을 계획하고 자원을 관리하는 전략이 제시된다.

시간관리

시간관리(time management)라는 용어는 다소 뜻을 헛갈리게 한다. 하루에 단 24시간밖에 없고 우리는 그것을 바꿀 수가 없다. 우리는 시간을 어떻게 사용할 것인가에서 자신을 관리할 수 있을 뿐이다. Covey(1989)는 가장 중요한 요인은 우리가 시간의 우선순위를 어떻게 두는가라고 하였다. 높은 수준의 동기는 학생들이 자신의 시간을 잘 관리하도록 보장하는가? 대학생을 대상으로 한 연구결과에 따르면, 대답은 '아니다' 이다(Zimmerman, Greenberg, & Weinstein, 1994). 학생들은 동기부여가 된 경우에도 자주 시간을 조절하는 데 실패하곤 한다. 시간관리에 대한 자기보고 결과가 SAT 점수보다 대학생의 성취와 더욱 강하게 관련되었다(Britton & Tessor, 1991).

또한 시간 사용은 Wibrowski(1992)가 면담한 대도시 중심 지역의 고등학생이 사용한 두 번째로 가장 중요한 자기조절학습 전략인 것으로 밝혀졌다. 학생들은 2가지 유형의 시간전략을 보고하였다. 그것은 시간 계획 세우기(time budgeting, 시간 사용 계획하기)와 시간 계산하기(time accounting, 시간 사용의 자각)이었다. 다음 보고서는 한 학생의 시간 사용을 보여 준다.

방과 후, 나는 대개 집으로 가서 1시간 정도 쉬고 그런 다음 숙제를 모두 하고, 8시나 9시 전에 숙제를 마치면 편히 쉬었다가 10시쯤 잠을 잔다. 그리고

6시 30분이나 6시 45분쯤 일어나서 엄마에게 전화하고 그런 다음 아침을 먹고 집을 나선다. 그리고 나서 30분 정도 기차를 타고 가서 등교를 하고 카페테리아에서 친구와 8시 40분까지 이야기를 나눈다(p. 75).

성공적인 학생은 자신이 공부하면서 쓴 시간 혹은 공부한 시간대를 기록하였다. 그들은 또한 다른 활동을 한 구체적인 시간을 알고 있었다.

시간 계획 세우기는 성공과 실패에 대한 귀인과정 및 자기효능감 지각과 관련이 있다(Zimmerman et al., 1994). 능력 때문에 자신이 수학에 낙제할 것이라고 믿는 학생은 수학을 공부하기 위한 시간을 계획하지 않을 가능성이 높다. 그러나 글쓰기가 피드백과 수정의 과정을 통해 향상된다고 믿는 학생은 이런 과정이 일어나도록 시간을 계획할 것이다. 시간 사용의 자기조절에서 중요한 요인은 자기점검의 질이다. 학생이 공부하고 있지 않음을 자각하지 못할 때, 그들은 시간 사용을 계획하거나 조정하지 못할 것이다.

시간 사용은 구체적인 계획보다는 자주 습관에 따라 이루어진다. 학생에게 시간 계획 세우기 전략을 훈련할 때 시간 사용을 계획하고 우선순위를 정하도록 하기 위해서는 자신의 시간 사용과 전략을 자각하도록 돕는 것이 필요하다. 학생이 효과적으로 시간을 사용하는 법을 배우도록 돕기 위한 전략을 〈전략 5-4〉에 제시하였다.

전략 5-4 학생들이 효과적인 시간 사용을 배우도록 돕기 위한 전략

1. 학생들과 시간 사용에 대해 논의한다. "시간이 없어요."라는 말을 하는 경우, 귀인의 효력에 대해 논의할 수 있다.
2. 학생들에게 스스로 시간을 어떻게 사용할 것인지를 결정하도록 하기 위해, 매일 그리고 매주 시간 사용을 기록하게끔 한다.
3. 그런 다음, 학생들에게 개인적 시간 스케줄을 작성하도록 한다.
4. 학생들에게 학교 안과 밖에서 다양한 유형의 활동들을 수행하기 위해 필요한 시간을 추정해 보라고 요청한다.

5. 당신이 수업 계획, 성적평가, 다른 책임 있는 활동을 위해 시간을 어떻게 계획하고 있는지의 예들을 보여 준다.

6. 사용 가능한 달력이 나와 있는 컴퓨터 소프트웨어를 사용한다.

7. 학생이 달력에 수업마다 있는 숙제를 적어 넣게 한다.

환경관리

환경통제는 공부하는 장소, 소음 수준, 적절한 자료, 사람들과 관련이 있다 (Gaskins & Elliot, 1991). 환경관리에는 학습을 도와주는 효과적인 전략과 학습 방해를 줄이는 전략이 포함된다. '조직화'는 학생들이 환경요인을 통제하도록 돕는 결정적인 전략이다. 일부 학생은 조직화 전략에서 명백한 지시를 필요로 한다. 예를 들어, 벤치마크 스쿨의 교사가 처음 중학생에게 필요한 전략 목록을 만들었을 때, 조직화가 간과되었다. 그러나 교사는 학생들이 공책과 필기자료, 유인물을 조직화하는 법을 배울 필요가 있다는 것을 발견하였다. 새 학년 초기에 몇 번의 수업 시간이 조직화하는 법에 할애되었지만, 1달 정도 후에 '복습과정'이 필요한 것으로 보였다. 조직화를 가르치기 위한 교사의 구체적인 설명은 Gaskins와 Elliot(1991)에서 찾아볼 수 있다.

일본의 초등학교에서는 조직화 전략을 일찍부터 가르쳤다(Peak, 1993). 1학년의 첫 몇 주 동안 학생들은 공부하기 위해 스스로 준비해야 하는 일련의 단계를 배웠다. 예를 들어, 그들은 먼저 책상에 자료들을 배치하는 법을 배우고 그런 다음 자료를 배치하는 것을 연습한다. 그들은 또한 다음 날 아침 등교를 위해 책가방과 필요한 준비물을 확실하게 챙기기 위해 집에서 저녁에 해야 하는 일련의 과정을 배운다.

공부장소의 관리는 집중할 수 있는 장소 정하기를 필요로 한다. 자기조절을 잘하는 고등학생의 한 가지 특징은 자신이 공부하는 물리적 환경을 관리하는 것이었다 (예, "주의를 분산시키는 모든 것으로부터 나를 분리하기": Zimmerman & Martinez-Pons, 1986, p. 618). 교사는 학생들에게 가정과 교실에서의 학습 환경에 대해 논의한 후 그것에 대한 점검표를 만들도록 할 수 있다. 그런 다음 자신의 개인적 환경이 이상적인 환경목록(master list)과 어떻게 다른가를 평가하도록 할 수 있다.

📎 교실 맥락에서의 자기조절

자기조절 전략은 교육과 경험, 학생 자신의 창조를 통해 학습된다(Paris et al., 2001). 교사는 학생들이 자기조절 전략을 습득하도록 도와주는 데 있어 중요한 역할을 한다. Boekaerts와 Niemivirta(2000)는 학생이 학습활동에 참여하도록 동기를 부여하는 것이 교사의 역할이라고 많은 학생들이 믿는 것이 자기조절학습의 장애물이 된다고 경고했다. 그렇다고 해도 교사는 자기조절 전략이 학교 안과 밖에서 유용하다는 것을 학생들에게 확신시켜야 하고, 그런 다음 필요할 때 그들에게 전략을 가르쳐야만 한다.

여기에서는 자기조절 기술을 발달시킬 기회가 제공되도록 환경을 만들고 자기조절 학습자가 되는 법에 대한 분명한 교육을 제공하는, (초등학교 수준과 중고등학교 수준에서의) 2가지 교실 개입을 설명할 것이다. 이 2가지 개입은 교사와 연구자들이 협력하여 내용을 구성한 것이다. 세 번째 개입은 자기조절 학습자로서 교사의 역할을 설명한다.

초등학교 교실 맥락

N. E. Perry(1998)는 처음으로 초등학교 2학년과 3학년에서 자기조절을 잘하는 학생과 잘하지 못하는 학생 간의 차이를 확인하였다. 자기조절을 잘하는 학생이 사용한 전략은 의미망 구성을 통한 작문 계획하기, 자기점검, 자기수정, 자기평가, 어려운 과제의 경우 도움 요청하기였다. 이와 대조적으로, 자기조절을 잘 못하는 학생들은 방어적 행동과 자기결손(self-handicapping)의 특징을 보였다. 이후 N. E. Perry와 VandeKamp(2000)는 교사와 협력해서 초등학교 2학년과

3학년을 위한, 자기조절학습을 지원하는 교실 환경을 만들어 냈다. 그 특징은 다음과 같다.

- 읽어야 할 것을 선택할 수 있으며, 복잡하지만 수정 가능한 읽기와 쓰기 활동
- 교사의 지원을 받아 읽어야 할 것을 선택할 것
- 도전은 학습에서 중요하며 실수를 통해 배울 수 있다는 믿음과 함께, 최적의 난이도를 제공하는 과제를 선택할 것

결과는 학생의 자기조절학습에 긍정적인 효과를 보여 주었다. 학생들은 읽기에 대해 높은 수준의 자기효능감을 가졌고, 읽기와 쓰기에서 효과적인 전략을 사용할 수 있었다.

중고등학교 교실 맥락

Randi와 Corno는 라틴어 수업 자료를 통해 자기조절학습을 촉진하기 위한 교실 환경을 만들어 내었다(Corno & Randi, 1999; Randi & Corno, 2000). 이것은 두 수준에서 수행되었다.

- 인문학에서 다루는 자기신뢰와 독립성이라는 오래된 주제를 학생들과 탐색하였다. 자기지시적인 학습자의 개인적 성향과 특징의 예를 보여 주기 위해, 등장인물이 탐구와 끈기, 회복탄력성, 용기와 같은 특징을 보여 주는 문헌을 선택하였다. 한 예로 주인공이 보여 주는 로마인의 3가지 특성(충성심, 목적성, 인내력)을 상징화한 상상의 인물을 학생들이 만들어 낼 수 있도록 하기 위해, Virgil의 Aeneid(역자 주: Aeneas의 유랑을 읊은 서사시) 이야기를 사용하였다.
- 학습자로서 어떻게 성공할 수 있는가에 대한 분명한 교육을 학생들에게 제공하였다(예, 계획 세우기와 점검하기, 자원관리, 도움 구하기, 숙제 파트너, 자기평가). 도전은 점차로 증가되었지만, 성적의 중요성은 최소화되었다.

전략에는 〈표 5-1〉에 제시된 외현적 및 내현적 전략이 포함되었다. 결과는 학생들이 에세이 작문에서 자기관리 전략을 이해했음을 보여 주었다.

체육 수업

Alderman(1985)은 고등학교 3학년생들을 체육 과목 기말고사에 준비시키기 위해 자기조절의 구성요소를 사용하였다(〈예시 5-2〉 참조).

예시 5-2 체육 수업: 자기조절의 구조

수업 첫날
• 자기평가와 목표설정: 학생들은 건강/체력, 유능감 수준, 다양한 활동에 대한 관심에 대한 자기평가를 완성하고, 금년 목표를 세웠다.

첫 9주 평가기간
• 매주 자가검사 및 기록하기: 학생들은 피트니스 센터에서 자가검사(self-test)를 실시하고 팀 노트에 점수를 기록하였다.
• 기말고사에 대한 목표: 이 목표는 자가검사에서 얻은 피드백에 기초한다. 학생들에게 현실적인 유산소 운동 목표를 세우도록 하였다. 선택안에는 조깅이나 걷기, 줄넘기가 포함되었다. 교사는 목표에 대해 논의하기 위해 각 학생들과 만났다.

두 번째 9주 기간
• 연습 스케줄: 학생들은 1주일에 세 번씩 연습하였고 개인기록 카드에 연습한 것을 기록하였다.

마지막 평가
• 자기평가: 학생들은 "목표를 설정하고 그것을 달성하는 것을 학습하였다."와 같은 코멘트로 자신의 학습에 대해 평가하였다.

출처: Alderman(1985)에서 수정함.

자기조절 학습자로서의 예비교사

Randi(2004)는 자기조절학습이 학생들에게 중요하다면, 그것은 교사들에게도 적용된다고 주장하였다. 왜냐하면 교사의 역할이 자기조절 전략을 가지고 학생들을 도와주는 것이기 때문이다. 교사는 스스로 전략을 사용할 수 있지만, 그것을 학생들에게 설명하지는 않는다. Randi는 한 교사교육 프로그램에서 자기조절 학습자로서 예비교사를 준비시키기 위한 접근방법을 개발하였다.

프로그램의 한 부분에서, 예비교사는 읽기와 쓰기를 통합하는 문헌 기반의 수업 단원을 개발하였다. 문헌에서 등장인물의 특성은 자기조절학습, 특히 의지력을 촉진하기 위해 강조되었다. 예를 들어, 초등학교 5학년을 위한 한 수업은 생존의 주제를 다루기 위해, Gary Paulsen(1999)의 『북아메리카 원주민의 도끼(Hatchet)』라는 책을 사용하였다. 학생들은 주인공의 생존할 수 있었던 특성을 확인하였고 그것을 자신의 삶에 적용하였다.

교사가 자신의 자기조절 전략을 학생들에게 분명하게 설명하는 것이 중요한 단계가 될 것이다. 또한 교사에게는 자기조절의 구성요소를 자신의 수업 내용에서 통합할 수 있는 많은 기회가 있다.

실패 적응을 위한 자기조절과 회복탄력성

자기조절 능력의 가장 중요한 측면 중 하나는 실패를 다루고 좌절에도 불구하고 회복탄력성을 확립하는 잠재력이다. Bandura(1997)는 목표와 과제로 나아가는 경로가 장애물로 가로막힐 가능성이 있다고 하였다. 결정적인 것은 실패나 실망이 아닌 좌절에 대한 반응이다. 실패는 학교의 일부이다. 그 예로는 시험에 낙제하는 것, 졸업식에서 고별사를 읽는 학생이 되지 못하는 것, 음악 콩쿠르에 나가지 못하는 것, 선발 팀이나 훈련 팀에 들지 못하는 것, 미술 작품에 대해 비판받는 것, 학생위원회 대표로 선출되지 못하는 것, 읽기 시간이 지난 후에도 이해하지 못하는 것 등이 있다. 학생의 실패(예, 처음 B를 받음)는 교사의 시각에서는 작은 것일지 모르지만, 학생의 시각에서는 위기일 수 있다.

학생이 자신감을 발달시키고 유지하도록 돕는 것의 중요성이 더욱 부각되는 이유는 기준과 고부담 시험에 대한 강조로 인해 학생들이 받는 압력의 증가와 관련이 있다(Stiggins, 1999). 2장에서 기술한 것처럼, 좌절이 발생할 때 어떤 사람들은 노력을 그만두고 목표를 조기에 포기하는 반면, 다른 사람들은 더욱 효과적인 전략을 찾고 더 열심히 노력한다. 주의 깊게 노력하는 식으로 반응하는 학생들은 분투를 계속할 것이다(Boekaerts & Niemivirta, 2000). 교사의 한 가지 중요한 역할은 학생들이 실패를 다루기 위해 적응적인 전략을 발달시키도록 돕는 것이다. 이런 전략들은 어떤 것인가?

Bandura(1997)는 개인의 효능감에 대한 낙관적인 신념이 좌절을 다루는 데 필수적이라고 주장하였다. 이것은 성공과 실패에 대한 적응적 귀인, 즉 능력과 지능에 대한 학습목표 관점, 장애물을 극복하려는 의지적 전략, 긍정적인 혼잣말, 중요한 인물로부터의 지지 등과 관련된다. Rohrkemper와 Corno(1988)는 "학생들이 학습 스트레스를 받지 않도록 막아 주기보다, 우리는 그들에게 학습 스트레스에 적응적으로 반응하고 그것으로부터 배우는 법을 가르치는 것을 추구한다." (p. 311)라고 주장했다.

앞에 기술되었던 자기조절 능력은 마술적인 것이 아니며, 단지 학교에 출석한다고 해서 학습되는 것도 아니다. 이러한 능력을 갖지 못한 학생들의 예가 이 장과 이전 장에서 제시되었다.

- 목표와 학습전략, 협동학습을 위한 사회적 기술을 가지지 못한 포스터 선생의 중학교 3학년 학생
- 주의가 산만하고 과제에 집중하지 못하는 초등학교 1학년 학생인 안젤라
- 의지적 전략이 부족한 일반 대학생

안젤라와 같은 학생들을 위한 자기조절 전략은 저학년에서부터 시작될 필요가

있다. 개입이 없었다면, 안젤라의 주의산만과 위축된 행동, 방해 행동은 계속되었을 가능성이 높고 점차로 안젤라가 학습에 참여하는 것은 어렵게 되었을 것이다(Finn, Pannozzo, & Voekle, 1995). 자기조절의 3가지 구성요소가 특히 중요한데, 이것들은 어렸을 때부터 집중해야 하는 요소들로, 자기통제 과정, 개인적 통제에 대한 신념, 희망하는 미래 목표를 말한다(Borkowski & Thorpe, 1994).

이러한 개인적 능력을 발달시킨 학생들 또한 제시되었다.

- 주의집중을 잘하고 무엇을 해야 하는지 독립적으로 생각해 내는 초등학교 1학년생 앨버트
- 대학 입학의 비전을 가지고 꼭 해내겠다는 결심을 한 릴리아
- 자기조절 전략을 가진 대도시 중심 지역의 학생들

‖ 생각해 보기 ‖ 당신 자신의 자기조절 전략의 목록을 만들어 보라. 당신의 수업에서 자기조절 학습자의 특성을 기술하거나 떠올려 보라.

자기조절의 능력은 고성취 학생이나 저성취 학생 모두에게 필요하다. 자기조절 능력을 가진 학생들은 회복탄력성의 토대를 가질 수 있다. 회복탄력성이 있는 학생은 목적과 미래 계획 세우기, 지지를 얻을 수 있도록 하는 사회적 기술과 도움 구하기 기술, 독립적으로 행동할 수 있는 능력과 같은 특성들을 가지고 있다(Benard, 1993). 학교의 역할은 회복탄력성을 촉진하는 요인들을 구비한 질적 환경을 확립하는 것이다(Benard, 2004). 이런 요인들은 (1) 배려하고 지지적인 관계, (2) 높은 기대, (3) 학교에 참여할 기회이다. Benard(2004)에 의하면, 핵심 요인은 "학교에서 만나는 사람과 조건에 의해 타고난 회복탄력성이 꺾이는 것이 아니라 오히려 촉진된 학생들로 학교가 구성되는 것"이다(p. 86).

교사들은 학생의 (1) 지적 기술, (2) 자기평가, (3) 대인관계 기술, (4) 활동 수준, (5) 자기효능감과 희망에 직접 관여함으로써 이런 능력의 발달에 영향을 줄 수 있다(Reynolds, 1994).

🖇️ 결론

유능감 발달과 동기부여를 위해 학생들에게 반응적인 환경이 주어져야 하지만, 개인의 주체적 신념(agency belief)이 자주 더 기본적인 것이 된다(Ford, 1995). 이 장에서 우리는 이 2가지를 다 하고자 시도한 개입을 보았다. 이러한 개인적 능력의 발달을 지원하는 교실의 분위기와 교육은 7장과 8장에서 제시될 것이다.

🖇️ 주요 내용의 개관

1. 자기조절은 초인지적, 동기적, 행동적 참여를 통해 스스로 하는 학습을 일컫는다. 자기조절은 순환적으로 움직이는 세 단계—사전의 고려사항과 의지적 통제, 자기성찰—로 구성된다.

2. 가능한 자기에 대한 비전(자신과 미래에 대해 어떻게 생각하는가)은 자기조절을 발달시키는 첫 번째 단계이다. 동기적으로, 가능한 자기들은 미래 행동에 대한 유인가로 작용하며, 가능한 자기들의 부재는 심각한 동기 문제로 간주된다. 가능한 자기들의 발달은 사회적 환경과 귀인, 자기효능감 신념을 기반으로 한다. 학생들이 가능한 자기들이나 미래에 대한 비전을 발달시키도록 돕는 개입들이 초등학교와 중고등학교 수준에서 개발되었다.

3. 의지, 즉 "잠재적인 방해요소에도 불구하고 목표를 향한 초점과 노력을 유지하려는 경향성"은 목표를 보호하기 때문에 자기조절에서 중요하다(Corno, 1993, p. 29). 학생들은 숙제와 같은 많은 의지적 도전을 만난다. 이러한 도전을 극복하는 것은 학생들이 장애물을 다루는 것에 달려 있다. 의지적 통제전략은 자기패배적인 사고를 통제하기 위해 내현적으로 사용되며, 환경을 통제함으로써 자기를 통제하기 위해서는 내현적인 방법과 외현적인 방법이 사용된다. 초등학교 1학년부터 일반 대학생 수준에 이르는 광범위한

학생들이 의지적 전략을 습득하도록 돕는 개입들이 개발되었다.

4. 자기조절 학습자는 학습전략과 초인지 전략을 가지고 있다. 학습전략은 시연과 같은 단순한 전략에서부터 깊은 수준의 처리에 필수적인 정교화에 이르기까지 폭이 넓다. 초인지 전략은 개인의 지식과 전략(기억에 대한 지식과 믿음, 그리고 기억이 어떻게 작동하는가에 대한 지식과 믿음), 과제(과제 난이도에 대한 평가), 전략(다른 유형의 과제에는 어떤 전략이 최선일 것인가에 대한 결정)을 포함한다.

5. 자기조절 학습자는 행동과 생각을 다루기 위해 자기지시와 자기점검을 사용한다. 자기지시는 우리가 자신의 행동을 안내하기 위해 스스로에게 말할 때 사용되며, 내현적(예, 자신에게 속으로 이야기하는 것) 혹은 외현적(예, 소리 내어 말하는 것)일 수 있다. 자기지시적 말하기의 6가지 형태는 학생들이 과제를 이해하고, 과제를 완수하기 위한 전략을 만들어 내고, 과정을 평가하도록 도울 수 있다. 자기지시는 긍정적인 교실 행동, 작문기술, 문제해결 등 다양한 목표에 사용되었다. 자기지시는 특히 학습장애 학생이 학업적 유능감을 발달시키도록 돕는 데 유용하다. 자기지시 훈련은 전형적으로 교사의 모델링으로 시작되며, 학생의 연습으로 이어진다.

6. 자기점검은 과정과 결과에 대한 관찰과 평가이다. 자기점검은 자기기록과 자기평가라는 2가지 구성요소를 포함한다. 자기지시는 학생에게 과제집중 행동과 같은 특정 행동, 혹은 귀인사고와 같은 과정에 선택적으로 주의를 기울일 것을 요구한다.

7. 자기조절 학습자는 목표를 달성하기 위해 시간과 환경적 자원을 관리한다. 학생들은 동기부여를 받더라도 시간을 조절하는 데 실패할 수 있다. 학생들에게 시간 계획하기 전략을 훈련할 때 그들에게 자신의 시간 사용을 깨닫고 시간 사용을 계획하고 시간 사용의 우선순위를 정하는 전략을 개발하도록 돕는 것이 필요하다.

8. 환경적 통제는 학습 방해요소를 줄이는 전략뿐만 아니라 학습 장소, 소음 수준, 적절한 자료 그리고 사람들과 관련이 있다. 조직화는 학생들이 환경적

요인을 통제하도록 돕는 핵심 전략이다.

9. 초등학생과 중고등학생 그리고 예비교사의 자기조절을 발달시키기 위한 교실 접근방법이 개발되었다. 학생들을 위한 자기조절 전략은 자기통제 과정, 개인적 통제에 대한 신념, 희망하는 미래 목표와 함께 저학년에서부터 교육할 필요가 있다. 이러한 개인적 능력을 가진 학생들은 회복탄력성의 기반을 가질 것이다. 회복탄력성이 있는 학생은 목적의식과 미래 계획하기, 지원을 받을 수 있도록 하는 사회적 기술 및 도움 구하기 기술, 독립적으로 행동하는 능력과 같은 특성들을 가지고 있다.

동기 의 도구상자

1. 생각해 보아야 할 중요한 점과 궁금한 질문은?

2. 내가 지금 활용할 수 있는 전략은?

3. 이후로 발전시키기를 원하는 전략은?

학업관여와 동기화를
최적화하기 위한 교실 분위기

제3부는 동기과정에서 교실 장면으로 옮겨 간다. 학생들이 참여하는 교실은 저절로 만들어지는 것이 아니라 학생과 교사, 교과내용 간의 상호작용의 결과이다. 다음의 6장부터 9장까지는 교사의 기대와 자신감, 교실 내 사회적 분위기, 참여에 영향을 주는 교수요인에 초점을 맞춘다.

여러 다양한 장면에서도 잘 가르칠 수 있다는 잠재적 효율성에 대한 교사의 신념과 다양한 학생의 능력에 대한 교사의 기대는 학생의 성취에 강력한 영향을 미치는 것으로 알려져 있다. 그 기본요소는 다양한 문화에서 온 학생들이 학교와 교실에서 소속감을 경험하는 것이다. 교사에게 도전이 되는 것은 최적화된 공부 환경을 만들고 개인적 책임을 발달시키며 모든 학생들에게 안정감을 제공하는 것이다. 과제, 유인가(incentives) 그리고 평가는 수업의 초점이 되는 요인들이며 서로 연계되어 있다.

제6장

교사동기: 기대와 효능감

> 빈곤율이 높은 중학교에서 언어 과목 교사로 일하고 있는 베일리는 "학생들이 사회경제적 수준과 상관없이 교실에 들어올 때보다는 교실에서 나갈 때 더 나아져 있기를 바란다……. 나는 그들이 그렇게 되도록 하기 위하여 여러 방법들을 제공하려고 노력한다. 나는 내가 미국의 대통령을 가르치고 있다고 생각하며 모든 학생을 가르친다……. 우리 학생들의 반수 이상이 위험에 처해 있다면 우리 모두 위험에 처해 있다."고 믿는다.
>
> – Rust(1992, pp. 1G, 6G)

　최근에 많은 교육자들이 '모든 학생은 성공할 수 있다(혹은 배울 수 있다).'와 같은 믿음을 지지하고 있다. 이러한 진술이 실제적 측면에서 정말 의미하는 것은 무엇인가? 학생들에 대한 교사의 믿음과 학생들을 가르치는 능력이 교사의 교수 실제와 학생의 동기 및 학업성취에 어떤 영향을 미치는가? 이 장은 교사의 자신감을 반영하는 2가지 영역인 교사기대와 교사효능감에 초점을 맞춘다. **교사기대**는 학생의 학습 능력에 대한 교사의 믿음을 의미하며, **교사효능감**은 자신이 가르치는 것이 얼마나 효과적으로 학생의 학업성취를 가져올 수 있을 것인가에 대한 자신감을 일컫는다.

 교사기대

　Robert Rosenthal과 Lenore Jacobson(1968)이 그들의 저서 『교실에서의 피그말리온 효과(*Pygmalion in the Classroom*)』를 출판한 이래, 교사기대와 자기충

족적 예언은 매우 큰 관심을 끌었지만 논란도 있었다. Rosenthal과 Jacobson의 연구는 교사기대를 조작하여 이러한 조작이 학생의 학업성취에 영향을 미치는지를 보았다. 학생들은 일반 학업성취 시험을 치른 것이지만 교사들은 그 시험이 1년 동안 학업성취력이 높아질 가능성이 있는 학생들을 찾기 위한 시험이었다는 말을 듣게 된다. 학업성취력이 높아질 가능성이 있다고 지목된 학생들은 사실 무작위로 선정되었으며 점수에 따라 선발된 것이 아니었다. 이 학생들은 학년말 학업성취력 점수에서 실제로 좋은 점수를 받았다. Rosental과 Jacobson는 이러한 학업성취력을 자기충족적 예언으로 설명하였다. "자기충족적 예언은 본래 잘못된 기대였지만 그 기대대로 이루어지게끔 하는 행동을 이끌 때 일어난다."(Good & Brophy, 1994, 1984) 이러한 해석은 학생들이 성취력검사에서 받은 점수는 교사가 학생에게 둔 기대의 결과였다는 것을 의미하였다. 후속 연구에서는 Rosental과 Jacobson의 연구와 같은 결과를 발견하지 못하게 되어 이 연구에 대한 비판이 있었다(Claiborn, 1989). 또한 Rosental과 Jacobson의 연구는 교실 관찰을 포함하지 않았기 때문에 후속 연구는 교사의 기대가 그들의 교수법에 어떤 영향을 주었는지를 확인하기 위해 수행되었다.

교사기대와 교사기대 효과

Good과 Brophy(1994)는 교사기대와 교사기대 효과를 구별하였다. **교사기대**는 "교사들이 현재 학생들에 대해 알고 있는 것에 근거해서 학생의 미래 학업성취에 대해 만드는 추론"으로 정의되고 있다(Good & Brophy, 2003, p. 67). 교사기대 효과는 "교사들이 자신의 기대에 반응하여 하게 되는 행동 때문에 나타나는 학생의 결과에 미치는 효과"(p. 67)로 정의된다. 교사기대는 긍정적이거나 부정적인 효과를 가져올 수 있다. 교사기대 효과의 2가지 유형은 자기충족적 예언효과와 지속적인 기대효과로 알려져 왔다(Cooper & Good, 1983; Good & Brophy, 1994).

자기충족적 예언효과 | 자기충족적 예언효과는 교사가 학년 초에 학생들에게

다른 기대를 가지고 다른 결과를 내는 다른 교수법을 사용할 때 일어난다. Good
과 Brophy(1994)는 그 과정을 다음과 같이 기술하였다.

1. 교사는 학생 특성에 기초해서 학생에 따라 다른 기대를 갖게 된다.
2. 이러한 다른 기대 때문에, 교사는 학생들에 따라 다르게 행동한다.
3. 교사의 행동은 교사가 학생에게 기대하는 행동과 성취 수준이 어떠한지 학
   생들에게 말해 준다.
4. 이러한 교사의 행동이 계속된다면 그리고 학생이 이를 어떤 방식으로든 거
   부하거나 바꾸지 않는다면, 학생들의 포부 수준이나 자기효능감과 같은 동
   기 패턴이 영향을 받게 된다.
5. 시간이 지남에 따라 학생의 성취와 행동은 점차 초반에 그들에게 기대되었
   던 것에 더욱 가까워진다. 즉, 고성취자는 계속 성취해 가는 반면, 저성취자
   는 덜 성취하게 된다.

교사들이 학생에 따라 다른 기대를 가진다는 사실 그것 자체로는 자기충족적
예언을 이끌어 내지 못한다. Good과 Brophy에 따르면, 이러한 요소들 중 하나
라도 빠지면 차별화된 효과가 나타나지 않을 수 있다. 게다가 교사기대 효과는
가정의 영향에 따라 달라질 수 있다(Alvidrez & R. S. Weinstein, 1999).

지속적인 기대효과 | 지속적인 기대효과는 교사가 학생에 대해 특정한 기대를
가지고 학생의 행동이 달라졌음에도 불구하고 학생에게 같은 방식으로 계속적으
로 반응할 때 일어난다. 이러한 반응은 학생의 행동을 유지시킨다. 예를 들면, 어
떤 학생이 나쁜 행동을 했던 적이 있지만 그 학생이 바람직하게 행동하기 시작한
다고 해 보자. 그 변화를 교사가 알아차리지 못하고 학생에게 같은 방식으로 계속
반응하게 되면 이는 예전의 행동을 강화하게 된다(Good & Brophy, 2003). 지속적
인 기대효과는 가장 빈번하게 일어나며 초등학생 시기에는 학년이 오를수록 더
강하게 나타난다(Kuglinski & R. S. Weinstein, 2001).

기대가 반드시 지속효과나 자기충족적 효과를 가지는 것은 아니다. Brophy (1985)는 낮은 기대가 긍정적인 결과를 가져올 수도 있는데, 그것은 교사가 학생의 낮은 학업 수행력을 알고 있지만 그것을 받아들이지 않을 때이다. 교사는 학생이 성공할 수 있다고 보는 특별한 준거를 가지고 있을 수 있다. Rose(1995)는 수행력이 낮은 학생들을 알면서도 그것을 받아들이지 않는 교사를 다음과 같이 기술하였다. "교사는 '우리는 우리의 기준을 낮출 수 없다.' 혹은 '이 불쌍한 아이가 해당 학년 수준보다 낮은 수준의 읽기 능력을 보이고 있다. 그러니 초등학교 3~4학년 수준의 읽기 책이 필요하다.' 와 같이 말할 수 있다. 그러나 당신에게 필요한 것은 중학교 2학년 책을 읽게 만드는 것이다."(p. 17).

교사로서 당신은 학생의 행동과 성취 수준을 알게 될 것이지만, 여기서 중요한 것은 그것을 앎으로써 당신이 학생에게 어떻게 반응하고 어떻게 가르칠 것인가이다. 두 명의 1학년 학생의 예를 생각해 보자. 낮은 기대가 높은 수행을 이끈 반면 높은 기대는 낮은 수행을 가져왔다(Goldenberg, 1992). 마르타와 실비아는 낮은 사회경제적 수준의 아이들로 이중언어교육 프로그램에 참여하는 스페인어 사용자들이었다. 두 아이 모두 읽기를 못하는 아이들을 위한 읽기 프로그램에 참여하였다. 마르타와 실비아의 사례를 〈예시 6-1〉에 기술하였다.

예시 6-1 어떻게 낮은 기대가 높은 수행을 가져오고 높은 기대가 낮은 수행을 가져올 수 있는가

마르타: 낮은 기대

마르타의 (담임)교사는 처음에 마르타의 태도, 노력의 부족, 산만함과 부주의함 때문에 마르타가 29명의 학생 중 최하위 5명 안에 속할 것이라고 기대하였다. 마르타의 노력하지 않는 태도는 교사를 언짢게 했고 교사는 마르타를 방과 후에 남겨서 그녀에게 행동과 태도를 바르게 할 필요가 있으며 더 주의하고 잘 정돈할 필요가 있다고 말하였다. 그리고 마르타의 어머니를 만나 마르타에게 한 말과 같은 말을 하고 집에서도 연습할 필요가 있다고 하였다.

마르타는 노력을 하였고 조금씩 진전이 있어 교사는 마르타에 대한 기대를 높여 갔다. 한 달의 방학이 지난 후, 마르타는 더 나아지기 시작했으며 태도와 행동에서 눈에 띌 만한 변화를 보였다. 마르타는 과제에 집중하고 더 자신감이 있어 보였다. 마르타가 좀 뒤처졌을 때 교사는 그것을 일시적인 것이며 그리 심각한 것이 아니라고 보았다. 2월쯤에 교사는 마르타를 '놀라운 아이'라고 불렀고, 4월경에 마르타는 무엇이든 해낼 수 있었다.

마르타의 경우, 교사가 자기충족적 예언효과를 가져오도록 하는 행동을 하는 대신에 학년 초에 마르타의 행동이 변하도록 하는 긍정적이고 중요한 단계를 밟았기 때문에 성공한 것이다.

실비아: 높은 기대

실비아의 담임교사는 초등학교 1학년 읽기성취에서 실비아에게 높은 기대를 걸었다. 1학년 초에 교사는 실비아를 빠릿빠릿한 아이라고 불렀는데 실비아가 손을 번쩍 들고 정답을 잘 맞혔기 때문이다. 그리고 실비아는 숙제를 잊고 안 해 오거나 단어암기 카드도 잊은 적이 없었다. 교사는 실비아의 진전에 만족했고 학년 내내 실비아에게 높은 기대를 하였다.

12월쯤, 교사는 실비아가 대부분의 시간에 멍하게 앉아 있고 전과 같은 학업적 진전이 없다고 말했다. 실비아는 자습용 과제를 마치고 모아 두지 않았고 이것은 실비아의 성취력의 진전을 가로막았다. 실비아는 느렸고 혼자 공부하도록 남겨졌을 때는 과제를 거의 마치지 않아 교사의 기대를 떨어뜨렸다. 실비아가 끝내지 못하는 작업이 점차 늘어나면서 영어 발음은 1학년 수준 밑으로 떨어졌다. 실비아는 이제 잘 읽지 못하는 학생 중 한 명으로 불리게 되었다.

점차, 아이들은 더 긴 과제를 받게 되고 더 잘 완수하도록 기대된다. 그런데 실비아는 점점 갈수록 과제를 마치지 못하게 되었다. 교사는 실비아가 충분히 할 수 있다고 생각했기 때문에 개입할 필요를 깨닫지 못했다. Goldenberg(1992)는 교사가 다음의 내용을 고려해야 한다고 제안하였다.

- 실비아의 과제 분량을 줄이고 실비아에게 어디까지 끝내야 하는지 정확하게 말해 준다.
- 실비아에게 적정한 과제 분량을 주고 스스로 책임감을 갖고 과제를 하도록 하며 점차적으로 과제 분량을 늘린다.

몇 주 후, 실비아의 담임교사는 수업 시간의 65~70% 정도 걸리는 과제도 실비아가 잘 마쳤다고 보고하였다. 실비아는 매일 그녀가 얼마나 많이 끝냈는지를 자랑스럽게 이야기하기 시작했다. 이에 더해서 보조교사는 실비아가 해야 할 일을 다 마치면 좋아하는 활동인 색칠공부를 하도록 허락하였다.

Goldenberg는 초기에 교사가 실비아에게 가졌던 높은 기대 때문에 교사는 실비아를 모니터링하거나 다른 어떠한 조치를 취하지 않더라도 실비아가 잘하게 될 것이라고 가정하였다고 결론지었다.

교사기대의 원천

기대의 잠재적 원천들이 학생들과 상호작용하는 데 영향을 미칠 수 있다는 점을 교사가 깨닫는 것이 중요하다. 교사가 학생들에 대해 형성하는 기대에 어떤 요인들이 영향을 미치는가? 가장 기본적인 원천은 학생 능력에 대한 교사의 인식이다(Alvidrez & R. S. Weinstein, 1999). 이러한 교사의 판단은 실제적인 학생 수행을 기반으로 할 수 있다. 다른 잠재적 원천은 [그림 6-1]과 같다.

원천들이 잠재적인 것이라는 점에 주목하라. 앞서 언급한 것처럼, 차이에 대한 인식이 자동적으로 자기충족적 예언을 가져오는 것이 아니다. 단지 하나의 특성에만 집중한 교사들은 더 낮은 기대를 가지는 경향이 있는 반면, 다차원적 특성을 모두 고려한 교사들은 더 높은 기대감을 보였다(Timperley & Phillips, 2003).

지능의 본질에 대한 믿음은 교사기대와 학교 기대의 강력한 원천이다. 지능의

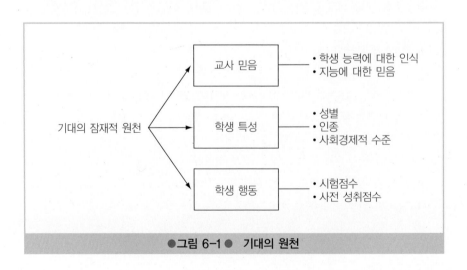

●그림 6-1● **기대의 원천**

2가지 개념인 고정과 증가(Elliott & Dweck, 1988)는 3장에서 제시하였다. 만약 교사들이 지능을 고정되고 안정된 실체(entity)로 본다면 학생들을 똑똑하거나 멍청하거나 둘 중의 하나로 볼 것이다. 그리고 이에 따라 학생들을 가르칠 것이다. 그러나 만약 교사들이 지능이 여러 차원으로 구성되며 증가한다고 믿고 학습전략도 배울 수 있는 것이라고 믿는다면 어떻게 학생들을 가르칠 것인지에 더 많은 관심을 둘 것이다.

　사회경제적 수준(SES)과 인종은 기대의 형성에 어떠한 영향을 미치는가? R. S. Weinstein(2002)은 학교에서 학생들의 다양성이 증가하는 것과 기대효과의 중요성에 주의를 별로 기울이지 않는다는 점을 지적하였다. 또한 연구결과는 교사들이 흑인과 낮은 사회경제적 수준의 학생들의 능력을 과소평가하고 있음을 시사한다(R. S. Weinstein, Gregory, & Strambler, 2004). 사회적 계급과 인종은 교사의 믿음에 영향을 미치기 쉬운 가장 두드러진 2가지 특징으로 선정되었다(Baron, Tom, & Cooper, 1985). 이 2가지 변인은 자주 상호 관련된 것으로 나타나는데, 사회경제적 수준이 낮은 집단이 소수인종에서 잘 나타나기 때문이다. 어린아이들에 대한 기대와 관련된 몇몇 연구 중의 하나는 백인, 흑인, 히스패닉으로 구성된 헤드스타트(역자 주: 미국의 헤드스타트는 취학 전 빈곤아동에게 언어, 정서 등 다방면에 걸친 포괄적 서비스를 제공해 빈곤의 악순환을 끊겠다는 취지로 만들어진 아동 보육 프로그램이다.) 프로그램에 참여한 집단과 참여하지 않은 집단에 대한 교사의 믿음을 조사하여 그들의 믿음이 어떻게 학생들의 시험 수행과 관련되는지를 밝혔다(Wigfield, Galper, Denton, & Sefeldt, 1999). 연구결과에서 교사들은 헤드스타트 참여 집단과 비참여 집단 모두에 대해 긍정적인 믿음을 가지고 있었지만, 백인 아이들이 흑인이나 히스패닉 아이들보다 다음 학년에서 더 잘하게 될 것이라고 평가하였다.

빈곤율이 높은 교실에서는 부정적인 교수 행동이 자주 일어나는 것으로 발견되었다(Shields, 1995). Shields는 일부 교사가 특정 문화나 낮은 소득 집단에서 온 학생들은 극복할 수 없는 유의미한 한계를 지닌다고 믿고 있으며, 이러한 믿음은 교사들이 어떻게 가르칠지에 영향을 미친다는 것을 관찰하였다. 부정적인 교수 활동의 하나의 예를 초등학교 1학년 읽기 수업에서 찾아볼 수 있는데, 학생들의 반 정도는 히스패닉이었고 반은 백인이었다. 낮은 읽기성취 집단은 히스패닉 학생들로 구성되었으며 정규교사가 아니라 보조교사가 그들을 가르쳤다. 이와 같은 부정적 교수실제는 인종이나 사회경제적 수준, 그리고 학생들이 얼마나 성취할 것인가에 대한 부정적인 고정관념에 기초한 것으로 생각되었으며 이는 교수실제에 영향을 미쳤다. Jussim, Eccles와 Madon(1996)은 낮은 사회경제적 수준과 소수인종의 학생들은 더 부정적인 교사기대감에 취약한 것으로 결론지었다.

어떻게 교사는 학생에게 기대감을 전달하는가

기대는 여러 교수실제에 의해 학생에게 전달된다. 〈표 6-1〉은 Good과 R. Weinstein(1986)이 정리 및 요약한 것으로 여러 다른 기대목록을 제시하고 있으며 선정된 예는 매우 세부적으로 기술하였다.

질문전략 ㅣ 교사들은 많은 능력을 지녔다고 생각되는 학생들과 비교해서 적은 능력을 지녔다고 생각되는 학생들에게 다른 질문전략을 사용할 수 있다(예, Allington, 1980). 전형적으로는 낮은 능력의 학생들은 이름이 더 적게 불리고 대답할 시간도 적게 주어진다(Good & Brophy, 2003). 교사들은 낮은 능력의 학생들에게 정답을 쉽게 말해 주고, 이 아이들이 반응하도록 하기 위해 질문을 반복하거나 힌트를 주기보다는 다른 학생을 지목하게 된다. 또한 낮은 능력의 학생들에게는 높은 수준의 이해력과 관련된 질문을 덜 하게 된다. 이와 같은 질문전략은 그 학생들이 낮은 능력의 학생들이라는 것을 알릴 뿐 아니라, 낮은 성취를 보이는 학생들에게 높은 수준의 이해 기술을 발달시킬 수 있는 기회를 앗아 갈 수 있다.

●표 6-1● 교사가 학생들에게 차별적인 기대를 전달하는 다양한 예

	능력이 많다고 인식된 학생들	능력이 적다고 인식된 학생들
과제 환경 커리큘럼, 절차, 과제 정의, 진도, 환경의 질	중요한 과제를 공식적으로 수행하도록 더 많은 기회를 줌	공식적으로 과제를 수행할 기회를 적게 주는데, 특히 중요한 과제에서 그러함(이야기의 결말을 구상하기 VS. 단어를 정확하게 발음하기)
	생각할 기회를 더 많이 줌	생각하고 분석할 기회를 적게 줌(왜냐하면 수업에서 목표로 하는 연습할 것이 너무 많음)
모둠활동	(상위 능력 집단에는) 종합력과 이해력을 다루는 과제를 더 많이 줌	교과 내용과 관련된 과제는 덜 선택하고 연습 과제를 할 기회를 더 줌
배움에 대한 책임감의 소재	더 많은 자율성을 줌(과제를 선택하도록 하고 덜 간섭함)	자율성을 더 적게 줌(교사의 잦은 모니터링, 잦은 간섭)
피드백과 평가 실제 동기전략	자기평가의 기회를 더 많이 줌. 더 정직하고 바로 수반되는 피드백	자기평가의 기회가 적음. 덜 정직하고 불필요한 피드백/바로 수반되는 피드백 적음
교사와의 관계성의 질	고유한 관심과 요구를 지닌 개체로서 학습자를 더 존중함	고유한 관심과 요구를 지닌 개체로서 학습자를 덜 존중함

출처: Good, T. L. & Weinstein, R. (1986). "Teacher Expectations: A Framework for Exploring Classrooms." In K. K. Zumwalt (Ed.), *Improving Teaching* (The 1986 ASCD Yearbook) (pp. 63-85). Alexandria, VA: ASCD. 허락받고 실음.

모둠활동 │ 모둠활동의 효과는 읽기 집단과 같이 개별 교실에서 일어날 수 있으며 성취 수준에 따라 반을 구성하는 학교 수준에서도 나타날 수 있다. 많은 연구에서 (특정) 모둠활동의 부정적 효과를 보고하고 있지만 긍정적 효과도 보고되고 있다. 집단 과제는 학생들의 성취에 대한 교사의 기대를 전달하는 첫 번째 요소가 될 수 있다(R. S. Weinstein, 1993). 이러한 기대는 교사가 고안하거나 선택한 커리큘럼, 교재, 교수실제에 의해 전달될 것이다. 모둠활동이 학업성취에 미치는 영향에 대한 증거는 무엇인가?

집단배치는 직간접적으로 학생에게 기대를 전달할 수 있다(R. S. Weinstein, 1993). 높은 능력 집단과 낮은 능력 집단에게 다른 읽기 집단 과제를 내주는 것은

교사의 기대를 직접적으로 전달하게 된다. 예를 들어, Good과 Marshall(1984)은 낮은 능력 집단은 불충분한 지시를 받아서 반복적인 연습에 많은 시간을 보냈다는 것을 발견하였다. 낮은 기대를 전달하는 간접적인 방법은 낮은 읽기 집단을 구분 짓기 위해 '특별 관리 학생(special readers)' 과 같은 낙인을 사용하는 것이다.

학생이 능력에 따라 다른 교실로 분리되었을 때 바람직하지 않은 자기충족적 예언효과가 나타나게 된다(Brophy, 1985). 성취력에 따라 다른 수업을 받았던 우수/비우수 학급에서 이런 교수실제를 보였다. 모든 경우에, 낮은 능력 학급은 높은 능력 학급보다 학습할 기회가 적은 것으로 나타났다. 차별적 교수의 예는 다음과 같다.

- 비우수 학급의 교사들은 학습목표에 대하여 분명하지 않은 경향성이 있으며 학생의 관심과 배경을 수업자료와 연관시키려고 하지 않는다. 학생에게 자율성을 덜 부여하였고 수업자료를 소개하는 데 있어 분명하지 않다(Evertson, 1982).
- 비우수 학급에게는 더 쉬운 주제와 기술을 가르쳐 주는데, 특히 높은 수준의 사고력을 포함하는 주제와 기술은 더 적게 다룬다. 비우수 학급은 경험이 적은 교사들이 주로 가르쳤고 덜 활동적이며 자습을 더 많이 하고 수학과 과학 과목에서는 유인물 학습을 주로 하였다(Oakes, 1985).

마찬가지로, 교사들은 그들이 학생을 도우려고 할 때 성취 혹은 성취기대를 낮추는 미묘한 방식을 깨닫는 것이 필요하다. Miller, Leinhardt와 Zigmond (1988)는 교사들이 (학업적) 위험(이 경우에는 학습장애)에 처한 학생들을 위해서 교수방법을 어떻게 수정했는지에 대한 연구를 수행하였다. 연구자들은 이 연구를 통해 교사가 (학업적) 위험에 처한 학생들에게는 중간 수준 정도의 참여도 요구하지 않았다는 것을 발견하였다. 역으로, 그러한 교수방법은 학생의 적응적 전략 발달을 억제하였다. (학업적) 위험에 처한 학생들에게 교사들이 보인 교수실제는 다음을 포함하였다.

- 가르치는 내용을 정말로 소화하는 것 없이 정보를 정리해 준다(예, 칠판 내용을 공책에 쓰도록 하거나 칠판에 쓴 내용을 숙제와 시험에 사용함).
- 교사들은 학생들에게 정보처리나 읽기이해 기술을 습득하도록 요구하지 않고 학생들을 위해 교재를 읽거나 주요 정보를 추려 준다.
- 시험문제의 81%를 복습문제 유인물로부터 그대로 옮겨서 시험에 출제한다.

반면, 낮은 수학 성취를 보이는 학생을 우수 학급에 배치하여 긍정적 효과를 얻었다는 연구결과가 있다(Burris, Heubert, & Levin, 2006; Mason, Schroeder, Combs, & Washington, 1992). 두 실험 모두 보다 높은 수준의 교육 내용을 가르치는 중학교 1, 2, 3학년 수업에 학생들을 배치하고(Mason et al., 1992) 기대, 효과적인 교수, 개인 교습 등과 같은 필요한 지원을 해 주었다. 그 결과, 두 실험 모두에서 학생들이 고급수학 과목을 택한 것으로 나타났다.

차별적인 처치에 대한 학생의 인식

학생들은 교실 내 교사들에게서 어느 정도까지 차별적인 대우를 받고 있다고 인식하고 있는가? R. S. Weinstein과 동료들(R. S. Weinstein, 1993; R. S. Weinstein & McKown, 1998)은 교사들의 처우에 대한 학생들의 인식을 조사한 연구들을 개관한 후, 학생들을 언어적인 단서와 비언어적인 단서들을 끌어내는 '섬세한 관찰자'라고 기술하였다. 이 연구를 통해 연구자들은 교사들이 학생들을 다르게 처우하고 있다는 것을 초등학교 1학년부터 6학년까지의 학생들이 모두 인식하고 있다는 사실을 발견하였다. 전형적인 반응은 "가끔 선생님이 다른 학생들에게는 '어머, 읽기를 못하는구나.'라고 말하고 나에게는 '잘했어.'라고 말한다…….. 나는 중간 정도 수준의 학생인 것 같다. 왜냐하면 선생님이 다른 아이들에게 '아주 훌륭해.'라고 말했기 때문이다."와 같은 것이다(R. S. Weinstin, 2002, p. 100). 학생들의 이러한 보고는 낮은 성취자의 경우 (1) 더 부정적인 피드백을 받기 쉽고, (2) 더 많은 규칙과 교사 지시를 받기 쉽고, (3) 더 낮은 기대를 받기 쉬우며, (4) 더 적은 기회와 선택을 가지기 쉽다는 것을 인식하고 있다는 사실을 보여 준다. 학생들은 또한 칭찬의 질이 다르며 정답을 말할 수 있는 기회를 얻을 수 있는 기회의 빈도 또한 다르다는 것을 인식하였다.

공부전략의 가치에 대한 학생들의 인식과 교사가 학생들이 배우기를 원하는 전략에 대한 학생들의 인식 간에 관련이 있음을 발견하였다(Nolen & Haladyna, 1990). 이러한 결과는 학생들은 교사가 자신들에게 독립적으로 생각하고 학습할 수업자료를 완전히 숙달하기를 원한다는 것을 알았을 때 수행목표를 갖기보다 학습목표를 더 갖기 쉬우며, 그래서 학습전략을 사용하는 것에 더 가치를 두게 된다는 사실을 알려 준다. 저자들은 교사의 기대가 학생들이 공부전략을 사용하는 데 영향을 미칠 수 있다고 결론지었다.

R. S. Weinstein과 McKown(1998)은 교사기대를 이해하기 위해서는 교사가 기대하는 것에 대해 학생들이 인식하고 있으며 교사가 학생에 따라 다르게 대우한다는 사실을 학생들이 인식하고 있다는 사실을 인지해야 한다고 결론지었다.

기대 수준

학생의 기대에 더 긍정적인 영향을 미치는 것은 무엇인가? 모든 학생이 도달하도록 기대되는 최소 요건 혹은 누구나 도달할 수 있다고 기대되는 수준은 무엇인가? Brookover 등은 낮은 사회경제적 계층의 흑인과 백인으로 구성된 학교들에서 성취도를 비교하였다(Brookover, Beady, Flood, Schweitzer, & Wisenbaker, 1979). 성취도에 영향을 미치는 가장 중요한 차이는 (1) 교사가 학생에게 두고 있는 기대 수준, (2) 학습되었다는 것을 확신하기까지 교사가 보이는 헌신이다. 더 성공적인 교사는 학생 성취력에 대하여 매우 높은 수준보다는 가장 낮은 수준의 기대를 형성한다. **바닥 수준**(floor level)은 교사가 모든 학생이 성취해야 한다고 기대하는 최소 요건으로, 이 경우 보통은 학년별 평균 성취요구 수준이 된다. 반대로 낮은 성취를 보이는 학교의 교사들은 **천장 수준**(ceiling level)의 기대를 갖는 경

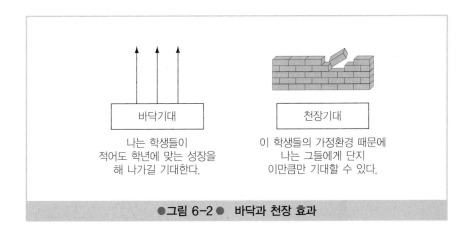

바닥기대
나는 학생들이
적어도 학년에 맞는 성장을
해 나가길 기대한다.

천장기대
이 학생들의 가정환경 때문에
나는 그들에게 단지
이만큼만 기대할 수 있다.

●그림 6-2● 바닥과 천장 효과

향이 있다. 천장 수준은 학습하도록 기대할 수 있는 최대치로 학생의 배경(낮은 사회경제적 수준) 때문에 이 이상 가르치는 것이 시도되지 않는다. 따라서 천장효과는 [그림 6-2]에서 보는 바와 같이 학습에 있어서 상한선으로 작용한다. 높은 성취력을 보이는 학교에서 바닥 수준의 요구조건을 가진 교사는 학업적 기대를 획득하는 데 있어 매우 성공적이었다.

Brookover 등(1979)은 소수인종 학생이나 낮은 사회경제적 수준의 학생들로 구성된 학교들은 교사와 교장선생님에게 낮은 수준의 성취를 수용하도록 하는 경향이 있지만, 이러한 점은 적절한 교수법과 함께 긍정적인 학습 분위기를 창출함에 따라 극복될 수 있다고 결론지었다.

긍정적인 기대를 향하여

긍정적 기대는 학생들의 잠재력을 발전시키는 방향으로 가도록 한다(R. S. Weinstein et al., 2004). 단순히 교사가 "모든 학생은 배울 수 있다."거나 "모두를 위한 성공"과 같은 말을 사용하여 모든 학생에 대한 그들의 기대감이 높다고 말하는 것만으로는 충분하지 않다(Ferguson, 1998; Corbett, Wilson, & Williams, 2002). 그러나 기대와 성취를 높이도록 교사들을 돕는 방법들이 있다.

개개의 학생과 집단에 대하여 낮은 능력, 느림, 결여됨, 가난, 학습장애와 같은 낙인의 사용을 줄이는 것이 시작점이 될 수 있다. 낙인은 학생들의 능력이 변하지 않는다는 것과 능력의 결여를 의미하는데, 이는 학생의 잠재력을 평가절하하고 기대감을 낮출 수 있다(R. S. Weinstein et al., 2004). 학생의 낮은 능력에 집중하는 대신 그 학생은 배울 필요가 있다는 사실에 집중하라. 긍정적인 기대는 "제이슨은 잘 읽지 못하지만 내가 중심내용을 찾고 사전 지식을 떠올리도록 가르치면 이해력이 증가할 것이라는 점을 알고 있다."와 같다.

Wheelock(1992)은 교사들이 긍정적인 기대를 전달할 수 있는 여러 방법을 발견하였다(〈예시 6-2〉 참조). 기대를 전달하는 교수법은 〈전략 6-1〉에 기술하였다.

〈예시 6-3〉은 Isennagle(1993)이 자신이 맡은 초등학교 교실에서 어떻게 기대감을 형성했는지를 기술하고 있다.

예시
6-2   어떻게 교사들이 높은 기대를 전달할 수 있는가?

수업에서 높은 기대를 전달하는 방법은 다음과 같다.

- 수업을 학생들의 사전 지식과 경험에 기초해서 준비한다.
- 학생들이 수업내용을 그들 자신의 지식으로 만들어 가도록 돕는다.
- 수업시간에 단답식의 답보다는 다양한 답이 나오도록 유도한다.
- 수업시간에 비교, 대조, 적응과 같은 사고기술을 요구한다.
- 학습내용 안에 학생들의 문화적 배경을 포함한다.
- 학생들이 여러 다양한 지식을 담고 있는 다양한 활동에 참여하게 한다.
- 학생들이 자발적으로 코멘트를 하든, 하지 않든 간에 모든 학생이 참여하도록 한다.

교사는 학생들에게 높은 기대를 다음과 같은 방법으로 전할 수 있다.

- 팀원들이 모두 함께 노력해야 하는 집단활동을 도입한다.
- 실수를 하는 것은 배움의 일부이며 연습과 집중이 개선을 가져온다는 것을 전달한다.
- 학생들 간에 그리고 학생과 교사들 간에 성숙한 신뢰와 협력의 분위기를 조성한다.
- 교사와 그 외 사람들에게 '보이지 않는' 학생이 없도록 자리를 배치한다.

교실의 환경미화는 높은 기대를 전달할 수 있다.

- 학생들은 학습이 교실에서 과제를 완성하는 것 이상의 것이며 여가 시간도 여전히 학습이 이루어지는 시간이라는 것을 이해하게 된다.
- 학생들은 자신이 배우는 것에 대해 책임이 있음을 강조하는 환경에서 공부하게 된다.
- 교사는 과제에 대한 지시를 반복할 필요성에서 놓여나 학생 지도나 대화에 참여할 수 있게 된다.

교사는 높은 기대를 다음과 같이 전달할 수 있다.

- 학생에게 질문에 답할 충분한 시간을 준다.
- 만약 답이 빨리 나오지 않으면 힌트를 주거나 학생과 함께 풀어 본다.
- 지식을 탐구함에 있어 교사–학생 협력관계를 구축한다.
- 학생이 교사의 역할을 해 보도록 한다.

교실 환경은 높은 기대를 다음과 같이 전달할 수 있다.

- 학교 공부가 단지 다음 학년을 준비하는 것이 아닌, 인생을 준비하는 것임을 알도록 한다.
- 학생들이 자신의 포부를 펼칠 수 있도록 격려하기 위해 미래에 선택할 수 있는 다양한 가능한 일과 관련된 정보와 사진을 제공한다.
- 가능한 한 많은 학생에게 여러 다양한 방법으로 적절한 인식을 갖도록 한다.
- 계속적인 노력이 요구되는 프로젝트를 준다.
- 교실에서 기대되는 것의 모델로 높은 수준의 예시안을 제시한다.

다음의 경우에 교사의 칭찬은 높은 기대를 강화할 수 있다.

- 칭찬은 학생들에게 성취가치에 대한 정보를 주며 그들의 사고와 문제해결 능력에 대해 더 잘 이해하도록 한다.
- 칭찬은 구체적인 성취에 초점을 둔다.
- 칭찬은 진정성이 있고 학생들에게 교사가 그들의 수행에 대해 의미 있게 고려하고 있으며 교사가 칭찬한 말은 진실이라고 확신할 수 있게 한다.

교실은 다음을 통해 높은 기대를 창출할 수 있다.

3부 학업관여와 동기화를 최적화하기 위한 교실 분위기

> - 학교, 학부모, 학생이 한 팀으로 함께 일하는 것을 강조하는 명시적인 지침을 둔다.
> - 자녀의 공부를 감독하고 지원하는 데 부모가 참여한다.
> - 학생의 발전에 대하여 일회적인 통신표를 보내는 것이 아니라 정규적으로 자주 통신문을 통해 부모에게 알려 준다.
> - 부모들 간의 면대면 모임을 정규적으로 갖는다.

출처: Wheelock, A. (1992). *Crossing the Tracks*. New York: New Press. 허락받고 수정함.

 전략 **6-1** **기대를 전달하는 교수법**

다음의 제안은 Brophy(1983), Good과 Brophy(2003), Timberley와 G. Phillips(2003), R. S. Weinstein(2002)에 기초하고 있다.

- 학생들이 지각하고 있는 결핍보다는 배우고 있는 것에 집중한다.
- 기대가 계속적으로 유지되도록 학생의 발전을 모니터한다. 학생이 향상되고 있을 때를 알리고 이에 대해 설명하고 학생의 과거 실패기록을 넘어선 현재의 수행을 강조한다.
- 천장 수준이 아닌 바닥 수준에 기준치를 둔다. 수업이 진행됨에 따라 그들이 얼마나 할 수 있는지에 집중하고 시작할 때 있었던 한계점에 집중하지 않는다.
- 개인적으로 학생들에게 피드백을 줄 때
  - 개인내 비교 기준을 사용한다. 다른 학생들의 수행과 비교하는 기준을 사용하지 않는다.
  - 학생들에게 왜 그들이 성공했는지에 어떻게 개선될 수 있었는지에 대한 정보를 주는 귀인 피드백으로 성공과 실패에 반응한다.
- 학생들이 수업을 이해하지 못했을 때는 다른 교수전략을 사용하고 보충자료를 사용한다.
- 실패로부터 학생들을 보호하거나 감싸기보다는 학생들이 최대한 달성할 수 있도록 도와줌으로써 학생들의 사고를 넓혀 주는 것에 집중한다.
- 자기점검, 자기통제, 도움 구하기 행동과 같은 자기조절학습 전략을 발전시키도록 돕는다.

예시
6-3   초등학교 교실에서 기대감 형성하기

우리 반을 구조화할 때 나는 일일 계획표, 규칙, 교실 활동 등의 실재하는 구조뿐 아니라 사고방식, 정신과 같은 실재하지 않는(보이거나 만질 수 없는) 구조를 만들어 가기 위해 일한다……. 각 학생들의 마음은 배움과 읽기에 대한 열정과 즐거움에 사로잡혀야 한다. 이러한 태도는 매일 키워져야 하는 사고방식이다. 정신을 풍요롭게 하기 위한 시간이 매일의 수업계획에 들어가 있다. 그것은 학생들이 그들을 막고 있는 것이 무엇이라고 믿든 상관없이 그들이 배울 수 있다는 것을 가르치는 것이 중요하다……. 학생들이 배울 수 있다는 것을 학생들이 알도록 가르치는 것은 학업적 정체감을 소명감과 연결시키는 것(짝 짓는 것)을 요구한다. 이것은 내가 학생들을 만나는 첫 순간부터 시작된다.

환영한다. 2001년 졸업반. 그래, 너희는 모두 학습자이고 탐험가이며 미래 고등학교와 대학교의 졸업생들이다. 2001년 6월, 너희는 더 이상 고등학교 2학년이 아니며 대학을 향해 가고 있다. 나는 미국에서 매우 똑똑한 최고의 학생들을 데리고 있다. 너희들 중 어떤 학생도 배울 수 있다. 나와 너희 부모님, 너 자신과 내기를 하고 싶지 않은가? 그리고 네가 할 수 있다는 것은 나도 알고 너도 알고 있기 때문에 할 수 없다고 말하지 말아라. 너는 대학을 졸업할 것이고 세상을 위해 무엇인가 특별한 일을 할 것이다. 너희들은 너희가 할 위대한 일 때문에 나를 유명하게 만들 것이다.

출처: Isennagle(1993, pp. 373-74).

R. S. Weinstein(2002)에 따르면, 개인 기대와 집단 기대는 알려져 있는 것보다 더 강력한 영향력이 있으며 완전히 생태학적이다(학생과 가정, 학교, 교실의 특성 간의 상호관련성). 교사들이 학생들 간의 개인차를 인식하지 못한다는 것은 현실적이지 않다. 중요한 원리는 학생들이 그들의 능력을 발전시키도록 도울 방법을 가지고 가르치는 것이다. 다음 장에서는 교사효능감에 대해서 그리고 기대감이 어떻게 교사 자신감과 여러 형태의 교수 과제를 통해 나타나는지에 대해서 논의할 것이다.

교사효능감

교사효능감은 "교사들이 학생들의 수행에 영향을 미칠 수 있는 능력이 있다고 믿는 정도"를 일컫는다(Ashton, 1984, p. 28). 주어진 상황에서 성공적이 되도록 하기 위하여 필요한 교육을 하는 교사 자신의 능력에 대한 믿음이다(Tschannen-Moran, Woolfolk Hoy, & Hoy, 1998). Rand 회사 연구는 교사들이 다음의 2가지 질문에 스스로 답하도록 함으로써 처음으로 교사효능감을 도입하였다(Armour et al., 1976; Berman, McLaughlin, Bass, Pauly, & Zellman, 1977).

1. "단도직입적으로 말하자면, 교사는 많은 것을 할 수 없다. 왜냐하면 학생의 동기와 수행력은 학생의 가정환경에 따라 달라지기 때문이다."
2. "만약 내가 정말 열심히 노력한다면 가장 어렵고 동기화되지 않은 학생들까지도 시험에 합격하게 할 수 있다."(Berman et al., 1977, pp. 159-160).

Rand 연구결과에 기초하여, 연구자들은 교사의 효능감은 학생의 성취력을 증가시키며 교사의 변화 정도를 예측할 수 있는 가장 좋은 변인 중 하나라고 결론지었다. Ashton과 Webb(1986)은 특히 학습부진아를 가르치는 것에 대한 교사들의 자신감에 초점을 두고 자기효능감에 대한 연구를 계속하였다.

자기효능감과 유사하게, 교사효능감은 두 개의 요소로 이루어져 있다(Ashton & Webb, 1986). 첫 번째는 장애물에도 불구하고 교사가 갖는, 성취할 수 있는 것에 대한 일반적 교수효능감 혹은 신념이다. 이것은 학생이나 과목에 대한 교수 능력에 대한 신념을 언급하며 위의 첫 번째 질문이 이에 해당한다.

개인적 교수효능감은 교사가 개인적으로 학생의 학습에 영향을 줄 수 있는 정도에 대한 판단이다. 이것은 두 번째 질문에 반영되어 있는데 교사의 가르치는 방법과 가장 크게 관련된다. 높은 혹은 낮은 효능감 신념을 보이는 교사들은 초등교사(Brownell & Pajares, 1999), 중등교사(Ashton & Webb, 1986; Warren & Payne,

1997), 특수교사(Podell & Soodak, 1993), 예비교사(Hoy & Woolfolk, 1990), 대학 발달수학을 가르치는 교수(Klein, 1996) 등 모든 학교 수준에서 나타났다. 학생의 학업성취와 동기에 영향을 미치는 높은 혹은 낮은 효능감을 가진 교사들을 구분 짓는 교수 신념과 실제는 효능감에 영향을 미친다. 효능감에 영향을 미치는 요인들은 이 장의 나머지 부분에서 기술된다.

교사효능감과 관련된 신념

높은 효능감을 가진 교사는 낮은 효능감을 가진 교사들과 어떻게 다른가? 그들은 학생의 능력과 학생들을 가르치는 자신들의 능력, 학생들을 가르치는 방법에 대한 신념에 있어 다르다.

지능에 대한 믿음 | 지능의 본질에 대한 믿음은 높은 효능감을 가진 교사와 낮은 효능감을 가진 교사를 완전히 구분 짓는다. 높은 효능감을 갖는 데 가장 큰 방해물 중의 하나는 지능이 고정되어 있고 안정된 능력이라는 믿음이다(Ashton, 1984; Klein, 1996; 3장에 있는 고정이론과 증가이론을 참고하라.). Ashton과 Webb이 기록한 다음의 2가지 진술은 이러한 차이를 예시한다.

• 낮은 효능감을 가진 교사 A: "나는 당신이 아무리 열심히 가르친다 해도 성취력이 낮은 학생들이 기초학습 능력을 획득할 수 있을지 모르겠다. 일부는 미성숙하거나 동기 부족 때문일 수 있으나 나는 그것이 지능과 능력의 문제라고 확신한다."(p. 68)
• 높은 효능감을 가진 교사 B: "나는 어떤 학생이든 포기하는 것은 옳지 않다고 믿는다. 나는 그것이 내가 계속해서 노력해야 하는 이유라고 생각한다. 학생은 한 주 내내 매일 실패할 수 있다. 그러나 나는 그것을 받아들이지 않을 것이다. 대부분의 학생은 어떤 일을 하기 시작하고 결과를 보게 될 것이다. 그들은 수학 천재는 되지 못하겠지만, 교실을 떠나기 전에 무엇인가 할 수 있

게 될 것이다."(p. 72)

교사 B와 같이 높은 수준의 개인적 교수효능감을 가진 교사들은 모든 학생이 배울 수 있다고 믿고, 교사 A와 같이 낮은 효능감을 가진 교사들보다 책임감을 갖기 쉽다. 낮은 효능감을 가진 교사들은 낮은 지능을 가졌다고 여겨지는 학생들을 가르치려고 시도하는 것은 희망이 없다고 믿기 쉽다. 그러나 "효능감은 일이 잘 안 풀릴 때 인내하도록 하며 문제에 직면해서 다시 회복하게 하는 회복탄력성에 영향을 미친다"(Tschannen-Moran et al., 1998, p. 223).

학생의 문화와 인종에 대한 믿음 | 교사의 효능감과 학생의 문화 간의 관계에 대한 연구는 거의 없지만 학생의 인종은 효능감에 영향을 미치는 요인일 수 있다. 한 연구는 흑인 학생들을 가르치는 데 있어 예비교사와 일반교사의 효능감을 비교하였다(Pang & Sablan, 1998). 일반교사들에 비해 예비교사들이 더 강한 효능감을 나타냈지만, 전체적으로 교사들은 흑인 학생들을 가르치는 자신의 능력에 대한 확신이 없었다. 백인 학생들이 주류인 학교의 경우, 교사들이 흑인 학생들과 문화에 대해 잘 알지 못하였다는 중요한 연구결과가 나왔다. 저자는 이것이 교사의 낮은 효능감에 기여하는 하나의 요인이라고 믿고 있다.

Irvine(1999)은 "가난한 유색인종 아이들이 학교에서 성공할 수 없는 이유에 대한 설명이 효능감과 기관(학교)의 역할을 최소화하고 있다."(p. 245)고 주장하였다. 높은 효능감 신념을 가지고 있는 흑인 교사는 "학생들이 목표를 설정한다면 성공할 수 있다는 것을 알아야 하고 그 목표를 달성하도록 돕는 것이 바로 나의 일이다."라고 표현하였다(G. H. Lee, 2002, p. 73). Irvine은 교사에게 가난한 유색인종 학생들을 가르칠 수 있는 자신의 능력에 대한 믿음과 도전적이고 효과적인 교수기술이 있을 때 교사와 학교는 부정적인 효과를 상쇄할 수 있다고 설명했다.

학생 동기에 대한 믿음 | Rosenholtz(1989)가 보고한 대조적인 예는 학생의 동기에 대하여 교사가 갖는 신념이 어떻게 교사들의 교수실제에 영향을 줄 수 있는

지를 보여 준다.

- A 교사: "3학년 학생들의 역량은 계속 같았다고 생각한다. 물론 발전이 없었던 학생들이 있었다. 어떤 학생들은 개선되기를 원하지 않았기 때문에 전혀 발전이 없었다. 그것은 그들의 결정이었다. 당신은 그들에게 많은 것은 해줄 수 없다. 당신은 정말로 그들을 도울 수 없다."(p. 117)
- B 교사: "나는 학기 초에 우리 초등학교 1학년 학생들을 많이 압박한다. 학생들은 이것이 내가 그들에게 원하는 것이라는 것을 알게 된다. 나는 학생이 읽기를 원하고 읽기를 좋아하기를 원한다. 또한 아이들이 학교는 재미있다고 생각하기를 원한다. 나는 잘 해내기를 원하며 잘 해낼 것이라고 생각한다. 나는 '나는 시간이 지나면 읽을 수 있다.'고 학생들이 말하도록 했다……. 내가 모든 학생에게 이렇게 하는 것이 중요하다. 어떤 1학년 학생들은 이것에 대한 준비가 아직 안 되어 있다. 나는 계속 희망적인 교실 환경을 만들고 특별 지도를 해 주고 아이들이 내 주위에 있도록 노력한다. 만약 그들이 특수한 학습문제를 가지고 있다면 나는 그 아이들을 돕기 위해 항상 노력한다."(p. 118)

교사들은 또한 자기가치를 보호하려는 경향성을 가지고 있을 수도 있다(3장 참조). 교사가 학생의 낮은 성취 수준을 능력의 부족이나 낮은 노력으로 귀인할 때, 교사는 학생의 학습에 대한 책임감으로부터 자신을 보호할 수 있다. A 교사가 한 것처럼 학생의 낮은 성취 수준을 능력의 부족과 공부하려고 하지 않는 동기의 부족으로 귀인하는 것은 교사가 자신의 가치를 보호하기 위하여 실패-회피 전략을 사용하도록 이끌 수 있다(Rosenholtz, 1989). 이러한 자기보호 전략은 일반적으로 용납되지 않는 일을 교사 스스로 받아들이도록 하여 결국 낮은 성취 수준의 학생들을 열심히 가르치지 않도록 만든다. 명백한 차이는 교사 A가 학생들의 낮은 수행력을 정당화하기 위해 학생의 동기를 사용하는 반면, 교사 B는 의식적으로 학생의 동기를 키워 준다는 데 있다.

교사효능감과 관련된 교사 실습

어떤 특정 교수 행동들이 높고 낮은 효능감 신념을 가진 교사들을 구분짓는가?
높은 효능감을 가진 교사와 낮은 효능감을 가진 교사는 학생과 상호작용(interact)
하는 방법이 다르며 가르치는 방법도 다른 것으로 밝혀졌다.

- 높은 효능감을 가진 교사들은 학생들이 자신의 수행에 책임감을 갖도록 하는
  경향이 있다(예, 도전적인 질문과 문제에 답해 보도록 한다: Ashton & Webb, 1986).
- 낮은 효능감을 가진 교사들이 비학업적인 오락에 많은 시간을 할애하는 데
  반해, 높은 효능감을 지닌 교사들은 학업적인 내용을 익히는 데 더 많은 시
  간을 보낸다(S. Gibson & Dembo, 1984).
- 높은 효능감을 가진 교사들은 낮은 효능감을 가진 교사들보다 학생들에게
  더 높은 목표를 추구하고 더 야심찬 목표를 설정하도록 한다(Allinder, 1995).
- 높은 효능감을 가진 교사들은 학생들과 지지적인 신뢰 관계를 발전시킨다.
  실습교사와 예비교사 모두 학생들을 더 신뢰할수록 절대적인 통제권을 포기
  할 수 있게 되고, 교실에서 일어나는 문제를 해결하기 위해 기꺼이 학생들과
  함께 책임을 나누었다고 보고하였다(Ashton & Webb, 1986; Hoy & Woolfolk,
  1990).
- 높은 효능감을 가진 교사들은 낮은 성취자들과 함께 친밀한 관계를 형성하기
  위해 노력하고 그들에게 더 높은 기대감을 갖는다(Ashton, 1984; Klein, 1996).
- 높은 효능감을 가진 교사들은 낮은 사회경제적 수준의 아이들을 특수교육반
  에 가능하면 보내지 않는다(Podell & Soodak, 1993).
- 높은 효능감을 가진 교사들은 학생들의 특성에 기초해서 학생에 대하여 부
  정적 예측을 하지 않고 학생이 변화할 때 더욱 그에 잘 맞추어 준다(Tournaki
  & Podell, 2005).
- 높은 효능감을 가진 교사들은 학부형들과의 협력에 더 자신감이 있다
  (Hoover-Dempsey, Bassler, & Brissie, 1987).

• 높은 효능감을 가진 교사들은 교사로서의 생존과 교수 과업에 대해 별로 걱정하지 않는다(Ghaith & Shaaban, 1999).

〈표 6-2〉에서는 교사의 태도에 대하여 요약하고 있다(Ashton, 1984).

●표 6-2● 낮은 효능감을 가진 교사들과 높은 효능감을 가진 교사들을 구분하는 7가지 태도

교사 태도	높은 효능감	낮은 효능감
(1) 개인적 성취감	학생들과 함께 하는 일이 중요하고 의미 있다고 느낀다. 자신이 학생들의 학습에 긍정적인 효과를 미친다고 느낀다.	가르치는 것이 절망스럽고 기운이 없다.
(2) 학생의 행동과 성취에 대한 긍정적 기대	학생들이 발전할 것이라고 기대하고 대부분의 경우 학생들이 교사들의 기대를 충족함을 발견한다.	학생들이 실패할 것이라고 기대하고 자신이 교수 노력과 잘못된 행동에 부정적으로 반응한다.
(3) 학생의 학습에 대한 개인적 책임감	학생들이 학습하고 있는 것을 지켜볼 책임이 있다고 믿는다. 학생들이 실패했을 때 그들을 도울 수 있는 방법을 찾기 위해 자신의 행동을 돌아본다.	학습에 대한 책임이 전적으로 학생에게 있다고 보고 학생이 실패했을 때 학생의 가족 배경과 동기, 태도에서 실패 이유를 찾으려고 한다.
(4) 목표를 달성하기 위한 전략	학생들의 학습을 계획하고 교사 자신과 학생을 위해 목표를 세우며 이 목표를 달성하기 위한 전략들을 구체화한다.	학생들을 위한 구체적인 목표가 없고 학생들이 달성하기를 원하는 것에 대해 불분명하며 목표에 따른 전략을 계획하지 않는다.
(5) 긍정적인 감정	가르치는 것에 대해서, 자신에 대해서, 그리고 학생들에 대해서 좋게 느낀다.	가르치는 일에 좌절감을 느끼고 자주 절망감을 표현하며 학생들과 함께 작업하는 것에 대해 부정적으로 느낀다.
(6) 통제감	학생들의 배움에 영향을 줄 수 있다는 자신감이 있다.	자신과 반대되는 목표와 전략을 가진 학생들과 싸우고 있다고 느낀다.
(7) 교사-학생 간 공통된 목표의식; 민주적인 의사결정	공통적으로 가지고 있는 목표를 달성하기 위해 학생들과 모험을 하고 있다고 느끼며, 의사결정에 학생들을 포함시키고 그들이 달성할 전략을 함께 정한다.	목표와 전략을 정하는 과정에 학생들을 포함시키지 않고 학생들에게 교사가 결정한 것을 부과한다.

출처: Ashton, P. (1984). "Teacher Efficacy: A Motivational Paradigm for Effective Teacher Education." *Journal of Teacher Education, 35*(5), 28-30. 허락받고 실음.

‖ 생각해 보기 ‖ 〈표 6-2〉에서 나타나는 태도는 당신의 교수 신념을 자가평가하기에 유용한 체크리스트이다. 당신의 교실에 대해 생각할 때 어떤 생각이 드는가? 어떤 통찰이 떠오르는가?

마지막으로, 가장 중요한 것은 높은 효능감을 지닌 교사는 더 혁신적이며 자신의 교수실제를 더 변화시키기 쉽다는 것이다. Sparks(1988)는 높은 효능감은 새로운 교수방법을 기꺼이 시도하게 하고, 새로운 교수실제를 훈련해 보는 것에 대한 중요성을 알게 하며, 교실에서 새로운 교수방법을 기꺼이 사용해 보도록 이끈다고 보고했다. 일관되게 나타난 결과는 높은 효능감 신념을 지닌 교사들은 낮은 효능감 신념을 지닌 교사들보다 더 협동학습을 수행하려고 한다는 것이다(Ghaith & Yaghi, 1997). 교사들에게 모둠성취분담(Student Teams Achivement Division: STAD) 협동학습 모델 훈련을 받게 하자, 높은 효능감 신념을 지닌 교사들은 자신의 교실에서 그것을 실행하려 하였다. 그들은 낮은 효능감을 지닌 교사들보다 모둠성취분담 협동학습 접근법이 현재 자신이 가르치는 방법과 유사하다고 생각하는 경향이 있었고 이를 수행하는 데 덜 어려워했다. 다른 연구에서는, 교실에서 협동학습을 수행했던 교사들은 전통적인 방법을 사용했던 교사에 비해서 배우는 속도가 느린 학생들의 학습을 증진하는 데 더 효과적인 것으로 나타났다(Shachar & Shmuelevitz, 1997).

교사효능감과 학생의 자기효능감

학생의 자기효능감은 교사의 효능감과 관련이 있는가? 교사의 효능감 신념은 높은 성취를 보이는 학생들보다 낮은 성취를 보이는 학생들의 자기효능감에 더 강력한 영향을 미치는 것으로 나타났다(Ashton & Webb, 1986; Midgley, Feldlaufer, & Eccles, 1989). 낮은 효능감을 지닌 교사들은 낮은 성취를 보이는 학생들의 동기에 특히 해로운 영향을 미치는 반면, 교사의 효능감 수준이 높은 경우 학생들은 그들의 자기효능감을 증진시킬 기회를 가진다(Midgley et al., 1989).

Midgley와 동료들은 교사의 효능감이 학생들의 수학효능감에 미치는 영향을 연구하기 위해 초등학교 6학년~중학교 1학년 학생들의 수학 과목에 대한 자기효능감을 조사하였다. 초등학교 6학년과 중학교 1학년 봄 학기 중 두 시점에 치러진 검사결과는 높은 효능감을 가진 교사의 학생들이 수학을 수행하는 데 있어 더 높은 기대감을 보였으며 낮은 효능감을 가진 교사의 학생들은 수학을 더 어렵다고 느끼는 것으로 나타났다. 만약 초등학교 6학년 때 높은 효능감을 가진 교사에서 중학교 1학년 때 낮은 효능감을 가진 교사로 바뀐다면 학생들은 어떠할까? 중학교 때도 높은 효능감을 가진 교사의 반에 배정받은 학생들과 비교했을 때 이러한 학생들은 큰 변화를 보였는데, 낮은 효능감 교사의 반 학생들은 과제 수행에 대한 기대와 판단이 감소한 반면 과제의 난이도에 대한 판단은 증가한 것으로 나타났다.

Ross, Hogaboam-Gray와 Hannay(2001)는 학생들의 컴퓨터 기술에서의 교사 효능감의 효과를 조사하였다. 연구자들은 컴퓨터 기술에서 낮은 자신감을 보인 학생들은 다음 학년에서 높은 효능감 신념을 지닌 교사를 만났을 때 더 높은 기술을 보였다고 보고하였다.

교사효능감 신념의 원천

교사효능감과 학업 수행에 대한 학생 자신감 간의 관계는 교사효능감 신념의 중요성을 강조한다. 효능감은 교사의 교수방법에 영향을 미치기 때문에 '무엇이 교사의 효능감에 영향을 미치는가?' '무엇이 교사의 효능감을 증가시키는가?' 와 같은 질문은 중요하다. 다음에서 교사의 효능감에 영향을 미치고 교사의 효능감을 높이는 요인들이 논의된다.

학교와 교실의 환경적 특성 │ 학생들을 가르치는 데 있어 생기는 어려움은 교사의 효능감에 도전이 된다(Soodak & Podell, 1998). Ashton과 Webb(1986)은 많은 교사가 위험에 처해 있는 학생들을 가르칠 준비가 되어 있지 않다고 느낀다는 것을 발견하였다. 중학교 교실 연구에 따르면 효능감에 영향을 미치는 가장 중요한 교실 변인은 학생들의 능력 수준과 교사가 학생들을 가르칠 준비가 되어 있는 정도였다(Raudenbush, Rowan, & Cheong, 1992). 그러나 교사들이 학생들로 하여금 지속적으로 학습에 참여하도록 할 수 있다면 효능감에 영향을 미치는 이러한 요인들의 부정적 효과는 사라졌다.

교사의 준비 수준에 따라 학습장애 학생들을 가르치는 것에 대한 예비교사들의 효능감 수준이 달라졌다(Brownell & Pajares, 1999). 예비교사와 일반교사들은 학생들의 특성, 수업 적응력과 행동관리 전략에 대한 정보를 가지고 있을 때 학생들을 가르치는 것에 대한 강한 자신감을 보였다.

지지적인 학교 환경은 높은 효능감에 영향을 미치는 하나의 요인이다. 행정직원과 동료들의 지지는 중요하다. Chester와 Beaudin(1996)은 협력적인 학교 분위기가 도시지역 신임교사들에게 중요한 요인으로 작용함을 발견하였다. 효능감 신념은 동료지지가 높은 학교에서 더 높게 나타났다.

지지적인 학교조직 구조는 교사들이 함께 수업을 계획하는 시간이 있는 다학제팀 구조로(Warren & Payne, 1997), 여러 중학교에서 찾아볼 수 있다. 이러한 구조에서 교사들은 학과목 내용별 분과팀으로 일했던 교사들보다 더 높은 개인효능감을 보였다. Warren과 Payne은 계획된 시간에 함께 일하는 것은 교사들의 자신감에 있어 차이를 낳게 되는데, 그 이유는 팀원들과 함께 협력하고 문제와 관심사를 공유하게 되기 때문이라고 결론지었다.

교사 경험 ｜ 경험이 많은 교사들은 더 높은 효능감을 가질 것으로 생각되는가? 연구결과에 따르면 대답은 예와 아니요, 둘 다이다. 예비교사 훈련 기간 동안 학생을 가르치며 새로운 기술을 배우고 실습하는 것을 통해 교사효능감이 증가하는 경향이 있다(Hoy & Woolfolk, 1990). Benz, Bradley, Alderman과 Flowers(1992)는 15가지 교수 상황을 다루는 데 있어 예비교사와 숙련된 교사들 간의 효율성에 대한 신념에서 차이가 나타나는지를 비교하였다. 그 결과, 예비교사들은 어려운 동기 문제를 다루는 것에 대한 높은 효능감 신념을 나타낸 데 반해, 숙련된 교사들은 계획과 평가 부분에서 높은 효능감 신념을 보였다. 이러한 결과가 나타난 것에 대해 연구자들은 예비교사들이 동기 문제에 대해 이상적이거나 숙련된 교사들은 사용하지 않는 동기전략들을 배운 것으로 생각하였다. 숙련된 교사들은 계획과 평가에서 더 확장된 지식을 가지고 있었고 이것이 그들로 하여금 계획과 평가 부분에서 높은 효능감을 갖도록 하였다. Ghaith와 Yaghi(1997) 또한 모둠성취분담 협동학습 접근법을 실행함에 있어 경험이 있는 교사와 경험이 부족한 교사 간의 효능감 차이를 발견하였다. 경험이 많은 교사와 경험이 적은 교사가 보인 효능감의 차이 중 하나는 모둠성취분담 협동학습 접근법이 그들의 현재 교수 접근과 얼마나 병행 가능한가에 있었다. 경험이 적지만 높은 효능감을 지닌 교사들은 모둠성취분담 협동학습 접근법을 그들이 가르쳤던 방법과 잘 병행할 수 있는 것으로 인식하였으나, 경험이 많은 교사들은 모둠성취분담 협동학습 접근법이 어려워서 그들이 가르치고 있는 교수방법과 병행하기 어려운 것으로 보았다.

교수효능감은 시간에 따라 높아지기도 하고 낮아지기도 한다(Ross, 1998). 교사들이 새로운 전략을 수행하면서 전략에 대해 확신하지 못할 때 자신감은 줄어들 수 있다. 그리고 기술이 증진될 때 자신감은 증가한다(Tschannen-Moran et al., 1998). 그 반대도 일어날 수 있다. 학생을 가르치는 동안에 자신감이 증가하게 되는데 교사 첫해를 마치고 나서는 오히려 자신감이 감소할 수 있다. 왜냐하면 신임교사는 가르치는 것이 생각했던 것보다 더 복잡한 일임을 발견하게 되기 때문이었다(A. W. Hoy & Spero, 2005).

수업자료 준비 | 수업자료 준비는 교사들이 그들을 유능하다고 판단하는 데 영향을 미치는 또 다른 요인이다. 많은 초등학교 교사가 어려워하는 영역은 과학이다. 예를 들어, Ramey-Gassert와 Shroyer(1992)에 따르면, 많은 초등학교 교사가 과학에 대한 적절한 배경지식이 없어서 가능하다면 과학을 가르치는 일을 피하고 싶어 한다. 이러한 결과가 보고된 후에 예비교사와 일반교사들의 과학 교수효능감을 증진시키기 위한 노력이 이루어졌다. 후속 연구에서는 예비교사들이

교사 신념을 증진시키는 기본 교직 과목을 이수한 후에 수학효능감이 증가한 것으로 나타났다(Wilkins & Brand, 2004).

효능감 신념에 영향을 미치는 요인들에 대해 아는 것이 예비교사 혹은 실습교사를 어떻게 도울 수 있는가? 학습시키는 능력에 대한 강한 신념을 발전시키려면 경험만으로는 충분하지 않다. 만약 가르치고 있는 과목에 대해 내가 잘 가르칠 수 있는 능력이 있는가에 대해 의심하고 있다면 그것은 내가 이 영역에서 계속 전문성을 개발해야 함을 말해 주는 것이다. 다음은 교사효능감을 증진시킬 수 있는 요인들을 기술하고 있다.

교사효능감 강화하기

"강한 효능감의 발달은 교사 경력 기간 동안 높은 동기와 노력, 참을성, 자아탄력성 등으로 나타날 수 있다."(Tschannen-Moran et al., 1998, p. 238) 어떤 요인들이 교수효능감을 발달 또는 증진시킬 수 있는가? 문화적으로 다양한 학생들을 가르치는 데 있어 교사효능감을 증진하는 프로그램에서의 첫 단계는 학생들의 학업성취에 영향을 미칠 수 있는 다양한 요인을 교사들이 이해하도록 돕는 것이다. 각 학생은 이에 맞추어 가르쳐져야 한다(Tucker et al., 2005).

Ross(1995)는 초임교사 준비와 실습교사의 능력 계발에 교수기술을 증진시키는 것뿐만 아니라 교수효능감도 명시적으로 다루는 것이 필요하다고 결론지었다. 교수기술과 교수효능감을 포함한 교사 계발 프로그램(staff development program)은 참가자들의 자신감을 증진시키는 결과를 가져왔다(Fritz, Miller-Heyl, Kreutzer, & MacPhee, 1995). 훈련에 참가했던 교사들은 학생들의 욕구를 맞추는 데 자신감이 증가하였고 수업 장애물도 적은 것을 발견하였다.

사회적 지지와 기술 지원 | 동료와 관리자로부터의 지지는 예비교사와 일반교사 모두의 효능감을 발전시키는 데 중요한 것으로 발견되었다. 현장 경험에서 팀으로 일했거나 수업내용을 발표하고 발전시키기 위해 함께 일했던 예비교사들은

높은 효능감을 가지고 있는 것으로 나타났다(Cannon & Scharmann, 1996; Wilson, 1996). 어떤 예비교사는 협력의 긍정적 효과에 대하여 다음과 같이 기술하였다. "팀으로 일할 때 모두가 함께 일하고 있다는 것을 알기 때문에 두려워하지 않게 됩니다."(Cannon & Scharmann, 1996, p. 432)

사회적 지지가 효능감에 기여하는 또 다른 영역은 행동문제를 가지고 있는 학생들을 위한 개입을 계획하고 평가하는 것이었다(Kruger, 1997). 자신의 기술과 능력이 동료들에게서 높이 평가받았다는 교사들의 인식은 사회적 지지의 가장 도움이 되는 형태였다. 연구자들은 만약 교사들이 전문적인 사람으로서 자신의 가치를 확신한다면 행동문제를 가진 아이들과 일하는 것에 대하여 더 자신감을 가지게 될 것이라고 결론지었다.

전문적 지식을 가진 동료로부터의 지지는 초등교사들이 과학 교수효능감을 증진시키는 데에도 중요한 요인이었다(Ramey-Gassert, Shroyer, & Staver, 1996). 효과적인 모델들은 낮은 효능감을 가진 교사들의 신념을 강화하는 데 중요하다.

사회-인지적 요인들 │ 학생의 자기효능감을 증진시키는 동일한 요인들—유능감에 대한 피드백과 모델을 통한 대리 경험—이 교사의 효능감을 증진시킬 수 있다. 자기조절의 3단계는 교사효능감 신념을 강화하기 위한 계획을 제공한다.

- 사전 숙고 단계: 현재의 효능감 신념에 대한 과제분석을 하라. 어려움이나 자원에 대해 알기 위하여 숙제나 교수 과제를 분석하라(Tschannen-Moran et al., 1998). 새로운 교수전략의 개발과 관련하여 가깝고, 현실적이고, 구체적인 목표를 세우라.
- 수행 단계: 효과적인 모델을 보고 도움을 구하라(Ramey-Gassert et al., 1996). 향상의 증거를 제공하기 위해 학생의 발전 정도를 계속적으로 평가하라(McDaniel & Dibella-McCarthy, 1989).
- 자기성찰 단계: 당신이 처음으로 성공을 경험했을 때, 성공적인 결과를 얻기까지 당신이 했던 것이 무엇인지 생각해 보라. 이것은 더 강력한 효능감을

가져올 것이다. 만약 당신이 성공하지 못했다면, 가까운 목표로 돌아가서 단계들을 다시 반복하라.

자기효능감을 증진시키기 위해서는 단순히 새로운 기술을 배우는 것만으로 충분하지 않다. 교사들은 자신의 기술이 개선되는 때를 인식해야만 한다. 앞에서 소개한 LINKS 모델(Alderman, 1990)은 교사들이 자기효능감을 증진시키기 위해 사용할 수 있는 일련의 단계들을 제공한다([그림 4-3] 참조).

교수효능감을 개발하기 위해 당신은 무엇을 할 수 있는가? 자기효능감 원리에 기초한 전략들과 계획 및 평가 지침을 〈전략 6-2〉에서 제시하고 있다.

 전략 6-2   높은 교수효능감 발달시키기

• 당신 스스로 학습목표 지향성을 가지라. 이러한 노력은 기술의 향상으로 나타날 것이다. 좌절과 완전한 실패에 대한 인정은 학습 과정의 일부분일 것이다. 당신이 새로운 교수법을 수행했던 경험이 있는 교사든, 가르치는 것을 배우고 있는 예비교사든 간에 발전에 초점을 맞추라. 이것은 좌절감을 감소시킬 것이다.

• 학생의 발전 정도에 대한 자료를 수집하라. 학생이 성취를 해 나감에 따라 당신의 효능감은 증가할 것이다.

• 교수실제의 모델로서 그리고 지지를 받기 위하여 유능한 교사들을 찾아보라. 그리고 동료관찰과 피드백을 사용하라.

• 학생의 성취를 향상시키는 데 관심이 있는 반의 아이들과 협력하라.

• 동료 교사들과 함께 하는 전문성 계발 기회를 이용하라. 그러면 계속적인 지지가 가능하다.

• 다음의 단계들은 계획과 평가 지침으로 사용될 수 있다.

계획하기

1. 당신이 현재 소유하고 있는 지식이나 교수기술 중 어떤 지식과 기술이 유용할 것인가?

2. 당신이 발전시킬 필요가 있는 새로운 교수기술은 무엇인가?

3. 당신이 완전히 이해하지 못하는 질문이나 이슈, 개념은 무엇이며, 모르는 것은 무엇인

가? 당신은 어떤 결정을 내리는 것이 필요한가?

4. 수행하는 데 방해가 되는 장애물은 무엇인가? 개인적인 장애물과 외적인 장애물은 무엇인가?

5. 당신은 작은 것부터 이것을 어떻게 시도해 볼 수 있는가? 혹은 당신은 어디에서 시작할 것인가?

평가

1. 관찰-누가 당신을 관찰할 수 있는가?

2. 학생 자료 중 어떤 자료가 중요한가?

3. 자기평가-자기관찰, 일지 기록하기

4. 지금 이러한 전략 혹은 프로젝트를 수행하고 개발하는 데 있어 내가 갖고 있는 자기효능감은 어느 정도인가?

낮은 자신감   높은 자신감

0 ——— 1 ——— 2 ——— 3 ——— 4 ——— 5 ——— 6 ——— 7

📎 집단적 교사효능감

지금까지의 논의는 교사의 개인효능감에 집중되었다. 학생의 교육 성취에 다른 무엇보다 중요한 영향을 미치는 것이 지각된 집단적 교사효능감일 수 있다. **집단효능감**(collective efficacy)은 모든 교사가 갖고 있는 효능감의 총합이며 학생들을 교육하고 있는 학교의 능력에 대해 교사들이 갖는 신념의 합이다(Bandura, 1993, 1997). 집단효능감은 전체 교사들이 "학생들에게 긍정적 영향을 미치는 데 필요한 행동방식을 조직하고 이행할 수 있다."고 믿는 정도와 관련된다(Goddard & Goddard, 2001, p. 809).

학교조직은 교사들의 효능감에 영향을 주는 것으로 나타난다. 집단효능감이 더 높은 학교에서 교사효능감이 더 높고 이것은 학생의 성취에 영향을 미친다. 집

단효능감은 도시 고등학교 학생들의 수학 성취에 강력한 예측 변인으로 작용하였으며 사회경제적 수준보다도 더 강력한 예측 변인이었다(Hoy, Sweetland, & Smith, 2002).

Lee와 Smith(1996, 2001)는 고등학교 교사들의 업무 조직(organization)이 어떻게 청소년의 학업성취에 영향을 미치는지를 조사하였다. 조직의 형태나 학교에서의 의사결정과 상관없이, Lee와 Smith는 학생의 학업성취와 관련된 가장 중요한 요인은 학생의 학습에 자신들이 책임이 있다는 교사들의 집단적 인식이었다는 사실을 발견했다. 학생들이 가진 학습 능력의 한계에 대한 교사의 신념과 그 학생들을 가르치는 능력에 대하여 교사가 갖고 있는 신념은 협력이나 교사 임파워먼트(empowerment)보다 강력했다([그림 6-3]).

Brookover 등(1979)이 기술한 높은 성취를 보이는 학교들은 강한 집단효능감을 가진 학교의 예로 고려될 수 있다.

학교개혁의 시각에서는 모든 학생이 엄격한 기준에 도달하도록 도울 능력이 교사들에게 있다고 하는 교사들의 집단효능감이 중요하다(Goddard, LoGerfo, & W. K. Hoy, 2004). Goddard 등은 교사들이 목표를 달성하기 위한 수업 결정 과정에 참여할 수 있을 때(의사결정권이 있을 때) 이것이 더 잘 일어날 수 있다고 제안한다.

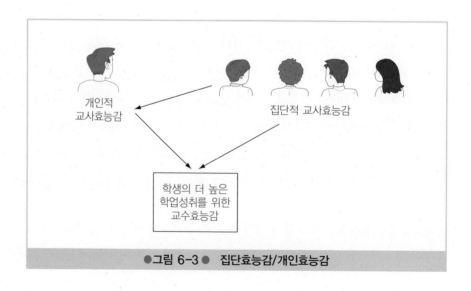

개인적
교사효능감

집단적 교사효능감

학생의 더 높은
학업성취를 위한
교수효능감

● 그림 6-3 ● 집단효능감/개인효능감

결론

높은 교사효능감에 따른 교사의 기대는 모든 학생이 배울 수 있도록 하는 출발점이 된다. 그러나 이것이 슬로건 이상의 것이 되려면 기대감은 모든 학생과 학교를 위한 효과적인 교육과 결합되어야 한다(R. S. Weinstein, 2002). Resnick(1999)이 제안한 노력 기반 학교에서의 학업적 엄격함과 사고 교육과정은, 선천적인 능력이 대부분을 좌우하며, 성취를 하지 못하는 학생들이 이러한 능력을 가지고 있지 않다는 판단을 받아들이지 말아야 한다고 요구한다. 대신에, 우리는 "능력을 창조하기 위해 노력하도록 할 수 있고 더 똑똑한 나라를 만들어 갈 수 있다."는 것을 믿어야만 한다(Resnick, 1999, p. 38). 이 장의 서두의 인용문에서 베일리가 진술했던 것처럼, 우리는 노력을 하도록 하는 도구를 학생들에게 제공하여 능력을 창출해야 한다.

주요 내용의 개관

1. 학생들의 학습 능력에 대한 교사들의 신념과 학습을 증진시키는 능력에 대한 교사들의 자신감은 교사들이 가르치는 방법에 영향을 미친다. 다시 말해, 이것은 학생들의 동기와 학업성취에 영향을 미친다.
2. 교사기대는 교사가 학생들의 미래 성취에 대해 추론한 것이지만, 교사기대 효과는 교사가 하는 행동의 결과로 나타나며 학생의 학업성취 결과물에 실제적인 영향을 미친다. 지속효과—교사가 학생에게 취하는 행동이 계속 같을 때(학생이 좋은 방향으로 변화하고 있을 때조차도)—가 교실에서 더 일반적이다.
3. 교사들이 학생들에 대해 다른 기대를 가지고 있다는 사실만으로는 자기충족적 예언을 가져오지 못한다. 기대는 교사가 학생에게 반응하는 방법에 영

향을 미치며 학생들은 기대된 대로 행동하기 쉽다.

4. 기대는 학생들에게 주어진 낙인, 지능에 대한 교사의 신념, 사회경제적 수준 및 인종과 같은 학생의 특성에 의해 영향을 받는다. 학생에 대한 교사의 기대는 교사가 학생에게 전략에 대해 질문할 때, 능력에 따라 집단을 나눌 때, 가르치는 교육내용과 사용하는 교재를 통해, 그리고 능력이 낮은 아이라는 낙인의 사용을 통해 학생에게 전달된다.

5. 초등학생과 같이 어린 학생들도 교사의 차별적인 기대 신념을 인식하는 것으로 밝혀졌다. 학생들은 누가 더 많은 기대와 선택을 가지는지, 누가 더 부정적인 피드백을 받는지와 같은 차별적인 처우를 인식한다.

6. 긍정적인 기대를 형성하는 것은 천장 수준이 아니라 바닥 수준의 기준을 설정하는 것을 포함한다. 또한 집단과 개인에게 낙인의 사용을 줄이고 어떤 학생들에게 낮은 기대를 하는 잠재적인 편향을 깨닫는 것이 필요하다.

7. 개인적인 교수효능감은 교사가 주어진 교수 환경에서 자신을 얼마나 효과적이라고 판단하는지를 말해 주는 자기효능감의 형태이다. 교사의 효능감은 학생의 성취를 증진시키는 최고의 예측 변인 중 하나로 밝혀졌다. 교사효능감은 높은 성취를 보이는 학생들보다 낮은 성취를 보이는 학생들의 효능감에 더 강력한 효과를 가진다.

8. 높은 효능감을 지닌 교사들은 학생들과 지지적이고 신뢰성 있는 관계성을 더 잘 발전시킨다. 그리고 책임감을 공유하고 학생들로 하여금 더 높은 목표를 향해 전진하게 한다. 또한 학업적 배움에 더 많은 시간을 보내도록 하며 교수실제를 혁신하고 변화시키는 것을 더 잘한다.

9. 교사효능감은 지지적인 학교 분위기와 경험, 과목 수업자료 준비 등에 의해 영향을 받는다.

10. 교사효능감은 교수기술의 증진, 능력에 대한 피드백, 동료 및 선임교사에 의한 사회적 지지, 협력적인 업무 관계, 효능감을 직접적으로 다루는 것에 의해 긍정적인 영향을 받는다. 자기조절의 3단계는 효능감을 다루는 데 있어 실행 가능한 모델을 제공한다.

11. 집단효능감은 한 학교의 교사 전체가 학생들과 학습에 긍정적인 효과를 미칠 수 있다고 믿는 정도와 관련된다. 수학 성취에 있어서는 사회경제적 수준과 같은 요인보다 교사 집단효능감이 더 강력한 영향을 미치는 예측 변인인 것으로 나타났다.

1. 생각해 보아야 할 중요한 점과 궁금한 질문은?

2. 내가 지금 활용할 수 있는 전략은?

3. 이후로 발전시키기를 원하는 전략은?

제7장

최적의 동기와 참여 증진시키기: 사회적 맥락

> 교사의 가장 큰 과업 중 하나는 학생들이 관심의 수혜자가 되는 방법을 배우도록 돕는 것이다. 학교에 들어가서 이것을 배우지 않은 학생들은 위험에 처하며 이러한 위험은 단지 학업적인 것에서 끝나지 않는다.
>
> – Noddings(1992, p. 108)

교실 학습과 동기는 본질적으로 사회적 맥락 속에 내재되어 있다(Corno & Rohrkemper, 1985). 교실은 한 명의 교사와 여러 면에서 다양한(예, 인종, 성별, 능력, 사회경제적 수준, 자기조절 기술, 목표, 흥미, 특수교육) 학생으로 구성되어 있다. 수업이 이루어지는 집단은 다양한 크기를 갖고 있다. 즉, 전체를 대상으로 하기도 하고, 비형식적 집단부터 잘 계획된 협력적인 학습 집단까지 다양한 소규모 집단으로 구성되기도 하고, 컴퓨터와 팀을 이루기도 하고, 놀이터에서 함께 팀을 구성하는 등 다양하다. 이에 더하여, 학생들이 서로 이야기하고, 서로 놀려 대고, 이름을 부르고 작업을 비교하는 것과 같은 비형식적인 상호작용이 계속 일어나고 있다. 모든 경우에, 교사들은 계속적으로 개인과 혹은 집단과 상호작용하고 있다. 사회적 맥락과 최적의 학생 동기와 참여 간에는 어떤 관계가 있는가?

학교 안에서건 밖에서건 사회적 맥락은 다양한 방식으로 긍정적으로 혹은 부정적으로 동기에 영향을 준다. 사회적 맥락은 학업적 참여와 노력에 영향을 주며, 학교와 관련한 모든 것의 성공과 실패에 영향을 주는 것으로 나타났다. 사회적 맥락은 다음 상황에서 중요한 요인으로 확인되었다.

- 중고등학교에서 중도탈락률의 감소(Wehlage, Rutter, Smith, Lesko, & Fernadez, 1989)
- 중고등학교에서 학생의 참여 증가(Newmann, 1992)
- 대학에서 재적률의 증가(Tinto, 1993)
- 초등학교에서 중학교로의 성공적인 전이(Eccles & Midgley, 1989)
- 도시에 위치한 중학교와 고등학교에 재학하고 있는 학생들의 참여 수준(Goodenow, 1993)
- 다문화 학생들을 가르치는 데 있어 성공적인 초등학교 교사들(예, 아프리카계 미국인들, Comer, 2005; Ladson-Billings, 1994; 라틴계 아이들, Rueda & Moll, 1994)

만약 적당한 동기가 일어난다면, 처음 해야 할 일은 학생들이 학습을 위해 서로서로 지지해 주는 교실 분위기를 만드는 것이다. 그러면 자신의 성취를 원할 뿐 아니라 반 친구들의 학업성취에도 관여하게 된다.

다음 절에서는 심리적 멤버십 혹은 학교적응을 위한 소속감의 속성과 중요성, 그리고 인지적 관여(참여)에 대해 설명한다. 그리고 멤버십을 형성하거나 방해하는 요인들을 탐색하고 긍정적인 사회적 맥락을 형성하는 데 있어 교사들에 의해 변화될 수 있는 환경적 요인들을 제시한다.

멤버십과 소속감

Wehlage 등(1989)은 학교 멤버십이 교육적 참여가 형성되는 기초가 된다고 주장하였다. 학교 멤버십은 무엇인가? 심리학적 관점에서, Goodenow(1993)는 **멤버십**을 "학생들이 학교 환경에서 다른 사람들에 의해 개인적으로 수용되고 존중받고, 소속되어 있고, 지지받고 있다고 느끼는 정도"(p. 80)라고 기술하고 있다. 학교 멤버십은 3가지 인간의 기본 욕구인 자율성, 유능감, 그리고 소속감 혹은 관계성의 충족에 기초하고 있다(Connell & Wellborn, 1991). 학생들이 학교맥락에서 소속감을 경험할 때 그들은 학교가 가치 있게 여기는 목표를 채택하기 쉽다. 소속감은 학교를 가치 있게 여기는 동기 변인에 긍정적인 영향을 미치며 4가지 인종, 즉 아프리카계 미국인, 동양계 미국인, 라티노 그리고 아시아인의 자아효능감에 긍정적인 영향을 미쳤다(Faircloth & Hamm, 2005). 유사하게, 학교소속감은 라틴계 학생들의 학업적 동기와 노력, 무단결석을 예측하였다(Sanchez, Colon, & Esparza, 2005).

이와 대조적으로 3가지 기본 욕구가 충족되지 않는 상황은 동기를 감소시키고 낮은 수행력과 소외를 낳는다(R. M. Ryan & Stiller, 1991). L. H. Anderman(2003)은 학생들의 소속감이 초등학교 6학년에서 중학교 1학년으로 넘어가며 줄어든다는 것을 발견하였다. 학생들이 학교에 연결되어 있지 못하다고 느끼는 정도에 따라 학생들은 학교 목표를 거부하기 쉽다. 예를 들어, Steele(1992)은 아프리카계 미국인들의 학업성취력이 낮은 이유 중 하나는 학교 정체성을 잃어버렸기 때문이라고 하였다. 도시에 사는 청소년들에서 낮은 학교 소속감과 낮은 학교 동기가 발견되었다(Goodenow & Grady, 1993). 학생들이 학교 정체성을 가지기 위해 그리고 학교의 목표를 기꺼이 채택하고 그것을 위해 공부하도록 하기 위해 필요한 요소들은 무엇인가?

사회적 유대

Wehlage 등(1989)은 위험에 처한 학생들을 성공적으로 잘 돕고 있는 14개 학교를 연구하였는데, 이들 학교가 보인 공통 요인은 학생들을 학교와 연결시키는 사회적 유대였다. 학교와 사회적 유대를 형성하기 위한 4가지 요인은 다음과 같다.

• 애착: 학생들은 학교 내 어른들/또래들과 사회적으로 그리고 정서적으로 연결되어 있는 정도에 따라 유대감을 갖게 된다. 애착은 상호호혜적이다. "학교와 교사는 나에 대해 관심을 갖고 있고 그래서 나도 나의 행동에 마음을 쓴다." 이렇게 해서 학생들은 다른 사람들의 기대에 부응하고 학교에서 기대

되는 행동기준을 따르는 데 지속적인 흥미를 가진다.

- 헌신: 사회적 유대는 학생들이 학교의 목표를 달성하기 위해 그들이 해야만 하는 것(예, 학생들이 실제적으로 흥미가 없는 교실에서 공부하기)에 대해 의식적으로 결정한 헌신에 의해 형성된다. 그러나 만약 학생들이 미래에 대해 희망을 가지지 않는다면, 헌신은 더 이상 일어나지 않는다.

- 참여: 학업적 혹은 비학업적인 학교의 활동에 학생이 참여할 때 유대감을 가질 가능성이 증가한다. 만약 학생들이 학교에서 활발한 참여를 하지 않는다면, 학생들은 수동적으로 행동하며 점차 학교와 분리된다.

- 신념: Newmann(1992)은 교육이 중요하다는 학생들의 믿음과 학교가 학생들에게 중요한 교육을 제공하고 있다는 신념이 멤버십의 기본이라고 주장하였다. 위의 3가지 요인(애착, 헌신, 참여)은 신념에 어느 정도 의존적이며 이것은 또한 상호관련성이 있어서 학생들이 학습할 수 있고 학교의 목적을 달성할 수 있을 정도로 유능하다는 것을 교사 또한 믿을 것을 요구한다.

Newmann(1992)은 사회적 유대감을 형성하기 위해 학교에 필요한 4가지 조건을 밝혔다. 그것은 목적의 명료성, 공정성, 개인적 지원, 성공인데, 이 4가지 조건이 잘 갖춰진다면 배려하는 학교 분위기가 만들어진다.

1. 목적의 명료성과 학교와 공동체가 목표에 동의하는 것이 매우 중요하다. 그리고 그러한 목표들을 달성하기 위한 진지한 노력이 이루어지고 있음을 학생들이 아는 것이 필요하다.

2. 학생들이 훈계와 기회, 보상에서 공평하지 않게 대우받는다고 믿을 수 있기 때문에 공정성은 멤버십을 위해 필수적이다. 차별이 노골적으로 일어나지는 않을 수도 있지만, 사회경제적 수준이 낮고 소수의 문화 배경을 지닌 학생들은 미묘한 불평등을 경험할 수 있다. 모든 학생에게 학교 자원을 이용하고 좋은 교사들에게 배울 수 있는 기회가 공평하게 있는가?

3. 학생이 학습에서 어려운 과제를 해결하려고 할 때 교사와 친구들로부터 개

인적 지원을 받는 것은 필수적이다. 성공할 가능성이 희박하고 분명하지 않을 때, 학생들은 또래와 교사 모두로부터 지원을 받을 필요가 있다.

4. 성공적인 경험은 학생들이 유능감을 경험하는 데 필수적이다. Newmann은 점수 인플레이션이나 학업에 대한 엄격한 요구 수준을 낮추는 것은 멤버십을 형성하지 못한다고 경고하였다.

이러한 4가지 요소가 있는 배려하는 학교 환경은 학생들이 가치 있고 학교의 중요한 구성원이며, 학교는 학생들이 유능해지고 학업성취를 하도록 돕는 일을 중요하게 생각한다는 것을 학생들에게 전달하게 된다. 학생들이 스스로 동일시하는 집단(사회적 정체성)을 이해하는 것은 멤버십을 위한 분위기를 형성하는 데 있어 중요하다. 다음에서는 사회적 정체성과 동기적 함의를 지닌 멤버십에 대해 살펴볼 것이다.

사회적 정체성과 멤버십

학생들, 특별히 청소년들은 자신이 소속되어 있는 집단에 의해 스스로를 규정한다(Goodenow, 1992). 이것은 사회적 정체성의 기본이 되며 집단 멤버십의 기초가 되는 정체성이다. 학생들은 몇 개의 수준—학교, 교실, 소집단(예, 또래 집단, 문화 혹은 인종, 운동 팀, 종교단체)—에서 멤버십이나 소속감을 경험할 수 있다. 어떻게 사회적 정체성이 학교에서의 소속감과 참여에 영향을 미칠 것인가? Goodenow는 한 집단이 학교의 목표 및 가치와 동일시하는 정도 혹은 학업적 노력과 성취를 가치 있게 여기지 않는 정도가 학습 참여에 영향을 준다고 주장했다. 다문화 학교 구성원의 관점에서 볼 때, 동기와 성취에 미치는 사회적 정체성의 역할과 영향을 이해하는 것이 중요하다. 사회적 상호작용이 부정적일 때 학교는 학생에게 스트레스원이 될 수 있고, 학생을 취약하게 만드는 요인이 될 수도 있다(M. L. Clark, 1991). 같은 맥락에서 사회적 정체성과 지지적 관계망(인종 간 우정 포함)은 학생의 적응에 기여하는 보호기제로서 기여할 수 있다.

또래 집단의 영향력과 멤버십

또래 하위집단은 학교 멤버십에 부정적이든지 긍정적이든지 강한 영향력을 미친다. 또래들은 성취하기 위해 열심히 공부하거나 열심히 공부하지 않도록 서로에게 영향을 줄 수 있다(Berndt & Keefe, 1991; B. B. Brown, 1993). 중도탈락 예방 프로그램에 있던 도시 학생들을 인터뷰했던 Farrell(1990)은 이 프로그램에 참여한 학생들에게 가장 기본이 되는 정체성(주요 정체성)은 다른 사람들(가족, 친구, 선생님, 다른 어른들)이 그들에게 어떻게 반응했는지에 기초했다는 사회적 정체성에 대한 통찰력 있는 시각을 보고하였다. 예를 들어, 사람들은 그 아이들에게 친구로서 반응할 수는 있었지만, 학생으로나 혹은 미래 일꾼으로 가능한 정체성에는 거의 반응하지 않았다. 이 프로그램에서 청소년들은 자기 자신에 대한 정체성을 학생이나 미래의 일꾼으로 거의 생각하지 않았다. 또래들은 서로서로 학교 경험을 긍정적으로 혹은 부정적으로 보도록 부추기기 때문에 교사와 학부모들의 주요 업무는 또래 관계를 이해하여서 이러한 영향이 참여행동으로 이어지도록 하는 것이다. 부정적인 또래 관계는 어떤 영향을 미칠 것인가?

부정적인 또래 영향 │ 또래는 또래 집단이 학업적 노력과 성취를 가치 있게 여기는지, 가치 있게 여기지 않는지의 정도에 중요한 영향을 미친다(Goodenow, 1992). Farrell(1990)은 중도탈락 프로그램에서 또래들이 부정적인 영향을 주는 것을 관찰하였는데, 그 프로그램에서 학생들은 수업을 좋아하는 것에 대해 또래들로부터 지지를 받지 못하였다. 그들은 친구에게서 왕따를 당하지 않기 위해 학업적 능력을 숨겼다. 사실, 또래들은 서로서로 공부를 하지 않도록 하고 방해하는 것을 강화하였다.

B. B. Brown(1993)은 학업적 성취를 위한 또래 영향과 학업적 탁월성을 위한 또래 영향을 구분 지었다. Brown은 비록 고등학교를 졸업해야 한다는 긍정적인 학업적 또래 압력이 있지만, 또래에 의한 학업적 압력은 우수한 학생이 되기보다는 졸업을 하는 것에 있다고 하였다. 또래 압력의 강조점은 더 열심히 공부하고

배우는 데 있기(학습목표)보다 더 좋은 점수를 받는 것에 있었다(수행목표). Brown은 일반적인 또래 규준은 학업적 탁월함보다는 학업적 적정선(adequacy) 을 추구하도록 하는 데 있다고 하였다. 또래 압력은 어떤 제재를 받을 것에 대하 여 두려워할 필요가 없는 선에서 학생들이 지적인 노력을 하게끔 하는 지적인 노 력의 하한선뿐만 아니라 상한선까지도 부과하는 것처럼 보인다. 그러나 많은 학 교 맥락에서는 더 직접적으로 성취에 반하게 하는 행동이다.

성취에 반하는 행동 │ 왜 성취에 반하는 행동이 일어나는가? 왜 고성취 학생들 은 또래들에게 자주 조롱거리가 되는가? 왜 자신의 학업적 성취를 숨기거나 Fordham과 Ogbu(1986)가 진술한 대로 학업적 노력에 "제동을 거는가"(p. 191)? B. B. Brown(1993)은 성취에 대한 부정적인 시각을 초래하는 몇 가지 요인을 설 명하였다.

1. 뛰어난 학생과 그렇지 못한 학생들 간에 두뇌와 바보의 연결이나 또래 구분 이 있다. 두뇌에 대한 고정관념적 이미지는 머리 좋은 괴짜, 샌님, 얼간이와 같이 모두 사회적으로 적합하지 않은 의미를 내포하는 부정적인 성격을 가 지고 있다.
2. 어떤 학생들은 우수하기 때문에 교사들이 다른 학생들에 비해 더 많이 기대 하고 그들은 더 열심히 공부해야만 한다.
3. 학업에 대한 압력은 자주 사회적 활동과 시간제 아르바이트와 같은 비학업 적인 활동에 대한 압력에 의해 약화된다. 또래로부터 가치 있게 여겨지는 상 징물을 소유해야 한다는 압력은 유명 디자이너 상품의 운동화를 사기 위해 시간제 아르바이트를 하도록 한다. 일하는 시간과 성적(GPA) 간에는 부적 상관이 있다. 더 많은 시간 동안 일할수록(한 주에 15시간 이상은 학생에게 큰 피해를 준다.) 낮은 성적을 받는다. 이러한 경우에, 또래 압력은 학생이 다른 관심거리에 정신을 빼앗기게 만드는 작용을 간접적으로 하게 된다.

학생의 노력과 성취에 대한 어른의 영향 ┃ B. B. Brown은 교사와 주위 어른들은 긍정적으로든 부정적으로든 또래 문화에 영향을 줄 잠재력을 가지고 있다고 주장한다. 즉, 교사와 어른들이 여러 방식으로 십 대들이 학교에서 성취하기 위한 노력을 하지 않는 것을 정당화하도록 도울 수 있다고 하였다. 그 예로는 또래 집단 구조에 대한 수동적 인정이 있다. 교사들은 학생들이 또래 집단을 유지하려는 방식으로 행동할 것이라고 기대하고 이에 대해 개입하려는 시도를 하지 않는다. 즉, 교사들은 머리 좋은 괴짜에 대한 차별을 수동적으로 받아들인다.

- 운동선수들에 대한 선호: 운동선수들은 학교에서 더 많은 인기를 얻고 교사들로부터 더 많은 학업적 도움을 받는 것 등 특별한 대우를 받는 것으로 비춰질 수 있다.
- 또래 집단 분리: 능력을 구분 짓는 것은 다른 학업성취 수준에 있는 학생들 간의 분리를 강요하게 된다. 그리고 각 집단은 자신들의 또래 문화를 형성하게 된다(B. B. Brown, 1993). 학생들이 능력에 따라 묶이게 될 때 낮은 성취를 보이는 학생들은 성취동기의 모델들과 더 효과적인 전략으로부터 격리된다.
- 희생자를 비난하거나 봐 주기: 어른들이 학생을 혼낼 때나 잘못된 행동을 봐 주기 위해 그 학생이 속해 있는 사회적 정체성 집단이나 무리에 맞는 고정관념적인 이미지를 사용하게 될 때, 노력은 약화된다. 예를 들어, 교사들은 가정 배경에 근거해서 학생의 낮은 수행력에 대해 그냥 넘어갈 수 있다. 같은 맥락에서 교사는 낮은 수행에 대해 가정 배경을 비난할 수 있다. 어떤 경우건, 학생의 성취는 낮아진다.

교육자들은 긍정적인 또래 문화를 어떻게 조장할 수 있는가? B. B. Brown은 교육자들이 청소년의 학업적 동기를 손상시키기보다 증진시킬 수 있는 몇 가지 방법을 제안했다.

1. 교사는 청소년의 사회적 체계에 대해 더 잘 인지하고 있어야 한다. 특정 학

교에서 작동하고 있는 또래 집단의 사회적 구조, 각 집단 내에서 작동하는 기준, 한 집단과 다른 집단의 관계, 그리고 자신이 속한 집단에 학생이 나타내는 충성심을 인식해야 한다. 교사들은 또래 집단 간에 적의를 가지고 있다는 것을 인식할 뿐 아니라 머리 좋은 사람과 괴짜를 연결시키고 '백인처럼 행동하는 것'에 대한 부담감이 또래 사이에 역동적으로 작용하고 있다는 것을 인식하는 것이 필요하다. 동시에 교사는 학생들이 가지고 있는 고정관념을 강화하지 않도록 주의해야 한다.

2. 성취결과를 가지고 승자와 패자로 나뉘는 게임을 만들지 않도록 한다. 능력으로 집단 나누기와 상대평가는 승자 혹은 패자와 같은 경쟁적인 상황에 학생을 처하게 하는 것이다. 대안적인 성적 평가 시스템은 8장에서 논의된다.

3. 학업적 성취의 위상을 증진시킨다. B. B. Brown은 이것이 학생의 학업성취에 가장 강력한 영향을 미친다고 믿고 있다. 학생의 학업성취와 인기 간에 긍정적 관계가 있기 때문에, 학교는 높은 학업성취에 더 공적인 치하를 해주어야 한다. 학교는 전람회나 박람회 전시 같은 주요 과목 이외의 분야에서 나타나는 학업적 우수성도 치하할 수 있다. 그러나 학업과 비학업적 성취에 대해 상대적인 비교를 하지 않도록 하라. 특히 이것은 학업적 성취보다 운동에서 탁월한 성취를 보일 때 운동을 더 강조하는 식으로 나타나곤 한다.

‖ 생각해 보기 ‖ 학교에서 학업적 성취의 위상에 대해 생각해 보라. 운동과 비교할 때 학업 성취의 위상은 어떠한가?

문화적 정체성과 학업 정체성

우리 사회에서 증가하는 문화적 다양성과 함께, 학교에서 인종 정체성은 학생의 참여와 성취에 있어 점점 그 역할이 커지고 있다. 멤버십과 인지적 참여는 학생들이 학교에 함께 가져오게 되는 사회문화적 배경에 의해 영향을 받는다(Newmann, 1992). 학교에서 열심히 공부하고 성취하는 것이 직업적 성공을 가져올 것이라는 기대를 가지고 있는 학생들은 학교 공부에 자신을 더 투자할 가능성이 높다. 반대로, 학업 수행이 직업적 성공을 이끌 것이라고 기대하지 않는 학생들은 학교 공부에 자신을 덜 투자하기가 쉽다. 어떤 요인들이 학교의 학업적 기준과의 동일시에 영향을 미치는가?

하나의 설명은 고정관념 위협(stereotypic threat)으로(Steele, 1992, 1997), 소수인종 학생들이 학업과의 동일시를 저버리거나 그것을 가치 있게 여기지 않는 고정관념을 갖는 것이다(3장에서 설명되었다.). 학업적 비참여의 효과는 소수인종 소녀들보다 소년들에게 더 잘 나타나는 특징일 수 있는데, 왜냐하면 소수인종 소년들은 부정적인 문화적 고정관념을 더 많이 가지고 있는 것으로 묘사되기 때문이다(Hudley & Graham, 2001).

다른 설명은 Ogbu의 학업 수행에 대한 문화–생태학적 설명으로(Ogbu, 1992; 2003; Ogbu & Simons, 1998), 일부 소수인종 학생들은 역사적 · 문화적 경험 때문에 학교에서 다른 학생들보다 더 잘하려고 노력한다는 것이다. Ogbu는 그들이 한 나라에 기꺼이 속하려고 하는지에 따라 소수인종들을 구분하였다. **자발적** 이민자 집단(예, 일본인과 한국인과 같은 아시아인, 아일랜드인과 같은 유럽인)은 더 나은 삶을 추구하는 반면, **비자발적** 집단은 자신의 의지에 반해서 그 나라에 들어오거나(예, 아프리카계 미국인) 혹은 정복을 통해 이 나라로 들어온 경우로(예, 히스패닉, 북미 원주민), 이들은 갈등을 겪는다.

Ogbu(1992)는 다른 경험이 학교생활과 학업 규준과의 동일시에 영향을 미친다고 주장하였다. 자발적으로 미국 사회에 들어온 소수인종은 기꺼이 열심히 공부하는 것과 학업 수행, 직업 성공 간의 관계를 받아들인다. 이때 자신들의 정체성과 갈등은 없다. 그러나 비자발적인 소수인종은 양가적인 시각을 가지고 있다. 그들은 열심히 공부하는 것과 교육은 필요하다고 믿지만 그들의 경험은 그러한 신념들과 자주 맞지 않는다. 이러한 시각은 문화적 정체성과 학교생활의 규준(준거) 사이에 갈등을 낳게 되는데, 특히 소수인종 청소년의 경우에 그러하다. 이러한 딜레마가 학교 동기와 학습에 어떻게 영향을 미치는가? Fordham과 Ogbu(1986)는 학교의 학습이 주류 문화인 미국의 백인 문화와 언어를 습득하는 것과 같은 것으로 여겨진다는 것을 발견하였다. 이것은 부정적인 결과로 사회적 정체성의 상실로 보이며, "반집단적 정체성 혹은 반사회적 정체성"으로 알려져 있다(p. 181).

반-정체성(oppositional identity)을 채택하는 청소년들은 특정 태도와 집단 행동을 백인적이며 받아들일 수 없는 것(예, 표준적인 영어 말하기, 좋은 성적을 위해 열심히 공부하기)으로 정의함으로써 집단 충성심을 달성한다. 그들은 다른 또래들이 이러한 활동에 참여하는 것을 서로서로 방해하기 위해 또래 압력을 사용한다. 이러한 방해의 표현은 무엇인가? Fordham과 Ogbu(1986)은 워싱턴 DC의 고등학교 학생들을 인터뷰하였으며 그들이 어떻게 또래 압력에 반응했는지에 대한 생생한 모습을 제공하였다.

> 맥스는 축구선수이며 중산층 가정의 아이이다. 맥스는 고급반 수업을 듣고 있는데 부모님이 그렇게 하도록 했기 때문이다. 부모님은 맥스를 친구들로부터 떨어뜨리려고 노력했지만 맥스는 친구들이 자신과 자신의 정체감에 중요하기 때문에 학업적인 면을 희생하더라도 친구들과 함께 있으려고 한다. 친구들에게서 받아들여지기 위해 맥스는 노력과 수행도 제한하였다. "알다시피 나는 내 친구들을 행복하게 하기 위해서 내가 할 수 있는 것, 나의 많은 부분을 희생하고 있다. 그러나 이렇게 했지만 나는 친구들에게 받아들여지지 않았다."(p. 189)

> 셸비는 학습부진아이다. 셸비는 이상적으로는 모든 사람이 지적이길 원한다고 생각한다. 하지만 자신이나 친구들이 학교에서 잘 수행한다면 추가된 책임감과 문제를 가져올 것이라며 지적인 사람이 되는 것을 두려워한다. 이것은 셸비가 6학년 되던 해에 시작되었다. "나와 다른 두 친구들은 항상 함께 놀았는데 사람들은 우리가 지적이라고 말하곤 했지만 아무도 우리를 좋아하지 않았어요. 누구나 지적인 사람이 되기를 원하긴 하지만 자신이 지적이라는 것을 친구가 아는 것을 원하지는 않을 거예요. 일단 당신이 지적인 사람이라는 것이 알려지면 그들이 처음 말하는 것은 '그녀는 자신이 예쁘고 똑똑한 사람이

라고 생각하고, 자신이 다른 사람들보다 더 낫다고 생각한다.' 거든요. 대부분
의 지적인 사람들이 무엇을 하나요? 그들은 대답을 알고 있지만 가만히 앉아
서 대답을 하지 않을 거예요." (p. 191)

더 최근에 Ogbu(2003)는 흑인들의 학업 수행력을 높이는 데 집중하고 있는 부
유한 도시 교외 지역에서 연구를 수행했다. 초등학교 때부터 숙제를 안 해 가도록
하는 사회적 압력이 있긴 했지만, 중학교와 고등학교에서는 숙제를 하지 않도록
하는 또래 압력이 더 심해졌다. Ogbu는 이러한 학생들의 반-정체성은 좋은 점수
를 받는 것보다는 흑인 학생들이 백인 학생처럼 행동한다고 지각되는 태도와 행
동을 하지 않는 데 있다고 결론지었다.

그러나 이러한 반-정체성을 보이거나 정체성을 포기하는 것은 일반적이지 않
다. Kao와 Tienda(1998)는 반-정체성을 보이지 않는 흑인과 히스패닉에게서 높
은 포부 수준을 발견하였다. 자신의 인종 집단에 대한 강하고 긍정적인 정체성은
보호요인으로 작용하는 것으로 보인다. Sanders(1997)는 높은 성취를 보이는 청
소년들이 인종적 차별과 장애를 예민하게 인식하는 것을 발견하였다. 그러나 그
들은 더 노력해서 더 높은 학점을 받는 것에 사력을 다했다. 이러한 학생들의 노
력과 성취에 대한 태도는 집과 공동체와 학교에서의 긍정적인 인종적 사회화 때
문으로 귀인된다. 유사하게, Eccles, Wong과 Peck(2006)은 초기 청소년들에게
자신이 속한 인종 집단에 대한 강한 정체성은 보호요인이 된다는 것을 발견하였
다. 매일 일어나는 차별의 부정적인 효과는 강하고 긍정적으로 연결된 정체성을
가진 학생들에서는 감소되었다. 반대로 Flores-Gonzales(1999)는 낮은 성취를
보이는 학생은 학생 정체성과 상충하는 정체성을 가지고 있는 경우가 압도적으
로 많다는 것을 발견하였다.

맥스나 셸비와 같은 학습부진아들과 달리, 미국 문화에서 성공적으로 경쟁하
는 것을 배운 고성취자들이 가졌던 전략은 무엇인가? 고성취 학생들이 채택한 주
요 전략은 동화 없는 조절이었다(Mehan et al., 1996; Ogbu, 1992). 이것은 미래 성
공을 위해 학업적 성취의 필요성을 인식하면서 문화적 정체성을 유지하려고 할

때 일어난다. 다음 사례의 마르타와 앤드류는 동화 없는 조절의 예를 보여 주는 두 명의 학생이다(Mehan et al., 1996).

마르타는 라틴계 학생으로 자신의 문화적 정체성을 인식하고 있으며 학업 적으로도 성취를 하고 있다. 3학년 때 마르타는 완벽한 이중언어 사용자가 되 기를 결심하면서 모국어인 스페인어를 사용하며 영어와 학업기술을 발전시켜 나갔다. 이러한 목표를 달성하여 마르타는 1992년에 대학에 들어갔다. 그녀의 부모는 마르타의 이중문화 동기를 존중하고 마르타와 친구들이 자신들의 배 경을 존중하는 것에 기뻐하였다.

앤드류는 아프리카계 미국 학생으로 선생님이 학교에서 특정한 방식으로 말하고 행동하는 것을 기대하고 있다는 것을 인식하고 있다. 교사의 기대에 부응하기 위해 앤드류는 사회적 상황에 따라 말하는 방식을 달리하였다. 동네 에서 앤드류는 자신의 또래들에 맞는 행동을 하고 학교에서는 학생으로 기대 되는 행동을 하려고 노력하고 있다.

마르타나 앤드류와 같은 학생들은 이중 정체성을 유지하고 있다. 하나는 학교 에서의 정체성이고 다른 하나는 마을에서의 정체성이다. 성공하기를 원하는 학 생들이 사용하는 다른 전략은 자신이 공부하고 있다는 것을 또래들이 알지 못하 도록 하고 실제 학업적 정체성을 위장하거나 숨기는 것이다. 교실에서는 어릿광 대같이 행동하거나 운동부에 참여하면서 A를 받는 것은 문제가 되지 않는다 (Ogbu, 1992). T. Perry(2003)는 아프리카계 미국인 학생들 간에 성취를 증진시킬 수 있는 환경 유형을 기술하였다. 그것은 "모든 구성원에게 성취 문화를 확장하 고 모든 사람이 성취할 수 있다는 기대가 공적인 집단모임에서 명백하게 자주 언 급되어 강한 멤버십을 만드는" 환경이다(p. 107).

학교와 교사는 학생들이 학교에 함께 가져오게 되는 사회문화적 성향을 먼저 인식하고 멤버십을 형성하는 환경을 조성하며 학생의 문화와 사회적 정체성을 가치 있게 여겨야 한다. 교실의 어떤 특성이 멤버십을 형성할 것인가? 다음 절에서는 멤버십을 지지하는 교실의 요인들을 제시하고 있다.

최적의 멤버십과 참여를 위한 교실 환경

멤버십과 참여는 학생들이 소속/사회적 연결, 자율성/자기주도, 그리고 유능감에 대한 욕구가 충족될 때 가장 발생하기 쉽다(Battistich, Solomon, Kim, Watson, & Schaps, 1995; Solomon, Watson, Battistich, Schaps, & Delucchi, 1992). 배려하는 공동체는 가치를 전수하고 그 가치을 고수하려는 동기를 확립하도록 돕는다. 또한 다른 사람의 복지에 대해 관심을 갖고 필요할 때 지원을 해 주는 학생들 간에 이루어지는 상호 관심과 존중이 특징적이다. 그러한 분위기(climate)를 제공하는 3가지 요인은 (1) 자율적인 교실 구조과 책임감, (2) 협력적인 학습을 통한 사회적 지지, (3) 교사의 지지이다. 이러한 요인들은 교사가 책임을 져야 하고 영향을 줄 수 있는 부분이다.

자율성과 사회적 지지를 위한 교실 구조

많은 연구는 학생들이 교실 학습에서 어느 정도 자율성이나 주인의식을 가질 수 있는 기회가 있을 때 긍정적인 동기효과가 나타난다고 보고하였다. 그러한 기회를 제공하는 구조를 만들려면 자율성과 교실 구조, 교실 관리의 실제를 이해하는 것이 필요하다.

자율성과 교실 구조 | 자율성은 동기를 향상시키는 데 가장 기본적인 것으로 보인다. 연구는 일관되게 자율성 지지가 학생의 동기에 중요한 영향을 미침을 증명하였다(예, Schweinle, Turner, & Meyer, 2006). Connell과 Wellborn(1991)에 따르면, 자율성은 "활동의 시작과 유지, 조절에 있어 선택의 경험"을 위한 심리적 욕

구이며 "자신의 활동과 개인적 목표 및 가치가 연결되는 경험이다"(p. 51). 자율 감은 학생들이 얼마나 효과적으로 수행 결과를 관리할 수 있는가에 대해 학생이 가지는 믿음 또는 지각된 통제감으로 표현된다(Skinner, Zimmer-Gembeck, & Connell, 1998). 그러나 교육자에게 중요한 질문은 교실에서 자율성이나 자기주 도성이 무엇이고 어떻게 교사들이 지원을 해 줄 수 있는가이다.

　deCharms(1976, 1984)에 따르면, 자율성을 연속선상에서 놓고 설명할 때 양 끝에는 자율(origin)과 타율(pawn)이 있다. **자율**은 선택을 할 수 있는 자유와 능력 을 가지고 있는 것같이 느끼는 것이고, **타율**은 환경에서의 외부 힘에 의해 통제된 다고 느끼는 것이다. deCharms는 우리는 모든 상황에서 자율적일 수는 없다고 지적하였다. 왜냐하면 학생들은 수업에 참여해야 하며 교사들이 교육내용을 정 해 왔기 때문이다. 동기에 있어, 가장 중요한 면은 어느 정도까지 자율적으로 느 끼느냐 아니면 타율적으로 느끼느냐이다. Skinner(1995)는 "비록 맥락(contexts) 이 아이들이나 어른들에게 통제력을 '주지는' 못하지만, 맥락은 사람들이 통제 를 연습할 기회를 제공한다."(p. 54)라고 하였다.

　자율성을 위한 교실 조건은 교사가 선택에 대하여 학생과 같이 이야기하고 학 생에게 선택할 여지를 주며 학생들이 학습활동을 개인적 목표 및 가치와 관련된 것으로 여길 때 일어난다(Connell & Wellborn, 1991). 비록 교실 구조는 자율성을 위한 기회를 제공하지만 학생들은 같은 외적인 환경을 다르게 해석할 수 있다(R. M. Ryan & Grolnick, 1986). 학생들에게 책임감을 가지고 선택을 할 수 있는 기회 를 주면서 심리적·물리적 안전을 보장하는 수업 분위기를 형성하는 것은 교사가 균형을 잘 맞추어야 할 주된 활동이 된다. 교사가 표현하는 고민은 다음과 같다. 학생들에게 선택을 하도록 할 때 교실 환경이 혼란스러워지지는 않을까? 얼마나 많은 학생이 의사결정을 할 때 참여할 수 있는가? 학생들을 위해 어떤 선택을 하 는 것이 적절한가? 학생들이 선택을 하고 책임을 지려면 어떠한 능력이 필요한가?

　교사들은 학생들에게 얼마나 많은 선택권을 주어야 하는지에 대한 고민을 마 땅히 하게 된다. 비록 모순처럼 들리겠지만, 학생에게 선택할 수 있는 기회를 제 공하는 것이 열쇠가 된다(Skinner, 1995). 학생의 자율성을 발전시키는 것은 교사들이 그들의 적법한 힘과 책임감 혹은 Noblit(1993)는 '윤리적인 권력의 사용'이라고 명명한 것을 포기하는 것을 의미하는 것은 아니다. 적절한 자유가 있는 교실은 규칙이 없고 민주적이지 않은 자유분방한 교실이 아니다. 대신 그것은 어떤 의미에서 학생들이 교사에 의해서 안내되거나 '움직이게' 되는 것을 의미한다(deCharms, 1976). 학생에게 통제를 연습할 기회가 제공되지만, 기회는 통제를 받지 말아야 한다. 교사들의 역할은 공부를 위한 경계를 세우는 것이고 사회적/행동적 기대, 그리고 책임감의 전이를 위한 경계를 세우는 것이다. [그림 7-1]은 무너지기 쉬운 균형잡기의 예시를 보여 준다. 교사는 이러한 어려운 외줄 타기를 어디에서 시작해야 하는가?

근접발달영역(ZPD)에서 선택과 자기주도를 위해 학생이 준비된 정도를 살피는 것은 학생이 어느 정도의 구조를 필요로 하는지 그리고 그들이 자율적으로 할 수 있는 것이 무엇인지를 교사가 결정하도록 도울 것이다. 근접발달영역은 학생들이 스스로 할 수 있는 것과 능력 있는 또래나 어른들에 의해 전문적 보조(비계)를 받을 때 할 수 있는 것이다(Vygotsky, 1978). 교사들을 위한 과업은 자기주도를 위한 학생의 수준을 정하고 보조해 주거나 그 수준에서 자기주도를 할 수 있도록 전략을 가르치는 것이며, 점차 학생이 더 많은 책임감을 가지게 됨에 따라 감독하고 지시를 하는 것이 줄어들게 된다. 예를 들어, 학생들은 새로운 지식이나 기술을 배울 때 더 비계된(한 단계 더 올라간) 보조를 받을 필요가 있다. R. Ames와 C. Ames(1991)는 동기적 성숙함의 네 수준(낮은 것에서부터 높은 것까지)을 제안하였는데, 이것은

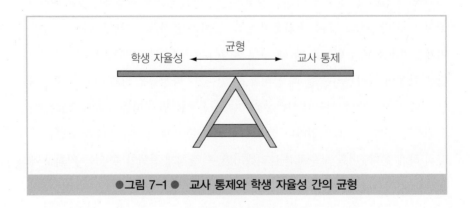

●그림 7-1 ● 교사 통제와 학생 자율성 간의 균형

● 표 7-1 ● 동기적 성숙 수준에 따른 교사의 행동

성숙 수준	교사 행동
낮은 성숙	자주 모니터링하면서 지시를 주며, 긍정적 피드백과 함께 고칠 부분을 알려 준다.
낮은-중간 성숙	과제를 세부목표로 나누는 모델을 보여 주고 학생이 따라 하도록 한다. 모니터링을 계속하지만 학생이 공부한 것을 스스로 체크하도록 한다.
높은-중간 성숙	필요한 경우, 학생을 지원한다. 목표를 세우는 데 학생이 참여하도록 하고, 기준을 세우고, 공부와 행동을 평가하고, 해결책을 생각해 내도록 한다.
높은 성숙	학생이 스스로 도움이 필요할 때를 판단할 수 있으므로 학생에게 교사의 지도가 거의 필요하지 않다. 학생은 스스로 목표를 세우고 자신의 어려움을 뚫고 나가는 것을 배우게 된다.

출처: Ames, R. & Ames, C. (1991) "Motivation and Effective Teaching." In J. L. Idol & B. F. Jones (Eds.), *Educational Values and Cognitive Instruction: Implications for Reformation* (pp. 247-61). Hillsdale, NJ: Lawrence Erlbaum Associates. 허락받고 수정함.

학생들을 보조하는 데 시작점으로서 사용될 수 있다. 동기적인 성숙의 각 수준에서 보조를 제공하는 교사의 행동을 〈표 7-1〉에 제시하였다. 낮은 성숙 수준에서 목표는 학생이 높은 동기 성숙으로 가도록 지원해 주는 것이다(4장의 LINKS 모델을 참조하라.). 낮은 성숙 수준에서는 교사의 지시가 더 많이 필요하다. 학생은 자신을 안내하는 것을 더 잘하게 되며, 교사는 점차 지원의 수준을 낮출 것이다.

비록 이러한 수준이 연령과 일치할 것으로 기대되지만 고등학교 교사들은(대학교 교수들조차도) 더 구조가 필요한 낮은 수준의 동기적 성숙을 보이는 학생들을 보게 될 수 있다. 동시에 어린 학생들이 더 성숙할 수 있고 구조를 덜 요구할 수도 있다.

요약하면, 자율성은 학생에게 무한히 열려 있는 선택의 문제가 아니다. 그것은 학생의 주인의식이다. 학생이 선택을 이해하고 선택할 수 있는 능력을 가지고 있다면 교사는 선택을 조심스럽게 계획한다. 학생이 다룰 수 있는 선택보다 더 많은 선택은 오히려 학생의 동기를 감소시킬 수 있다(Iyenger & Lepper, 2000). 학생의 선택이나 의사결정에 어떤 활동이 적절한지 혹은 적절하지 않은지에 대한 결정

이 필요하다. 명심해야 할 몇 가지 점을 〈전략 7-1〉에 제시하였다.

‖ **생각해 보기** ‖ 자율성을 위한 기회를 주는 데 있어 당신은 어떤 수준이 가장 편안한가? 당신의 학생들과 학습 과제에 대해 생각해 보라. 당신은 동기의 정도에 따라 어떻게 학생들에게 자율성을 위한 기회를 제공할 수 있는가?

교실 관리 실제 ┃ 학생의 자율성을 지지하는 구조의 확립은 효과적인 교실 관리의 이행을 통해 이루어진다. 이것은 구조와 자율성 간의 균형을 위해 또다시 요구되는 과제이다. Freiberg, Stein과 Huang(1995)은 그러한 교실을 "더 큰 창의성과 활동적인 학습이 이루어지도록 하기 위해 교실을 조직해 나가는 목적의식이 있고, 질서가 있으며, 예측 가능한" 교실이라고 기술하였다(p. 3). Ladson-Billings(1994)는 아프리카계 미국인 아이들에게 성공적이었던 교사들이 보이는 공통점에 대해 "심리적인 안정이 이 교실의 특성이다. 학생들은 편안함을 느끼고 지지받고 있다고 느낀다."(p. 73)라고 하였다. 다시 말해, 교사들을 위한 이슈는 자율성의 기회를 제공하는 교실을 만드는 것과 학습을 방해하는 행동이 없는 자유로운 교실 간 균형을 잡는 것이다.

전략 7-1   선택을 주기 위한 지침

- 일단 기본적인 규칙과 절차가 학년 초에 형성되면 학생들에게 교실 세팅의 한계 내에서 더 많은 자유를 주는 것이 가능하다.

- 조심스럽게 계획된 선택의 기회를 주라. 그리고 학생들이 선택을 이해하고 선택할 수 있는 능력이 있다는 것을 확신하고 이를 편안하게 느끼라. 선택이 매일 제공될 필요는 없다.

- 의미 있고 동등한 가치를 지니고 있는 것들에서 선택을 하도록 하라. 의사결정은 학생들에게 쉽거나 어려운 과제, 더 노력해야 하는 것과 덜 노력해도 되는 것 간에 선택을 하도록 하는 것을 의미하지 않는다. 학생에게 논술형 문제와 진위형 문제 중에 선택을 하도록 하는 것은 좋은 선택안이 아니다. 왜냐하면 이것은 학습과 평가에서 다른 목적을 가지기 때문이다.

교실 관리에 대한 연구들은 더 효율적인 교사는 적정 학습 시간을 제공하고 문제가 발생하는 것을 예방하기 위해 고안된 계획과 준비에 초점을 둔다고 하였다(Emmer & Assiker, 1990). 학년 초 처음 몇 주가 가장 중요한데, 일 년 내내 계속될 학업 행동과 사회 행동을 위한 규칙을 형성하는 때이기 때문이다. 일단 초반에 규칙이 형성되면 학생들에게 교실 세팅의 한계 내에서 자유를 더 주는 것이 가능하다. 즉, 점차적으로 '고삐를 더 늦추게 된다'. 학생들은 규칙을 형성하는 데 능력이 되는 한 참여할 수 있다. 많은 교실에서 나타나는 일반적인 규칙은 다음과 같다.

규칙 1. 서로 예의를 지키고 도와야 한다.
규칙 2. 다른 사람의 소유물을 존중한다.
규칙 3. 다른 사람이 말할 때는 조용히 들어야 한다.
규칙 4. 모든 사람을 존중하고 예의를 지킨다.
규칙 5. 모든 학교 규칙을 따른다. (Evertson, Emmer, & Worsham, 2003, p. 23)

『중등교사들을 위한 교실 관리(*Classroom Management for Secondary Teachers*)』(Emmer, Evertson, & Worsham, 2003)와 『초등교사들을 위한 교실 관리(*Classroom Management for Elementary Teachers*)』(Evertson, Emmer, & Worsham, 2003)와 같은 교재는 긍정적인 교실 관리 시스템을 형성하기 위한 구체적인 안내를 제공한다. 〈전략 7-2〉는 규범을 형성하는 데 지침을 제공한다.

전략 7-2 규범을 형성하기

다음을 위한 규범을 형성하라
- **사회적 지지 체계와 또래 존중**: 참을 수 없는 행동의 예와 함께 당신의 교실에서 보여야 하는 존중의 행동에 대해 정의하라. Noblit(1993)는 교실에서 "가장 나쁜 위반 행동은 만약 어떤 사람이 질문에 대해 틀린 답을 했을 때 웃는 것이다."(p. 30)라고 기술하였다.

> - **도움 구하기**: 모든 학생이 돕기도 하고 도움을 받기도 하는 풍토를 만들라. 학생들은 필요할 때 도움을 요청하는 것이 적응적인 전략이며 부정행위가 아님을 이해해야 한다.
> - **공부**: 책임감의 의미와 성공과 실패에 대한 귀인의 동기적 효과에 대해 학생들과 논의하라.
> - **설명과 모니터링**: 공부하는 것이 어떻게 모니터될 것이며, 학생들이 어떻게 모니터할 수 있는지와 학생들이 기대할 수 있는 피드백의 형태에 대해 설명하라.

　McCollum(1995)은 빈곤율이 높은 교실에서 높은 수준의 참여를 위한 교실 관리의 중요성에 대한 증거를 발견하였다. 빈곤율이 높으면서 참여 수준이 높은 교실의 대부분은 (1) 정해져 있으나 융통성이 있는 학교 일정이 있고, (2) 방해가 거의 없으며, (3) 학생의 공부에 대해 계속적으로 모니터링하는 특징을 보였다. 효율적인 학습 환경을 위해 학생이 보여야 하는 예의 바른 행동의 중요성은 과소평가될 수 없다. 무엇보다 중요한 것은 교사들이 새로운 교수실제를 이행하는가 아닌가인 것으로 나타났다(Newmann, Rutter, & Smith, 1989). 이와 유사하게, 도시의 고등학교 교사들은 협력적인 학습과 같은 교수법을 사용하지 않았으며 전학급 회의도 하지 않았는데, 이는 학생들의 잘못된 행동에 대한 걱정 때문이었다(Alderman, 1996).

　McCollum(1995)은 교실에서의 질서에 대하여 2가지 극단적인 상황을 설명했다. 교실은 훈육문제가 거의 없을 때 행복한 장소일 수 있지만, 이런 경우 거의 학습이 이루어지지 않거나 매우 질서정연해서 실제로는 학생들이 참여하지 않는 것일 수 있다. 구조와 질서는 자주 학생 자율성에 영향을 미치는 요인으로 고려된다. 그러나 적정 수준의 구조화는 학생들의 자율권을 지지해 주는데, 왜냐하면 학생들에게 기대와 피드백 그리고 결과에 대해 일관된 정보를 주기 때문이다(Connell, 1990). 같은 맥락에서, 비일관된 교실은 자율성 지지의 결핍을 낳는다. 2가지 효과적인 교사의 관리에 대한 관점은 〈예시 7-1〉에서 볼 수 있다.

예시 7-1 교사의 교실 관리에 대한 관점의 예

구식처럼 들릴지 모르지만 나는 학생들이 학교에서 얻는 것이 있다고 믿는다. 나는 학기 초에 학생들의 눈을 똑바로 쳐다보며 "너희들은 읽을 수 있고, 곧 읽게 될 것이다."라고 말한다. 나는 내가 가르치는 모든 수업에서 우리 모두는 읽는 방법을 알아야 하며 모든 학생이 반드시 읽기를 잘 배워야 하는데 그것은 우리 모두의 책임이라고 말한다(Ladson-Billings, 1994, p. 114).

스테파니 테리 선생님 반은 내가 지금까지 본 교실 중에 가장 질서정연하였다. 나는 그녀가 소리를 지르는 것을 들어보지 못했고, 학생을 나무라는 것도 보지 못했다…… 질서는 그녀가 고안한 교육과정에서 그대로 드러났는데, 그녀는 학생들로 하여금 그들이 하고 있는 것이 중요하다고 느끼게 하였다. 교실은 열심히 공부하는 곳인데 만약 그들이 서로 잘 지내지 못한다면, 질서가 없다면 많은 것을 할 수 없다는 것을 학생들은 알아 가게 된다. 교실 관리의 전체적인 접근은 사회적 관계의 영향을 받게 된다. 내가 눈치챈 첫 번째는 스테파니 선생님 반 학생들은 서로서로를 배려한다는 것이었다. 서로에 대한 배려는 자신과 협동적 상호작용을 위한 특별한 태도를 조성하였다. 그녀는 아이들이 개인적 책임을 가질 뿐 아니라 서로를 존중하도록 격려하였다(Rose, 1995, pp. 110–11).

사회적 지지의 원천

사회적 지지는 교사와 학생, 학생과 학생 간의 상호작용을 포함한다. 어떤 지지적 요인들이 지지적인 교실에서 발견되는가? 집단응집력, 만족 그리고 목표 지향성과 같은 특징을 보이는 교실이 학생들에게서 선호되며 긍정적인 결과와 연계된다(Battistich et al., 1995). Battistich 등은 학생이 가진 사회적 책임감이 학생의 학업적 유능감에 직접적으로 기여할 수 있다고 제안했다. 그들은 학교 혁신(reform)의 맥락에서 "학문적인 결과를 얻는 것만큼 '비학문적인' 결과를 얻는 것 또한 중요하다."고 하였다(Battistich et al., 1999). 여기서는 사회적 지지의 원천인 협동학습과 교사의 지지에 대해 기술한다.

협동학습

Epstein(1988)은 학생들의 사회적·학업적인 또래 집단 관계는 성격, 개인 윤리, 사회적 가치를 발전시키는 데 중요하다고 주장하였다. 교실에서 사용되는 소집단 구조는 이러한 목적에 부합하는 핵심요인이다. 집단 구조는 학생들이 어떻게 상호작용하고 친구가 되고 학습 참여 시 서로에게 영향을 미치는가에 영향을 준다. 협동학습은 멤버십을 지지하는 교실을 만들어 가는 데 중요한 요인이 되는 소집단 구조이다. 협동학습은 아동발달 프로젝트(Child Development Project: CDP)의 하나로, 배려하는 공동체의 교실 분위기를 만드는 데 그 목표가 있다(Solomon et al., 1992).

협동학습은 경쟁적, 개인주의적 학습과 함께, 교실에서 활용될 수 있는 3가지 형태의 목표 구조 중 하나이다. 각 목표 구조가 작용하는 과정은 학생의 동기에 각기 다른 영향을 미치게 된다(Slavin, 1995). 학생들은 경쟁적인 구조에서 보상과 학점을 위해 서로 경쟁한다. 규준 기반 학점 시스템(예, 상대평가)에서 학생들의 점수는 몇 등을 하였는가에 따라 결정된다. 이러한 형태의 경쟁은 수행에 있어 능력의 중요성을 강조함으로써 부정적인 동기 결과를 조성하고 승자와 패자로 나누게 된다(C. Ames & R. Ames, 1984). 이긴 학생들은 자신의 능력을 높은 것으로 평가하고 진 학생들은 자신의 능력을 낮은 것으로 본다. 이것은 수행목표 지향성을 촉진하는 조건(환경)이다.

개인주의적 목표 구조에서 성공에 대한 준거는 일반적으로 절대 기준으로, 표준 기반 학교개혁의 경우가 이에 해당한다. 한 학생의 노력은 다른 학생의 목표 성취에 영향을 미치지 않는다. 이러한 구조는 노력이 가치 있는 것으로 여겨지는 학습목표 지향을 강화한다. 개인주의적 목표 구조의 한계는 학습을 위한 또래 상호작용을 명시적으로 조장하지 않는 것이다.

협동학습 구조는 목표를 향한 학생들의 노력이 다른 학생들의 학습에 기여한다는 명제(premise)에 기초한다(Johnson, Maruyama, Johnson, Nelson, & Skon, 1981). 협동학습 구조에서는 학습목표를 팀원들이 달성하도록 도와줌으로써 개인적인 목표를 달성할 수 있다. 협동학습 집단은 학교의 멤버십과 소속감, 참여에 어떻게 기여하는가? 협동학습은 고성취 학생들뿐 아니라 저성취, 소수, 혹은 주류의 다양한 학생 집단에게 이득이 되는 것으로 발견되었다(Slavin, 1995). Berndt와 Keefe(1992)에 따르면, 협동학습은 (1) 반 학생들 간의 지지적인 우정 관계를 형성하도록 촉진하고, (2) 학생들이 반 친구들을 향해 경쟁적인 방식보다는 도움이 될 수 있는 방식으로 행동하도록 장려하며, (3) 학생들이 서로에게 상호작용하는 시간과 기회를 제공하는, 교실 환경에 기여한다.

소집단 학습 팀은 아프리카계 미국인 학생들을 위한 교내 지원 시스템을 강화하는 데 특히 유용한 것으로 선정되었다(M. L. Clark, 1991). 인종 간 유대감은 아프리카계 미국인과 백인 학생들이 교실 과제를 하는 데 있어 협력할 기회를 가질 때, 그리고 교외활동에 함께 참여할 때 증진된다.

협동학습의 동기적 효과 | 협동학습의 동기적 효과는 무엇인가? 협력적인 방법에 대한 연구에서는 협력적 방법이 성취력과 자기존중감 및 통제소재에 긍정적인 효과가 있는 것으로 나타났다(Slavin, 1995). Slavin은 협동학습의 가장 중요한 동기적 결과는 학생의 자기존중감에 미치는 효과라고 주장한다. 협동학습에 의해 영향을 받는 자기존중감의 2가지 요소는 (1) 또래 친구들이 자신을 좋아한다는 느낌, (2) 학업적 유능감이다. 특히 저성취 학생들의 동기는 목표 구조의 유형에 따라 증진될 수도 있고 억제될 수도 있다.

교실에서의 목표 구조가 경쟁적이라면 저성취 학생들은 자신이 더 성공적인 반 친구들과 비교하여 능력이 부족하다고 인식할 것이다. 저성취 학생들은 협력적인 교실에서 더 큰 성공을 경험하게 되는데, 협력적인 집단 구조가 능력에 집중하는 것을 최소화하는 경향이 있기 때문이다(C. Ames & R. Ames, 1984). 더 중요하게는 협력적인 목표 구조가 더 높은 학업성취를 위한 또래 규준(peer norms)을 조장할 수 있다(Slavin, 1995).

집단목표가 학습목표로 인식되는지 혹은 수행목표로 인식되는지는 집단원들의 참여와 관련된다(Blazevski, McKendrick, & Hruda, 2002). **사회적 태만**(social loafing)은 협력적 집단에서 다른 사람들이 작업하도록 하는 경향성을 뜻하는데,

이는 집단의 목표를 수행목표로 인식했을 때 더 많이 나타났다. 더 높은 참여와 적은 사회적 태만은 지각된 학습목표와 관련되었다. 저성취 학생들의 경우 수행목표 지각은 해로웠다.

효과적인 집단 형성하기 ｜ 협동학습 구조에는 몇 가지 유형이 있다(예, STAD[모둠 성취분담], 조각그림 맞추기, 집단 조사). 그러나 교사들을 위한 주요 질문은 구조의 유형과 상관없이 '무엇이 효과적인 집단을 만드는가?' 이다. 가장 중요한 요인은 집단이 효과적으로 작동되는 것이다. 모든 구조에 있어 일반적인 사항은 각 학생이 집단의 목표 획득을 위해 책임감을 갖는 것이다. 학생들에게 학습을 위한 과제가 분배되고 모든 학생이 자신의 책임감을 다 하고 있다는 것을 확실하게 하기 위해 협력하게 된다. 그 이유는 집단의 성공이 같은 보상(점수)을 나누게 되는 모든 집단원의 노력에 달려 있기 때문이다. Slavin은 효과적인 집단 학습은 집단 보상에 의존하며 개인의 책임감에 달려 있다고 주장했다. 많은 출처에서 효과적인 협동학습을 형성하는 구체적인 방법을 제시하고 있다(예, Cohen, 1994; Johnson, Johnson, & Holubec, 1994; Kagen, 1992; Slavin, 1995). 다음은 집단의 구성에 초점을 두고 있다.

집단의 구성 ｜ 집단 구성은 멤버십을 조성하는 분위기를 형성하는 데 있어 중요한 요인이다. 일반적인 규칙으로서, 협동학습 집단은 이질적으로 구성된다(성별, 능력, 인종에 따라 섞인). CDP 프로젝트(Solomon et al., 1992)는 이에 더 나아가 연말에 학생들이 대부분의 급우와 집단 내에서 잘 협동하며 공부했는지를 확인하는 목표를 두었다. 유사하게, N. Miller와 Harrington(1992)은 주기적으로 팀을 교체해서 가능하면 많은 급우와 직접적인 경험을 가지도록 할 것을 제안하였다. 초등학교 교실에서는 학습 단원마다 매번 팀을 바꿀 수 있다. 문제는 교실에 작은 수의 소수인종이 있을 때 어떻게 그룹을 형성하는가이다. 이러한 경우, Miller와 Harrington은 가능한 한 여러 팀에 소수인종 아이들을 나누기보다는 다른 집단들은 동질적인 집단으로 두고 몇 개의 집단만 문화적 다양성에 따라 균형 있게 이

●그림 7-2 ● 협력적인 팀워크

질적인 집단으로 만드는 것이 낫다고 제안하였다. 협동 학습 집단은 [그림 7-2]에
묘사되어 있다.

집단을 구성함에 있어 잠재적인 문제는 무엇인가? Cohen(1994)은 집단을 능력
에 따라 이질적인 집단으로 나눌 때 잠재적인 동기 문제로 위상(status)을 언급하였
다. 예를 들어, 학생들 사이에서 고성취 혹은 저성취 학생으로 알려진 경우 그들의
능력에 대한 기대에 근거해서 다른 학생들이 그들에게 높은 위상 혹은 낮은 위상
을 부여할 수 있다. 이러한 경우, 낮은 위상에 있는 아이들은 자원에 덜 접근하고
말할 기회도 적으며 다른 집단원들이 무시할 수 있다. N. Miller와 Harrington
(1992)은 사회적 정체성의 측면에서 이 문제를 설명하였다. 만약 학생이 자신의
학업적 기술의 부족에 집중한다면 이러한 학업적 기술은 덜 가치 있는 것으로
간주될 수 있고, 그 학생은 자기존중감을 회복하기 위해 결과적으로 다른 정체
성(예, 터프한 소년)으로 위장하려는 결과를 낳을 수 있다. 집단 내에서 높은 위상
을 가진 학생들의 장악력을 줄이기 위해, Cohen(1994)은 집단 참여 규준을 가지
고 학생들을 훈련할 것을 제안하였다. 즉, 학생들에게 집단 참여 규준에 대하여
말로만 하는 것이 아니라 그 규준을 실천하도록 하는 것이다. Morris(Cohen,
1994에서 재인용)는 학생들을 훈련시키기 위한 다음의 집단 참여 규준을 발전시
켰다.

- 자신의 생각을 말하라.

- 다른 사람의 말을 경청하라. 모든 사람에게 말할 기회를 주라.

- 사람들에게 그들의 생각을 물어보라.

- 자신이 그렇게 생각한 이유를 말하고 이에 대해 다른 사람들과 논의하라.

   (Cohen, 1994, p. 53)

〈전략 7-3〉은 협동 집단을 실시할 때 필요한 추가적인 지침과 주의사항이다.

전략 7-3 협동 집단을 구성하기 위한 지침

- 학생들이 집단에서 효과적으로 일할 수 있는 사회적 기술을 가지고 있다고 가정하지 말라. 교사들은 (놀랍게도) 대학교 준비반 학생들이 그러한 사회적 기술을 자동적으로 가지고 있다고 생각한다. 이러한 학생들이 수행목표 교실 구조에 익숙하게 되면 팀원들이 더 많이 배울수록 자신의 능력은 떨어지게 된다고 믿는다.
- 앞에서 기술된 학생의 신념을 다룰 수 있도록 하기 위해 학습목표 지향성을 조장하라.
- 집단원들 사이에 책임감을 분배하라. 모든 집단원에게 집단목표를 달성하기 위한 과제에 대한 책임이 있다는 것을 명심하게 하라.
- 발전을 확인할 수 있는 집단목표를 세우고 각 회기에서 목표의 성취를 평가하도록 하라.

요약하면, 협동학습을 효과적으로 사용하면 또래들이 서로서로를 지지하고 돕는 분위기를 형성하게 된다. 2장에서 도움 구하기는 학업적 성공을 위한 적응적 기술전략으로 기술되었으며, 귀인신념과 관련된다. 도움 구하기는 멤버십을 지지하는 교실의 분위기에서 나타나는 정상적인 사회적 상호작용으로 간주되어야 한다. Nelson-Le Gall(1991, 1992)은 비록 전체 학급 구조와 개인주의적 학습 구조가 도움 구하기를 방해할지도 모르지만 협동학습은 도움 구하기를 증진시킨다고 주장했다. 교사의 중요한 역할은 도움 구하기를 위한 규준을 적응적 전략으로

확립하는 것이다. 협동학습에서는 도움 구하기와 도움 주기가 모두 포함된다. 도움을 구하는 학생이 즉각 도움을 줄 수 있는 반 친구들을 멀리할 수도 있는데, 왜냐하면 협동작업은 부정행위의 한 형태라고 하는 메시지를 명시적으로나 암묵적으로 전달하는 교실 규준 때문이다. 협동학습이 잘 설계되거나 수행될 때 그것은 학생들이 적응적인 전략으로서 도움 구하기를 생각하도록 도울 수 있다.

사회적 지지에 있어 교사의 역할과 학생의 관점

학습자 중심의 심리학 원리 중 하나는 학습에 미치는 사회적 영향이다(American Psychological Association[APA], 1997). 이러한 원리는 소속감, 자기존중, 자기수용과 학습을 지원하는 긍정적인 교실 분위기를 마련하는 데 있어 개인적인 관계의 질이 중요함을 강조한다. 그러한 분위기를 형성하는 데 있어 교사의 지원은 얼마나 중요한가? 교사와 학생들로부터의 개인적 지지는 Newmann(1992)이 사회적 유대관계를 위한 단계들에서 기술한 세 번째 조건이다. 고부담 시험과 그 시험의 규준에 맞추는 것에 대한 압력을 고려할 때 교사의 역할은 매우 중요하다. V. E. Lee와 Smith(1999)는 시카고에서의 학교개혁에 대한 연구를 수행하면서, 학교/교실에서 학생들에 대한 학업적 기대/지원과 함께 사회적 지지가 제공될 때 학습이 잘 이루어진다는 사실을 발견하였다. 만약 사회적 지지나 규준에 대한 압력이 없다면, 그 결과는 낮은 학업성취로 나타난다.

교사들은 지지적인 교실 환경을 만드는 데 있어 중요한 역할을 한다. 유치원 때부터 긍정적인 교사-학생 관계는 학업적 유능감과 사회적 유능감 모두와 관련된다(N. E. Perry & R. S. Weinstein, 1998). 소수 학생의 학업적 수행은 그들의 교사와 학교 직원이 지지적이고 도움이 되는 것처럼 보일 때 증진된다(M. L. Clark, 1991). 교사의 지지는 (1) 모든 학생에게 관심을 보이고, (2) 학생들의 생각과 경험, 산출물에 관심을 갖는 것으로 표현된다(Solomon et al., 1992). Ladson-Billings(1994)는 그러한 교사들은 "학생들이 자신의 성취에 대해서 관심을 가질 뿐만 아니라 반 친구들의 학업성취에 대해서도 관심을 가져야 한다."고 믿는 사람들이라고 기술하였다(p. 69).

학생들은 교사 지지를 어떻게 기술하고 있는가? A. M. Ryan과 Patrick(2001)은 **교사 지지**를 "학생들이 교사들을 가치 있게 여기는 정도와 교사들과 개인적 관계를 형성한 정도"(p. 440)라고 기술하였다. 학생들이 가장 많이 언급한 특성 중 하나는 돌봄이다. 돌봄은 학생들을 위한 관심 또는 라포(rapport)와 같은 말들로 기술된다. McLaughlin(1991)은 돌봄이 대인관계, 교실 관리, 교육과정, 교수 접근을 통해 이루어진다고 하면서, 더 넓은 틀에서 돌봄을 기술하였다. 아래의 예는 교사 지지에 대해 기술한 것으로, 더 넓은 의미에서 교실을 관찰하고 교사와 학생들을 인터뷰한 것을 통해 수집된 내용과 그 예이다(Dillon, 1989; Ladson-Billings, 1994; Nieto, 1992, 1994; Rose, 1995).

- 시골 중학교의 저성취 영어반 학생들은 "교사가 학생들을 개인적으로 돌보고 그들의 수행과 학습에 대해 관심을 가졌기 때문에" 자신이 학교 공부에 대해 더 관심을 가지게 되었다고 보고하였다(Dillon, 1989, p. 242).
- "선생님들은 모두 훌륭했다. 나의 모든 선생님들이 놀라울 정도로 훌륭하였다. 그것이 바로 우리가 가지고 있는 느낌이다. 우리는 선생님들이 정말로 관심이 있다는 것을 알고 있다. 우리는 그것을 안다. 우리는 말할 수 있다. 그 선생님 반이 아니어도, 그 선생님 반이었던 적이 없어도, 선생님들은 내가 누구인지 알고 있다."(Nieto, 1994, p. 407)
- "Calexia 학교에서 돌봄은 감정뿐 아니라 믿음과 인지와도 관련된다. 모든 아이는 그들의 배경이 어떠하든지 간에 배울 능력을 가지고 있다. 그리고 이러한 믿음은 책임감을 가져온다. 학생들의 잠재력을 이끌어 내기 위해 교사가 해야 하는 것을 이해하는 것은 교사에게 지적인 도전이 된다."(Rose, 1995, p. 87)
- "로페즈 선생님이 가르쳤던 방법은 내가 수학에 관심을 갖도록 만들었다. 그는 나에게 수학을 포기하지 않고 할 수 있다는 느낌을 갖도록 하였다. 그것이 수학 문제를 풀게 된 유일한 방법이었다."(Walker, 2006)

이러한 예들에서, 교사의 관심과 흥미는 모든 학생이 학업적 기술과 사회적 기술을 발달시키는 것과 연결된다. Page(1991)가 관찰했던 것처럼, 단순히 학생들에게 개인적인 관심을 주는 것이 지지적인 교실 환경을 발전시키지는 못한다. 중학교 3학년 저성취반에서 개인적인 관심을 주어 사회적 필요를 채워 주려고 한 시도는 역효과를 내었다. 이것은 질서와 무질서를 번갈아 왔다 갔다 했던 다음 교실에서의 사건으로 예시된다.

- 교사는 매 15~30초 동안 4명의 학생을 개별로 도와주기 위해 앞뒤로 오갔다. 이것은 지지적인 교실에서 추천되는 격려를 제공하는 것처럼 보였지만 학생들에 대한 개인적인 관심은 오히려 교실을 어수선하게 하고 산만하게 하였다. (2장에서 언급하였던 것처럼, 학생이 요청하지 않았는데 교사가 자발적으로 주는 도움은 학생의 낮은 능력 때문에 교사가 보이는 태도로 여겨질 수 있다.)

Page는 이 교실이 응집력이 부족했다고 결론지었다. 사회적 관계와 지지를 위해 공유된 기준이 없었다. 대신에, 각 학생은 개인적인 욕구를 충족하기 위해 노력했고 교사의 관심을 끌기 위해 경쟁하였다.

다문화 교실에서의 지원

학교 멤버십에 있어 하나의 문제는 소수 학생들이 보이는 학교와의 동일시 부족이라고 일찍이 알려졌다. 교실 환경의 사회적인 측면은 주류 학생들보다 유색인종의 아이들에게 더 중요한 것으로 밝혀졌다(Delpit, 1995). 다문화 교실에서 교사의 지원은 어떻게 나타나는가? 첫 번째 단계는 교사가 학생들의 문화에 대하여 지식을 가지는 것이다(Ogbu, 1992; Tucker & Herman, 2002; Villegas, 1991). 관련 지식은 교사들이 (1) 학습자의 언어적, 비언어적 신호에 민감하도록, (2) 학생들이 그들 자신에 대해 표현하게끔 격려하는 교실 분위기를 조성하도록, (3) 사회적 적절성(social relevance)의 주제에 민감하도록, 그리고 (4) 학생들이 자신의 정체성을 잃거나 자신의 집단에 불충성하는 일 없이 다른 목적을 위해 두 개의 문화 체계에 참여할 수 있다는 것을 인식하거나 수용하도록 돕는다.

아프리카계 미국 아이들의 교육에 성공적이었던 교사들에 대한 프로필을 모은 Ladson-Billings(1994)는 그 교사들이 각 학생에게 개별적으로 모두 중요하다는 것을 확신하도록 만들었다고 결론지었다. 만약 학생들이 교사와 다른 문화적 집단에 속해 있다면, 교사가 그 학생들과 공통점을 만들기 위해 작업하는 것이 특히 중요하다. 예를 들어, 다른 종교로부터 온 한 백인 교사는 저소득층의 아프리카계 미국 학생들과 거의 공통점이 없는 교사였다. 그는 학생들이 말하도록 하기 위해 다음의 기법을 사용했고 그들의 관심사를 나누도록 하고 새로운 관심거리를 소개했다.

- 그녀는 '사전 질문지'를 연초에 실시하는데 이것은 그녀에게 학생들이 학교 밖에서 하기를 좋아하는 것과 여가시간 활동, 그들이 좋아하고 싫어하는 과목에 대해 알도록 해 준다. "나는 학년 초에 학생들에 대해 내가 할 수 있는 한 많이 알아내려고 노력한다. 그래야 나는 학생들을 동기화하고 그들의 필요에 맞출 수 있는 교수 프로그램을 계획할 수 있다……. 사전 질문지는 또한 학생들의 읽기와 쓰기 수준에 대해 어느 정도 알 수 있는 훌륭한 방법이 된다." 그녀는 또한 아이들의 생일을 축하해 준다(Ladson-Billings, 1994, p. 67).
- 다음은 학생들이 중학교 2학년에 대하여 좋았던 기억을 말한 것이다. "선생님은 우리의 말을 경청하고, 존중해 주고, 우리의 의견을 표현하도록 도와준다. 선생님은 우리에게 말할 때 눈을 맞추고 복도나 카페테리아에서 우리는 보게 되면 말을 건넨다." (Ladson-Billings, 1994, p. 68)

Nieto(1994)가 인터뷰를 했던 학교에서 성공한 소수인종 학생들은 다양한 방식으로 지지적인 교사를 기술하였다.

- 요란다는 자신이 이해받고 지지받는다고 느끼게 했던 많은 선생님이 있었던 것이 매우 행운이었다고 느꼈다. 선생님들은 요란다의 이중언어 능력에 대해 이야기하고 전통 멕시칸 댄스팀의 일원이 된 것, 혹은 요란다와 다른 학생들과 자신의 삶에 대해 이야기하는 등의 여러 방식으로 요란다를 지지해 주었다. 요란다는 덧붙여 섰다. "나는 선생님들과 매우 잘 지냈다. 선생님들은 항상 엄마에게 전화해서 내가 잘하고 있다고 말하였다. 혹은 나에게 먼저 말을 건넸다. 그리고 그들은 항상 나의 성취에 대해 축하의 말을 건네주었다."(pp. 406-7)

- 바네사는 "대부분의 교사는 나에게 관심을 갖고 지지하며 자신의 삶을 기꺼이 나누고 나의 말을 기꺼이 경청하려고 한다. 그들은 자신이 가르치려는 것에 대해서만 말하기를 원하지 않았고 또한 우리에 대해 알고 싶어했다."고 썼다(p. 407).

Foster(1987)는 좋은 교사에 대하여 아프리카계 미국인 학생이 기술한 다음의 내용을 보고하였다.

> 선생님의 수업 시간은 재미있었지만 그 선생님은 짓궂었다. 나는 그 선생님이 "그 이야기 속에 무엇이 있는지 말해 줘, 웨인."이라고 말했던 것을 기억한다. 선생님은 나에게 자주 다가왔고 나에게 이해하도록 압력을 가했다. 그녀는 내가 배우도록 만들었다. 우리는 책에서 무엇인가 얻어야만 했다. 키가 큰 아이가 있었는데 그 아이는 선생님의 성질을 긁으려고 노력했다. 그러나 선생님은 수업에 대해 책임감을 갖고 있었고 어떤 학생도 도망가도록 두지 않았다. 나는 지금도 그 수업에서 배웠던 책을 가지고 있다(p. 68).

Nieto는 이러한 학생들이 표현한 교사들의 공통적 특징은 교사가 학생들의 언어, 문화, 관심 등을 알려고 했다는 사실이라고 결론지었다. 이러한 교사 유형은 학생들에게 그들이 가진 언어적이고 문화적인 지식을 요청하되, 피상적인 방식을 지양하였고 학생들은 이러한 것들 사이를 구분 지을 수 있다. Tucker 등(2002)은 저소득층 아프리카계 미국인 학생들의 참여에 영향을 미쳤던 변인들을 조사하였다. 가장 일관되게 나타난 결과는 교사의 참여가 학생의 참여에 직접적인 영향을 미쳤다는 것이다. 교사들이 많은 관심과 참여를 보여 주었다고 보고했던 학생들은 높은 수준의 참여 행동을 나타냈다.

Villegas(1991)는 교사가 모든 문화 집단을 완전히 이해하기를 기대하는 것은 비현실적이라고 지적하였다. 중요한 요인은 모든 학생에 대한 정보를 얻는 절차를 아는 것이다. 특히 다른 문화권의 아이들에 대해 정보를 얻는 절차를 아는 것이 필요하다. 정보를 얻는 여러 다른 방법을 〈전략 7-4〉에 제시하였다. Delpit (1995)는 최종분석에서 교사들은 다양한 문화의 학생들을 수용해야 하며 그들을 가르칠 책임을 받아들여야 한다고 주장했다.

전략 7-4 학생들의 배경에 대하여 알기

- 학년 초에 학생들에게 자기소개를 하도록 한다. 이것은 앞에서 기술된 관심거리에 대한 질문을 하는 것을 통해 할 수 있다. 학교 밖에서 학생들이 좋아하는 것, 가장 좋아하는 과목과 가장 싫어하는 과목, 당신이 가르치는 과목에서 학생들이 성공했던 경험, 그리고 학생들의 목표에 대해 이야기하도록 하라.
- 교실이 아닌 다른 상황(예, 운동장, 매점, 체육관, 비공식 모임)에서 학생들을 관찰하라.
- 학생들에게 그들의 문화적 풍습에 대해 질문하라.
- 학부모와 가능한 한 많이 이야기하라.
- 여러 다양한 인종에 대해 알기 위해 아이들과 함께 작업하라.
- 다양한 인종에 대한 책을 읽으라.

출처: Ogbu(1992)에 기초함.

결론

　Osterman(2000)은 소속감은 참여에 영향을 미침으로써 학업성취에 영향을 미친다고 결론지었다. 모든 학생이 소속감을 경험할 수 있도록 멤버십을 형성하는 것은 다음의 조건들에 따라 달라진다(Newmann, 1992). (1) 교육목표에의 동의, (2) 공정성과 동등한 기회, (3) 교사와 또래 학생들로부터의 개인적 지지, (4) 의미 있는 성공 경험. 하나의 불변하는 사실은 사회적 지지와 높은 기대감의 결합이 학생의 성공에 기여하는 학습 관여(참여) 행동을 하게 할 확률을 높인다는 것이다. Comer(2005)는 "많은 아이에게 학문적 학습이 주된, 자연스럽고, 가치 있는 과업은 아니다. 좋은 학교 문화가 제공하는 긍정적인 관계와 소속감이 아이들에게 편안함과 확신, 유능감 그리고 학습동기를 준다."(p. 748)고 주장하였다.

주요 내용의 개관

1. 학교교육의 모든 수준에서 사회적 맥락은 교실 참여, 학업적 노력, 그리고 이후 학교에서의 성공과 실패에 영향을 미친다. 학교 멤버십은 학교 참여에 중요한 기초가 되는데, 소속감을 경험한 학생들은 학교에서 가치를 두는 목표를 채택하기 쉽기 때문이다. 학교 멤버십의 기본은 학생들을 학교에 연결하는 사회적 유대관계이다. 학교와 사회적 유대관계를 형성하는 4가지 요인은 애착, 헌신, 학업적/비학업적 학교활동에의 참여이며, 마지막으로 교육은 중요하다고 하는 학생들의 믿음과 학교가 교육을 제공할 것이라는 신뢰를 갖는 것이다.

2. 학교에서의 소속감과 참여는 집단 멤버십에 기초한 사회적 정체성에 의해 영향을 받는다. 집단이 학교의 목표와 가치를 동일시하는 정도 혹은 학업적 노력과 학업성취를 가치 있게 여기지 않는 정도가 학습 참여에 영향을 미친

다. 또래 집단은 학업적 노력과 학업성취가 가치 있는지의 여부를 판단하는 데 중요한 역할을 하게 된다. 학업성취에 대한 부정적인 관점을 가져오게 하는 요인은 머리 좋은 사람과 괴짜를 연결시키는 것과 같은 고정관념, 사회적 활동과 시간제 일과 같은 비학업적인 활동을 하도록 하는 압력, 또래 집단 구조에 대한 교사의 수동적 인정, 운동선수들에 대한 선호, 그리고 또래 집단의 분리를 포함한다.

3. 멤버십과 인지적 참여는 학생들이 학교에 함께 가지고 오게 되는 사회문화적 지향성에 의해 영향을 받는다. Ogbu는 학교 수행의 문화생태학적 역할을 설명하였다. 즉, 어떤 소수인종은 학교에서 더 잘하는데, 그것은 그들의 역사적 · 문화적 경험 때문이다. 학생들은 그들의 문화적 정체성을 보호하기 위해 반사회적 정체성의 전략을 개발할 수 있다. 미국 문화 내에서 성공적으로 경쟁하는 것을 배웠던 고성취 학생들이 채택한 주요 전략은 동화 없는 조절이다. 즉, 문화적 정체성을 유지하지만 미래 성공을 위해 학업적 성취의 필요성을 인식하는 것이다.

4. 학교와 교사들의 과제는 학생들이 가지고 있는 문화와 사회적 정체성을 가치 있게 여기면서 멤버십을 형성하도록 분위기를 만드는 것이다. 멤버십의 토대를 만드는 데 필요한 학교의 4가지 조건은 목적의 명료성, 공정성, 개인적 지원 그리고 성공이다. 최적의 멤버십과 참여를 위한 교실을 만드는 3가지 영역은 자율성과 책임감을 위한 교실 구조, 협동학습 그리고 교사 지지이다.

5. 교실의 자율성은 교사가 학생들이 주도권을 선택하도록 허락할 때, 그리고 학생들이 학업활동을 개인적 목표 및 가치와 연결하여 보도록 할 때 일어난다. 자율성(autonomy)의 연속선상의 양끝은 자율(origin)과 타율(pawn)로 특징지어지는데, 자율은 선택을 할 자유와 유능감을 가지고 있다는 인식이며 타율은 외적인 힘에 의해 통제된다는 인식이다. 교사들을 위한 주요 이슈는 선택의 기회를 제공하는 교실을 만드는 것과 학습을 방해하는 행동을 그냥 놔두는 것 사이에서 균형을 잡는 것이다. 교사의 역할은 공부, 사회적/행동

적 기대와 책임을 위한 한계선을 설정하는 것이다. 교사들은 선택을 이해하고 선택할 능력을 가진 학생들을 위해 조심스럽게 선택을 계획한다.

6. 자율성을 지지하는 교실 환경은 학년 초에 효과적인 교실 관리를 위한 원리(규칙)를 정함으로써 형성된다. (빈곤율이 높은 교실을 포함해서) 높은 참여 수준을 가진 교실들은 잘 확립되어 있지만 융통성이 있는 일정이 있고, 수업 방해가 거의 없고 학생의 공부에 대해 계속적으로 모니터링하는 것 등의 특징을 보인다.

7. 사회적 지지를 제공하는 교실은 응집력, 만족, 목표 지향성이라는 특징이 있다. 사회적 지지의 원천은 협동학습과 교사 지지를 포함한다.

8. 3가지 형태의 목표 구조가 교실에서 작동되는데, 그것은 협동적인 학습, 경쟁적인 학습, 개인주의적인 학습이다. 각 유형은 학생의 동기에 다른 영향을 미친다. 협동학습은 고성취 학생들뿐 아니라 저성취 학생들, 소수인종 학생들, 주류 학생들을 포함한 다양한 학생 집단 모두에게 이득이 되는 것으로 밝혀졌다. 협동 목표 구조는 더 높은 학업성취를 위한 또래 규준을 강화할 수 있다.

9. 협동학습 집단은 이질적으로 구성된다(성별, 능력, 인종이 모두 섞인). 효과적인 집단은 사회적 지지를 제공하고 참여를 촉진한다. 각 학생은 집단의 목표를 획득하기 위한 책임감을 가지며, 학습 과제는 학생들 사이에서 분배되며, 집단 보상은 개인적 책임감과 함께 사용되어야 한다. 도움 구하기는 멤버십을 지지하는 교실 분위기에서 정상적인 사회적 상호작용으로 간주되어야 한다.

10. 교사 지지는 교사가 모든 학생에게 관심을 보이고, 그들의 생각, 경험, 산출물에 관심을 갖는 것으로 표현된다. 다문화 교실에서 교사의 지지는 교사가 학생들의 문화에 대해 지식을 가지고 있고 각 학생이 선생님 개인에게 중요하다는 것을 확신할 수 있도록 일할 때 증명된다. 교사가 모든 문화 집단을 이해할 것을 기대하는 것은 비현실적이기 때문에 모든 학생, 특히 다른 문화의 학생들에 대한 정보를 얻는 절차를 아는 것이 중요하다.

동기의 도구상자

1. 생각해 보아야 할 중요한 점과 궁금한 질문은?

2. 내가 지금 활용할 수 있는 전략은?

3. 이후로 발전시키기를 원하는 전략은?

제8장

최적의 참여와 동기를 제공하는
과제, 인정 그리고 평가

> 정규교육에서 요구하는 인지 수준은 단순히 수동적인 듣기나 읽기를 통해서 혹은 오락을 통해서 달성되지 않는다. 학생의 참여가 요구된다.
>
> – Newman(1992, p. 14)

C. Ames에 따르면, 수업 상황(context)은 동기부여를 위한 기초를 제공한다. 학생들이 참여하고 동기부여를 받는 수업은 그냥 되는 것이 아니다. 앞 장에서 학생들의 참여를 높일 수 있는 사회적 맥락의 중요성을 살펴보았다. 이 장에서는 학습에 대한 학생의 참여와 동기를 높이는 3가지 수업 변인(instructional variable)의 동기적 특성에 대하여 집중적으로 알아본다. (1) 학습 과제와 활동, (2) 학생의 참여를 인식하고 높이는 보상과 인정, (3) 평가의 동기적 효과(C. Ames, 1992). 이 3가지 변인은 학생들이 자신의 능력과 노력하려는 의지, 목표, 그리고 그에 따른 학습 참여에 관한 학생들의 신념에 영향을 주어 수업의 핵심을 형성한다. 교육자들은 이 3가지 수업 변인을 강조함으로써 학습에 대한 학생들의 목표 지향성에 영향을 줄 수 있다(Urdan, 2001). 이 변인들을 어떻게 사용하느냐에 따라 교실 수업에서 학습 지향성이나 수행 지향성 또는 내재적 동기나 외재적 동기를 어느 정도까지 지원하는지가 결정된다.

수업 과제동기

여기에서는 과제 특성이 학생들의 동기부여와 참여에 영향을 미치므로 이에 대해 살펴볼 것이다. 과제와 수업활동은 학생들을 학습에 참여하게 하는 가장 기본적인 수업 변인이다. "과제는 학습자들을 수업내용의 특정한 면에 집중하게 하고 정보처리 과정을 구체화하여 학습자에게 영향을 미친다."(Doyle, 1983, p. 161) 수업에 대한 동기는 교사들이 "과제를 학생들에게 가져다주는 것"뿐 아니라 "학생들을 그 과제에 데려가는 것"을 필요로 한다(Blumenfeld, Mergendoller, & Puro, 1992, p. 237). 이것은 과제의 구체적인 특성이 학생들의 집중과 흥미에 영향을 미칠 것이라는 것을 뜻한다. 마찬가지로 교사들은 학생들의 노력을 향상시킬 전략 또는 더 높은 수준의 사고를 사용하도록 하는 전략을 사용할 필요가 있다. 이 상호적인 관계가 [그림 8-1]에 나타나 있다.

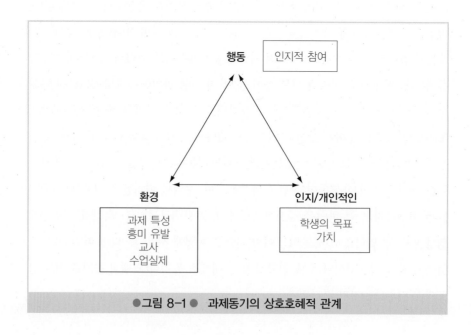

●그림 8-1 ● 과제동기의 상호호혜적 관계

과제의 특성과 유형

과제의 어떤 특징과 유형이 학생들로 하여금 최상의 노력을 하게 하고 가장 높은 참여를 하도록 하는가? Newmann, Wehlage와 Lamborn(1992)은 과제에 참여하는 것을 "개인이 노력할 만한 의미 있고, 귀중하고, 중요하고, 가치 있는 것"(p. 23)이라고 표현했다. 그들은 동기를 부여하는 과제를 진정한 과제/작업(예, Fredricks, Blumenfeld, & Paris, 2004; Darling-Hanmmond, Ancess, & Falk, 1995; Newmann, Secada, & Wehlage, 1995), 적극적인 심층학습(Darling-Hanmmond, 1997), 사려 깊은 과제(Blunmenfeld, 1992)라고 묘사했다. 이러한 과제들의 공통된 특징은 분석과 지식을 통합하고, 해결책이나 결과물을 만들어 내고, 학교 밖의 세계와 연결시키는 등 고차원적 사고에 집중하도록 한다는 것이다. Marks(2000)는 참여에 대한 연구를 검토하여, 진정한 과제는 더 큰 학생 참여를 가져온다는 결론을 내렸다.

Newmann 등(1995)은 고차원적인 사고를 요구하는 복합적 과제의 예를 보고하였다. 사회과 연구수업에서, 중학교 2학년 학생들에게 그 지역에서 근로자들이 해고되었을 때의 영향력을 생각해 보도록 했다. 수업은 교사가 학생들에게 해당 이슈에 대한 용어(해고, 실업률, 지역 경제 등)들을 정의해 주면서 시작되었고, 그리고 나서 교사는 그 지역 경제에 대한 정보를 제공했으며, 크기가 비슷한 다른 형태의 비즈니스와 고용에 대해서도 설명했다. 주어진 정보를 사용해서 소집단으로 묶인 학생들은 각각의 지역 경제에 어떻게 일반화할 수 있는가의 질문에 답을 해야 했다. 소집단들은 그들이 일반화한 것을 발표하였다. 이 과제를 달성하기 위해 학생들은 분석하고, 가설을 개발하고, 일반화하고, 비교/대조하는 등의 고차원적 사고기술을 사용해야 했다. 이러한 과제의 동기적인 측면은 무엇인가?

과제 복잡성과 학생의 인지적 참여

우리는 이 사회과 연구수업과 같이 고차원적이며 도전적인 수업이 동기에 긍정적인 영향을 미치며 학생들의 참여를 더 이끌어 낼 것이라고 가정한다. 그러나 사회인지의 관점에서 동기에 영향을 미치는 과제의 역할은 과제에 대한 학생들의 관점이라는 매개 변인을 고려해야 하기 때문에 보다 복잡하다. 도전적인 과제들이 학생들의 동기를 증가시킴에도 불구하고 이러한 과정이 자동적으로 발생하는 것은 아니다(Blumenfeld, 1992). 고려해야 할 중요한 요소는 과제 복잡성과 학생에게 요구되는 정보처리 방법의 상호작용이다.

Dolye(1983)은 과제 수행을 위해 필요한 정신 작용의 유형에 따라 교실 수업의 과제가 다양하다고 제안했다. 학습활동의 어떤 유형들은 낮은 수준의 인지과정을 요구하는 반면, 어떤 유형들은 높은 수준을 요구한다. 단순히 학생들에게 배웠던 정보를 재생산하도록 요구하는 기억 과제(예, 철자법)는 학생들이 배웠던 정보를 재생산하는 간단하고 낮은 수준의 작업을 요구하고 위험도도 낮다. 그러나 도전적이고 복잡한 과제—학생들이 정보를 응용하고 추론해야 하는 과제(예, 출품 포트폴리오 평가나 수학에서 응용 문제를 푸는 등)—는 고등 인지과정을 요구한다. 제한이 없고 더욱 도전적인 과제는 학생들에게 더 위험하며 동기가 낮아질 수도 있다. Blumenfeld(1992)는 왜 높은 수준의 도전적인 과제가 학생들의 더 많은 참여를 이끌어 내지 못할 것인지에 대해 다음과 같이 제안했다.

- 과제가 내용이나 형식적인 면에서 너무 어려워지면 학생들은 성취를 위한 노력을 더 하려 하지 않을 것이다.
- 학생들이 내용에 대한 지식적 배경이나 그 과제를 어떻게 완수해야 하는지에 대한 이해가 부족하다면, 복잡한 과제에 대한 인지적 참여는 감소할 것이다.
- 장기 프로젝트와 같이 오래 걸리는 과제에서 업무의 양이 늘어나면 학생들은 사기가 저하되고 단지 과제를 마치는 데에만 집중하게 될 것이다.

학생들은 위험을 감소시키기 위해서 과제나 평가를 단순화하는 방향으로 교사와 협상하려고 할 것이다. 만약 학생들이 복잡한 작업에 대한 책임만 있고 내용이나 이해에 대해서는 책임이 없다면 높은 수준의 과제는 인지과정의 수준을 낮추면서 낮은 수준의 과제가 될 수 있다. 교사의 딜레마는 높은 위험이 학생의 동기를 낮출 수 있지만 학생을 위해 위험을 낮추는 것이 학습의 수준을 낮출 수 있다는 것이다. 학생의 능력과 어느 정도 도전이 유지되는 것, 이 둘의 균형이 중요하다. 교사들이 이것을 알아야 동기를 향상시키는 더 나은 도전적인 과제를 기획하는 데 도움이 된다.

사회 조직과 과제 참여

교실 수업의 사회적 맥락 또한 학생들의 과제 참여에 영향을 미친다. 협동학습은 7장에서 학생의 멤버십과 소속감을 고양하는 수단으로 소개되었다. 협동학습은 또한 학생들이 학습 과제에 대하여 쓰는 시간의 비율에도 영향을 미친다. 협동학습 집단은 집단에 참여하지 않는 학생들보다 더 높은 비율의 시간 동안 참여한다(Slavin, 1995). 이것은 동기에 있어서 교실 환경의 영향에 대해 연구했던 Moriarty, Douglas, Punch와 Hattie(1995)에 의하여 확인되었다. 협동학습 환경의 학생들은 보다 높은 수준의 목적의식이 있는 활동을 하며, 과제와 관련된 상호작용을 하고 있었다. 경쟁적인 환경 속에서 학생들은 그 과제에서 주어진 것 외의 활동을 더 할 뿐 아니라 시간이 지날수록 과제 외의 행동도 더 많이 하였다.

요약하면, 성공적인 집단은 상호작용을 통해 학생들의 인지과정, 고차원적 사고, 정보통합 등을 촉진한다(Blumenfeld, Marx, Soloway, & Krajcik, 1996). 그러나 만약 집단이 함께 일하지 않는다면, 학생들의 참여는 감소하게 된다(Blumenfeld, 1992). 7장에서 강조되었던 바와 같이, 이는 단순히 협동학습을 사용하느냐의 문제가 아니라, 어떻게 효과적으로 집단이 학생들의 참여에 긍정적으로 기여하도록 하느냐의 문제이다. 인지적 참여를 강화하는 집단 작업을 위해서는 학생들이 아이디어를 공유하는 것과 의견을 달리하는 것, 관점의 차이를 해결하는 것을 배워야 한다(Blumenfeld et al., 1996).

어떤 교수실제가 학생의 과제 참여를 증가시키는가? 다음에서 이 주제의 방향을 제시한다.

학생의 과제 참여를 증가시키는 교수실제

"교사와 동떨어진 과제는 존재하지 않는다. 높은 수준의 과제가 제 역할을 하기 위해서는 학생들이 인지적으로 교사와 함께 참여하고 있다는 것을 교사들이 보장해 줄 필요가 있다."(Blumenfeld, 1992, p. 97) 학생 참여와 관련된 수업실제는 많은 연구에서 관찰되었다(Blumenfeld, 1992; Blumenfeld et al., 1992; Meece, 1991; Meece, Blumenfeld, & Puro, 1989). 더 높은 수준의 참여는 학생들의 높은 학습목표 지향성에 따라 결정되지만, 이것만으로는 충분하지 않다(학습 지향성에 대해서는 3장을 참조하기를 바란다.). 이러한 연구들은 높은 수준의 과제를 유지할 수 있는 교사들과 상급반 수업(high-learning classroom)에 덜 효과적인 교사들을 구별하는 교수실제에 대한 통찰을 제공했다. 차이를 만드는 교수실제는 전체 수업과 소집단, 직접 해 보는 과제(hands-on) 영역에서 증명되었다(Blumenfeld, 1992). Blumenfeld는 높은 수준의 학생 참여와 관련된 수업실제를 다음과 같이 요약하였다.

- 배우는 기회: 교사들은 학생들에게 주제, 활동, 과제 산출물의 종류를 선택하도록 함으로써 배우는 기회를 제공했다.
- 지도: 교사들은 구체적인 삽화, 비유, 학생들의 선행지식에 새로운 개념을 연결하는 것, 학생들에게 그 개념의 응용을 요청하는 것 등 다양한 고급 교수 방법을 이용했다.
- 압력: 교사들은 학생들에게 답을 설명하고 정당화하도록 요구하여 그들에게 생각하도록 압력을 가했다. 학생들이 이해하지 못했을 때 교사들은 질문을 재구성하고 과제를 작은 부분으로 나누었다. 교사들은 과정을 수정하기보다는 학생들이 말한 대답에 대해 투표를 하거나 대답을 서로 비교할 수 있도록 하는 등의 방법을 활용하여 학생들의 답을 격려하면서 이해력을 모니터했다.
- 지원: 교사들은 답을 주는 대신에 문제를 풀기 위해 학생들에게 필요한 사고 과정과 전략을 설계하고, 사용 가능한 예제들을 제공하며 과제를 나누어 해낼 수

있는 정도의 단계로 만들고, 학생들끼리 협동하고 교사에게서는 독립하도록 격려함으로써 학생들이 점차적으로 이해할 수 있도록 발판(비계)을 사용했다.

- 평가: 교사들은 단순히 과제를 마치는 것이나 옳은 답을 내놓는 것보다는 이해력과 내용을 숙달하는 것을 강조했다. 만족스러운 수준에 이르지 못한 학생들에게 숙제를 다시 내주거나 퀴즈를 다시 보도록 하였다.

교실에서의 이러한 전략은 어떠해 보이는가? 전략의 사용이 수업에서 학생의 참여에 어떤 차이를 나타내는지를 대조하기 위해 Blumenfeld(1992)는 두 명의 교사를 선택했다. 두 교사 A와 B는 여러 면에서 비슷했다. 둘 다 사고와 문제해결, 복잡한 과정을 요구하는 과제를 주었다. 둘 다 이전 수업들을 통합했다. 그리고 둘 다 다양한 자료로부터 설계를 개발하는 것을 포함한 결과물을 요구했다. 두 학급에 있는 학생들은 모두 높은 학습목표 동기 지향을 보고하였지만, 교사 B의 학급에서 더 낮은 수준의 적극적 학습이나 참여가 보고됐다. 하나의 차이점은 교사 B가 사고에 대하여 지지를 많이 하지 않고 압력도 많이 주지 않았다는 점이다. 이 학급에 있는 학생들은 수업에 주의를 기울였지만, 교사 B는 전방위적인 반응을 요구하지 않는데, 그러한 반응은 인지적 참여에 필요한 것이었다. 〈예시 8-1〉은 두 교사의 교수실제를 보여 주며, 〈전략 8-1〉은 과제동기를 증가시키는 지침을 제공한다.

예시 8-1   교사 A와 B의 대조

교사 B는 주요 개념을 연결하도록 학생들에게 요구하기보다는 교사 자신이 개념을 연결하였다. 교사 A보다 토론이나 설명시간에 학생들에게 자세히 설명하도록 하는 요청을 덜 했고, 학생들에게 그 문제에 대해 생각하게 하기보다는 교사 자신이 학생들의 대답에 자주 부연 설명을 했다. 그는 문제를 쪼개거나 계획을 세우고 계획에 대해 설명하도록 하는 책임을 학생들에게 주지 않았다. 그의 모니터링은 종종 개념적 이슈보다는 과정적인 이슈에 있었고, 그는 문제를 해결하거나 학생들의 생각을 명확하게 하는 것을 돕기 위한 학생들과의 토론에 자주 참여하지 않았다. 대신에 교사 B는 종종 "다시 해 보렴."이라고 말했다. 결국 학생들은 결론에 대하여 집단과 생각을 공유할 필요도 없었고 결론을 작성하기 위해 이해하려는 노력도 할 필요가 없었다. 본질적으로, 교사 B의 학급에 있는 학생들은 과제에 높게 관여되고 학습하고자 동기화될 수 있지만, 진행되는 일에 대해 깊이 생각할 필요는 없었다. 이러한 차이를 특징짓는 한 가지 방법은, 교사 A는 교사가 제공하는 생각의 기회들을 통해 '수업을 학생들 앞으로 가져다 놓고', 적극적인 학습을 지원하고 압박함으로써 '학생들을 수업 앞으로 데려갔다는 것'이다. 교사 B는 '수업을 학생들 앞으로 가져다 놓았지만', 덜 효과적으로 '학생들을 수업에 데려간' 것이다.

전략 8-1 과제동기 증가시키기

1. 숙달 분위기(또는 학습 분위기)를 만들고, 다음 요소들을 포함하여 수업을 구조화한다 (Meece, 1991).

- 필요한 구체적인 예제를 들고 그 예제들을 학생들 개인의 경험에 연결함으로써 유능감을 높이는 기회들
- 자기주도학습의 기회들
- 효과적인 협력작업 지침에 따라 하는 학급 친구와의 협동과 공동 작업
- 학생들에게 학교 외부 세계와의 연관성을 보임으로써 학습의 내재적 가치를 강조

2. 장기 프로젝트를 여러 단계로 나누라. 학생들이 최종 산물에 대한 목표를 알고 그 완성까지의 단계에 대해 분명히 알게 하라.
3. 실행목표에 적당하고 다양한 종류의 과제와 과제 구조를 사용하라. 이것에는 학급 전체의 학습, 소집단 학습 또는 협동학습, 시범(demonstrations), 시뮬레이션 기술, 프로젝트가 포함된다. 과제의 다양성은 학생에게 다양한 유형의 능력과 지적인 능력이 있다는 것을 알게 해 줄 것이다.
4. 학생들에게 과제를 완성하는 능력이 있음을 확신하라. 장기 프로젝트를 위해서 학생들에게 장기 및 단기 목표설정을 위한 능력과 자기점검이 요구된다. 집단 작업을 위해서는 함께 작업하는 사회적 기술이 요구된다. 인터넷에서 정보를 사용하기 위해서는 많은 양의 자료를 정리하고 통합하는 능력이 요구된다.
5. 필요한 경우 예제나 사고 모델을 제공함으로써 비계(발판)를 사용하여 학생들을 지원하라. 동시에 학생들에게 정답의 타당성을 설명하도록 하고 모든 학생으로부터 반응을 이끌어 내라.

과제에 대한 흥미

　교육자와 학생들이 널리 받아들이는 전제는 흥미가 동기를 향상시킨다는 것이다. 흥미—교과 자료에 대한 흥미 또는 활동 과제에 대한 흥미 등—는 집중력과 지속성에 영향을 미치고 결국 지식의 확보에 영향을 미치기 때문에 동기에 중요하다. 따라서 과제를 흥미롭게 만드는 것은 참여의 부족을 고치는 만병통치약처럼 보인다. 동기의 다른 요소들처럼, 흥미의 본질과 역할은 보다 복잡하다. 흥미와 그 영향력에 대해서 우리가 아는 것은 무엇인가?

　상황적 흥미와 개인적 흥미 ┃ 2가지 종류의 흥미—상황적 흥미와 개인적 흥미—는 아마도 교실 수업에서 분명하게 나타날 것이다(Hidi, 1990, 2000; Hidi & Renninger, 2006; Renninger, 2000). 상황적 흥미(situational interest)는 수업활동이나 교과 자료들(흥미로운 본문, 과학 실험, 컴퓨터 시뮬레이션 등) 혹은 학생의 관심을 자극하는 그들의 삶과 관련된 학습활동에서 기인한다. 그것은 아마도 학습에 장기간 영향을 미치지는 않을 것이다. 대조적으로, 개인적 흥미는 우주 탐험과 같은 개인적인 관심사로서, 학생이 수업시간에 가져오는 심도 있는 지식 수준에 기반을 두고 있다. 이처럼 개인적 흥미는 시간을 두고 발전하며, 상대적으로 안정적이고, 학생의 학습과 성과에 강력한 효과가 있다. 2가지 종류의 흥미가 다른 자원에 의해 촉발됨에도 불구하고, 이 둘은 서로에게 영향을 미친다.

　상황적 흥미는 2가지 단계를 가진 것으로 기술되어 왔는데, 첫 번째는 하나의 주제나 활동에 대하여 학생들의 흥미를 촉발시키는 것이며, 두 번째는 그 흥미를 유지시키는 것이다. 만약 흥미가 오랫동안 지속된다면, 그것은 개인적 흥미로 발전된 것일 수 있다. 최근에 Hidi와 Renninger(2006)는 흥미 전개의 4단계 모델을 제안하였다. 환경적 요소에 의한 흥미의 촉발로부터 시작되는 첫 단계에 뒤이어, 흥미를 유지하는 단계, 그다음은 학생들이 질문과 실험 또는 다른 사람의 지원이나 도움을 통하여 더 깊은 흥미를 만들어 내는 단계이며, 마지막 단계에서 학생들은 잘 발전된 개인적 흥미를 갖게 된다.

촉발된 흥미 또는 상황적 흥미로부터 지속적인 개인적 흥미로 옮겨지는 예는 Homer Hickham(1999)에게서 볼 수 있다. 14세 때 그는 (구 소련이 쏘아올린 인공위성) 스푸트니크 호가 미국 웨스트버지니아의 콜우드 위를 지나가는 것을 보았다. 5장에서 언급했듯이, 로켓 과학자로서 그의 가능한 자기(possible self)가 형성되었다. 그의 과학 교사, 그가 함께 팀을 만들자고 했던 친구들(과학적 지식이 있는 친구와 동아리에 있던 친구들)과 같은 외부의 자원은 이 촉발된 상황적 흥미를 지원해 주었다. 그의 선생님은 그가 학교에서 배우지 않았던 미적분의 전문지식을 발달시키는 방법을 찾도록 도왔다. 로켓에 대한 흥미는 지속되었고, Homer Hickham은 로켓 과학자가 되었다. 이 예는 네 단계로 이루어지는 흥미 발달 단계를 어느 정도 보여 주고 있다(Hidi & Renninger, 2006).

상황적 흥미는 학생들이 교실로 가져오는 개인적 흥미보다 교사들이 더 통제할 수 있기 때문에 교실에서 더욱 중요하다고 주장된다(Bergin, 1999; Hidi, 1990; Mitchell, 1993). 개인적 흥미는 모든 학생 각각에 대한 개인화를 필요로 하고, 이는 교사들에게는 지나치게 많은 시간을 요구하는 일이다(Hidi, 1990). 게다가 어떠한 개인적 흥미들은 학습목표에 부합하지 않을 것이다. 예를 들어, 마약 문화속에서 살고 있는 학생은 마약에 높은 흥미가 있겠지만, 이 주제는 수업 과제 참여에도 마약 관련 의사결정의 향상에도 기여하지 않는다.

교사에게 있어 상황적 흥미의 중요한 측면은 그것이 단기적인 일(학생의 관심을 확 끄는 일)인가 또는 지속되는 일(학생의 집중을 유지시키는 일: Mitchell, 1993)인가 하는 것이다. 어떤 수업의 특징은 학생들의 흥미를 끌어올리거나 촉발하는 것이지만 오랫동안 유지하게 하지는 못할 것이며, 반대로 다른 수업은 시간이 가도 계속 흥미를 유지하도록 하기도 한다. Mitchell(1993)은 중등 수학을 배우는 학생들에게 수업을 흥미롭게 또는 지루하게 만드는 요소들을 적고 그 이유를 설명하게 함으로써, 흥미를 끄는 활동과 흥미를 지속시키는 활동의 차이점을 설명하고자 했다. 학생들은 컴퓨터, 집단, 퍼즐이 그들의 흥미를 자극한다고 했지만 오랜 시간 가지는 않았다고 했다. 반면에, 수학에서 어떤 의미가 있는 학습활동들(예, 수학의 내용이 그들이 실제 삶의 문제와 관련이 있을 때)과 학습에 실제적인 참여를 한다고 느끼는 활동들(예, 실험실 활동이나 학생들이 실제로 무엇인가를 할 수 있는 수학 프로젝트들)은 흥미를 지속시켰다.

흥미와 텍스트의 이해 │ 흥미에 관한 많은 연구는 흥미와 독해의 관계에 집중했다. 읽을 때, 아이와 어른들은 흥미가 적은 것보다 흥미가 있는 주제일 때 정보를 더 잘 이해하고 기억한다(Garner, Alexander, Gillingham, Kulikowich, & Brown, 1991). 그러나 차이는 흥미를 갖게 하는 것(making it interesting)과 흥미를 찾는 것(finding an interest)에서 나타난다. 텍스트(text) 이해를 위한 이 차이점의 중요성은 무엇인가?

흥미를 갖게 만드는 것은 매우 흥미롭지만 중요하지 않은 세부 내용을 텍스트에 넣거나 수업을 더 흥미롭게 만들기 위해 수업에 추가하는 것을 말한다(Garner et al., 1991). **흥밋거리를 찾는 것**은 학생이 흥미로워하는 주제를 찾아서 그 주제의 텍스트(글)를 찾고 관련된 자료를 찾는 것이다. Garner 등은 우리에게 John Dewey (1913)가 학습에서 흥미의 역할을 매우 신뢰했음에도 불구하고 그가 흥미를 주입하려고 하는 인위적인 방법(예, 주제와 상관없는 흥미로운 사실들)에 대해서는 경고했음을 상기시켜 준다. Wade(1992)는 "선명하고 개인화된 일화나 매력적인 내용들은 보통 흥미있는 것으로 여겨질 것이다. 그러나 이것은 흥미를 창출하는 유용한 전략이 아니다."(p. 272)라고 기술했다. 사실, 연구들은 매력적인 내용이 텍스트에 있을 때 학생들이 이 내용을 회상하기는 하지만 중요한 내용은 기억하지 못한다는 것을 확인하였다(Garner et al., 1991; Wade, 1992).

흥미와 문화적 관련성 │ 7장에서, 교사들이 학생 문화에 대해 알고 있는 지식이 지지적인 사회적 분위기를 만드는 데 있어 중요한 요소임이 밝혀졌다. 문화적 요소에 대한 지식은 또한 과제 흥미와 참여에 영향을 미친다. Rueda와 Moll(1994)은 문화가 동기에 미치는 역할은 학생을 교실 과제 및 활동과 연결시켜 주는 다리와 같은 것이라고 보았다. 그들은 중학교의 우수 학급 학생들의 학급 문해 프로젝트인, '라틴계 이웃(Latino neighborhoods)'에 대하여 기술하였다. 교사들은 학생들의 작문의 질과 양에 대해서 걱정하였다. 프로젝트 진행 기간 동안 작문 과제는 유인물이나 교사들의 질문에 답하는 낮은 수준의 활동에서 시작하여 의사소통이 강조된 작문활동으로 옮겨 갔다. 이 과제에는 학생들이 사회의 중요한 이슈(예, 이민이나 비행청소년의 생활, 이중언어를 사용하는 것 등)에 대하여 작문하는 것이 포함되어 있었다. 연구자들에 따르면, 문화와 관련 있는 주제로 옮겨 가는 것은 학생들의 작문실력 향상에 즉시 효과를 보였다. 글의 일관성과 조직화가 향상됨에 따라 학생들의 글 쓰는 양이 늘어났다. 작문을 문화적인 맥락과 묶는 것은 상황적 흥미의 예가 된다(Bergin, 1999).

또한 학생들의 배경과 수업의 연결은 빈곤율이 높은 학급에서의 학생 참여와 관련 있음이 밝혀졌다(Shields, 1995). 수학, 독해, 작문 수업에서 과목과 학생들의 배경을 연결했던 교사의 수업에서는 더 많은 학생이 학습에 적극적으로 참여하였다. Shields(1995)는 학습에서의 의미를 가정과 학교 사이의 연결감을 갖도록 하는 것과 동일하게 여겼다.

다양하고 재미있는 과제와 참여 | 다양하고 재미있는 과제를 해 보도록 하는 상황적 요소들은 보다 전통적인 학습활동에서도 학생들의 흥미와 참여를 증가시킬 것인가? Bergin(1999)은 흥미에 관한 연구들이 흥미로운 활동들의 목록을 제시하지 않아 왔다고 지적했다. 학생들에게 있어 과제를 보다 매력적이고 즐길 수 있는 것으로 만들어 주는 것으로 나타난 것에는 학생의 통제, 호기심, 개인화가 포함된다(Brophy, 1987; Lepper & Cardova, 1992; Malone & Lepper, 1987).

- 선택 또는 통제: 더 높은 참여는 학생들이 주인의식을 느낄 때, 또는 그들의 학습에 있어 교육적으로 바람직한 선택을 할 수 있다고 느낄 때 더 잘 이루어진다(Malone & Lepper, 1987). 선택의 종류에는 초등학생이 자신이 즐겁게 읽을 책을 선택하는 것(Gambrell & Morrow, 1996), 학생들이 자신들의 과제를 평가하는 것(Turner & Meyer, 1995), 협동학습 집단에서 주요한 과제를 위해 스스로 과제를 나누는 것, 학생이 철자 시험에서 틀린 단어들을 학습하기

위해 얼마나 연습할 것인가를 결정하는 것 등이 포함된다. 모든 경우에서 학생들은 선택을 위한 능력을 가지고 있어야 하며 그들의 선택에 책임을 져야 한다(deCharms, 1976).

• 호기심: 학생들의 호기심에 어필하는 활동들은 학생들의 흥미도 끄는 것 같다 (Lepper & Hodell, 1989). 학생들에게 놀랍거나 그들의 선행지식과 일치하지 않는 정보를 제공하는 것은 호기심을 불러일으킬 수 있다(Brophy, 1987). 한 가지 예를 Kay Toliver(1993)의 수학수업에서 찾을 수 있다. Toliver는 때때로 새로운 내용을 수업할 때 학생들의 흥미를 끌기 위해 문학을 사용했다. 예를 들면, 방정식을 소개하는 수업에서 Seuss 박사의 미스터리한 물질—우블렉 (oobleck)—에 대한 스토리를 사용했다. "그 이야기에서 발췌한 짧은 내용을 학생들에게 읽어 준 후, 복잡한 물질에 대한 소개를 합니다. 이야기와 연관되어 있기 때문에 거기에서부터 복잡한 분수의 개념 소개로 이어집니다."(p. 42)

• 맥락화(contextualization)와 개인화: 과제가 더 개인적이고 자연적 맥락에서 제시될 때 학생들에게 더 매력적으로 보이게 된다(Cardova & Lepper, 1996). 이것은 또한 학습자에게 추상적인 개념을 보다 구체화해 준다. 예를 들면, 고등학교 영어 교사인 허드슨 씨가 '로미오와 줄리엣' 희곡을 읽기 전에 영화를 보여 주었는데, 그러자 그 희곡은 학생들에게 덜 추상적이었고 더욱 의미가 있었다.

재미있는 과제를 해 보도록 하는 것은 과제에 대한 흥미와 매력을 촉발시키지만 그것이 학생들의 참여를 위한 만병통치약은 아니다. Lepper와 Cardova(1992)는 "우리가 관찰했던, 학교에서 아이들이 사용하는 많은 활동이 '학습'을 희생하면서 '동기'를 사고 있었다. 아이들에게는 흥미와 재미를 찾을 수 있는 활동이었지만, 아이들은 '어떻게 게임에서 이길 수 있는가' 외에는 거의 배우지 못한 듯했다."(p. 192)라며 우려를 표현했다.

과학기술이 발전함에 따라, 과학기술이 학생의 동기와 학습에 어떠한 영향을 미치는지를 아는 것이 중요하다. 컴퓨터를 사용한 학습이 학생들을 더욱 즐겁게 하여 동기와 학습을 증진시키는지를 밝혀내기 위해 한 연구가 설계되었다 (Cardova & Lepper, 1996). 학습활동은 맥락화와 개인화, 선택에 의하여 꾸며졌 다. 이러한 상황에서 컴퓨터를 사용한 학습 집단 학생들은 통제집단보다 실험 초 기에 더 높은 동기를 보였다. 그들은 여가시간을 기꺼이 학습활동에 썼으며, 더 욱 큰 즐거움을 경험했고, 복잡한 인지 기능(operations)을 사용했다고 보고했다. 그러나 장기적인 내적 동기에 있어서는 집단 간 차이가 없었다.

재미있는 과제에 대한 연구의 결론을 기반으로 하여, 연구자들은 특정한 원리 들을 따를 때 동기에 유익한 영향을 미친다는 결론을 내렸다(Cardova & Lepper, 1996; Lepper & Cardova, 1992).

- 재미있는 과제가 내적 동기를 자동으로 증가시키지는 못한다. 재미있는 과 제가 학습을 약화시키지 않고 학습을 지원한다는 것을 확신하기 위해서는, 재미있는 과제를 매우 주의 깊게 계획해야 한다.
- 학생들이 주요 목표로부터 산만해지지 않도록 유의하며 학습활동에 이러한 재미있는 과제를 넣어야 한다.
- 가장 중요한 원리는 학습에서 요구하는 활동과 즐거움에서 요구하는 활동의 연결이다. 예를 들면, 게임에서 이기는 목표와 그 과목에서 학습해야 하는 학습목표는 같아야 한다.
- 마지막 주의 사항은, 이러한 재미있는 과제의 참신함은 사라질 것이며 결국 에는 개별적 흥미와 동기에 대한 영향력을 잃을 것이라는 점이다.

교사들을 위한 함의 ┃ 교사들은 때때로 학습을 더 흥미롭게 하지 못한다는 비판 을 받지만 학생들에게 동기를 부여할 때 고려해야 할 다른 많은 사항들이 있다 (Hidi, 2000). 학년이 높아짐에 따라 학습 요구가 증가하게 되며 학습 과제는 변하 게 된다. 그러므로 어린아이들에게 하는 것처럼 놀이를 통해서는 더 이상 흥미를 이끌어 낼 수가 없다. 예를 들면, 제2외국어를 말하는 학습은 흥미라는 것이 반드 시 필요하지 않고 열심히 공부하는 것과 훈련이 필요하다. 이러한 상황에서 과제를 보다 흥미롭게 만들기 위해, 학생이 선택할 수 있는 자기조절 전략의 사용이 종종 간과된다(Hidi & Harackiewicz, 2000), 예를 들면, 다른 사람과 함께 공부하는 것을 선택할 수 있다. 흥미를 증가시키는 전략들은 〈전략 8-2〉에 기술되어 있다.

전략 8-2   과제의 흥미를 높이는 전략

- 흥미는 홀로 발전되지 않으며, 교사의 지원이 필요하다(Hidi & Renninger, 2006).
- 학생들이 어떤 주제에 흥미를 느끼는지를 파악하고, 그러고 나서 높은 흥미를 보이는 주제에 대한 자료들을 제공하라. 주의: 불가능한 것은 아니지만, 교사들이 모든 아이에게 개인적 흥미를 갖도록 하는 것은 어려운 일이다.
- 호기심을 자극하는 질문들을 개발하라(Hidi & Renninger, 2006).
- 학급활동과 학교 밖 학생들의 문화와 관심거리를 연결할 수 있는 과제를 설계하라.
- 학생들의 집중력과 초인지를 도와주라(5장 참조). 그러면 흥미롭고 구체적인 내용뿐 아니라 주요 아이디어를 이해하기 위해 학생들이 선택적으로 읽도록 할 수 있다(Garner, Brown, Sanders, & Menke, 1992).
- 매일의 삶을 위해 또 성공적인 학생이 되기 위해 기술과 정보가 얼마나 중요한지 학생들에게 이야기함으로써 과제에 대한 흥미와 이해를 자극하라.
- 추상적인 개념을 학생들에게 보다 개인적이고 구체적이며 친근한 것으로 만들라. 추상적인 개념을 구체화하기 위해 그림과 시연, 직접 할 수 있는 활동들을 사용하라.

과제가치에 대한 믿음

학생을 위한 과제의 가치나 의미는 과제 참여에 영향을 미치고, 과제에 대한 흥미와도 관련이 있다(Jacobs & Eccles, 2000; Renninger, 2000). 과제가치는 기대가치 이론(expectancy value theory)의 한 요소이다(Eccles, Adler, et al., 1983; Wigfield & Eccles, 1992). 이 이론에 따르면 특정한 상황에서의 동기의 강도는 성공에 대한 우리의 기대(3장 참조), 그리고 개인이 가지고 있는 성공의 가치, 둘 다에 의해 결정된다.

가치요소는 '나는 이 과제를 하기를 원하는가? 왜 원하는가?' 라는 질문과 관련
이 있다(Eccles, Wigfield, & Schiefele, 1998, p. 1028). 잠재적으로 과제는 3가지 종
류의 가치를 가질 수 있다(Eccles & Wigfield, 1995). **성취가치**(attainment value)는
과제를 잘하는 것, 기술의 숙달과 같이 유능감을 증명해 보이는 것, 인기가 있음
을 보여 주는 것, 영리함을 보여 주는 것이 중요함을 뜻한다. **내재적 또는 흥미 가치**
(intrinsic or interest value)는 사람이 그 과제로부터 얻는 즐거움 또는 만족이다. 학
생은 문제 풀기나 컴퓨터에서 그래픽 프로그램 사용하기를 즐거워할 수 있다. **유
용성 가치**(utility value)는 과제의 효용에 대한 것으로, 특히 미래의 목표와 관련이
있다. 어떤 사람은 키보드를 사용하는 것을 배우는 데 흥미가 없겠지만, 그것은
미래 직업의 기회의 측면에서는 높은 유용성 가치가 있는 것이다. 사실상 유용성
가치는 보다 외재적이다(외재적이며 덜 내재적인 가치에 대한 논의는 다음 절에서 다
룬다.). 학생은 한 과제에 대해 한 가지 이상의 가치를 가질 수 있다.

　　학생의 참여와 수행에 대한 이러한 과제가치 신념의 영향은 무엇인가? 초등학
교 4학년의 과제가치와 능력에 대한 믿음이 고등학교 문해 선택을 예측하는지를
밝히기 위한 종단 연구가 이루어졌다(Durik, Vida, & Eccles, 2006). 초등학교 4학
년 때의 능력에 대한 자기개념은 고등학교 1학년 때의 3가지 측정치인 여가 독
서, 수업 선택 그리고 직업 포부를 예측하였다. 내적인 가치(과제가치)는 단지 여
가 독서와 수업 선택만을 예측하였다. 이러한 연구결과는 교사들이 학생들의 능
력에 대한 인식과 읽고 쓰는 것에 대한 내재적 가치를 일찍 개발하도록 돕는 것의
중요성을 강조한다.

　　Sansone과 Smith(2000)는 자기조절의 중요한 부분은 활동이 가치 있다고 믿는
신념이라고 결론을 내렸다. Wigfield(1994)는 교사들과 학생들의 역할에 주목하
였다. "교사들은 학생들의 삶에 보다 밀접하게 연관된 학습을 시도할 수 있고, 학
생들은 자기조절과 관련된 학습전략을 개발할 필요가 있다. 학생들이 더 많은 전
략을 개발하고 더욱 성공적일수록 그 과제의 가치 또한 높아질 것이다."
(Wigfield, 1994, p. 120)

📎 내재적, 외재적 동기와 학업 참여

자기결정 이론에서, Ryan과 Deci(2000)는 3가지 종류의 동기를 기술하였다. **내재적 동기**는 전형적으로 만족, 경쟁력, 흥미, 학습, 도전과 같이 학생이 강압 없이 스스로 원해서 행동에 참여하는 것으로 정의된다. **외재적 동기**는 학생들이 칭찬, 성적, 특혜, 자격증 또는 물질적인 보상과 같은 외부적인 이유(그들 바깥에 있는) 때문에 활동에 참여할 때 생긴다. 다른 사람으로부터의 압박이나 강압 또한 외재적 동기의 하나이다. 동기의 또 다른 유형은 무동기로, 동기가 부족하거나 행동이 결과를 낳지 못하는(행동이 결과로 연결되지 않는) 학생들이 무동기 유형에 속하는 학생들이다(학습된 무력감과 비슷하다. 2장 참조).

교사들은 그들의 학생들이 모든 학습에 있어서 내재적으로 동기부여된다고, 혹은 모든 학생이 내재적으로 동기부여된다고 예상해야 할까? 내재적 동기는 학업 참여에 중요하지만, 많은 연구에서 학업의 내재적 동기는 초등학교 고학년에서부터 고등학교까지 감소함을 알 수 있다(Eccles et al, 1998; Gottfried, Fleming, & Gottfried, 2001).

교사들은 학업에 대해 내재적으로 동기부여된 학생들을 강하게 원하지만, 학교에서 요구되는 많은 과제는 학생들에게 내재적인 동기를 주지 못한다(Brophy, 1983; Ryan & Deci, 2000). 이에 따라 많은 교사가 칭찬, 토큰, 노트에 그려 주는 웃는 얼굴 그리고 '이 달의 학생'과 같은 특별한 인정 등 외재적인 보상에 의존한다.

여기에서는 외재적 동기에서부터 내재적 동기까지의 연속선에 대한 설명으로 시작하고, 이어서 내재적 동기와 외재적 동기의 관계를 알아보겠다. 그리고 나서 효과적인 외재적 보상 사용에 대한 지침을 제시할 것이다. 또한 내재적인 동기를 증가시키는 전략과 제한점에 대한 논의가 이어질 것이다.

외재적 동기에서 내재적 동기로: 연속선

전통적으로 내재적인 것과 외재적인 것은 동기의 극단적인 반대 유형처럼 여겨졌다. 동기에 대한 현재의 관점은 이 두 관점이 양립할 수 없는 것이 아니며 공존할 수 있다는 것을 인정한다(Covington & Mueller, 2001; Lepper, Corpus, & Iyenger, 2005). 자기결정 관점에 따르면, 그 관계는 최대한 외적인 것에서 최소한 외적인 것까지의 연속적 개념이고, 두 동기의 반대 형식이 아니다(Deci & Ryan, 1991; Rigby, Deci, Patrick, & Ryan, 1992; Ryan & Deci, 2000). 이 연속적 개념은 학생들이 보상에 의해서 통제되는지 아니면 그들 자신의 행동을 결정하는지의 정도를 보여 준다. 이 4단계 모델에 의하면, 학생들이 자신이 행동을 더 많이 결정하면 할수록 내재적인 동기는 더 증가한다. 가장 통제적인 것에서부터 가장 자율적인 것까지의 네 단계는 다음과 같다.

1. 외적인 조절: 학생들의 행동은 보상이나 처벌에 의해 외적으로 통제된다. 예를 들면, 어떤 학생은 선생님의 칭찬을 듣기 위해서 혹은 방과 후 학교에 남아 있고 싶지 않아서 숙제를 한다.

2. 내사된(introjected) 조절: 학생들은 압박이나 화를 피하기 위해 또는 자아의 증진을 위해 규칙을 따르지만, 그들이 규칙을 내적으로 받아들인 것은 아니다. 예를 들면, 어떤 학생은 좋은 학생은 숙제를 하여야 하기 때문에 숙제를 하는 것이지 학습에 도움이 되기 때문은 아닐 수 있다.

3. 동일시된 조절: 학생들은 개인적 목표를 성취하는 데 중요하기 때문에 규정을 받아들인다. 예를 들어, 어떤 학생은 그녀가 진학하고 싶은 대학에서 요구하는 GPA 점수를 받기 위해 열심히 공부한다.

4. 통합된 조절: 학생들은 서로 다른 가치와 역할을 통합하고 내면화하며 자기결정적이다. 예를 들어, 어떤 청소년이 훌륭한 운동선수가 되는 것과 좋은 학생이 되는 것에 가치를 둘 때 이 가치들은 서로 충돌할 수 있다. 그러나 그 학생은 좋은 학생도 되고 좋은 운동선수도 될 수 있으며, 이것은 학생의 자

기정체성과 장기적인 목표와 공존할 수 있다.

외재적인 동기에서 내재적인 동기로 이동하는 것은 고등학교 상급생이 서답형의 시험문제에 대해 쓴 답으로 설명된다(〈예시 8-2〉 참조). 이 학생이 설명한 것과 같이, 개인들은 내재적인 이유와 외재적인 이유, 둘 다를 위해 과제를 해 나갈 것이다. 달리기 선수는 도전과 경험된 만족을 위해 달릴 수 있는 동시에 대학 장학금을 타기 위해서도 달릴 수 있다. 동기의 2가지 유형은 언제든지 존재할 수 있고, 그것의 강점은 상황에 따라 다양하다. Lepper 등(2005)에 따르면, 결정적인 것은 사람이 내재적으로 동기를 부여받느냐, 외재적으로 부여받느냐가 아니라 각각의 동기가 얼마나 많이 나타나느냐 하는 것이다.

예시 8-2　외재적 동기에서 더욱 내재적인 동기로의 이동

외재적 동기에서 내재적 동기로의 이동은 고등학교 상급생이 서답형의 시험문제에 답하여 쓴 다음 글로 설명될 수 있다.

나는 학교에 올 때 여러 가지 이유로 조깅을 시작한다. (1) 조깅을 하라는 말을 들었기 때문에, (2) 도전적이므로, (3) 내가 운동이 필요하다는 것을 알기 때문에. 이러한 이유들로, 나는 2학년과 3학년 시절 정기적으로 조깅을 했고 그 활동이 나에게 여러 가지 이유에서 유익했음을 확신한다. 그러나 올해 나의 조깅은 동기의 출처와 최종 보상에서 사뭇 다른 양상을 보인다. 에어로빅에 대한 연구를 하게 되면서 내가 조깅이나 운동을 단순히 활동이 아닌 철학으로 보기 시작했기 때문이다. 지금 나는 운동을 내 삶의 필수적인 부분으로 느낀다. 당신이 언젠가 말했듯이, 조깅은 순전히 육체적인 활동 이상의 것이 될 수 있다. 즉, 미학적 즐거움과 성취의 근원(출처)이 될 수 있다. 나에게 조깅은 후자이다.

외재적 동기와 내재적 동기의 관계

교육자들의 주요 관심은 내적인 동기를 키우는 분위기를 조성하면서 학생들의 과제 참여를 촉진하는 데 필요한 외적 보상의 사용을 어떻게 균형 있게 하느냐 하는 것이다. Stipek(1996)은 외적 보상을 제거하는 것은 오늘의 교육 현실에서 바람직하지도 현실적이지도 않다는 결론을 내렸다. 보상을 사용하는 데 한 가지 결점은 때때로 오직 아주 소수의 학생만이 모든 보상을 받는다는 것이다. 우등생 명단은 학생의 향상 정도가 아니라 학교에 입학할 때 학생의 성취 수준을 반영하는 점수에 기초한다(Maehr, Midgley & Urdan, 1992). 그러나 Corno와 Rohrkemper (1985)는 학습에 대한 내재적 동기는 필요하지만 학업성취를 위해 충분하지 않은 요소라고 주장했다. 만약에 보상이 적절히 사용된다면, 내재적 동기와 외재적 동기는 상호보완적인 요소가 될 것이다(Covington & Mueller, 2001). Ryan과 Deci (2000)가 제안했듯이, 성공적인 교육을 위한 핵심적인 전략은 보다 자율적인 동기로 학생이 향상되도록 어떻게 외재적 동기를 사용하는지를 아는 것이다.

내재적 동기에 주어지는 외재적 보상의 효과 | 많은 연구에서 내재적 동기에 대한 외재적 보상의 효과가 다루어져 왔다. 이러한 유형의 전형적인 연구는 내적으로 동기화된 활동을 밝히며, 그 활동을 위한 다른 보상 조건을 만들고, 그다음 보상이 제공되는 활동의 범위를 측정하는 연구이다(Lepper, Greene, & Nisbitt, 1973). 펠트 펜(역자 주: 속건성 필기구)으로 그림을 그리는 것은 유치원 교실의 어린아이에게는 내재적 활동이다. 아이는 3가지 조건 중 하나의 상황에 놓였다. a 그룹 아이들은 펠트 펜 활동에 대하여 '훌륭한 선수' 인증을 보상으로 받을 것이라는 말을 들었고, b 그룹 아이들은 그들이 활동을 마친 후 예상하지 못했던 보상을 받게 되었고, c 그룹 아이들은 참여에 대한 보상에 대해 예상하지도, 받지도 못했다. 2주 후에, 자유시간 동안 아이들이 펠트 펜으로 얼마나 그림을 그리는지 관찰하였다. 예상된 보상 상황에 있던 a 그룹은 다른 그룹들보다 그림을 그리는 활동에 더 적은 시간을 들였다. 이 결과는 보다 뚜렷한 보상일수록 그 사람이 자신의 행

동이 보상 때문이었다고 귀인하기 쉽고, 따라서 더욱 외재적 보상에 의존적이 되어 가는 것을 보여 주는 것으로 해석되었다.

이러한 선행 연구결과들이 이미 내재적으로 동기화된 활동에 외재적 보상이 주어지면 유치원 아동부터 대학생까지 모든 연령에 걸쳐 내재적 동기가 평가절하되는 효과를 보여 주었음에도 불구하고(예, Lepper & Greene, 1975), 내재적 동기에 미치는 보상 효과는 보다 복잡한 것으로 밝혀졌다. 어떤 환경적 보상은 내재적인 활동을 증진시키는 반면, 다른 것은 부정적인 효과를 보였다(Cameron & Pierce, 1994). 다른 조건에서의 보상의 효과는 다음에서 논의된다.

보상의 통제적이고 정보적인 측면 | Deci와 Ryan(1985)에 따르면, 보상은 통제적이거나 정보를 제공하는 측면에서 동기에 영향을 준다. 학생의 참여가 보상을 받는 수단이 될 때 보상의 영향은 통제적이며 자율성을 감소시키는 것으로 설명되었다. 통제적 효과는 학생이 그 활동에서의 능력의 발달 정도에 대한 아무런 정보 없이 보상을 받거나, 교사가 평가와 보상의 연결에 대해 강조할 때(예, "기억하세요, 만약에 숙제를 해 오지 않으면 숙제 점수를 얻지 못합니다.") 발생할 가능성이 높다. 보상이 그들의 능력의 발달을 뜻하는 것임을 알 때 학생에게 보상이 긍정적인 효과가 있다(예, "2단계를 통과하면 다음 주에 반장이 되는 영예를 얻을 거야. 최선을 다해."). 이것은 보다 자율적인 외재적 동기로 이끄는 정보가 있는 귀인 피드백과 비슷하다.

보상, 과제 수반성과 목표 | 학생 동기와 수행에 미치는 보상의 효과는 보상이 성립된 상황이나 조건에 따라 달라질 것이다(Deci & Ryan, 1985). 교실 수업에서 학생들은 과제의 완료 또는 과제 결과의 질에 따라 보상을 받을 것이다. 어떤 것이 학생의 동기와 수행에 긍정적인 효과가 있을까? Schunk(1983b)는 과제 결과의 질에 따른 보상이 과제 수행과 자기효능감 판단, 아동의 기술 개발에 긍정적인 영향을 미치는 것을 발견했다. 아동들이 단지 과제에 참여하거나 과제를 마치는 것만으로 보상을 받을 때에는 긍정적인 효과가 발견되지 않았다. Schunk는 2가

○○○ 학생의 성취에 대하여

이 상장을 수여합니다.

●그림 8-2● 향상을 인정하는 증명서(상장)

지 유형의 보상의 효과에서의 차이는, 과제를 수행한 아동이 향상에 대해 보상받았기 때문에 발생하는 것으로, 이는 노력을 통해 자기효능감이 발달될 수 있다는 메시지를 전달한다. 단지 학생 참여에 대해서 보상이 주어질 때, 과정이나 향상의 중요성은 강조되지 않는다([그림 8-2] 참조).

과제 결과에 대한 보상과 직접적인 목표와의 결합은 또한 학생의 자기효능감에 긍정적인 영향을 미치는 것으로 판명되었다(Schunk, 1984a). 이런 상황에서, 보상은 학생의 목표 몰입(commitment)에 영향을 미치는 것으로 생각된다. Ford(1995)에 따르면, 원했던 보상이 의도하지 않은 목표 충돌을 일으킬 때에만 내재적 동기를 약화시킨다. 즉, 보상이 원래 목표보다 더욱 중요한 것이 되는 것이다. 눈에 띄는 보상은 원래 목표로부터 개인의 집중력을 흐트러뜨린다(예, "좋은 점수를 받으면 학교 매점에서 물건을 살 수 있으니까, 나는 좋은 점수를 받고 싶어!"). 보상 시스템은 학생의 학습 성취나 과정에 대한 만족을 무색하게 만든다. 그러나 보상은 개인이 목표가 없거나 목표를 회피할 때 동기 유발을 용이하게 할 수 있다.

언어적 칭찬 │ 내재적 흥미는 언어적 칭찬과 긍정적인 피드백을 통해 증진될 수 있다(Cameron & Pierce, 1994). Brophy(1981)는 대체로 교사들은 특정한 동기 부여를 위해 칭찬에 의존하지 않으며, 따라서 체계적으로 칭찬을 사용하지 않는 다고 결론지었다. 게다가 칭찬은 골고루 배분되지 않으며, 사교적이고 자신감이 있는 학생이 대부분의 칭찬을 차지한다. 칭찬에 대한 학생들의 반응은 나이가 들어 감에 따라 변화하는 경향이 있다. Miller와 Hom(1997)은 초등학교 4학년과 6학년, 중학교 2학년 학생들이 다양한 양의 칭찬과 비난, 그리고 보상을 받을 때의 반응을 비교했다. 주목할 만한 특징은 중학교 2학년 학생들이 더 어린 학생들보다 보상과 칭찬을 덜 가치 있게 여겼다는 점이다. 연구자들은 더 나이 든 학생들의 경우 칭찬을 더 낮은 능력으로 해석한다는 결론을 내렸다.

칭찬의 효과에 영향을 미치는 것에는 어떤 특성들이 있을까? O'Leary와 O'Leary (1977)는 칭찬의 효과에 기여하는 3가지 특성을 확인했다.

1. **수반성(contingency):** 다른 유형의 보상과 마찬가지로, 칭찬은 학생의 수행에 수반하여 바로 주어져야 한다. Brophy(1981)는 교실에서 주어지는 대부분의 칭찬이 수행에 바로 수반하지 않기 때문에 제대로 기능하지 못한다고 결론지었다.
2. **구체성(specificity):** 칭찬은 인정받은 구체적인 수행을 가리켜야 한다. 이것은 귀인 피드백을 위한 지침과 상당히 일치한다. 성과를 내도록 한 학생의 활동을 명시하라(능력, 노력 또는 전략).
3. **진정성/다양성/신뢰성(sincerity/variety/credibility):** 칭찬은 받는 사람에게 진심으로 들려야 한다. 이것은 교사가 모든 종류의 수행에 대하여 "대단하다!"와 같은 코멘트를 할 때에는 발생하지 않을 것이다. 모든 수행에 대하여 같은 문구를 반복하는 것은 시간이 지나면서 칭찬의 효과를 침식하고 학생에게 아무런 의미도 남지 않는다.

게다가 칭찬은 모든 학생의 과제와 응답에 무차별적으로 칭찬하는 식으로 남용될 수 있으며 학생의 동기에 영향을 주는 데 아무런 의미가 없게 된다(Brophy,

● 표 8-1 ● 효과적인 칭찬을 위한 지침

효과적인 칭찬은	비효과적인 칭찬은
1. 상황에 따라 전달된다.	1. 무작위적으로 또는 비체계적으로 전달된다.
2. 성취의 특정한 면을 명시한다.	2. 전반적인 긍정적 반응으로 제한된다.
3. 자발성, 다양성과 신뢰성의 다양한 신호를 보인다. 또한 학생 성취에 대하여 집중하고 있음을 명확히 한다.	3. 특징 없이 단조로워 최소한의 집중을 보이는 조건화된 반응임을 암시한다.
4. 노력을 포함한 특정한 수행 기준의 성취를 보상한다.	4. 수행 과정이나 결과에 대한 고려 없이 단순히 참여에 대해 보상한다.
5. 학생에게 그들의 능력이나 그들이 성취한 것의 가치에 대한 정보를 제공한다.	5. 제공하는 정보가 없거나 학생의 위상에 대한 정보를 준다.
6. 학생이 과제와 관련된 행동에 대해 더 잘 이해하도록 하며 문제해결에 대해 생각하도록 한다.	6. 경쟁에 대한 생각, 다른 사람들과의 비교를 하도록 이끈다.
7. 현재 성취를 기술하기 위한 맥락으로서 그 학생의 이전 성취를 사용한다.	7. 현재 학생들의 성취를 기술하기 위한 맥락으로서 같은 반 학생들의 성취를 사용한다.
8. 주목할 만한 노력과 어려운 과제의 성공에 대해 인정한다.	8. 성취의 의미나 들인 노력에 대한 고려 없이 제공된다.
9. 성공을 노력이나 능력으로 귀인하며 미래에 이와 같은 성공이 가능하다는 것을 시사한다.	9. 성공을 능력에 귀인하도록 하거나 운이나 쉬운 과제와 같은 외적 요인들에 귀인하게 한다.
10. 내적 귀인을 강화한다(학생들은 과제를 즐기고 과제 관련 기술을 발전시키기를 원하기 때문에 더욱 노력할 수 있다고 믿는다.).	10. 외적 귀인을 조장한다(학생들은 교사들을 기쁘게 하거나, 경쟁에서 이기거나, 보상을 받는 등의 외적인 이유로 자신이 노력한다고 믿는다.).
11. 학생들이 과제 관련 행동에 집중하도록 한다.	11. 학생들로 하여금 그들을 다루는 외부 권위자로서 교사에게 집중하게 한다.
12. 과정이 끝난 후 과제 관련 행동에 대해 이해하고 바람직한 귀인을 하도록 촉진한다.	12. 진행 중인 과정에 개입하며 과제 관련 행동에 집중을 하지 못하도록 한다.

출처: Brophy, J. (1981). "Teacher Praise: A Functional Analysis," *Review of Educational Research, 51,* 5-32. 허락받고 실음.

1981). '86개의 격려의 말' 과 같은 리스트는 자주 교사들 사이에 유포되는데, 이러한 문구 중 효과적인 칭찬의 기준을 만족하는 것은 어떤 것도 없다(예, "정말 훌륭하다!" "대단해!"). 효과적인 칭찬과 그렇지 않은 칭찬의 차이는 〈표 8-1〉에 나타나 있다.

학생의 영리함과 노력 중 어떤 것을 칭찬하는 것이 지속적인 동기에 긍정적인가? Mueller와 Dweck(1998)이 진행한 연구는 지능을 칭찬하는 것은 동기와 성과를 약화시켜 오히려 역효과를 낳을 수 있음을 보였다. Dweck(2000)은 아동이 성공한 후 지능에 대한 칭찬을 들을 때, 이것은 지능이 고정되어 있다는 관점을 강화하고 실패 상황에서 쉽게 무너질 수 있는 수행목표를 갖도록 조장할 수 있다고 결론을 내렸다. 아동에게 실패에 대한 능력 부족의 내적 귀인이 생길 수 있다.

인센티브 사용 지침

외재적 보상의 부정적 효과는 외재적 보상이 결코 사용되지 말아야 한다는 것을 뜻하는 것은 아니다(Ford, 1992). 내재적 동기에 미치는 외재적 보상의 효과에 대한 요약은 다음과 같다(Cameron & Pierce, 1994; Ford, 1995; Ryan & Deci, 2000).

- 언어적 칭찬과 긍정적인 피드백이 적절히 사용된다면 학생의 내재적 흥미를 증진시킨다.
- 보상은 단순히 과제에 참여만 해도 주어지거나, 수행의 기준 없이 개인의 행동을 통제하려는 시도에서 주어질 때, 내재적 동기에 부정적인 영향을 미친다.
- 받은 보상이 처음 예상했던 것보다 클 때, 사람은 자신을 보상받기 위해 수행하는 사람으로 보게 된다.
- 과제 결과를 자신의 능력 증진으로 귀인할 때, 보상은 학생들의 내재적 동기를 약화시키기보다는 강화시킬 확률이 높다.
- 높은 내재적 동기가 이미 존재할 때, 외재적 보상을 도입하는 것에 대해 유의해야 한다. 왜냐하면 외재적 동기가 내재적 동기를 약화시킬 수 있기 때문이다.

Hennessey(1995)는 아동이 내재적 요인에 집중하도록 훈련이 되었거나 이미 면역력이 있다면 외재적 요인이 존재할 때에도 보상이 내재적 동기를 약화시키는 효과가 없을 것이라고 밝혔다. 교사들을 위한 함축적 의미는, 학생들이 보상의 해로운 효과로부터 면역력을 갖게 하는 방법으로 학생들과 토론을 하면서 내재적 동기요인을 세워 나가야 한다는 것이다.

앞서 진행된 논의는 우리가 보상의 결과를 잘 이해하지 못한다면, 외적 보상의 사용이 예상치 못했거나 원하지 않는 결과를 낼 수도 있는 복잡한 문제라는 점을 밝히고 있다. 보상은 많은 학교에서 널리 사용되고 있기에, 보상의 해로운 효과는 교사와 부모들에게 틀림없이 혼란스럽게 보일 것이다. 외재적 보상에 대한 더 많은 지침은 〈전략 8-3〉에 나와 있다.

‖ 생각해 보기 ‖ 당신의 교실에서 보상의 사용에 대해 실험해 보라. 어떻게든 모든 학생이 정당한 인정을 받을 수 있는 기회가 있는가? 당신의 보상 체계는 능력과 기술을 향상시킨다고 볼 수 있는가?

전략 8-3 외재적 보상을 위한 지침

충분한 보상   단지 소수의 학생만 모든 보상과 인정 또는 승인을 차지하는 "부족한 보상"을 피하라(Covington, 1992, p. 135). 같은 학생이 계속해서 수상 집회에서 인정을 받게 되고, 낮은 성취를 한 학생들에게는 보상이 사실상 존재하지 않는가? '이 달의 학생' 이나 '이 달의 교사'와 같은 상은 개인을 경쟁 상황에 두거나 혹은 "이번엔 누구 차례지?" 라는 질문을 하게 만들 것이다. 다음 지침에 한 가지 해답이 있다.

향상을 위한 보상   보상은 반드시 학생의 유능성과 과정의 발전을 인정하는 것이어야 한다. 보상이 주어졌을 때, 능력보다 '향상'에 집중하도록 하라. 예를 들어, 우등생 명단에 들었거나 가장 높은 성적을 받은 학생에게 보상을 주는 대신, '개인 최고 기록'이나 각 개인의 향상과 같이 학생 누구나 인정받을 수 있는 보상 체계를 만들라.

착수하기   외적 보상은 처음에는 아이들이 그다지 흥미를 느끼지 못했던 활동을 시작하게 할 수 있다. 만약 외적 보상이 아이들이 독서나 악기 연주를 시작하게 하는 데 사용된다면, 아이들은 그 활동 자체로부터 동기와 즐거움의 새로운 경험을 얻게 될 것이다(Lepper, 1988). 예를 들어, 한 고등학교의 체육부에서는 조깅으로 신체 단련에 집중하고 있다. 교사들은 성취를 인정하기 위해 리본을 사용하기로 했다. 1마일 리본, 그리고 나서 5, 15, 25마일 리본에 대한 누적된 보상을 제공하였다. 일단 최저치를 달성하면, 그 후 추가적인 보상은 학생들의 목표와 노력에 따라 이루어진다. 학생들은 자신의 성취에 대해 "나 자신이 정말 자랑스럽다."와 같은 코멘트를 한다. 이것은 성취를 보상하는 분명한 예이다. 어떤 학생들은 계속 최저치를 초과했지만 추가적인 리본을 받지 못하기도 한다.

외재적 보상의 점진적 소멸   외재적 보상이 사용될 때, 점차적으로 외재적 보상을 없애고 가능한 한 내재적인 보상으로 초점을 옮겨 가라. 이것은 학생이 한 영역에서 능숙해진 경우에 종종 사용되며, 향상된 능력은 보상보다도 더욱 만족스러운 것이 된다(Lepper, 1988; 〈예시 8-1〉 참조).

공개적인 보상   공개적 인정을 보상으로 사용할 때는 반드시 주의해야 한다. 널리 사용되는 학생의 성취 보고 차트는 초등학교 수업을 연구한 R. Ames와 C. Ames(1991)에 의해서 언급된 바 있다. 교사가 모든 학생의 이름이 있는 차트를 교실의 뒤편에 붙여 놓고 학생들이 만점을 얻을 때마다 이름 옆에 별을 붙였다. 그러나 교사들은 차트 위의 대부분의 별은 단지 두 학생의 이름에 붙어 있었다고 보고했다. 그 차트는 다른 학생들에게는 동기를 잃어버리게 하였다. 주(state)에서 요구하는 능력 시험에 합격하는 것과 같이 일정한 기준에 도달한 모든 학생이 인정을 받을 수 있어야 한다.

다른 동기전략들과 보상의 결합   보상은 목표설정과 같은 동기전략들과 결합되어 사용되었다. Ruth(1996)는 행동과 정서적인 문제를 보이는 학생들을 위해 목표설정을 수반성 계약과 결합했다. 보상과 목표의 결합은 학생들에게 최대한의 성공을 이루도록 하였다.

내재적 동기 강화하기

Ryan과 Deci(2000)에 따르면, 내재적 동기는 3가지 심리적 욕구를 기반으로 한다. 유능감, 자율성 그리고 관계성이 그것이다. 학습에 대한 내재적 동기는 필요한 것이지만 교실의 학업성취에 대해서는 불충분 요소라는 점을 고려한다면, 교육자들과 부모들은 무엇을 지원하고 무엇이 향상되도록 해야 하는가? 교사와 부모를 위한 최근의 한 접근 방법은 학생들의 학습활동을 내재적인 것으로 구성하는 것이다(Vansteenkiste, Lens, & Deci, 2006). 예를 들면, 학생들에게 공부하기의 새로운 전략을 배운다면 학생으로서 더욱 유능해질 것이라고 말하는 것이다. 그에 반해 그들에게 그 전략이 더 좋은 점수를 받게 할 것이라고 하는 것은 외재적 구성이다.

다음 제안들은 이 장과 이전 장들에서 제시된 동기적 관점에서 나온 것이다.

- 교실의 사회적 맥락: 멤버십과 자율성 개발의 기회를 지원하는 수업 환경을 조성하라(7장 참조).
- 과제동기: 흥미를 증진시키기 위해서 과제들이 더욱 매력적이 되도록 학생 통제, 호기심, 개인화를 이용해 과제를 만들라(〈전략 8-2〉 참조). 동시에 진정한 학습을 제공하는 과제를 통한, 의미 있는 학습에 대해 강조하라(〈전략 8-1〉 참조).
- 외재적 보상: 내재적 동기가 향상되도록 적절한 보상을 이용하라(〈전략 8-3〉 참조).
- 내재적 동기를 촉진하는 사회-인지 요인
  - 성공에 대한 귀인: Dev(1998)는 만약에 학생들이 성공의 이유가 노력이나 전략의 효과적인 사용 등 그들이 통제할 수 있는 요소 때문이라고 생각한다면, 그들은 내재적으로 동기부여될 것이라고 결론지었다.
  - 자기효능감: 높은 자기효능감은 지각된 유능감(self-perceived competence)과 자신의 행동에 대한 지각된 통제를 증가시키고 내재적 흥미를 촉진함으로써 내재적 동기를 지원한다(Bandura, 1997; Zimmerman & Kitsantas, 1997). 도전의 정도가 지각된 능력과 유사한 수준이 되면, 대부분의 활동은 내재적으로 흥미를 일으킬 수 있다(Csikzaentmihalyi, 1990).
  - 학습목표 지향성: 과제, 권위, 인정, 학습목표의 평가 항목에 집중된 수업

구조를 세우라. 학습의 내재적 가치에 초점을 맞추라(C. Ames, 1992; Meece, 1991; 〈표 3-2〉 참조).

- 목표설정: 목표설정을 통해 세운 개인적 기준은 목표 성취로부터 오는 만족감으로 인해 내재적 흥미를 가져올 수 있다(Bandura, 1997)(예, 조깅으로부터 만족감이 올 수 있다.).

Guthrie, Wigfield와 VonSecker(2000)는 학생들의 독서에 대한 내재적 동기에 대한 연구를 진행하였다. 이 연구는 개념 기반 읽기 지도(Concept Oriented Reading Instruction: CORI)로, 자율성 지원, 협력 지원, 전략 지도를 통한 유능성 지원, 학습목표, 학교 밖 세계와의 상호작용과 같은 변인들을 통합했다. 통제집단과 비교하였을 때, 결과는 CORI 훈련을 받은 학생들이 높은 호기심과 전략을 사용한 것으로 나타났다. 저자들은 위 다섯 요인이 내재적 동기의 증가에 영향을 미쳤을 가능성이 높기 때문에 교실 상황이 동기에 긍정적인 영향을 미치도록 설계될 수 있다고 결론지었다.

내재적 동기의 한계 ｜ 내재적 동기는 학생들의 참여를 증진시키기 위한 해결책인가? 한 가지 관점은, 내재적 동기가 학습에 대한 필수조건이기는 하나 교실 수업에서 학업성취를 이루는 데 필요한 충분조건은 아니라는 것이다. 즉, 한 학생이 배우는 것을 즐길 수 있고, 과목에 흥미를 가질 수 있지만 동기를 지속시키기 위해서는 전략이 필요할 수 있다(Corno & Rohrkemper, 1985). Damon(1995)은 이에 대해 더 나아가 내재적 동기의 이익은 실제보다 부풀려져 왔다고 우려를 표했다. 한 가지 우려는 커리큘럼에 의해 요구되고 교사들이 꼭 필요하다고 여기는 많은 학습활동이 어쩌면 학생들에게는 흥미롭거나 필요한 것이 아닐 수 있다는 것이다(Bandura, 1986; Brophy, 1983). 학생들에게 도전이 되고 그들이 심사숙고해야 하는 과제들은 내재적으로 동기가 부여되지 않으면 참여로 이끌지 못할 것이라는 점을 이미 언급하였다(Blumenfeld, 1992). Nisen(1992)은 학생들이 동기에 대해서 외재적 보상에 의지하게 되듯이, 즉각적인 흥미나 개인적인 욕구에 또한 의지하게 될 수도 있다고 하였다. 이것은 필요한 학습자료이긴 하지만 그 자료에 개인적인 흥미가 없을 때 학생들에게 문제가 된다. 이러한 상황에서, 보상은 학생들이 지루하고 어려운 과제를 해야 할 때 견디게 도와준다는 것이 밝혀졌다. 이 발견은 내용에 대해 내재적 동기가 있었지만 흥미를 잃자마자 바로 그만둬 버리는 학생들과 대조를 이룬다.

학교나 운동경기, 일터에서의 지속적인 노력과 성공은 내재적 · 외재적 자원을 모두 필요로 한다(Lepper & Henderlong, 2000; Wehlage et al., 1989). 그러므로 내재적 동기와 외재적 보상 사이의 복잡한 관계를 이해하는 것이 중요하다.

평가, 성적 매기기와 최적의 동기

수업 평가(assessment)는 학생들이 해당 과목의 학습과 성취에 대한 신념을 형성하기 위한 정보로 사용하기 때문에 동기적으로 중요하다(Brookhart, Walsh, & Zientarski, 2006). 학교와 수업 평가 실제(assessment practices)는 학생의 동기와 참여에 긍정적인 효과와 부정적인 효과 모두를 줄 수 있다. 교육과정 목표(standards)와 평가는 학습자 중심 이론의 하나(American Psychological Association [APA], 1997)로, 동기를 증진시키는 잠재력 때문에 학습과정에서 평가의 역할을 강조한다. Crooks(1998)는 학생에게 미치는 평가의 영향력에 대한 연구를 고찰한 후 평가가 다음 영역에서 동기에 영향을 미친다고 결론지었다.

• 과정에 대한 모니터링 및 자기평가 기술의 개발
• 그 과목을 공부하고자 하는 학생들의 동기와 자신의 역량에 대한 지각
• 학습전략(과 개발)에 대한 학생들의 선택
• 학생들의 지속적인 동기
• 학습자로서의 자기효능감 같은, 학생들의 자기인식

동기가 평가에 의해서 영향을 받는 것을 고려한다면, 첫 번째 질문은 이것이다. 평가체계의 서로 다른 유형들은 어떻게 동기에 영향을 미치는가?

준거참조평가와 규준참조평가

준거참조평가(criterion-referenced assessment)와 규준참조평가(norm-referenced assessment)는 서로 다른 비교 기준을 사용한다. 준거참조평가(절대평가)에서는 등급을 위한 기준이 미리 세워진다. 성적은 그 특정 기술에 대하여 학생이 획득한 것을 기반으로, 다른 학생들의 성과와는 상관없이 결정된다. 규준참조평가(상대평가)에서는 학생들이 그 학급 친구들과 비교해서 그들의 수행이 어디에 위치하는지를 기반으로 점수를 매긴다(Airasian, 1996). 학생의 순위를 정하는 점수체계는 규준참조평가를 사용한다고 볼 수 있다. 이런 체계는 기준이 명확하게 정의되어 있지 않다. 가장 극단적인 예는 정상분포곡선상에서 점수화하는 것이다. 즉, 준거참조 체계는 실제의 성취를 보여 주는 반면 규준참조 체계는 특정한 지식이나 기술의 획득을 보여 주지 못한다(Wiggins, 1993). 교사가 "레지나는 시험에서 가장 높은 성적을 냈습니다."라고 할 때, 이것은 그녀가 많은 것을 배웠다는 뜻이 아니다. 이것은 단지 레지나의 수행이 다른 학생들과 어떻게 비교되는지를 보여 줄 뿐이다.

어떤 평가체계가 가장 큰 동기를 갖게 할까? 정해진 기준을 놓고 경쟁하는 것인가 혹은 다른 사람들과 경쟁하는 것인가? Guskey(2001)는 "표준 기반(standard-based) 체계에서는 점수를 매기고 보고하는 것이 반드시 준거참조적이어야 한다."(p. 20)라고 말했다. 다른 학생의 성과에 의지해 한 학생의 점수를 정하는 평가체계는 숙달이나 학습목표 중심이라기보다는 능력과 수행 중심임을 강조한 것이다(Mac Iver, 1993). 반대로, 정해진 기준에 따라 경쟁하는 것은 학생들이 그 기준으로 가는 과정을 모니터링하게 하여, 그들의 강조점이 다른 친구들보다 더 높은 점수를 얻는 데 있지 않고 이전 수행보다 향상되는 것에 있게 된다.

기준의 수준

기준의 수준(level of standards)이 어느 정도여야 학생들의 동기에 가장 긍정적
인 영향을 미칠까? "현재 능력과 기준 사이에 차이가 클 때에라도, 향상된 정도를
측정하여 향상된 학습자에게 인센티브를 주는, 명확하고 가치 있는 기준이 가장
훌륭한 기준이다."(Wiggins, 1993, p. 153) 학생들의 노력을 기반으로 한 평가 기
준의 효과는 Natriello와 Dornbush(1984)가 진행한 대규모 연구의 일부이다. 더
높은 기준이 학생들로 하여금 더 노력하게 하고 수업에 참여할 가능성을 높였다
는 결과(이와 비슷하게, 어려운 목표가 쉬운 목표보다는 더 큰 생산성으로 이끌었다.
4장 참조)는 그리 놀랄 일이 아니다. 그러나 만약 학생들이 기준을 그들이 획득할
수 없는 수준이라고 생각했다면, 그들은 학습에 참여하지 않게 되었을 것이다.
더욱이 학생들의 노력은 평가가 그들의 노력 수준을 정확하게 반영한다고 믿는
것에 따라 어느 정도 영향을 받았다. 만약 학생이 평가에 오류가 있다고 생각한다
면, 그들은 노력할 가치나 필요가 없다고 생각할 것이다.

보다 최근에, Boorkhart와 동료들(Brookhart, 1998; Brookhart & DeVoge, 1999)
은 초등학교 3학년 교실을 대상으로 과제의 난이도, 자기효능감, 노력 그리고 성
취 간의 관계에 대한 확장된 연구를 실행하였다. 한 가지 언급할 만한 결과는 학
생의 자기효능감 판단은 그들이 이전에 경험했던 비슷한 과제의 평가를 기반으
로 한다는 것이다. 또한 수행목표 혹은 학습목표를 담고 있는 것으로, 과제를 내
줄 때 교사가 하는 설명은 학생들이 그 과제에 어떻게 접근하는가에 영향을 미친
다. 예를 들면, 교사가 학생들에게 과제를 내주면서 "A를 받기 위해 열심히 해
라."라고 할 때에는 수행목표에 대한 메시지가 전달되는 반면, "이것을 이해하기
위해서 노력해라."라고 할 때에는 학습목표에 대한 메시지가 전달된다. 이러한
결과는 교사 피드백의 영향력과 학생이 그 피드백을 어떻게 인지하는지에 대해
알아야 할 필요성을 강조한다.

이와 비슷하게, Butler(2006)는 만약 학생들이 다른 학생과의 비교를 통해 평가
받는지(상대평가) 또는 발전에 대한 모니터링으로 평가받는지(절대평가)를 미리

들고 안다면 이것은 활동 목표에 대한 하나의 단서로 작용할 것이라는 가설을 세웠다. 그 이후 연구의 결과는 사실상 학생의 성취목표가 수행목표인지 숙달목표인지에 영향을 미쳤다.

평가에서 교사가 고려하는 동기적 변인

교사들은 학생들의 성적을 정할 때 어떠한 동기적 변인들을 고려하며, 어떤 준거(criteria)를 근거로 판단을 내리는가? 한 연구에서 교사들은 어떻게 학생들을 평가하며 왜 그런 결정을 내렸는지에 대한 조사에 응했다(Brookhart, 1993). Brookhart는 교사들에게 성적의 의미는 학생의 학업(work)에 대한 생각과 매우 깊은 관련이 있다는 결론을 내렸다. Guskey(2001)는 학업 습관이나 노력을 과정 준거(process criteria)로 설정했다. 성적을 정하거나 설명할 때, 교사들은 학생들이 했던 것이나 이룬 것에 대해 언급하면서, 자주 '그가 했던 학업', 그리고 '수행하다' 혹은 '수행'과 같은 단어나 문장을 썼다. 교사들은 성적을 매길 때, 성취뿐 아니라 노력도 고려한다고 보고했다.

교사들은 학생의 어떤 행동을 노력이라고 여기는가? Natriello와 Dornbush(1984)의 연구에서는 (1) 완료한 과제의 수, (2) 기한 안에 제출한 과제의 수, (3) 특정 과제를 숙달하기 위해 또는 어떤 수준에 도달하기 위해 사용한 추가적인 시간, (4) 좋은 성적을 거두기 위해 분투하는 정도 등의 행동이 언급되었다.

교사들은 학생 성취 점수에 반영하기 위해 학생 능력 수준, 노력, 태도와 같은 변인들을 어떻게 사용할까? 고등학교 교사 15명의 성적 평가 수행에 대한 사례 연구에서는 15명 중 13명의 교사가 비록 성적에 학생들의 태도를 사용하지 않으려고 노력한다고 말했지만, 성적 변인으로서 노력과 동기에 의미 있는 가중치를 준다는 것이 밝혀졌다(Stiggins, Frisbie, & Griswold, 1989). 교사들은 성적을 결정할 때 능력을 어떻게 포함하느냐의 측면에서 나뉘었다. 반 정도의 교사는 높은 능력과 낮은 능력의 학생들에게 다른 성적 평가 과정을 사용한다고 했다. 예를 들면, 높은 능력의 학생에게는 단지 성취만을 적용하지만, 낮은 능력의 학생에게는 성취와 노력을 적용했다.

평가에서 노력과 능력과 같은 요인의 사용과 관련하여 쉬운 답은 없다. 이러한 증거들로부터, 성적을 평가하기 위한 준거로서 노력을 사용하는 것에 대해 다음을 고려해 보자.

- 성적을 평가하기 위한 준거로서 노력을 사용할 때 절대적으로 옳은 방법은 없다. 노력을 동기적인 요소로 이해하고, 평가체계가 어떻게 노력에 대한 부분을 인정하고 키워 나가게 할 수 있는지가 중요하다.
- 노력을 조작적으로 정의하라. 즉, 노력이 무엇이며 평가에서 노력이 어떻게 고려되는지를 구체화하라(〈전략 2-7〉 참조).
- 학생이 프로젝트나 보고서를 개선할 기회를 갖게 될 때, 노력이 그 과제에 나타날 것이다.

‖**생각해 보기**‖ 학생의 평가체계에서 노력을 어떻게 포함할 것인지 생각해 보라. 노력을 포함할 것인가? 그것이 학생의 동기와 학습을 향상시키는 데 효과적이라고 생각하는가?

평가와 피드백

학생의 수행을 평가할 때, 학생에게 주는 어떤 종류의 피드백이 동기를 키울 수 있을까? 피드백은 평가의 결과이지만, 그것은 그 종류에 따라 인센티브와 같은 역할도 한다. Brookhart와 DeVoge(1999)는 교사들이 학생들에게 피드백의 해석을 돕는 것이 중요하다는 결론을 내렸다. 예를 들어 시험을 평가할 때, 가장 좋은 피드백은 학생이 맞은 것은 왜 맞았고 틀린 것은 왜 틀렸는지를 이해하도록 돕는 것이다. Wiggins(1993)는 피드백이 단지 칭찬하고 비난하기 위한 것이 아니라 학생이 어떻게 하고 있고 어떻게 향상될 수 있는가에 대해서 이해하기 쉬운 정보로 제공되어야 한다고 주장했다. 이것은 귀인 피드백(2장 참조)과 정보적 피드백(이 장에서 논의되었다.)과 비슷하다.

평가과정에 학생들을 좀 더 참여시키는 것은 동기에 긍정적인 영향을 줄 수 있다(Chappius & Stiggins, 2002; Shepard, 2000; Stiggins, 1999). 평가준거표는 평가를 위한 분명한 준거를 제공한다. 평가의 부분으로 평가준거표를 더 많이 사용할수록 분명한 준거를 제공하게 된다. Shepard(2000)에 따르면, 이것은 학생들에게 자기평가를 통해 학습과정에 더 참여하도록 함으로써 형평성의 원리를 만족시킨다. 자기조절 전략, 즉 자기점검과 꾸준히 기록하는 것은 학생 평가의 일부이다. 이것은 귀인, 자기효능감, 인센티브, 평가가 교차되는 영역이다.

평가실제에 대한 함축적 의미

책무성(accountability)에 대한 현재의 강조점과 함께, 교사들이 평가에 대해 긍정적인 동기적 분위기를 제공하는 것이 중요하다. Harlen과 Crick(2003)은 시험과 학습동기에 대한 연구들을 분석하였다. 권장사항은 다음과 같다.

• 수행목표가 아닌 학습목표와 흥미를 강조하라.
• 학생들로 하여금 학습목표와 평가준거(표)를 이해하도록 도우라.
• 시험과 다른 형태의 평가에서 사회적인 비교를 피하라.
• 학생들이 자기평가 능력을 키우도록 도우라.
• 귀인 피드백과 마찬가지로, 능력 개발 지표로서 피드백을 활용하라.

동기 원리에 기초한 평가체계: 인센티브 기반의 향상 프로그램

특정 동기적 원리를 기반으로 한 평가 프로그램은 어떤 모습일까? Mac Iver(1993)는 목표설정 이론(Locke & Latham, 1984: 4장 참조)과 성취목적 이론(C. Ames, 1992: 3장 참조)을 기반으로 한 프로그램을 개발했다. Mac Iver는 이러한 원리들이 전통적인 평가의 약점을 진단하고, 개선된 평가체계의 기초를 제공하는 데 사용될 수 있다고 주장했다. 전통적인 규준참조 체계는 동기에 영향을 미치는 다음과 같은 특징을 가지고 있다.

- 성공이라는 것은 대부분의 학생이 달성하지 못할 목표를 만들면서 다른 사람들과의 경쟁 속에서 정의된다.
- 학생들이 최선의 노력을 다한 것이 인정되지 않고 보상받지 못할 때, 학문적 성공의 목표에 대한 그들의 헌신은 줄어들 것이다.
- 개인의 향상보다는 상대적 성취를 보상함으로써 능력에 집중하게 되면, 또래들 사이에 능력의 차이를 강조하게 되고, 전략적 노력에 보상을 주지 않으며, 새로운 기술을 학습하는 과정에서 실수를 하게 되는 학생들을 격려하지 않게 된다.

동기에 대한 이러한 해악을 극복하기 위해, Mac Iver는 목표가 구체적이고 도전적이도록, 그러나 달성 가능하도록 하는 평가체계를 설계했다. 그것은 규준의 중요성을 덜 중요시하고 숙달 중심 지향성(mastery-focused orientation)을 갖도록 했다. 또한 서로 다른 능력을 가진 학생들이 성공에 대하여 동등하고 공평한 기회를 가질 수 있도록 하는 학급 환경을 만들었다. 여기에서 중요한 것은 (상위 학습 성취자를 포함하여) 어떤 학생이든 전략적인 노력 없이는 지속적으로 성공할 수 없는 분위기를 만드는 것이다. 협동학습을 위해서 고안된 점수체계 개선(Slavin, 1990)은 개인 평가와 인정 프로그램(recognition program)을 위하여 수정되었다.

'향상 프로그램을 위한 인센티브'를 볼티모어 주의 23개 중학교 교사 중 자원한 교사들이 수행하였는데, 다음의 3가지 주요 요소를 포함한다.

- **퀴즈 세트**(rounds of quizzes): 학생들이 최근 퀴즈에서 맞힌 평균 정답 비율이 기본점수가 된다. 퀴즈의 구체적인 목표는 9점 이상 기본 점수를 올리는 것이다. 각 세트는 3개의 퀴즈로 구성되어 있다.
- **향상점수**(improvement points): 향상점수는 학생들이 자신의 구체적인 목표를

● 표 8-2 ● 향상점수를 얻는 방법

조건	향상점수
기본점수보다 9점 이상을 얻는다면	30점 획득
기본점수보다 5~9점을 얻는다면	20점 획득
기본점수에서 4점 이내의 점수를 낸다면	10점 획득
완벽한 답안이라면	30점 획득
완벽한 답안에서 5점 이내라면	20점 획득

출처: Mac Iver, D. J. & Reuman, D. A. (1993/94). "Giving Their Best: Grading and Recognition Practices that Motivate Students to Work Hard." *American Educator*, 17(4), 24-51. 허락받고 실음.

달성한 정도에 따라 주어진다. 이것은 학생들이 자신의 목표 달성에 대한 명백한 피드백을 받는 것을 뜻한다. 점수는 〈표 8-2〉에 나타나 있다.

• 인정: 1년 내내 수행 수준이 오른 모든 학생에게 '떠오르는 별(rising star)' 또는 '성취자(milestone)' 상의 형태로 공식적 인정이 제공된다. 상장과 다양하게 제공되는 작은 부상들(예, '성취자 상'이라고 인쇄되어 있는 볼펜, '떠오르는 별' 브로치 등)을 받는다.

여러 영역에서 '향상 프로그램을 위한 인센티브'는 학생들에게 긍정적인 효과가 있었다. 프로그램에 참여하지 않은 학생들과 비교하여 (1) 그들은 목표했던 과목에서 놀라울 만큼 더 높은 성적을 보였고, (2) 참여하지 않은 집단의 학생들보다 더 높은 최종 점수를 받았고, (3) 더 많이 시험에 통과하였다. 특히 (작년보다 더 낮은 평균점수를 받아) 가장 큰 위험에 처해 있던 학생들에게는 효과가 있었다. 실험집단의 학생들이 통제 교실에 있던 학생들보다 12% 더 많이 시험에 통과하였다. 이 학생들은 통제집단에 있던 학생들보다 더 많은 노력을 했다고 보고됐다(예, 퀴즈나 시험을 위해 더 열심히 공부했고, 그들의 잠재력을 더 많이 발휘하였다.).

Mack Iver는 학생들에게 성적에 들어가는 과제, 프로젝트, 시험이나 퀴즈 등을 위해 노력하게 하는 구체적인 근접목표를 갖게 함으로써, 프로그램은 성적 향상의 효과와 함께 학생들이 잠재력을 발휘하도록 더욱 동기부여할 것이라고 결론지었다. 이 프로그램은 또한 교사들의 수행에도 영향을 미친다. 교사들이 학생들의 수행과정을 모니터링 때, 그들은 낮은 성적의 학생들의 성취에 대해 더 잘 알게 되고, 그것은 교사효능감과 동기를 증가시켰다.

오늘날 고부담 시험을 치르는 것과 책무성(역자 주: 정부로부터 학교에 지원되는 지원금이 학생들의 고부담 시험 점수에 따라 좌우됨)의 맥락에서, 학생들의 동기는 매우 결정적인 요인이다. 만약에 고부담 시험과 책무성이 학습과 성취를 증가시킨다면, 학생들은 그들의 성공에 대해서 믿게 될 것이다. "교사들은 학생들에게 중요한 성취 기대감에 대해 이해해야 하고 또 말할 수 있어야 한다."(Ramirez, 1999, p. 207).

결론

C. Ames(1992)는 교실 수업의 차원인 과제, 인센티브, 평가와 자율성(7장 참조)이 학생들의 학습목표를 떠받치는 수업 구조의 핵심임을 주장했다. 이 장에서는

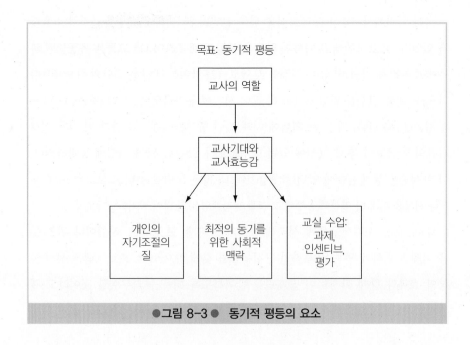
●그림 8-3● 동기적 평등의 요소

이러한 차원들이 동기와 참여에 어떠한 영향을 미치는지 살펴보았다. 종합해서 고찰해 볼 때, 이 요소들은 능력보다 노력을 강조한다. 그리고 수업 구조 안에서 교사의 핵심 역할은 자기조절의 질을 가르치는 것이다. 장기적 관점에서 최적의 학생 동기와 참여를 위한 수업 구조를 만드는 데 있어 가장 중요한 요소는 교사 자신의 교수효능감이다. [그림 8-3]은 이러한 요소들을 통합시켜 보여 주고 있다. 이것이 동기적 평등을 위한 교실을 만들어 가는 주요 단계이다.

✑ 주요 내용의 개관

1. 학생들을 학습에 참여하게 하는 과제와 활동은 의미 있고 도전적이며 높은 수준의 사고를 요구한다. 학생들에게는 과제 복잡성과 정보처리 사이의 상호작용이 요구된다. 그러나 너무 도전적인 과제들은 학생들에게 더 많은 참여를 이끌어 내지 못할 것이다. 교사에게 딜레마가 되는 것은, 위험성은 학생들의 동기를 낮출 수 있고 위험성을 낮추면 학생들의 학습 수준을 낮출 수 있다는 것이다.

2. 학생들의 과제 참여를 증가시키는 교수실제는 배움의 기회를 증가시키고 다양하고 수준 높은 교수기술을 사용하며, 학생들에게 정답의 이유를 생각해 보도록 하여 학생들이 점진적으로 이해하도록 이끌고, 평가에 있어서도 내용의 이해와 숙달에 중점을 둔 평가를 하는 것이다. 효과적인 집단은 학생들이 생각을 공유하기도 하고 반대 의견을 내기도 하며 서로 다른 관점에서 문제를 풀어 나갈 때 인지적 참여를 강화한다.

3. 과제의 흥미는 집중과 지속성, 학생들의 지식 획득에 영향을 주기 때문에 동기적인 측면에서 중요하다. 2가지 종류의 흥미가 있다. 개인적 흥미는 학생이 개인적으로 수업에 대해 갖고 있던 흥미이며, 상황적 흥미는 수업이나 수업활동에서 사용한 자료에서 나온 흥미이다. 상황적 흥미가 교실 수업을 위해서는 더 중요하고 단기간 학생들을 주의력을 끌어모으며 주의력을 지속

시킬 수 있다. 학생들은 수업을 보다 흥미롭게 하기 위해 교과내용에 덧붙이는 재미있고 흥미로운 내용들을 교과내용의 일반주제보다 더욱 자주 생각하며 회상한다. 학생들이 흥미로워하는 주제를 먼저 찾고, 그 주제와 관련된 교재와 자료들을 찾아보라.

4. 과제는 학생 스스로 선택하고 주인 의식을 갖도록 하는 기회를 제공하여 학생의 흥미와 참여를 높이는 데 활용될 수 있다. 즉, 과제는 학습에 대한 호기심을 불러일으키고 학습이 개인적인 것이 되도록 하는 기회를 제공한다. 문화에 대한 지식은 수업 과제와 활동에 대한 흥미와 학생을 연결시켜 주는 다리 역할을 하며, 교사들이 갖고 있는 학생 문화에 대한 지식은 과제흥미와 참여에 중요하다. 과제흥미와 관련 있는 것은 과제가치(task value)이다. 과제가치의 3가지 유형은 성취가치, 내재적 가치 그리고 유용성 가치이다.

5. 외재적 동기와 내재적 동기는 가장 많이 외재적인 것에서 가장 적게 외재적인 것까지의 연속선을 의미하는 것이며, 서로 다른 두 개의 동기를 말하는 것은 아니다. 어떤 환경에서는 외재적 보상이 내재적 보상을 약화시키거나 감소시킨다. 또 다른 환경에서는 외재적 보상이 내재적 보상을 강화한다. 보상은 정보적 측면이나 통제적 측면을 통해 동기에 영향을 미친다. 과제 완료보다 오히려 과제 결과의 질에 따른 보상이 과제 성취의 수준과 동기에 더 긍정적인 영향을 미치는 것 같다. 수행 기준에 대한 고려 없이 단순히 과제에 참여하기만 해도 주는 보상은 내재적 동기에 부정적인 영향을 미친다.

6. 언어적 칭찬과 긍정적인 피드백은 특정 상황에서 학생의 내재적 흥미를 강화할 수 있다. 칭찬은 수행에 대하여 수반적일 때, 인식할 수 있는 특정한 성과를 가리킬 때, 또 그것을 받는 개인에게 진실할 때 더욱 효과적이다.

7. 외재적 보상의 사용에 대한 지침에는 능력의 다양함을 인정하는 것, 소수의 학생이 모든 인정을 다 차지하지 않도록 하는 것, 능력보다 향상에 집중하여 보상하는 것, 그리고 어떤 활동을 막 시작했을 때 보상을 사용하고 그런 다음 점차적으로 보상의 사용을 줄여 초점을 보다 내재적 보상으로 옮겨 가도록 하는 것 등이 포함된다.

8. 자율성과 학습목표를 지원하는 교실 맥락을 만드는 것, 과제흥미를 증진시키는 것, 성공 노력에 대한 귀인을 격려하는 것, 학생들이 자기효능감을 강화하도록 돕는 것, 목표를 설정하는 것 등을 통해 내재적 동기가 길러질 수 있다.

9. 내재적 동기는 필요조건이지만 수업 참여에 대한 불충분 조건이기도 하다. 교육내용에서 요구되며 교사들이 필수라고 여기는 학습활동이 흥미롭거나 필요한 것으로 여겨지지 않을 수도 있다. 외재적 보상이 동기부여에 필요한 것과 비슷하게, 학생들은 동기부여를 위해 즉흥적인 흥미나 개인적 욕구에 의존할 수 있기 때문에 필수적이기는 하지만 개인적 흥미는 없는 학습 자료를 배울 때는 학생들이 불리해질 수 있다. 학교나 운동, 일에서의 지속적인 노력과 성공은 내재적 · 외재적 자원 모두의 사용을 필요로 한다.

10. 평가는 학생들이 자신의 과정을 관찰하게 하고, 학습동기와 학습전략의 선택에 영향을 미치며, 학생들의 지속적인 동기와 학습자로서의 자기효능감에 영향을 미침으로써 동기에 영향을 준다.

11. 평가준거는 학생의 동기에 영향을 미친다. 준거참조평가는 정해진 기준에 대한 학생의 성취를 기반으로 평가한다. 규준참조평가 체계는 학생들의 수행이 학급 친구들과 비교하여 어떤지에 따라 점수를 정한다. 준거참조평가가 학습목표를 보다 촉진하기 쉽다. 표준 기반(standard-based) 측정에서, 성적을 매기고 보고하는 것은 반드시 준거참조 측정이어야 한다. 평가의 기준은 학생들의 동기에 영향을 미친다. 더 높은 기준은 학생들의 더 큰 노력과 관련이 있다. 노력은 때때로 교사들이 학생의 성적을 결정할 때 사용된다.

12. 피드백이 어떻게 주어졌느냐에 따라 피드백은 평가의 결과와 인센티브, 둘 다가 된다. 동기 강화적 피드백은 학생들이 하고 있는 것과 그들이 어떻게 향상될 수 있는가에 대해 이해하기 쉬운 정보를 제공해야 하며, 단지 칭찬이나 비난의 말이 아니어야 한다. 평가준거표는 평가에 대한 명시적 준거를 제공한다. 표준적 절차의 부분으로 평가준거표를 더욱 많이 사용하는

것은 분명한 준거를 제공한다.

13. 고부담 시험에서 긍정적인 동기부여를 위한 분위기를 형성하기 위해서 추천되는 것은 학습목표와 자기참조 비교(self-refenced comparisons)를 강조하고, 학생들이 자기평가 능력을 기를 수 있도록 돕는 것이다.

14. 목표, 노력 그리고 향상에 집중한 평가 프로그램은 학생들의 동기를 고취시키기 위해 Mac Iver(1993)가 고안한 것이다. 이러한 요소들을 기반으로 한 프로그램은 학생들의 성적을 향상시키고 더 많은 학생이 교육과정을 이수하는 결과를 낳았다.

동기의 도구상자

1. 생각해 보아야 할 중요한 점과 궁금한 질문은?

2. 내가 지금 활용할 수 있는 전략은?

3. 이후로 발전시키기를 원하는 전략은?

제9장

동기적 평등과 학생의 학업성취를 위한 가능성

> 정규교육의 주요 목표는 지적인 도구, 자기신념, 그리고 자기조절 능력을 학생들이 갖추도록 해서 평생 동안 그들 자신을 스스로 교육할 수 있도록 하는 데 있어야 한다.
> – Bandura(1993, p. 136)

동기적 불평등(inequality)과 도전의 문제는 1장에서 소개되었다. 상기하자면, **동기적 평등**은 학생들이 지적인 발달을 위한 적정 수준의 동기를 가지고 있는 것을 의미한다. 더 높은 기준과 고부담 시험을 표방하는 교육적 개혁의 분위기에서는 모든 학생에게 동기적 평등을 지지하는 교수 자원과 동기적 자원을 제공하는 것이 특히나 중요하다. 동기부여 가능성을 제공하는 확장된 지식 기반이 존재하는데, 연구자들은 단지 학업내용에서 요구하는 기준을 맞추기 위해서가 아니라 학생들의 잠재력을 계발하도록 돕기 위해서 교실 수업의 일부분으로서 동기를 명시적으로 언급해야 한다고 주장한다.

이 장은 예비교사와 실습교사가 자주 언급하고 있는 동기전략의 이행과 관련된 우려사항과 이슈들에 대한 논의로부터 시작한다. 그다음은 동기를 하나의 요소로 포함하였던 프로그램과 교실 개입에 대해 기술한다. 동기전략을 계획하기 위한 문제해결 모델과 동기 사용을 위한 기회는 마지막 절에서 다룬다.

우려사항과 이슈들

고려하고 해결해야 하는 일반적인 이슈들이 있다. 또한 교실에서의 동기전략 수행에 장애물이 될 수 있는 일반적인 이슈들이 있다. 당신이 동기 계획을 이행하려고 할 때 어떤 장애물을 떠올리게 되는가? 다음의 이슈들에 대해 생각해 보라.

당신은 동기를 얼마나 증진시키기를 원하는가? | 당신은 이러한 질문이 필요 없다고 생각할 수도 있다. 교사로서, 우리는 학생들이 노력과 자기통제와 같은 동기의 질에 가치를 두도록 하지만 이러한 것을 가르치는 것이 교사의 일이 아니라고 생각할 수 있다. 우리는 자주 부정적인 시각에서만 생각한다(예, "학생들은 노력하지 않는다. 그들은 목표를 가지고 있지 않다: Sockett, 1988). 반대 측면에서는 "이 학생들이 적응적인 동기적 신념과 전략을 발전시킬 수 있도록 내가 어떻게 도울 수 있는가?"를 생각해 볼 수 있지만, 이러한 측면은 자주 무시되거나 이러한 것은 가르쳐질 수 없다고 생각된다. Murphy와 Alexander(2000)는 최근의 선행 연구에서 동기 관련 용어들을 조사했는데, "동기에 대한 가장 강력한 인식은 많은 동기 구인(constructs)이 학생들의 학업적 성장 및 발달과 유의하게 관련되어 있다는 것이다."(p. 44)라고 결론 내렸다. 중요한 점은 교사들이 이러한 동기 구인들이 교수적 개입의 영향을 받는 것으로 보는냐이다. 앞 장에서 우리는 교사들이 학생의 동기에 영향을 미치는 많은 요인들에 영향을 줄 수 있음을 보았다.

학생들은 많은 다양한 문화로부터 온다. 동기가 학생들의 문화에 상충될 수 있기 때문에 학생들에게 동기를 강제로 부과하는 것이 두렵다. | 정규교육, 학교 성취, 좋은 행동, 부모 참여의 가치에 대한 신념과 같은 동기적 질은 문화권에 따라 중립적이거나 혹은 가치 있게 여겨질 수도 있다(Goldenberg & Gallimore, 1995; Sockett, 1988). 예를 들어, Goldenberg와 Gallimore는 이민 온 라틴계 부모는 미국 거주자와 유사하게 교육을 사회적 · 직업적 이동의 사다리로 보고 이를 중요하게 여긴다는 사실

을 발견하였다. 이와 유사하게, 고성취 아프리카계 미국인 학생들의 가족은 학문적 추구를 가치 있게 여기고 자녀들을 위한 학업성취 규준을 설정하는 패턴을 보였다(R. Clark, 1983).

만약 다른 문화권에서 이러한 일반적 목표가 인정되지 않는다면 그 문화권 내 가정에서의 가치와 학교교육 간 격차는 더 자주 나타날 것이다(Goldenberg, 1994). 예를 들어, Goldenberg는 교사가 라틴계 이민자 배경에서 온 아이들의 동기가 부족한 것으로 생각한다며 한 학부모가 불평한 적이 있다고 보고하였다. 이러한 인식 때문에 교사는 학생들을 가르치는 대신에 하루 종일 놀도록 내버려 두었다. 이것은 부모들이 자신의 자녀들에게 가졌던 성취목표와 반대되는 것이었다.

다양한 학생의 동기 문제에 있어 중요한 것은 가족들의 문화적 가치에 대하여 배우는 것이다. 또한 문화권 내에 모든 사람이 같은 가치를 지녔다고 가정하지 말아야 한다. 교사들이 문화적 차이를 인지하고 존중할 때 학교와 가족들 간에 공감대를 형성할 수 있다. Bempechat(1998)는 "학교에서 어느 때보다 문화적 민감성이 더 필요한데, 문화적 민감성은 '학부모들이 그들의 자녀를 위해 제공하는 학업적·동기적 지원을 그들의 문화와 민족성이 인도하는 방식으로 하도록 존중하는 것과 모든 학생을 위한 높은 학업적 목표를 유지하는 것 간의 건강한 균형'을 통해 실현된다."(p. 115)라고 주장했다.

오늘날처럼 고부담 시험의 기준을 강조하는 분위기에서 교사들은 학생들이 시험에 통과하고 학습하는 것에 계속 초점을 유지하도록 할 수 있는가? | 학교개혁 운동은 학생 동기의 중요성에 거의 관심을 보이지 않았다(Meece & McColskey, 1997; R. S. Weinstein, 2002). 그러나 Weinstein은 학생들이 높은 기준에 대한 기대치를 넘게 된다면 그것 자체가 교육적 결과이므로 동기가 중요하다고 주장하였다. 단지 시험에 통과하기 위해 배울 필요가 있는 내용들은 단기적으로는, 가치 있는 시간을 앗아 가는 것처럼 보일 수 있다. 그러나 만약 노력, 목표, 공부전략이 없어 학생들의 학업적 진보가 방해받는다면 그때 우리가 고려할 수 있는 것은 학생들이 필요로 하는 방법을 가르치는 것이다. R. S. Weinstein(2002)은 "변화하는 세상에서

성공적으로 대처하기 위해서 우리는 배우기를 원해야 하고 배우는 방법을 알아야 한다."(p. 76)라고 진술했다. 교사들이 성취 기준의 맥락에서 학생들이 자기조절을 배울 수 있도록 도울 때 학습이 증진될 것이다(Comer, 2005). Roderick과 Engel(2001)은 시카고 학생들을 대상으로 고부담 시험에서 학생들의 노력의 역할과 교사들의 영향에 대하여 통찰력을 제공하는 연구를 수행하였다. 〈예시 9-1〉을 보라.

예시 9-1 학생 노력, 고부담 시험과 교사의 역할

- **노력**: 학생의 노력은 시험 결과를 예측하는 중요한 변인이었다. 그러나 연구자들이 경고했던 것처럼, 만약 성취와 교육개혁의 목표를 위한 책임이 학생에게만 있는 것이라면 특히 낮은 능력의 학생들은 위기에 처하게 된다.
- **사회적 맥락**: 동기가 실제적인 공부로 전환되는 메커니즘은 교사들이 그들의 교실에서 창조해서 학생들에게 전달할 수 있는 학습에 대한 집단 책임감의 정도에 따라 달라진다.
- **교사들의 역할**: 교사들은 다양한 방식으로 과제에 대한 학생들의 인식과 동기에 영향을 미친다.
  - **기대감**: 교사들은 학생들이 학업 기준을 달성하기 위해 목표를 이해하도록 도왔고 교사가 학업성취에 대해 강조하는 것에 대해 저성취 학생들이 꼭 부정적으로 반응할 것이라고 가정하지 않았다.
  - **효능감과 지지**: 교사들은 학생들이 자신의 목표를 달성하는 데 있어 효능감을 가지고 지지받는다고 느끼도록 도왔다.
  - **활동 구조**: 교사들은 학습활동을 모두 의미 있고 성공을 위해 필수적인 요소로 보이도록 구조화하였다.

🖇 동기 개입

여기에서는 동기와 성취를 증진시키기 위한 개입을 하는 데 있어 성공한 예를 기술한다. 개입은 성취 장벽(barriers to achievement)에 직면했던 2가지 포괄적인 프로그램(comprehensive program)을 포함한다. 이 프로그램들은 동기적 평등에 대한 가능성을 제시하고 학교개혁의 맥락에서 동기를 포함하여 설계된 교사의 개입을 제시한다.

포괄적인 프로그램

포괄적인 프로그램은 학생을 학업성취로부터 멀어지게 할 수 있는 많은 장애물과 이슈에 대해 언급하였다. 2가지 프로그램은 다음과 같다.

- 글을 잘 읽지 못하는 아이들을 위한 벤치마크 프로그램
- 대학 준비반에 저성취 학생들을 배정하고 그 학생들이 성공하도록 지원을 제공하는 AVID 프로그램

이 2가지 프로그램은 포괄적이고 동기적 요인을 포함하고 있으며 도전적인 교육적 상황에서 성공한 증거를 보여 주기 때문에 선정되었다.

벤치마크 학교 │ 벤치마크 학교는 글을 잘 읽지 못하는 아이들을 위한 학교이며, 모든 학생은 가르칠 수 있다는 전제를 두고 있다(Gaskins, 1994; Gaskins & Elliot, 1991). 학생들은 7~10세에 프로그램에 들어갔으며 그때 이 아이들은 글을 잘 읽지 못하였다. 학생들은 20년간의 연구를 기반으로 한 교육과정 프로그램에 투입되었고 학생들이 목표 지향적이고 계획적이며 전략적이고 자기평가적이 될 수 있게 지도받도록 설계되었다. 교수진은 모든 학생에게 필요한 17개의 핵심 인

지적 전략을 선택하였다. 자기조절 전략은 조직, 노력 그리고 자기통제뿐 아니라 학습과 메타인지 전략을 포함하고 있다.

전략은 각 학습단원에서 가르친다. 미니 수업인 Psych 101은 학습에 대하여 배우는 수업으로, 각 학습단원에 삽입되었다. 미니 수업에서의 첫 번째 주제는 지능에 대한 신념이다. 지능은 증가하는 방향으로 변한다고 강조된다. 학생들은 자신이 얼마나 똑똑한지에 대한 고민에서 벗어나도록 배웠다(동기에 있어 지능의 증가이론과 고정이론에 대해서는 3장을 참조하라.). 4일 후, 이 주제는 노력에 대한 공부로 이어진다. 이 주제는 노력의 의미와 유형에 초점을 둔다. 학생들은 사람의 통제, 과제의 통제, 환경의 통제, 전략의 통제 등 4가지 범주의 메타인지 통제 전략을 배우게 된다. 5장에서 기술된 의지적 통제전략과의 유사성에 주목하라.

벤치마크 학교에서 이루어진 프로그램의 계속된 평가는 3년 프로젝트 동안 중학교 학생들이 나아졌음을 보여 주었다. 이 평가는 학업 평가와 교사 보고에 의해 측정된 것으로 (Gaskins, 1994), 교사의 보고에서는 학생들이 다양한 인식과 통제 전략을 사용하였음을 보여 주었다. 이 프로그램의 교육과정과 교육전략은 계속적으로 수정을 거치고 있다. 교육과정과 수업의 세부적인 기술은 『학교에서 인지적 전략 수업 이행하기(*Implementing Cognitive Strategy Instruction across the School*)』(Gaskins & Elliot, 1991)에서 볼 수 있다.

AVID | AVID 프로그램에 참여한 학생인 릴리아는 5장에서 소개되었다. AVID는 고성취 학생들을 위한 대학 준비 프로그램에 저성취 학생들(주로는 저소득층, 소수인종 배경을 가진)을 배치하는 비정규 프로그램이다(Mehan et al., 1996). 이 프로그램은 메리 캐서린 스완슨 교사가 시작을 했는데, 그녀는 학생들이 그들의 배경 때문에 자동적으로 재교육을 위한 수업에 배치되어서는 안 된다고 결심하였다(Ruenzel, 1997). 메리 교사는 "지지 없는 엄격함은 실패를 위한 전조이며, 엄격함 없이 지지만 하는 것은 잠재력의 비극적 낭비이다."라고 믿었다(Swanson, Swanson, Marcus, & Elliott, 2000, p. 1에서 재인용). AVID 학생들은 열심히 하는 공부가 어떤 결과를 낳는지 알지 못했던 수동적인 학습자들이었다. 그들은 대학

에 입학하고자 하는 목표를 가졌지만 준비 유형이나 준비에 필요한 단계들에 대해 알지 못했다.

AVID는 노력은 능력을 창조할 수 있다는 철학을 기반으로 한 원리들을 개발하였다(Resnick, 1997, 1999). AVID 학생들은 학교의 비정규 교육과정에서 다음의 교육적 특성을 포함한 프로그램을 통해 지도를 받는다(Mehan et al., 1996).

- 개인적인 노력, 동기, 기회에 대한 신념: 프로그램을 시작하면서 AVID 프로그램은 학생들을 믿고 있으며 만약 학생들이 열심히 공부하고 동기화된다면 대학에 갈 수 있을 것이라고 학생들에게 말해 준다.
- 공부와 시험 치르는 기술: 프로그램의 핵심은 중심 사고를 정리하고 주요 개념을 요약하고 분석을 위해 질문을 작성해 보는 등 노트를 정리하는 특별한 방법을 배우는 것이다. SAT 준비를 포함하여 시험 보기, 조직화, 시간관리를 모두 수업 시간에 배운다.
- 대학 입학을 위한 단계적 계획과 준비: 학생들은 대학에 진학하기 위한 복잡한 과정에 대하여 배우게 된다. 그들은 대학 진학 목적 진술문을 쓰는 방법, 지원서를 쓰고 재정 지원 요청서를 쓰는 방법을 배운다. 이것은 5장에서 기술된 PLAN과 유사하다.
- 집단별로 효과적으로 공부하기
- 교사들과 상호작용하기 위한 갈등해결: 학생들은 교사들에게 말하고 도움을 구하는 방법과 같은 사회적 기술을 배우게 된다.
- 교사 지원자: AVID에서 교사들은 학업적 문제와 개인적 문제 모두에서 학생들을 위한 지원자로서 활동한다.

Mehan 등(1996)은 대학에 입학한 AVID 졸업생의 수가 전국 평균보다 더 많다는 것을 발견하였다. 예를 들어, 적어도 3년 동안 프로그램에 참여했던 흑인의 55%가 대학에 입학했는데, 이는 전국적으로 33%였던 것과 비교하면 많다. 히스패닉 학생들의 43%가 대학에 갔는데, 전국적으로는 히스패닉의 20%가 대학에

갔다. AVID 프로그램을 실시했던 텍사스 학교들은 상급 과정 등록률, 배치시험
응시율, 재정지원 수준(학생의 성적에 따라 학교에 재정지원을 받는 수준), 고등학교
졸업률 등에서 개선을 보였다(Watt, Powell, Mendiola, & Cossio, 2006).

이러한 두 개의 프로그램은 학생들이 자신의 잠재력을 계발해 나갈 수 있는 가
능성을 제공하고 있다. 이 프로그램들은 어떻게 학교와 교사가 차이를 만들 수 있
는지를 보여 줌으로써 가능성을 제시하였다. 두 프로그램 모두 그들의 프로그램
참여자들을 위한 분명한 교육과정을 개발하였다. 공부기술과 같은 개인적인 유
능감의 발달은 학생들이 학문적으로 성공하도록 도울 수 있는데, 이것은 학교교
육의 암묵적인 부산물이나 기회로만 남지 않았다. 이 두 프로그램은 또한 교사들
이 전문적인 준비에 투자할 것을 요구하였다.

교육개혁의 맥락에서 교실의 동기부여 개입

적응적인 태도와 전략을 발전시켜 나가도록 학생들을 돕는 많은 전략은 이전
장들에서 제시되었다. 수학 개혁의 맥락에서 유망한 동기적 개입은 다음에 기술
된다.

앞에서 기술한 바와 같이, 일반적으로 동기는 개혁 운동의 요소에서 제외되었으
나(Meece & McColskey, 1997), 교사들이 수학에서의 개혁을 이행할 수 있도록 돕기
위해 설계된 연구는 간단한 동기적 요소를 포함하였다(Stipek, Givvin, Salmon, &
Macgyvers, 1998).

수학 개혁 개입 연구는 한 주간 워크숍 중 하루를, 그리고 격주로 만나는 모임
의 10시간을 동기 개입에 할애했다. 소개된 동기적 요소들은 학생의 신념, 능력
에 대한 믿음, 수학에서의 자기효능감, 흥미, 수학활동의 즐거움, 수학과 관련된
감정 등에 대한 정보를 포함하였다. 교사들은 추가적인 동기적 정보를 찾고 학생
반응을 해석하기 위한 전략에 있어 도움을 받았다. 결과는 동기적 훈련을 받았던
집단에 약한 긍정적 효과가 나타났다. 교사들은 수행목표보다는 학습목표에 더
초점을 두게 되었고 노력과 학생의 자율성에 대한 격려를 강조하였는데, 이러한

교실에서의 학생들은 수학 능력에 있어 더 높은 자기확신을 보고하였다.

　비록 훈련은 짧았고 결과는 대단하지 않았지만, 이 결과들은 동기요소가 개혁적 개입의 맥락에서 통합되어야 한다는 것을 시사하였다. 만약 이러한 간단한 개입이 이러한 긍정적 효과를 가진다면, 동기요소가 더 확장되었을 때 그 결과는 어떠하겠는가에 대하여 생각해 보아야 할 것이다.

📎 동기적 전략과 프로그램을 계획하고 이행하기

　1장에서 진술한 바와 같이, 교사들은 문제에 단지 반응하는 것이 아니라 적극적으로 적절한 동기부여와 참여를 계획하는 것이 중요하다. 교사들은 적용 가능한 지식에 기초한 계획을 가지고 동기전략을 계획하고 수행하는 위치에 있으며, 필요하다면 그것을 수정하고 보완할 수 있다.

계획을 세우기 위한 문제해결 모델

　동기부여 계획을 세우고 이행하는 것은 의사결정을 요구한다. 문제해결 모델은 당신의 행동을 성찰하고 동기부여 계획을 설계하고 수행하는 데 유용한 과정이다. 계획을 세우기 위한 모델 중 하나는 IDEAL 문제해결 모델이다. 이 모델은 다음의 단계로 구성된다. (1) 문제를 확인하기, (2) 문제를 정의하기, (3) 대안을 평가하기, (4) 계획을 점검하고 평가하기(Bransford & Stein, 1994).

　문제를 확인하기 ｜ 동기 문제나 도전해야 할 것을 확인하고 정의하는 것이 첫 번째 단계이다. 당신의 현재 행동을 점검하는 것이 이것을 하는 것이다. 학교나 교실에서 어떤 동기 문제가 존재하는가? 긍정적인 교수실제는 무엇인가? 당신이 개선하기를 원하는 것은 무엇인가? 당신이 학생들에게 성취하기를 원하고 기대하는 것은 무엇인가? 학생의 동기에 대한 정보는 공식적 · 비공식적 토론과 작문 숙제를 통해 얻게 된다. 〈전략 9-1〉은 동기에 대한 학생의 인식과 그들의 전략에 대한 정보를 모으기 위한 아이디어를 제시하고 있다.

분명한 시작점은 학생들의 귀인신념에 대한 정보를 모으는 것이다. 결과는 당신을 놀라게 할 수도 있다. 예를 들어, 초등학교 3학년 교사들은 높은 능력의 학생들이 낮은 능력의 학생들보다 더 긍정적인 귀인을 할 것이라고 부정확하게 판단하였다(Carr & Kurtz-Costes, 1994). 능력 수준은 잘못된 판단으로 이끌 수 있다. 더 낮은 성취를 보인 사람들이 자신의 능력에 대해 긍정적이나 부정확한 관점을 가질 수 있는 반면, 더 높은 성취를 보인 사람들은 자신의 수행을 외부 요인들에 일차적으로 귀인할 수 있다. 〈전략 2-1〉은 성공과 실패에 대한 학생들의 귀인에 대해 정보를 모으는 방법들을 제시하였다.

전략 9-1 언어적 보고를 이용하여 동기 정보 모으기

- 허드슨 선생님은 학년 초에 학생들이 경험했던 성취에 대하여 학생들에게 써 보도록 하였다. 그리고 나서 이름을 지우고 학생들이 경험했던 성취에 대한 이야기들을 타이핑해서 토론을 할 수 있도록 학생들에게 타이핑한 종이를 돌린다. 이러한 활동은 정보를 줄 뿐 아니라, 성취동기와 목표에 대해 학생들이 생각하도록 만든다.
- 어떻게 학생들이 성공에 대하여 정의하는지, 그들이 성공하고 있다는 것을 어떻게 아는지에 대해 집단 토론을 하도록 한다. 이것은 수행목표 지향 정도와 학습목표 지향 정도에 대해 알도록 할 것이다. 성공에 대한 토론은 학생들이 성공을 그들 자신의 성취와 비교하여 정의하는지, 아니면 다른 사람의 성취와 비교하여 정의하는지를 알려 줄 것이다.
- 학생들로 하여금 시험에서의 수행에 대해 예측하게 하고 학생이 어떻게 공부했는지 말하도록 한다. 그리고 나서 학생들은 실제 점수와 그들이 예측한 점수를 비교할 수 있고 다음 번에 그들이 어떻게 공부해야 하는지를 설명할 수 있다(〈예시 2-1〉 참조).
- 학년 초에 학생들에게 '수학이나 쓰기 등에서 자신이 성공했다고 느끼게 하는 것'과 '과학이나 예능에서의 한 가지 성공적인 경험'에 대해 쓰도록 한다.

문제를 정의하기 | 정의는 성격, 원인, 전체적 목표를 포함하며 가능한 전략들을 탐색하는 단계를 세우는 것이다. 초기에 당신의 목표는 장기목표일 수도 있고 단기목표일 수도 있으며, 집단목표일 수도 있고 개인목표일 수도 있으며, 그 모두에 해당할 수도 있다. 수업을 위한 장기목표는 "나는 교실 분위기를 지지적인 분위기로 만들고 학생들이 자기조절을 증진시켜 결과적으로 독립적인 학습자가 되고 자아탄력성을 발전시킬 수 있기를 원한다."일 수 있다. 개인을 위한 단기목표는 단순히 "나는 타이런이 과제를 완성하기를 원한다."가 될 수 있다.

대안을 평가하기 | 이 단계는 브레인스토밍으로 문제를 해결하기 위한 가능한 모든 전략들을 찾아보고 가장 적합한 것을 선택하는 것이다. 교사의 효능감이 중요한데, 왜냐하면 주된 고려사항은 당신이 기본적 교수방법을 변화시킬 수 있거나 변화시킬 정도에 있기 때문이다. 귀인 피드백과 같은 전략을 사용하는 것은 당신의 기본적인 교수법 접근에 변화를 요구하지 않는다. 예를 들어, 타이런이 과제를 마치도록 하는 전략은 교수법의 기본적인 접근에 있어 변화를 요구하지 않을 것이다. 지지적인 분위기와 자기조절을 증진하기 위한 목표는 당신의 교실에서 전반적인 변화를 요구할 것이다. 전략 개입을 시작하기 위한 하나의 지침은 "작지만 아름다운" 전략을 사용하는 것이다(Pressley, Johnson, et al., 1989). 이것은 계획과 전략을 작게 시행해 보고 다음에 그 효과를 모니터해 보는 것을 의미한다. 예를 들어, LINKS 모델(4장)은 타이런과 같이 숙제를 완수하지 않는 학생에게 최고의 선택일 수 있다.

계획을 점검하고 평가하기 | 다음 단계(매우 중요한 단계임)는 계획을 점검하고 계획의 효과를 평가하는 것이다. 가능한 피드백의 원천은 다음과 같다.

• 학생 자료: 어떤 학생 자료가 중요한가? 예를 들어, 타이런이 과제를 완수하도록 돕기 위해 당신이 LINKS 모델을 사용한 후에 타이런의 과제-완성 기록이 증가했는가? 자신의 개선에 대한 타이런의 평가는 어떠한가?

- 관찰: 누가 당신의 교실을 관찰하고 당신이 하고 있는 것에 대한 유용한 피드백을 주는가? 이를 위한 동료교사나 행정가가 있는가?
- 자기평가: 개입의 효과와, 전략과 계획에 대한 당신의 느낌을 기술하는 보고서나 일지를 쓰라. 당신이 나아지는 것을 계속 기록하면 그것이 자기효능감의 원천이 될 수 있다.
- 필요하면 수정하라: 위의 자료들은 필요할 때 당신에게 수정을 위한 정보를 제공할 것이다.

교실에서의 동기전략

동기전략의 성공적인 실행은 교사의 동기에 많이 달려 있다. 효능감, 노력, 목표설정, 위험 감수, 의지 그리고 지속성과 같은 동기적 특성은 특히 계획을 실행으로 옮길 때 중요하다.

내가 어디서 시작을 해야 하는가? 학년 초는 모든 학생에게 최적의 동기와 참여를 위한 교실 분위기를 형성할 수 있는 시간이다. 이것에는 기대와, 능력과 노력에 대한 신념, 학생들이 소속감을 느끼는 분위기가 포함된다. 학년 초는 학생과 함께 적응적 동기과정, 성공과 실패 귀인, 교실에서의 노력의 의미, 지능에 대한 관점, 그리고 학습전략의 중요성에 대해 논의할 수 있는 때이다. 〈예시 9-2〉에서는 저자가 기대와 지지를 전달하는 교실을 위해 개발했던, 성공을 위한 STEPS 매뉴얼을 제시한다.

예시
9-2 **학생 동기 매뉴얼**

기대의 개요	수업에 대한 기대와 공부를 잘하는 학생이 되는 것의 중요성, 우리가 우수한 학생들을 원하는 이유
전략 지도의 필요성	학생의 동기와 학습전략에 대한 욕구를 교사가 이해하고 학생들이 학습전략을 배우도록 돕기

성공한 학생과 성공하지 못한 학생들의 프로필	성공한 학생과 성공하지 못한 학생의 학습전략과 동기 프로필
동기전략	귀인, 동기, 수업에서 성공할 기회를 높이는 전략들(예, 높은 기대, 목표, 노력 중심의 학습목표, 필요시 도움 구하기, 시간 관리와 의지력 전략)
학습전략	학습전략의 시작목록에는 약어의 사용, 정교화, (그래픽 조직자와 같은) 조직화, 초인지 전략이 포함됨
보충 내용	주의력과 집중력, 노트 필기방법, 소집단에서의 효과적인 참여에 대한 지침. 목표설정과 시간관리 일지, 기록하기 등을 위한 서식

수업에 따라, 학생의 연령에 따라 위의 내용은 달라질 수 있음. 어린 학생들을 위해서는 포스터를 사용할 수 있음.

출처: Alderman(미간행).

교실에서 동기부여의 기회

McCaslin(2006)은 "학생 동기—학습과 학습동기—는 성취의 개념에서 통합되어야 한다."(p. 487)라고 기술했다. 즉, 학생들이 성취는 시험 점수보다 더 크다는 것을 이해하는 것이 필요하다. 동기전략은 수업 동안 적절한 경우 언제든 통합될 수 있고 어떤 전략들은 분명하게 가르칠 필요가 있다. 예를 들어, 귀인은 대학생의 수업 과제에 통합되었다(Masui & De Corte, 2005). 교사들이 문제를 언급하고 메시지를 전달하는 방식에서 동기 지식과 전략을 끌어올 수 있는 기회를 가질 수 있는 많은 교실 상황이 있다. 이에는 다음이 포함된다.

1. 학생에게 기대에 대해 이야기하기
2. '가능한 자신'에 대한 메시지를 이야기하기
3. 학생에 대한 당신의 기대와 학생의 향상 정도와 욕구 등을 부모와 이야기하기
4. 유능감을 발전시키는 데 초점을 맞추어 피드백 주기
5. 실패에 대처하도록 돕기

6. 학생에게 설명하기

   a. 교육이 미래를 위해 중요한 이유

   b. 수업에서 열심히 해야만 하는 이유, 어떻게 노력이 '똑똑해지는 데' 도움 이 되는지

7. 학생이 장기 프로젝트를 시작할 때 목표설정 전략과 자기점검 가르치기

8. 모든 학생이 소속감을 갖는 교실 분위기 만들기

교실 분위기는 긍정적인 동기를 위한 것이어야 한다. Battstich 등(1999)이 제안한 바와 같이, 여기서 강조점은 학생들이 "유능하고, 책임감 있고, 자기주도적인 학습자로서의 정체성"을 키우는 데 있다(p. 416).

 ## 가능성과 희망

우리는 문제와 도전 과제들을 상세하게 기술함으로써 동기에 대한 탐색을 시작하였다. 지식은 학생들이 잠재력에 이르도록 교사들이 도울 수 있는 가능성을 제공한다. 그렇다. 학교에는 동기 문제와 도전 과제들이 많다. 그러나 그 문제들을 해결할 수 있는 가능성 또한 많이 있다. 중요한 질문은 Asa Hilliard(1991)가 제기한 것처럼 "우리는 모든 학생을 교육할 의지를 가지고 있는가?"이다(p. 31). 우리가 하루아침에 문제들을 해결할 수는 없다. 그러나 교사와 학생들은 함께 희망적인 미래를 위해 여행을 시작할 수 있다. 이러한 여행을 위한 기대감은 점진적 발전이지, 기적이 아니다.

가능한 자기(possible selves): 미래의 자신에 대한 비전. 긍정적인 자기와 부정적인 자기를 포함함

개인적 교수효능감(personal teaching efficacy): 자신이 얼마나 학생들의 학습에 영향을 미칠 수 있는지에 대한 교사들의 믿음

개인적 흥미(individual interest): 학생이 교실에 들어오는 개인적인 흥미

고정관념 위협(stereotypic threat): 학교와 탈동일시하도록 만드는 인종적인 고정관념을 쉽게 받아들이는 것

과제 참여(task involvement): 학습 혹은 이해를 증진시키기 위한 목표 지향(학습목표 참조)

귀인(attribution): 성공과 실패의 원인에 대한 지각

근접목표(proximal goal): 가까운 혹은 단기 목표

내재적 동기(intrinsic motivation): 동기의 출처가 그 사람의 내부에 있는 동기

멀리 있는 목표(distal goals): 도달하기 위해 긴 시간이 걸리는 장기목표

목표설정(goal-setting): 개인이 이루어 내고자 목표로 하는 구체적인 결과

바닥기대(floor expectation): 모든 학생이 달성할 것으로 기대되는 최저 수준

반사회적 정체성(oppositional social identity): 정체감을 잃는 것에 대한 두려움 때문에 주류 문화의 가치를 거부하는 것

발판(비계)(scaffold): 근접발달영역에서 어른이나 이미 할 줄 아는 또래가 제공하는 도움

부적응적 동기 양상(maladaptive motivation patterns): 부정적인 귀인과 같이 자기파괴적인 행동과 믿음

사회적 비교(social comparison): 자신의 성취와 능력을 비교하기 위한 기준으로 다른 사람의 수행력을 사용하는 것

상황적 흥미(situational interest): 교실활동이나 수업내용에 의해 발생하는 흥미

수행목표(performance goal): 높은 능력을 증명하는 데 초점을 둠

수행접근 목표(performance approach goal): 다른 사람들과 비교하여 자신의 유능함에 대해 긍정적으로 판단받고자 하는 데 초점을 둠

수행회피 목표(performance avoidance goal): 다른 사람들과 비교하여 무능하다는 지각을 피하는 데 초점을 둠

숙달목표(mastery goal): 학습목표 참조

실패회피 전략(failure-avoiding strategies): 똑똑하지 않다는 시각으로부터 자기가치를 보호하기 위해 사용되는 전략

외재적 동기(extrinsic motivation): 개인의 외부에 존재하는 출처로부터 발생하는 동기

의지력(volition): 장애물에도 불구하고 끈질기게 물고 늘어지는 전략과 의지(will)의 힘을 사용하는 것

일반적 교수효능감(general teaching efficacy): 일반적으로 교사들이 다양한 학생들에게 어느 정도 영향을 미칠 수 있는가에 대한 믿음

자기가치(self-worth): 자신의 능력과 유능성에 대한 긍정적인 이미지를 유지하고자 하는 동기

자기결손(self-handicapping): 긍정적인 자기 이미지를 유지하기 위해 수행의 이유로서 장애물을 만드는 것

자기점검(self-monitoring): 개인의 진전도를 관찰하거나 평가하는 것

자기조절학습(self-regulated learning): 학습자가 자신의 학습에 적극적으로 참여하는 것으로 이는 인지적, 동기적, 초인지(메타인지)적 요소의 조절을 포함함

자기지시(self-instruction): 인간의 행동을 통제하기 위해 하는 언어적, 내현적 지시

자기참조(self-reference): 사전에 수행한 것을 가지고 현재 자신의 수행과 비교하는 것

자기충족적 예언효과(self-fulfilling prophecy effects): 교사가 다른 기대를 형성하면 다른 교수법을 사용하게 되어 결과적으로 학생에게 다른 효과를 미치게 되는 것을 일컬음

자기효능감(self-efficacy): 특정한 과제를 수행할 때 필요한 행동을 수행하는 자신의 능력에 대한 믿음

자아참여(ego-involvement): 다른 사람과 비교하여 자신의 능력을 평가하는 것

자율(origin): 인간의 행동을 낳는 경향성으로 자율성과 관련됨

자율성(autonomy): 사람의 행동을 자발적인 것으로 보려는 욕구; 학생에게 선택, 독립성, 책임감의 기회를 주는 것

지능에 대한 고정적 관점(entity view of intelligence): 지능은 포괄적이며 불변하는 것이라는 믿음

지능에 대한 증가적 관점(incremental view of intelligence): 지능은 변할 수 있으며 더 배울수록 지능은 증가한다는 믿음

지속적인 기대효과(sustaining expectation effect): 학생의 행동이 변하더라도 교사가 학생들에게 같은 방식으로 반응함으로써 결과적으로 그 행동을 지속하게 하는 것

천장기대(ceiling expectation): 학생의 배경이 그 학생이 받을 성취점수의 상한선을 정한다는 가정

초인지(metacognition): 자신의 지식, 전략 사용, 자기교정 활동의 사용에 대하여 인식하는 것

타율(pawn): 외부의 힘에 의해 통제되며 자신은 힘이 없다고 느끼는 것

포부 수준(level of aspiration): 과제의 난이도 수준을 참조하여 개인이 세운 목표

학습된 무기력(learned helplessness): 실패에 대한 반응으로, 자신에게 상황을 변화시킬 수 있는 어떤 힘도 없다고 하는 믿음

학습목표(learning goal): 학습 유능감과 향상된 유능감에 중점을 두며 자기참조 비교를 사용함. 과제 참여와 숙달목표 참조

학습자 중심 원리(learner-centered principles): 심리학 연구에서 도출된 14가지 원리를 교육에 적용한 것으로, 그 원리는 인지와 메타인지(초인지), 동기와 정서적, 발달적, 사회적, 그리고 개인적인 차이로 구분됨

학업 압력(academic press): 학교가 높은 성취 기준을 추구하는 정도 혹은 학생들이 이를
    달성하도록 교사들이 학생들을 밀어붙이는 정도

회복탄력성(resiliency): 환경적인 어려움에도 불구하고 다시 회복하는 능력

참고문헌

Abi-Nader, J. (1987). "A house for my mother": An ethnography of motivational strategies in a successful college preparatory program for Hispanic high school students. Unpublished Ph.D. Dissertation, Georgia State University.

Abi-Nader, J. (1990). "A house for my mother": Motivating Hispanic high school students. *Anthropology & Education Quarterly, 21*, 41-58.

Abi-Nader, J. (1991). Creating a vision of the future. *Phi Delta Kappan, 72*, 546-49.

Airasian, P. W. (1996). *Assessment in the classroom.* New York: McGraw-Hill.

Alderman, M. K. (1985). Achievement motivation and the preservice teacher. In M. K. Alderman & M. W. Cohen (Eds.), *Motivation theory and practice for preservice teachers* (pp. 37-57). Washington, DC: ERIC Clearinghouse on Teacher Education.

Alderman, M. K. (1990). Motivation for at-risk students. *Educational Leadership, 48*, 27-30.

Alderman, M. K. (1994). *STEPS for success.* Unpublished Manuscript.

Alderman, M. K. (1996, April). *Two sides of the coin, motivation problems and needs in an urban high school and the knowledge base from research: Does it match?* Paper presented at the Annual Meeting of American Educational Research Association, New York.

Alderman, M. K., Klein, R., Seeley, S., & Sanders, M. (1993). Preservice teachers as learners in formation: Metacognitive self-portraits. *Reading Research and Instruction, 32*, 38-54.

Allinder, R. M. (1995). An examination of the relationship between teacher efficacy and curriculum-based measurement and student achievement. *Remedial and Special Education, 16*(4), 247-54.

Allington, R. (1980). Teacher interruption behaviors during primary grade oral reading. *Journal of Educational Psychology, 72*, 371-77.

Alloy, L. B., Abramson, L. Y., Peterson, C., & Seligman, M. E. (1984). Attributional style and the generality of learned helplessness. *Journal of Personality and Social Psychology, 46*(3), 681-87.

Alvidrez, J. & Weinstein, R. S. (1999). Early teacher perceptions and later student academic achievement. *Journal of Educational Psychology, 91*(4), 731-46.

American Psychological Association (1997). *Learner Centered Principles:* American Psychological Association.

Ames, C. (1992). Classrooms: Goals, structures, and student motivation. *Journal of Educational Psychology, 84*(3), 261-71.

Ames, C. & Ames, R. (1984). Goals, structure, and motivation. *The Elementary School Journal, 85*(1), 39-52.

Ames, C. & Archer, J. (1988). Achievement goals in the classroom: Students' learning strategies and motivational processes. *Journal of Educational Psychology, 80*, 260-67.

Ames, R. (1983). Help-seeking and achievement orientation: Perspectives from attribution theory. In B. M. DePaulo, A. Nadler, & J. D. Fisher (Eds.), *New directions in helping: Vol. 2. Help-seeking* (pp. 165-86). New York: Academic Press.

Ames, R. & Ames, C. (1991). Motivation and effective teaching. In J. L. Idol & B. F. Jones (Eds.), *Educational values and cognitive instruction: Implications for reformation* (pp. 247-61). Hillsdale, NJ: Lawrence Erlbaum Associates.

Ames, R. & Lau, S. (1982). An attributional analysis of student help seeking in academic settings. *Journal of Educational Psychology, 74*, 414-23.

Anderman, E. & Midgley, C. (2004) Changes in self-reported academic cheating across the transition from middle school to high school. *Contemporary Educational Psychology, 29*, 499-517.

Anderman, E. M., Austin, C. C., & Johnson, D. M. (2001). The development of goal orientations. In A. Wigfield & J. S. Eccles (Eds.), *Development of achievement motivation* (pp. 197-220). San Diego: Academic Press.

Anderman, E. M., Griesinger, T., & Westerfield, G. (1998). Motivation and cheating in early adolescence. *Journal of Educational Psychology, 90*, 84-93.

Anderman, E. M. & Wolters, C. W. (2006). Goals, values, and affect: Influences on student motivation. In P. A. Alexander & P. H. Winne (Eds.), *Handbook of educational psychology, 2nd ed.* (pp. 369-89). Mahwah, NJ: Lawrence Erlbaum Associates.

Anderman, L. H. (2003). Academic and social perceptions as predictors of change in middle school students' sense of school belonging. *The Journal of Educational Research, 72*(1), 5-22.

Anderman, L. H. & Freeman, K. E. (2004). Students' sense of belonging in school. In P. R. Pintrich & M. L. Maehr (Eds.), *Motivating students, improving schools: The legacy of Carol Midgley* (Vol. 13, pp. 27-63). New York: Elsevier.

Andrews, G. R. & Debus, R. (1978). Persistence and the causal perception of failure: Modifying cognitive attributions. *Journal of Educational Psychology, 70*(2), 154-66.

Argyris, C. & Schon, D. (1974). *Theory in practice: Increasing professional effectiveness.* San Francisco: Jossey-Bass.

Armour, D., Conry-Oseguera, P., Cox, P., King, N., McDonnell, L., Pascal, A., et al. (1976). *Analysis of the school preferred reading program in selected Los Angeles minority schools* (Report No, R-2007-LAUSD): The Rand Corporation.

Ashton, P. (1984). Teacher efficacy: A motivational paradigm for effective teacher education. *Journal of Teacher Education, 35*(5), 28-32.

Ashton, P. T. & Webb, R. B. (1986). *Making a difference: Teachers' sense of efficacy and student achievement.* New York: Longman.

Baird, J. R. (2002, April). *Volitional control and learning: A focus on "homework."* Paper presented at the Annual Meeting of The American Educational Research Association.

Bandura, A. (1986). *Social foundations of thought and action.* Englewood Cliffs, NJ: Prentice-Hall.

Bandura, A. (1993). Perceived self-efficacy in cognitive development and functioning. *Educational Psychologist, 28*(2), 117-48.

Bandura, A. (1997). *Self-efficacy: The exercise of control.* New York: Freeman.

Bandura, A., Barbaranelli, C., Caprara, V., & Pastorelli, C. (1996). Multifacted impact of self-efficacy beliefs on academic functioning. *Child Development, 67*, 1206-22.

Bandura, A. & Cervone, D. (1983). Self-evaluative and self-efficacy mechanisms governing the motivational effects of goal systems. *Journal of Personality and Social Psychology, 45*, 1017-28.

Bandura, A. & Cervone, D. (1986). Differential engagement of self-reactive influences in cognitive motivation. *Organizational Behavior and Human Decision Processes, 38*, 92-113.

Bandura, A. & Schunk, D. H. (1981). Cultivating competence, self-efficacy, and intrinsic interest through proximal motivation. *Journal of Personality and Social Psychology, 41*, 586-98.

Baron, R. M., Tom, D. Y. H., & Cooper, H. M. (1985). Social class, race, and teacher expectations. In J. B. Dusek (Ed.), *Teacher expectations* (pp. 215-69). Hillsdale, NJ: Lawrence Erlbaum Associates.

Battistich, V., Solomon, D., Kim, D.-i., Watson, M., & Schaps, E. (1995). Schools as communities, poverty levels of student populations, and student attitudes, motives, and performances: A multilevel analysis. *American Educational Research Journal, 32*(2), 627-58.

Battistich, V., Watson, M., Solomon, D., Lewis, C., & Schaps, E. (1999). Beyond the three R's: A broader agenda for school reform. *The Elementary School Journal, 99*(5), 415-32.

Bell, C. M. & Kanevsky, L. (1996, April). *Promoting positive achievement motivation in a regular grade 2 classroom.* Paper presented at the Annual Meeting of the American Educational Research Association, New York City.

Bempechat, J. (1998). *Against all odds.* San Francisco: Jossey-Bass.

Bempechat, J., Graham, S. E., & Jimenez, N. V. (1999). The socialization of achievement in poor and minority students. *Journal of Cross-Cultural Psychology, 30*(2), 139-58.

Bempechat, J., Nakkula, M. J., Wu, J. T., & Ginsberg, H. P. (1996). Attributions as predictors of mathematics achievement: A comparative study. *Journal of Research and Development, 29*(2), 53-59.

Benard, B. (1993). Fostering resiliency in kids. *Educational Leadership, 49*(3), 44-47.

Benard, B. (2004). *Resiliency: What have we learned?* San Francisco: WestEd.

Benson, R. (1988). Helping pupils overcome homework distractions. *The Clearing House, 61*, 370-72.

Benz, C., Bradley, L., Alderman, M., & Flowers, M. (1992). Personal teaching efficacy: Developmental relationships in education. *Journal of Educational Research, 85*(5), 274-86.

Bereby-Meyer, Y. & Kaplan, A. (2005). Motivational influences on transfer of problem solving. *Contemporary Educational Psychology, 30*, 1-22.

Bergin, D. (1989). Student goals for out-of-school learning activities. *Journal of Adolescent Research, 4*, 92-109.

Bergin, D. (1999). Influences on classroom interest. *Educational Psychologist, 34*(2), 87-98.

Berman, P., McLaughlin, M. W., Bass, G., Pauly, E., & Zellman, G. (1977). *Federal programs supporting educational change. Vol. VII: Factors affecting implementation and continuation.* Santa Monica, CA: The Rand Corporation.

Berndt, T. J. & Keefe, K. (1992). Friends' influence on adolescents' perceptions of themselves at school. In D. H. Schunk & J. L. Meece (Eds.), *Student perceptions in the classroom* (pp. 51-68). Hillsdale, NJ: Lawrence Erlbaum Associates.

Blazevski, J. L., McKendrick, R., & Hruda, L. Z. (2002). *The interplay of personal and group achievement goals in collaborative learning groups: Implications for student engagement.* Paper presented at the American Educational Research Association, New Orleans.

Blumenfeld, P. C. (1992). The task and the teacher: Enhancing student thoughtfulness in science. In J. Brophy (Ed.), *Advance in research on teaching* (Vol. 3, pp. 81-114). Greenwich, CT: JAI Press.

Blumenfeld, P. C., Marx, R. W., Soloway, E., & Krajcik, J. (1996). Learning with peers: From small group cooperation to collaborative communities. *Educational Researcher, 25*(8), 37-40.

Blumenfeld, P. C., Mergendoller, J. R., & Puro, P. (1992). Translating motivation into thoughtfulness. In H. H. Marshall (Ed.), *Redefining school learning* (pp. 207-39). Norwood, NJ: Ablex.

Boekaerts, M. & Niemivirta. (2000). Self-regulated learning Finding a balance between learning goals and ego-protective goals. In M. Boekaerts, P. R. Pintrich, & M. Zeidner (Eds.), *Handbook of self-regulation* (pp. 417-50). San Diego: Academic Press.

Bong, M. (2002). Between- and within-domain relations of academic motivation among middle and high school students: Self-efficacy, task-value, and achievement goals. *Journal of Educational Psychology, 93*(1), 23-34.

Bong, M. & Clark, R. E. (1999). Comparison between self-concept and self-efficacy in academic motivation research. *Educational Psychologist, 34*, 139-54.

Borkowski, J. G. (1988). Understanding inefficient learning: Attributional beliefs and the training of memory and comprehension strategies. In P. M. M. Gruneberg & R. Symonds (Eds.), *Practical aspects of memory* (pp. 287-93). New York: Wiley.

Borkowski, J. G. & Muthukrishna, N. (1992). Moving metacognition into the classroom: "Working models" and effective strategy teaching. In M. F. Pressley, K. R. Harris, & J. T. Gutherie (Eds.), *Promoting academic literacy: Cognitive research and instructional innovation* (pp. 477-501). Orlando, FL: Academic Press.

Borkowski, J. G. & Thorpe, P. K. (1994). Self-regulation and motivation: A lifetime perspective on underachievement. In B. J. Zimmerman & D. H. Schunk (Eds.), *Self-regulation of learning and performance* (pp. 45-74). Hillsdale, NJ: Lawrence Erlbaum Associates.

Borkowski, J. G., Weyhing, R. S., & Carr, M. (1988). Effects of attributional retraining on strategy-based reading comprehension in learning-disabled students. *Journal of Educational Psychology, 80*(1), 46-53.

Bouffard-Bouchard, T., Parent, S., & Larivee, S. (1991). Influence of self-efficacy on self-regulation and performance among junior and senior high-school age students. *International Journal of Behavioral Development, 14*(2), 155-64.

Bransford, J. & Stein, B. S. (1994). *The ideal problem solver: A guide for improving thinking, learning, and creativity* (2nd ed.). New York: W. H. Freeman.

Braun, C. (1976). Teacher expectations: Sociopsychological dynamics. *Review of Educational Research, 46,* 185-213.

Britton, B. K. & Tessor, A. (1991). Effects of time management practices on college grades. *Journal of Educational Psychology, 83,* 405-10.

Brookhart, S. M. (1993). Teacher grading practices: Meaning and value. *Journal of Educational Measurement, 30*(2), 123-42.

Brookhart, S. M. (1998). Determinants of student effort on schoolwork and school-based achievement. *The Journal of Educational Research, 91,* 201-08.

Brookhart, S. M. & DeVoge, J. G. (1999). Testing a theory about the role of classroom assessment in student motivation and achievement. *Applied Measurement in Education, 12*(4), 409-25.

Brookhart, S. M., Walsh, J. M., & Zientarski, W. A. (2006). The dynamics of motivation and effort for classroom assessments in middle school science and social studies. *Applied Measurement in Education, 19*(2), 151-84.

Brookover, W., Beady, C., Flood, P., Schweitzer, J., & Wisenbaker, J. (1979). *School social systems and student achievement: Schools can make a difference.* New York: Bergin.

Brophy, J. E. (1981). Teacher praise: A functional analysis. *Review of Educational Research, 51,* 5-32.

Brophy, J. E. (1983). Conceptualizing student motivation. *Educational Psychologist, 18,* 200-15.

Brophy, J. E. (1985). Teacher-student interaction. In J. B. Dusek (Ed.), *Teacher expectancies* (pp. 303-28). Hillsdale, NJ: Lawrence Erlbaum Associates.

Brophy, J. E. (1987). Socializing student motivation to learn. In M. L. Maehr & D. Klieber (Eds.), *Advances in motivation and achievement: Enhancing motivation* (Vol. 5, pp. 181-210). Greenwich, CT: JAI Press.

Brophy, J. E. (1999). Research on motivation in education: Past, present, and future. In T. C. Urdan (Ed.), *The role of context* (Vol. 11, pp. 1-44). Stanford, CT: JAI Press.

Brophy, J. E. (2005). Goal theorists should move on from performance goals. *Educational Psychologist, 40*(3), 167-76.

Brophy, J. E. & Kher, N. (1986). Teacher or social cues as a mechanism for developing student motivation to learn. In R. Feldman (Ed.), *Social psychology applied to education* (pp. 257-88). New York: Cambridge University Press.

Brown, B. B. (1993). School culture, social politics, and the academic motivation of U.S. students. In T. M. Tomlinson (Ed.), *Motivating students to learn* (pp. 63-98). Berkeley, CA: McCutchan.

Brown, J. & Weiner, B. (1984). Affective consequences of ability versus effort ascriptions: controversies, resolutions, and quandaries. *Journal of Educational Psychology, 76*(1), 146-58.

Brownell, M. T. & Pajares, F. (1999). Teacher efficacy and perceived success in mainstreaming students with learning and behavior problems. *Teacher Education and Special Education, 22*(3), 154-64.

Burris, C. C., Heubert, J. P., & Levin, H. M. (2006). Accelerating mathematics achievement using heterogeneous grouping. *American Educational Research Journal, 43*(1), 105-36.

Butkowsky, I. S. & Willows, D. M. (1980). Cognitive-motivational characteristics of children varying in reading ability: Evidence for learned helplessness in poor readers. *Journal of Educational Psychology, 72*(3), 408-22.

Butler, R. (2006). Are mastery and ability goals both adaptive? Evaluation, initial goal construction and the quality of task engagement. *British Journal of Educational Psychology, 76*, 595-611.

Butler, R. & Neuman, O. (1995). Effects of task and ego achievement goals on help-seeking behaviors and attitudes. *Journal of Educational Psychology, 87*(2), 261-71.

Butler, R. & Orion, R. (1990). When pupils do not understand the determinants of their success and failure in school: Relations between internal, teacher and unknown perceptions of school achievement. *British Journal of Educational Psychology, 60*, 63-75.

Cameron, J. & Pierce, W. D. (1994). Reinforcement, reward, and intrinsic motivation: A meta-analysis. *Review of Educational Research, 64*, 363-424.

Cannon, J. R. & Scharmann, L. C. (1996). Influence of a cooperative early field experience on preservice elementary teachers' science self-efficacy. *Science Education, 80*(4), 419-36.

Cardova, D. I. & Lepper, M. R. (1996). Intrinsic motivation and the process of learning: Beneficial effects of contextualization, personalization, and choice. *Journal of Educational Psychology, 88*(4), 715-30.

Carr, M. & Kurtz-Costes, B. E. (1994). Is being smart everything? The influence of student achievement on teachers' perceptions. *British Journal of Educational Psychology, 64*, 263-76.

Carroll, L. (1963). *Alice's great adventure.* New York: Macmillan.

Chappius, S. & Stiggins, R. J. (2002). Classroom assessment for learning. *Educational Leadership, 60*(1), 40-43.

Chemers, M. M., Hu, L., & Garcia, B. F. (2001). Academic self-efficacy and first year college students' performance and adjustment. *Journal of educational Psychology, 93*(1), 55-64.

Cheong, Y. F., Pajares, F., & Oberman, P. S. (2004). Motivation and academic help-seeking in high school computer science. *Computer Science Education, 14*(1), 3-19.

Chester, M. D. & Beaudin, B. Q. (1996). Efficacy beliefs of newly hired teachers in urban schools. *American Educational Research Journal, 33*(1), 233-57.

Claiborn, W. (1969). Expectancy effects in the classroom: A failure to replicate. *Journal of Educational Psychology, 60*, 377-83.

Clark, E. W., Wehby, J., Hughes, C., Johnson, S. M., Plank, D. R., Barton-Atwood, S. M., et al. (2005). Preparing adolescents with high-incidence disabilities for high-stakes testing with strategy instruction. *Preventing School Failure, 49*(2), 55-62.

Clark, M. D. (1997). Teacher response to learning disability: A test of attributional principles. *Journal of Learning Disabilities, 30*(1), 69-79.

Clark, M. D. & Artiles, A. J. (2000). A cross-national study of teachers' attributional patterns. *The Journal of Special Education, 34*(2), 77-89.

Clark, M. L. (1991). Social identity, peer relations, and academic competence of African-American adolescents. *Education and Urban Society, 24*(1), 41-52.

Clark, R. (1983). *Family life and school achievement.* Chicago: University of Chicago Press.

Clifford, M. M. (1986). The effects of ability, strategy, and effort attributions for educational, business, and athletic failure. *British Journal of Educational Psychology, 56*, 169-79.

Cohen, E. G. (1994). *Designing groupwork* (2nd ed.). New York: Teachers College Press.

Collier, G. (1994). *Social origins of mental ability.* New York: Wiley.

Comer, J. P. (2005). Child and adolescent development: The critical missing element in school reform. *Phi Delta Kappan, 86*(10), 757-63.

Connell, J. P. (1990). Context, self, and action: A motivational analysis of self-system processes across the life span. In D. Cicchetti & M. Beechly (Eds.), *The self in transition: Infancy and childhood.* Chicago: University of Chicago Press.

Connell, J. P. & Wellborn, J. G. (1991). Competence, autonomy, and relatedness: A motivational analysis of self-system processes. In M. R. Gunnar & L. A. Roufe (Eds.), *Self processes and development* (pp. 43-72). Hillsdale, NJ: Lawrence Erlbaum Associates.

Cooper, H. & Good, T. L. (1983). *Pygmalion grows up: Studies in expectation communication process.* New York: Longman.

Corbett, D., Wilson, B., & Williams, B. (2002). *Effort and excellence in urban classrooms.* New York: Teachers College Press.

Corno, L. (1993). The best-laid plans: Modern conceptions of volition and educational research. *Educational Researcher, 22*(2), 4-22.

Corno, L. (1994). Student volition and education: Outcomes, influences, and practices. In D. H. Schunk & B. J. Zimmerman (Eds.), *Self-regulation of learning and performance* (pp. 229-54). Hillsdale, NJ: Lawrence Erlbaum Associates.

Corno, L. (2001). Volitional aspects of self-regulated learning. In B. H. Zimmerman & D. H. Schunk (Eds.), *Self-regulated learning and academic achievement* (pp. 191-226). Mahwah, NJ: Lawrence Erlbaum Associates.

Corno, L. (2004). Introduction to the special issue work habits and work styles. *Teachers College Record, 106*(9), 1669-94.

Corno, L. & Kanfer, R. (1993). The role of volition in learning and performance. In L. Darling-Hammond (Ed.), *Review of research in education* (Vol. 19, pp. 3-43). Washington, DC: American Educational Research Association.

Corno, L. & Randi, J. (1999). A design theory for classroom instruction in self-regulated learning? In C. R. Reigeluth (Ed.), *Instructional design theories and models* (pp. 293-318). Mahwah, NJ: Lawrence Erlbaum Associates.

Corno, L. & Rohrkemper, M. (1985). The intrinsic motivation to learn in classrooms. In C. Ames & R. Ames (Eds.), *Research on motivation, in education* (Vol. 2, pp. 53-90). New York: Academic Press.

Covey, S. (1989). *The 7 habits of highly effective people.* New York: Simon & Schuster.

Covington, M. V. (1984). The self-worth theory of achievement motivation: Findings and implications. *The Elementary School Journal, 85*(1), 5-20.

Covington, M. V. (1992). *Making the grade: A self-worth perspective on motivation and school reform.* New York: Cambridge University Press.

Covington, M. V. (1998). *The will to learn: A guide for motivating young people.* Cambridge, UK: Cambridge University Press.

Covington, M. V. & Beery, R. (1976). *Self-worth and school learning.* New York: Holt, Rinehart & Winston.

Covington, M. V. & Mueller, K. J. (2001). Intrinsic versus extrinsic motivation: An approach/avoidance reformulation. *Educational Psychology Review, 13*(2), 157-76.

Covington, M. V. & Omelich, C. L. (1979). Effort: The double-edged sword. *Journal of Educational Psychology, 71,* 169-82.

Covington, M. V. & Omelich, C. L. (1987). "I knew it cold before the exam": A test of the anxiety-blockage hypothesis. *Journal of Educational Psychology, 79,* 393-400.

Crooks, T. J. (1988). The impact of classroom evaluation practices on students. *Review of Education Research, 58*(4), 438-81.

Csikszentmihalyi, M. (1990). *Flow: The psychology of optimal experience.* New York: Harper & Row.

Culler, R. E. & Holahan, C. J. (1980). Test anxiety and academic performance: The effects of study-related behaviors. *Journal of Educational Psychology, 72,* 16-20.

Damon, W. (1995). *Greater expectations.* New York: The Free Press.

Darling-Hammond, L. (1997). *The right to learn: A blueprint for creating schools that work.* San Francisco: Jossey-Bass.

Darling-Hammond, L., Ancess, J., & Falk, B. (1995). *Authentic assessment in action.* New York: Teachers College Press.

Darling-Hammond, L. & Ifill-Lynch, O. (2006). If they'd only do their work. *Educational Leadership, 63*(5), 8-13.

Day, J. D., Borkowski, J. G., Dietmeyer, D. L., Howsepian, B. A., & Saenz, D. S. (1992). Possible selves and academic achievement. In L. T. Winegar & J. Valsinar (Eds.), *Children's development within social context* (pp. 181-201). Hillsdale, NJ: Lawrence Erlbaum Associates.

Day, J. D., Borkowski, J. G., Punzo, D., & Howsepian, B. (1994). Enhancing possible selves in Mexican-American students. *Motivation and Emotion, 18*(1), 79-103.

deCharms, R. (1976). *Enhancing motivation.* New York: Irvington/Wiley.

deCharms, R. (1984). Motivational enhancement in educational settings. In R. E. Ames & C. Ames (Eds.), *Research on motivation in education* (Vol. 1, pp. 275-310). Orlando, FL: Academic Press.

Deci, E. L. & Ryan, R. M. (1985). *Intrinsic motivation and self-determination in motivation.* New York: Plenum.

Deci, E. L. & Ryan, R. M. (1991). A motivational approach to self: Integration in personality. In R. Dienstbier (Ed.), *Nebraska symposium on motivation* (Vol. 38, pp. 237-88). Lincoln, NB: University of Nebraska Press.

Delpit, L. (1995). *Other people's children*. New York: The New Press.

Dembo, M. H. (2004). Don't lose sight of the student. *Principal Leadership*, *4*(8), 3742.

Dev, P. C. (1998). Intrinsic motivation and the student with learning disabilities. *Journal of Research and Development in Education*, *31*, 98-108.

Dewey, J. (1913). *Interest and effort in education*. New York: Houghton Mifflin Company.

Diener, C. I. & Dweck, C. S. (1978). An analysis of learned helplessness: Continuous changes in performance, strategy, and achievement cognitions following failure. *Journal of Personality and Social Psychology*, *36*, 451-62.

Diez, M. E. (2001). Will reform based on standards and assessment make a difference in the 21st century? *Mid-Western Educational Researcher*, *14*(1), 22-27.

Dillon, D. R. (1989). Showing them that I want them to learn and that I care about who they are: A microethnography of the social organization of a secondary low-track English-reading class. *American Educational Research Journal*, *26*, 227-59.

Doverspike, J. (1973). Group and individual goals: Their development and utilization. *Educational Technology*, *13*(2), 24-26.

Doyle, W. (1983). Academic work. *Review of Educational Research*, *53*, 159-200.

Dresel, M., Scober, B., & Ziegler, A. (2005). Nothing more than dimensions? Evidence for a surplus meaning of specific attributions. *The Journal of Educational Research*, *99*(1), 31-44.

Durik, A. M., Vida, M., & Eccles, J. S. (2006). Task values and ability beliefs as predictors of high school literacy choices: A developmental analysis. *Journal of Educational Psychology*, *98*(2), 382-93.

Dweck, C. S. (1975). The role of expectations and attributions in the alleviation of learned helplessness. *Journal of Personality and Social Psychology*, *31*, 674-85.

Dweck, C. S. (1986). Motivational processes affecting learning *American Psychologist*, *41*(10), 1040-48.

Dweck, C. S. (1992). The study of goals in psychology. *Psychological Science*, (3), 165-66.

Dweck, C. S. (2000). *Self-theories: Their role in motivation, personality, and development*. Philadelphia: Taylor & Francis.

Dweck, C. S. (2001). The development of ability conceptions. In A. Wigfield & J. S. Eccles (Eds.), *Development of motivation* (pp. 57-88). San Diego: Academic Press.

Dweck, C. S. & Goetz, T. E. (1978). Attributions and learned helplessness. In J. H. Harvey & W. Ickles (Eds.), *New directions in attribution research* (Vol. 2, pp. 157-59). Hillsdale, NJ: Lawrence Erlbaum Associates.

Dweck, C. S. & Leggett, E. L. (1988). A social-cognitive approach to motivation and personality. *Psychological Review*, *95*, 256-73.

Dweck, C. S. & Sorich, L. (1999). Mastery oriented-thinking In C. R. Snyder (Ed.), *Coping* (pp. 232-51). New York: Oxford University Press.

Eccles, J., Adler, T. F., Futterman, R., Goff, S. B., Kaczala, C. M., Meece, J. L., et al. (1983). Expectancies, values, and academic behaviors. In J. T. Spence (Ed.), *Achievement and achievement motivation* (pp. 75-146). San Francisco: W. H. Freeman.

Eccles, J., Wigfield, A., Harold, R. D., & Blumenfeld, P. (1993). Self and task performance during elementary school. *Child Development, 64*, 830–47.

Eccles, J. S. & Midgley, C. (1989). Stage-environment fit: Developmentally appropriate classrooms for young adolescents. In C. Ames & R. Ames (Eds.), *Research on motivation in education: Goals and cognitions* (Vol. 3, pp. 139–86). San Diego: Academic Press.

Eccles, J. S. & Wigfield, A. (1995). In the mind of the achiever: The structure of adolescents' academic motivation related beliefs and self perceptions. *Personality and Social Psychology Bulletin, 21*, 215–25.

Eccles, J. S., Wigfield, A., & Schiefele, U. (1998). Motivation to succeed. In N. Eisenberg (Ed.), *Handbook of child psychology* (5th ed., Vol. 3, pp. 1017–95). New York: Wiley.

Eccles, J. S., Wong, C. A., & Peck, S. C. (2006). Ethnicity as a social context for the development of African-American adolescents. *Journal of School Psychology, 44*, 407–26.

Elliot, A. J. (1999). Approach and avoidance and achievement goals. *Educational Psychologist, 34*, 169–89.

Elliot, A. J. & Dweck, C. S. (2005). Competence and motivation: Competence as the core of achievement motivation. In A. J. Elliot & C. S. Dweck (Eds.), *Handbook of competence motivation* (pp. 3–12). New York: Guilford Press.

Elliot, A. J. & Harackiewicz, J. M. (1996). Approach and avoidance achievement goals and intrinsic motivation: A mediational analysis. *Journal of Personality and Social Psychology, 70*, 461–75.

Elliot, A. J., McGregor, H. A., & Gable, S. (1999). Achievement goals, study strategies, and exam performance: A mediational analysis. *Journal of Educational Psychology, 91*(3), 549–63.

Elliott, E. S. & Dweck, C. S. (1988). Goals: An approach to motivation and achievement. *Journal of Personality and Social Psychology, 54*, 5–12.

Ellison, L. (1992). Using multiple intelligences to set goals. *Educational Leadership, 50*, 69–72.

Emmer, E. T. & Assiker, A. (1990). School and classroom discipline programs: How well do they work? In O. Moles (Ed.), *Student discipline strategies: Research and practice* (pp. 129–65). Albany, NY: SUNY Press.

Emmer, E. T., Evertson, C., & Worsham, M. E. (2003). *Classroom management for secondary teachers* (6th ed.). Boston: Allyn Bacon.

Epstein, J. L. (1988). Effective schools or effective students: Dealing with diversity. In R. Haskins & D. MacRae (Eds.), *Policies for America's public schools: Teachers, equity, and indicators* (pp. 89–126). Norwood, NJ: Ablex.

Evertson, C. (1982). Differences in instructional activities in higher- and lower-achieving junior high English and math classes. *Elementary School Journal, 82*, 329–50.

Evertson, C., Emmer, E. T., & Worsham, M. E. (2003). *Classroom management for elementary teachers* (6th ed.). Boston: Allyn Bacon.

Eysenck, M. W. (1988). Anxiety and attention. *Anxiety Research, 1*, 9–15.

Faircloth, B. S. & Hamm, J. V. (2005). Sense of belonging among high school students representing 4 ethnic groups. *Journal of Youth and Adolescence, 34*(4), 293–309.

Farrell, E. (1990). *Hanging in and dropping out.* New York: Teachers College Press.

Farrell, E. (1994). *Self and school success.* New York: Teachers College Press.

Ferguson, R. F. (1998). Teacher perceptions and expectations and the Black–White test score gap. In C. Jencks &

M. Phillips (Eds.), *The Black-White test score gap* (pp. 273-317). Washington, DC: The Brookings Institution.

Finn, J. D. (Summer, 1989). Withdrawing from school. *Review of Educational Research, 59*(2), 117-42.

Finn, J. D., Pannozzo, G. M., & Voekle, K. E. (1995). Disruptive and inattentive-withdrawn behavior and achievement among fourth graders. *Elementary School Journal, 95*(5), 421-34.

Flavell, J. H., Miller, P. H., & Miller, S. A. (1993). *Cognitive development* (3rd ed.). Englewood Cliffs, NJ: Prentice-Hall.

Flores-Gonzales, N. (1999). Puerto Rican achievers: An example of ethnic and academic identity compatibility. *Anthropology & Education Quarterly, 30*(3), 343-62.

Foote, C. J. (1999). Attribution feedback in the elementary classroom. *Journal of Research in Childhood Education, 13*(2), 155-66.

Ford, M. E. (1992). *Motivating humans: Goals, emotions, and personal agency beliefs.* Newbury Park, CA: Sage.

Ford, M. E. (1995). Motivation and competence development in special and remedial education. *Intervention in School and Clinic, 31*(2), 70-83.

Fordham, S. & Ogbu, J. U. (1986). Black students' school success: Coping with the "burden of 'acting white.'" *The Urban Review, 18*(3), 176-206.

Foster, M. (1987). *"It's cooking now": An ethnographic study of a successful Black teacher in an urban community college.* Dissertation Abstracts International, 48(7), University Microfilms No ASA18722682.

Fredricks, J. A., Blumenfeld, P. C., & Paris, A. H. (2004). School engagement: Potential of the concept, state of the evidence. *Review of Educational Research, 74*(1), 59-109.

Freiberg, H. J., Stein, T. A., & Huang, S. (1995). Effects of a classroom management intervention on student achievement in inner-city elementary schools. *Educational Research and Evaluation, 1*(1), 36-66.

Frieze, I. H. (1980). Beliefs about success and failure in the classroom. In J. H. McMillan (Ed.), *The social psychology of school learning* (pp. 39-78). New York: Academic Press.

Frieze, I. H. & Snyder, H. N. (1980). Children's beliefs about the causes of success and failure in school settings. *Journal of Educational Psychology, 72*(2), 186-96.

Fritz, J. J., Miller-Heyl, J., Kreutzer, J. C., & MacPhee, D. (1995). Fostering personal teaching efficacy through staff development and classroom activities. *Journal of Educational Research, 88*(4), 200-08.

Fulk, B. J. & Mastropieri, M. A. (1990). Training positive attitudes: "I tried hard and did well." *Intervention in School and Clinic, 26*(2), 79-83.

Furrer, C. & Skinner, E. (2003). Sense of relatedness as a factor in children's academic engagement and performance. *Journal of Educational Psychology, 95*(1), 148-62.

Gaa, J. P. (1973). Effects of individual goal-setting conferences on achievement, attitudes, and goal-setting behavior. *Journal of Experimental Education, 42*, 22-27.

Gaa, J. P. (1979). The effect of individual goal-setting conferences on academic achievement and modification of locus of control orientation. *Psychology in the Schools, 16*, 591-97.

Galloway, D., Rogers, C., Armstrong, D., & Leo, E. (1998). *Motivating the difficult to teach.* New York:

Longman.

Gambrell, L. B. & Morrow, L. M. (1996). Creating motivation contexts for literacy learning In L. Baker, P. Afflerbach, & D. Reinking (Eds.), *Developing engaged readers in home and school communities* (pp. 115-36). Mahwah, NJ: Lawrence Erlbaum Associates.

Garcia, T., McCann, E. J., Turner, J. E., & Roska, L. (1998). Modeling the mediating role of volition in the learning process. *Contemporary Educational Psychology, 23,* 392-418.

Gardner, H. (1983). *Frames of mind: The new theory of multiple intelligences.* New York: Basic Books.

Garibaldi, A. M. (1993). Creating prescriptions for success in urban schools: Turning the corner on pathological explanations for academic failure. In T. M. Tomlinson (Ed.), *Motivating students to learn* (pp. 125-38). Berkeley, CA: McCutchan.

Garner, R., Alexander, P. A., Gillingham, M. G., Kulikowich, J. M., & Brown, R. B. (1991). Interest and learning from text. *American Educational Research Journal, 28*(3), 643-59.

Garner, R., Brown, R. B., Sanders, S., & Menke, D. J. (1992). "Seductive details" and learning from text. In K. A. Renninger, S. Hidi, & A. Krapp (Eds.), *The role of interest in learning and development* (pp. 239-54). Hillsdale, NJ: Lawrence Erlbaum Associates.

Gaskins, I. (1994). Classroom applications of cognitive science: Teaching poor readers how to learn, think, and problem solve. In K. McGilly (Ed.), *Classroom lessons: Interpreting cognitive theory and classroom practices* (pp. 129-54). Cambridge, MA: MIT Press.

Gaskins, I. & Elliot, T. (1991). *Implementing cognitive strategy instruction across the school.* Cambridge, MA: Brookline Books.

Gettinger, M. & Seibert, J. K. (2002). Contributions of study skills to academic competence. *School Psychology Review, 31*(3), 350-65.

Ghaith, G. & Shaaban, K. (1999). The relationship between perceptions of teaching concerns, teacher efficacy, and selected teacher characteristics. *Teaching and Teacher Education, 15,* 487-96.

Ghaith, G. & Yaghi, H. (1997). Relationships among experience, teacher efficacy, and attitudes toward the implementation of instructional innovation. *Teaching and Teacher Education, 13,* 451-58.

Gibson, J. D. (1998). *Enhancing motivation of African-American middle school students.* Unpublished Doctoral Dissertation, The University of Akron.

Gibson, S. & Dembo, M. H. (1984). Teacher efficacy: A construct validation. *Journal of Educational Psychology, 76,* 569-82.

Gipps, C. & Tunstall, P. (1998). Effort, ability, and the teacher. *Oxford Review of Education, 24*(2), 149-65.

Goddard, R. D. & Goddard, Y. L. (2001). A multilevel analysis of the relationship between teacher and collectivity efficacy in urban schools. *Teaching and Teacher Education, 17,* 807-18.

Goddard, R. D., LoGerfo, L., & Hoy, W. K. (2004). High school accountability: The role of perceived collective efficacy. *Educational Policy, 18*(3), 403-25.

Goertz, M. E. (2001). Redefining government roles in an era of standards-based reform. *Phi Delta Kappan, 83*(1), 62.

Goldenberg, C. (1992). The limits of expectations: A case for case knowledge about teacher expectancy effects.

American Educational Research Journal, 29(3), 517–44.

Goldenberg, C. (1994). Promoting early literacy achievement among Spanish–speaking children: Lessons from two studies. In E. Heibert (Ed.), *Getting ready from the start: Effective early literacy interventions* (pp. 171–99). Boston: Allyn & Bacon.

Goldenberg, C. & Gallimore, R. (1995). Immigrant Latino parents' values and beliefs about their children's education: Continuities across cultures and generations. In M. L. Maehr & P. R. Pintrich (Eds.), *Advances in motivation and achievement* (Vol. 9, pp. 183–228). Greenwich, CT: JAI Press.

Goldman, S. (1982). Knowledge systems for realistic goals. *Discourse Processes, 5,* 279–303.

Good, T. L. & Brophy, J. E. (1994). *Looking in classrooms* (6th ed.). New York: Harper & Row.

Good, T. L. & Brophy, J. E. (2003). *Looking in classrooms* (9th ed.). New York: Longman.

Good, T. L. & Marshall, S. (1984). Do students learn more in heterogenous or homogeneous achievement groups? In P. Peterson & L. Cherry-Wilkenson (Eds.), *Student diversity in the organization process.* New York: Academic Press.

Good, T. L. & Weinstein, R. (1986). Teacher expectations: A framework for exploring classrooms. In K. K. Zumwalt (Ed.), *Improving teaching (The 1986 ASCD Yearbook)* (pp. 63–85). Alexandria, VA: Association for Supervision and Curriculum Development.

Goodenow, C. (1992). Strengthening the links between educational psychology and the study of social contexts. *Educational Psychologist, 27*(2), 177–96.

Goodenow, C. (1993). The psychological sense of school membership among adolescents: Scale development and educational correlates. *Psychology in the Schools, 30,* 79–90.

Goodenow, C. & Grady, K. E. (1993). The relationship of school belonging and friends' values of academic motivation among urban adolescent students. *Journal of Experimental Education, 62*(1), 60–71.

Gordon, K., Padilla, A. M., Ford, M., & Thoresen, C. (1994, April). *Resilient students' beliefs about their schooling environment: A possible role in developing goals and motivation.* Paper presented at the American Educational Research Association, New Orleans.

Gottfried, A. E., Fleming, J. S., & Gottfried, A. W. (2001). Continuity of academic intrinsic motivation from childhood through late adolescence: A longitudinal study. *Journal of Educational Psychology, 93*(1), 3–13.

Graham, S. L. (1984). Communicating sympathy and anger to black and white children: The cognitive (attributional) consequences of affective cues. *Journal of Personality and Social Psychology, 47,* 40–54.

Graham, S. L. (1989). Motivation in African Americans. In G. L. Berry & J. K. Asaman (Eds.), *Black students: Psychosocial issues and academic achievement* (pp. 40–68). Newbury Park, CA: Sage.

Graham, S. L. (1991). A review of attribution theory in achievement contexts. *Educational Psychology Review, 3*(1), 5–39.

Graham, S. L. (1994). Motivation in African Americans. *Review of Educational Research, 64*(1), 55–117.

Graham, S. E. & Barker, G. P. (1987). Developmental study of praise and blame. *Journal of Educational Psychology, 79*(1), 62–66.

Graham, S. L. & Barker, G. P. (1990). The down side of help: An attributional–developmental analysis of helping behavior as a low-ability cue. *Journal of Educational Psychology, 82*(1), 7-14.

Graham, S. L. & Golan, S. (1991). Motivational influences on cognition: Task involvement, ego involvement, and depth of information processing. *Journal of Educational Psychology, 83*(2), 187-94.

Graham, S. & Harris, K. R. (1996). *Making the writing process work: Strategies for composition and self-regulation.* Cambridge, MA: Brookline Books.

Graham, S. & Harris, K. R. (1994). The role and development of self-regulation in the writing process. In D. H. Schunk & B. J. Zimmerman (Eds.), *Self-regulation of learning and performance* (pp. 203-28). Hillsdale, NJ: Lawrence Erlbaum Associates.

Graham, S., Harris, K. R., & Reid, R. (1992). Developing self-regulated learners. *Focus on Exceptional Children, 24*, 1-16.

Graham, S., Harris, K. R., & Troia, G. A. (1998). Writing and self-regulation: Cases from the self-regulated strategy developmental model. In D. H. Schunk & B. J. Zimmerman (Eds.), *Self-regulated learning: From teaching to self-reflective practice* (pp. 20-41). New York: Guilford Press.

Graham, S., MacArthur, C., Schwartz, S., & Page-Voth, V. (1992). Improving the compositions of students with learning disabilities using a strategy involving product and process goal setting. *Exceptional Children, 58*, 322-34.

Graham, S. L. & Weiner, B. (1996). Theories and principles of motivation. In D. Berliner & R. Calfee (Eds.), *Handbook of educational psychology* (pp. 63-84). New York: Macmillan.

Grant, H. & Dweck, C. S. (2003). Clarifying achievement goals and their impact. *Journal of Personality and Social Psychology, 85*(3), 541-53.

Greenspan, S. & Lodish, R. (1991). School literacy: The real ABCs. *Phi Delta Kappan, 72*, 300-08.

Gresham, F. M. (1984). Social skills and self-efficacy for exceptional children. *Exceptional Children, 51*(3), 253-61.

Gresham, F. M., Evans, S., & Elliott, S. N. (1988). Self-efficacy differences among mildly handicapped, gifted, and nonhandicapped students. *The Journal of Special Education, 22*(2), 231-40.

Guskey, T. R. (2001). Helping standards make the grade. *Educational Leadership, 59*(1), 20-27.

Guthrie, J. T., Van Meter, P., McCann, A. D., Wigfield, A., Bennett, L., & Poundstone, C. C. (1996). Growth of literacy engagement: Changes, motivations and strategies during concept-oriented reading instruction. *Reading Research Quarterly, 31*, 306-32.

Guthrie, J. T., Wigfield, A., & VonSecker, C. (2000). Effects of integrated instruction on motivation and strategy use in reading. *Journal of Educational Psychology, 92*(2), 331-41.

Hampton, N. Z. & Mason, E. (2003). Learning disabilities, gender, sources of efficacy, self-efficacy beliefs, and academic achievement in high school students. *Journal of School Psychology, 41*, 101-12.

Hare, B. (1985). Stability and change in self-perception and achievement among black adolescents: A longitudinal study. *The Journal of Black Psychology, 11*, 29-42.

Harlen, W. & Crick, R. D. (2003). Testing and motivation for learning. *Assessment in Education, 10*(2), 169-207.

Harris, K. R. (1990). Developing self-regulated learners: The role of private speech and self-instructions. *Educational Psychologist, 25*(1), 35-49.

Harris, K. R. & Graham, S. (1985). Improving learning disabled students' composition skills: Self-control strategy training. *Learning Disability Quarterly, 8*, 27-36.

Harter, S. (1982). The perceived competence scale for children. *Child Development, 53*, 87-97.

Haycock, K. (2001). Closing the achievement gap. *Educational Leadership, 58*(6), 6-11.

Heider, F. (1958). *The psychology of interpersonal relationships.* New York: Wiley.

Hennessey, B. A. (1995). Social, environmental, and developmental issues and creativity. *Educational Psychology Review, 7,* 163-83.

Heyman, G. D. & Dweck, C. S. (1992). Achievement goals and intrinsic motivation: Their relation and their role in adaptive motivation. *Motivation and Emotion, 16*(3), 231-47.

Hickham, H. (1999). *October sky.* New York: Dell.

Hidi, S. (1990). Interest and its contribution as a mental resource for learning. *Review of Educational Research, 60,* 549-71.

Hidi, S. (2000). An interest researcher's perspective: The effects of extrinsic and intrinsic factors on motivation. In C. Sansone & J. M. Harackiewicz (Eds.), *Intrinsic and extrinsic motivation: The search for optimal motivation and performance* (pp. 311-39). San Diego: Academic Press.

Hidi, S. & Harackiewicz, J. M. (2000). Motivating the academically unmotivated: A critical issue for the 21st century. *Review of Educational Research, 70*(2), 151-79.

Hidi, S. & Renninger, K. A. (2006). The four-phase model of interest development. *Educational Psychologist, 41*(2), 111-27.

Hill, K. T. (1984). Debilitating motivation and testing: A major educational problem, possible solutions, and policy applications. In R. E. Ames & C. Ames (Eds.), *Research on motivation in education: Student motivation* (Vol. 1, pp. 245-74). New York: Academic Press.

Hill, K. T. & Wigfield, A. (1984). Test anxiety: A major educational problem and what can be done about it. *Elementary School Journal, 85*(1), 105-26.

Hilliard, A. (1991). Do we have the will to educate all children? *Educational Leadership, 49,* 31-36.

Hilliard, A. (2003). No mystery: Closing the achievement gap between Africans and excellence. In T. Perry, C. Steele, & A. Hilliard (Eds.), *Young, gifted and Black: Promoting high achievement among African-American students* (pp. 131-65). Boston: Beacon Press.

Ho, R. & McMurtrie, J. (1991). Feedback and underachieving children: Differential effects on causal attributions, success expectancies and learning processes. *Australian Journal of Psychology, 43*(2), 93-100.

Hodgkinson, H. (1993). American education: The good, the bad, and the task. *Kappan, 74*(8), 619-23.

Hoover-Dempsey, K. V., Bassler, O. C., & Brissie, J. S. (1987). Parent involvement: Contributions of teacher efficacy, school socioeconomic status, and other school characteristics. *American Educational Research Journal, 24,* 417-35.

Howse, R. B., Lange, G., Farran, D., & Boyles, C. D. (2003). Motivation and self-regulation as predictors of achievement in economically disadvantaged young children. *The Journal of Experimental Education, 71*(2), 151-74.

Hoy, A. W. & Spero, R. B. (2005). Changes in teacher efficacy during the early years of teaching: A comparison of four measures. *Teaching and Teacher Education, 21*(4), 343–46.

Hoy, W. K., Sweetland, S. R., & Smith, P. A. (2002). Toward an organizational model of achievement in high schools: The significance of collective efficacy. *Educational Administration Quarterly, 38*(1), 77–93.

Hoy, W. K. & Woolfolk, A. E. (1990). Socialization of student teachers. *American Educational Research Journal, 27*(2), 279–300.

Hudley, C. & Graham, S. (2001). Stereotypes of achievement striving among early adolescents. *Social Psychology of Education, 5,* 201–24.

Interstate New Teacher Assessment and Support Consortium (INTASC) (1992). *Model standards for beginning teacher licensing, assessment and development: A resource for state dialogue.* Washington, DC: Council of Chief State School Officers.

Irvine, J. (1999). The education of children whose nightmares come both day and night. *Journal of Negro Education, 68*(3), 244–53.

Isennagle, A. (1993). A teacher reflects on his urban classroom. In R. Donmoyer & R. Kos (Eds.), *At-risk students* (pp. 369–80). New York: State University of New York Press.

Iyenger, S. S. & Lepper, M. R. (2000). When choice is demotivating: Can one desire too much of a good thing? *Journal of Personality and Psychology, 72*(6), 995–1006.

Jacobs, J. E. & Eccles, J. (2000). Parents, task values, and real-life achievement-related choices. In C. Sansone & J. M. Harackiewicz (Eds.), *Intrinsic and extrinsic motivation: The search for optimal motivation and performance* (pp. 405–39). San Diego: Academic Press.

Jacobs, W. W. (1979). *The monkey's paw.* Logan, IA: Perfection Form.

Johnson, D. W., Johnson, R. T., & Holubec, E. J. (1994). *Cooperative learning in the classroom.* Alexandria, VA: Association for Supervision and Curriculum Development.

Johnson, D. W., Maruyama, G., Johnson, R. T., Nelson, D., & Skon, L. (1981). Effects of cooperative, competitive, and individualistic goal structures on achievement: A metanalysis. *Psychological Bulletin, 89,* 47–62.

Jones, M. G., Jones, B. D., Hardin, B., Chapman, L., Yarbrough, T., & Davis, M. (1999). The impact of high-stakes testing on teachers and students in North Carolina. *Phi Delta Kappan, 81*(3), 199–203.

Joo, Y., Bong, M., & Choi, H. (2001). Self-efficacy for self-regulated learning, academic self-efficacy, and internet self-efficacy in web-based instruction. *Educational Technology and Research and Development, 48*(2), 5–17.

Jussim, L., Eccles, J., & Madon, S. (1996). Social perception, social stereotypes, and teacher expectations: Accuracy and the self-fulfilling prophecy. In M. P. Zanna (Ed.), *Advances in Experimental and Social Psychology* (Vol. 28, pp. 281–388). San Diego: Academic Press.

Kagen, S. (1992). *Cooperative learning resources for teachers.* San Juan Capistrano, CA: Resources for Teachers.

Kao, G. & Tienda, M. (1998). Educational aspirations of minority youth. *American Journal of Education, 108,* 349–84.

Kaplan, A. & Middleton, M. (2002). Should childhood be a journey or a race? Response to Harackiewicz, et al. (2002). *Journal of Educational Psychology, 94,* 646–48.

Karabenick, S. A. (1998). Help seeking as a strategic resource. In S. A. Karabenick (Ed.), *Strategic help seeking: Implications for learning and teaching* (pp. 1-11). Mahwah, NJ: Lawrence Erlbaum Associates.

Karabenick, S. A. & Knapp, J. R. (1991). Relationship of academic help seeking to the use of learning strategies and other instrumental achievement behavior of college students. *Journal of Educational Psychology, 83*(2), 221-30.

Klein, R. (1996). *Teacher efficacy and developmental math instructors at an urban university: An exploratory analysis of the relationships among personal factors, teacher behaviors, and perceptions of the environment.* Unpublished Doctoral Dissertation, The University of Akron.

Knapp, M. S. & Shields, P. M. (1990). Reconceiving academic instruction for the children of poverty. *Phi Delta Kappan, 71*(10), 752-58.

Kruger, L. J. (1997). Social support and self-efficacy in problem solving among teacher assistance teams and school staff. *Journal of Educational Research, 90,* 164-68.

Kuglinski, M. R. & Weinstein, R. S. (2001). Classroom and developmental differences in a path model of teacher expectancy effects. *Child Development, 72*(5), 1554-78.

Ladson-Billings, G. (1994). *The Dreamkeepers.* San Francisco: Jossey-Bass.

Lakaye, T., Margalit, M., Ziv, Z., & Ziman, T. (2006). Comparisons of self-efficacy, mood, effort, and hope between students with learning disabilities and their non-LD-matched peers. *Learning Disabilities Research and Practice, 21*(2), 111-21.

Lee, G. H. (2002). The development of teacher efficacy beliefs: A case study of an African American middle school teacher. In J. J. Irvine (Ed.), *In Search of Wholeness* (pp. 67-85). New York: Palgrave.

Lee, V. E. & Smith, J. B. (1996). Collective responsibility for learning and its effects on gains in achievement for early secondary school students. *American Journal of Education, 104,* 103-45.

Lee, V. E. & Smith, J. B. (1999). Social support and achievement for young adolescents in Chicago: The role of school academic press. *American Educational Research Journal, 36*(4), 907-45.

Lee, V. E. & Smith, J. B. (2001). *Restructuring high schools for equity and excellence: What works.* New York: Teachers College Press.

Leggette, R. M. (1998). Causal beliefs of public school students about success and failure in music. *Journal of Research in Music Education, 46*(1), 102-11.

Lepper, M. R. (1988). Motivational considerations in instruction. *Cognition and Instruction, 5*(4), 289-309.

Lepper, M. R. & Cardova, D. I. (1992). A desire to be taught: Instructional consequences of intrinsic motivation. *Motivation and Emotion, 16*(2), 187-208.

Lepper, M. R., Corpus, J. H., & Iyenger, S. S. (2005). Intrinsic and extrinsic motivational orientations in the classroom: Age differences and academic correlates. *Journal of Educational Psychology, 97*(2), 184-96.

Lepper, M. R. & Greene, D. (1975). Turning work into play: Effects of adult surveillance and extrinsic rewards on children's intrinsic motivation. *Journal of Personality and Social Psychology, 31,* 479-86.

Lepper, M. R., Greene, D., & Nisbitt, R. E. (1973). Undermining children's intrinsic interest with extrinsic rewards: A test of the overjustification hypothesis. *Journal of Personality and Social Psychology, 28,* 129-37.

Lepper, M. R. & Henderlong, J. (2000). Turning "play" into "work" and "work" into "play": 25 years of research on intrinsic versus extrinsic motivation. In C. Sansone & J. M. Harackiewicz (Eds.), *Intrinsic and extrinsic motivation: The search for optimal motivation and performance* (pp. 257-307). San Diego: Academic Press.

Lepper, M. R. & Hodell, M. (1989). Intrinsic motivation in the classroom. In C. Ames & R. Ames (Eds.), *Research on motivation in education* (Vol. 3, pp. 73-105). San Diego: Academic Press.

Lewis, M. & Sullivan, M. W. (2005). The development of self-conscious emotions. In A. J. Elliot & C. S. Dweck (Eds.), *Handbook of competence motivation* (pp. 185-201). New York: The Guilford Press.

Ley, K. & Young, D. B. (1998). Self-regulation behaviors in underprepared (developmental) and regular admission college students. *Contemporary Educational Psychology, 23*, 42-64.

Licht, B. G. (1983). Cognitive-motivational factors that contribute to the achievement of learning-disabled children. *Journal of Learning Disabilities, 16*, 483-90.

Licht, B. G. & Dweck, C. S. (1984). Determinants of academic achievement: The interaction of children's achievement orientation with skill area. *Developmental Psychology, 20*, 628-36.

Licht, B. G., Strader, S., & Swenson, C. (1989). Children's achievement related beliefs: Effects of academic area, sex, and achievement level. *Journal of Educational Research, 82*, 82.

Linnenbrink, E. A. (2005). The dilemma of performance-approach goals: The use of multiple goal contexts to promote students' motivation and learning. *Journal of Educational Psychology, 97*(2), 197-213.

Linnenbrink, E. A. & Pintrich, P. R. (2002). Motivation as an enabler for academic success. *Review of Educational Research, 31*(3), 313-27.

Lloyd, J. E. V., Walsh, J., & Yailagh, M. S. (2005). Sex differences in performance attributions, self-efficacy, and achievement mathematics: If I'm so smart, why don't I know it? *Canadian Journal of Education, 28*(3), 384-408.

Locke, E. A. (2000). Motivation, cognition, action: An analysis of studies of task goals and knowledge. *Applied Psychology: An International Review, 49*, 408-30.

Locke, E. A. & Latham, G. P. (1984). *Goal setting: A motivational technique that works.* Englewood Cliffs, NJ: Prentice-Hall.

Locke, E. A. & Latham, G. P. (1990). *A theory of goal setting and task performance.* Englewood Cliffs, NJ: Prentice-Hall.

Locke, E. A. & Latham, G. P. (2002). Building a practically useful theory of goal setting and task motivation. *American Psychologist, 57*(9), 705-17.

Locke, E. A., Shaw, K. N., Saari, L. M., & Latham, G. P. (1981). Goal setting and task performance: 1969-80. *Psychological Bulletin, 90*, 125-52.

Mac Iver, D. J. (1993). Effects of improvement-focused student recognition on young adolescents' performance in the classroom. In M. L. Maehr & P. R. Pintrich (Eds.), *Advances in motivation and achievement* (Vol. 8, pp. 191-216). Greenwich, CT: JAI Press.

Mac Iver, D. J. & Reuman, D. A. (1993/94). Giving their best: Grading and recognition practices that motivate students to work hard. *American Educator, 17*(4), 24-31.

Mac Iver, D. J., Stipek, D. J., & Daniels, D. H. (1991). Explaining within-semester changes in student effort in junior high school and senior high school courses. *Journal of Educational Psychology, 83*(2), 201–11.

Maehr, M. L., Midgley, C., & Urdan, T. C. (1992). School leader as motivator. *Educational Administration Quarterly, 28*, 410–29.

Maeroff, G. J. (1988). Withered hopes, stillborn dreams: The dismal panorama of urban schools. *Phi Delta Kappan, 69*(9), 632–38.

Malone, T. W. & Lepper, M. R. (1987). Making learning fun: A taxonomy of intrinsic motivation for learning. In R. E. Snow & M. J. Farr (Eds.), *Aptitude, learning, and instruction: III. Conative and affective process analyses* (pp. 223–53). Hillsdale, NJ: Lawrence Erlbaum Associates.

Manning, B. (1988). Application of cognitive behavior modification: First and third graders' self–management of classroom behaviors. *American Educational Research Journal, 25*(2), 193–212.

Manning, B. (1991). *Cognitive self-instruction for classroom processes.* Albany, NY: State University of New York Press.

Marcus, H. & Nurius, P. (1986). Possible selves. *American Psychologist, 41*(9), 954–69.

Marks, H. M. (2000). Student engagement in instructional activity: Patterns in the elementary, middle, and high school years. *American Educational Research Journal, 37*(1), 153–84.

Marsh, H. W., Byrne, B. M., & Shavelson, R. (1988). A multifaceted academic self–concept: Its hierarchical structure and its relation to academic achievement. *Journal of Educational Psychology, 80*, 866–80.

Mason, D. A., Schroeder, D. D., Combs, R. K., & Washington, K. (1992). Assigning average–achieving eighth grades to advance mathematics classes in an urban junior high school. *The Elementary School Journal, 92*(5), 387–99.

Masui, C. & De Corte, E. (2005). Learning to reflect and to attribute constructively as basic components of self–regulated learning. *British Journal of Educational Psychology, 75*, 351–72.

Mathews, J. (1988). *Escalante the best teacher in America.* New York: Henry Holt and Company.

McCaslin, M. (2006). Student motivational dynamics in the era of school reform. *Elementary School Journal, 106*(5), 479–90.

McCollum, H. (1995). Managing academic learning environments. In M. Knapp (Ed.), *Teaching for meaning in high poverty classrooms* (pp. 11–32). New York: Teachers College Press.

McCready, L. (1996). *Possible selves of African American adolescents.* Paper presented at the American Educational Research Association, New York, NY.

McDaniel, E. A. & Dibella–McCarthy, H. (1989). Enhancing teacher efficacy in special education. *Teaching Exceptional Children, 21*(4), 34–40.

McDonough, M. L., Meyer, D. K., Stone, G. V. M., & Hamman, D. (1991). *Goal-setting and monitoring among first grade readers during seatwork: Process and differences in process among reading ability groups.* Paper presented at the annual meeting of the National Association of School Psychologists, Dallas, Texas.

McInerney, D. M., Roche, L. A., McInerney, V., & Marsh, H. W. (1997). Cultural perspectives on school motivation: The relevance of goal theory. *American Educational Research Journal, 34*(1), 207–36.

McInerney, D. M. & Van Etten, S. (2001). Introduction. In D. M. McInerney & S. Van Etten (Eds.), *Research on sociocultural influences on motivation and learning* (Vol. 1, pp. ix–xxvi). Greenwich, CT: Information

Age Publishing.

McLaughlin, H. J. (1991). Reconciling care and control: Authority in classroom relationships. *Journal of Teacher Education, 42*(3), 182-95.

Medway, F. J. (1979). Causal perception for school-related problems: Teacher perceptions and teacher feedback. *Journal of Educational Psychology, 71*(6), 809-18.

Meece, J. L. (1991). The classroom context and students' motivational goals. In M. L. Maehr & P. R. Pintrich (Eds.), *Advances in motivation and achievement* (Vol. 7, pp. 261-85). Greenwich, CT: JAI Press.

Meece, J. L., Blumenfeld, P. C., & Hoyle, R. H. (1988). Students' goal orientations and cognitive engagement in classroom activities. *Journal of Educational Psychology, 80*(4), 514-23.

Meece, J. L., Blumenfeld, P. C., & Puro, P. (1989). A motivational analysis of elementary science learning environments. In M. Matyas, K. Tobin, & B. Fraser (Eds.), *Looking into windows: Qualitative research in science education* (pp. 13-23). Washington, DC: American Association for the Advancement of Science.

Meece, J. L. & Courtney, D. P. (1992). Gender differences in student perceptions. In D. L. Schunk & J. L. Meece (Eds.), *Student perceptions in the classroom* (pp. 209-28). Hillsdale, NJ: Lawrence Erlbaum Associates.

Meece, J. L., Eccles, J. S., & Wigfield, A. (1990). Predictors of math anxiety and its influences on young adolescents' course enrollment intentions and performance in mathematics. *Journal of Educational Psychology, 82*(1), 60-70.

Meece, J. L. & McColsky, W. (1997). *Improving student motivation: A guide for teachers and school improvement teams* (No. EDD00036). Tallahassee, FL: Southeastern Regional Vision for Education.

Mehan, H., Villanueva, I., Hubbard, L., & Lintz, A. (1996). *Constructing School Success.* New York: Cambridge University Press.

Meichenbaum, D. (1977). *Cognitive Behavior Modification.* New York: Plenum Press.

Mickelson, R. (1990). The attitude-achievement paradox among black adolescents. *Sociology of Education, 63,* 44-61.

Midgley, C., Feldlaufer, H., & Eccles, J. S. (1989). Changes in teacher efficacy and students' self- and task-related beliefs in mathematics during the transition to junior high school. *Journal of Educational Psychology, 81,* 247-58.

Midgley, C., Kaplan, A., & Middleton, M. (2001). Performance-approach goals: Good for what, for whom, under what circumstances, and at what cost? *Journal of Educational Psychology, 93*(1), 77-86.

Midgley, C. & Urdan, T. C. (2001). Academic self-handicapping and achievement goals: A further examination. *Contemporary Educational Psychology, 26,* 61-75.

Miller, A. T. & Hom, H. L. (1997). Conceptions of ability and the interpretation of praise and blame. *The Journal of Experimental Education, 65,* 163-77.

Miller, J. G. (1996). Culture as a source of social motivation. *Psychological Inquiry, 7*(3), 240-43.

Miller, N. & Harrington, H. H. (1992). Social categorization and intergroup acceptance: Principles for the design and development of cooperative learning teams. In R. Hertz-Lazarowitz (Ed.), *Interaction in cooperative groups* (pp. 203-27). New York: Cambridge University Press.

Miller, S. E., Leinhardt, G., & Zigmond, N. (1988). Influencing engagement through accommodation: An ethnographic study. *American Educational Research Journal, 25*(4), 465-87.

Miranda, A., Villaescusa, M. I., & Vidal-Abarca, E. (1997). Is attribution retraining necessary? Use of self-regulation procedures for enhancing the reading comprehension strategies of children with learning disabilities. *Journal of Learning Disabilities, 30*, 503-12.

Miserandino, M. (1996). Children who do well in school: Individual differences in perceived competence and autonomy in above-average children. *Journal of Educational Psychology, 88*(2), 203-14.

Mitchell, M. (1993). Situational interest: Its multifaceted structure in the secondary school mathematics classroom. *Journal of Educational Psychology, 85*, 424-36.

Molden, D. C. & Dweck, C. S. (2000). Meaning and motivation. In C. Sansone & J. M. Harackiewicz (Eds.), *Intrinsic and extrinsic motivation: The search for optimal motivation and performance* (pp. 131-59). San Diego: Academic Press.

Morgan, M. (1985). Self-monitoring of attained subgoals in private study. *Journal of Educational Psychology, 77*, 623-30.

Morgan, M. (1987). Self-monitoring and goal setting in private study. *Contemporary Educational Psychology, 12*, 1-6.

Moriarty, B., Douglas, G., Punch, K., & Hattie, J. (1995). Importance of self-efficacy as a mediating variable between learning environments and achievement. *British Journal of Educational Psychology, 65*, 73-84.

Mueller, C. M. & Dweck, C. S. (1998). Intelligence praise can undermine motivation and performance. *Journal of Personality and Social Psychology, 75*, 33-52.

Murphy, P. K. & Alexander, P. (2000). A motivated exploration of motivational terminology. *Contemporary Educational Psychology, 25*, 3-53.

National Board for Professional Teaching Standards (NBPTS) (1990). *Toward high and rigorous standards for the teaching profession: Initial policies and perspectives of the National Board for Professional Teaching Standards.* Washington, DC: National Board for Professional Teaching Standards.

National Center for Children in Poverty (2006). *Low-income children in the United States: A brief demographic profile.* New York: The Joseph L. Mailman School of Public Health of Columbia University.

National Center for Educational Statistics (2005). *The condition of education.* Washington, DC: US Department of Education, Office of Educational Research and Improvement.

Natriello, G. & Dornbush, S. M. (1984). *Teacher evaluative standards and student effort.* New York: Longman.

Nelson-Le Gall, S. (1985). Help-seeking in learning. In E. Gordon (Ed.), *Review of research in education* (Vol. 12, pp. 55-90). Washington, DC: American Educational Research Association.

Nelson-Le Gall, S. (1991). Classroom help-seeking. *Education and Urban Society, 24*(1), 27-40.

Nelson-Le Gall, S. (1992). Children's instrumental help-seeking: Its role in the social acquisition and the construction of knowledge. In R. Hertz-Lazarowitz & N. Miller (Eds.), *Interaction in cooperative groups* (pp. 49-68). New York: Cambridge University Press.

Nelson-Le Gall, S. & Jones, E. (1990). Cognitive-motivational influences on the task-related help-seeking behavior of black children. *Child Development, 61*, 581-89.

Newman, R. S. (1990). Children's help-seeking in the classroom: The role of motivation factors and attributions. *Journal of Educational Psychology, 82*, 71-80.

Newman, R. S. (1991). Goals and self-regulated learning. What motivates children to seek academic help? In M. L. Maehr & P. R. Pintrich (Eds.), *Advances in motivation and achievement* (Vol. 7, pp. 151-83). Greenwich, CT: JAI Press.

Newman, R. S. (1998). Students' help seeking during problem solving: Influences of personal and contextual achievement goals. *Journal of Educational Psychology, 90*(4), 664-658.

Newmann, F. M. (1992). *Student engagement and achievement in American secondary schools.* New York: Teachers College Press.

Newmann, F. M., Rutter, R. A., & Smith, M. S. (1989). Organizational factors that affect school sense of efficacy, community, and expectations. *Sociology of Education, 62*(October), 221-38.

Newmann, F. M., Secada, W. G., & Wehlage, G. G. (1995). *A guide to authentic assessment: Vision, standards and scoring.* Madison, WI: Wisconsin Center for Educational Research.

Newmann, F. M., Wehlage, G. G., & Lamborn, S. D. (1992). The significance and sources of student engagement. In F. M. Newmann (Ed.), *Student engagement and achievement in American secondary schools* (pp. 11-39). New York: Teachers College Press.

Nicholls, J. G. (1978). The development of the concepts of effort and ability, perception of academic attainment, and the understanding that difficult tasks require more ability. *Child Development, 49*, 800-14.

Nicholls, J. G. (1979). Quality and inequality in intellectual development. *American Psychologist, 34*(11), 1071-84.

Nicholls, J. G. (1983). Conceptions of ability and achievement motivation: A theory and its implications for education. In M. O. Stevenson, H. W. Stevenson, & S. G. Paris (Eds.), *Learning and motivation in the classroom* (pp. 211-37). Hillsdale, NJ: Lawrence Erlbaum Associates.

Nicholls, J. G. (1989). *The competitive ethos and democratic education.* Cambridge, MA: Harvard University Press.

Nicholls, J. G. (1990). What is ability and why are we mindful of it? A developmental perspective. In R. J. Sternberg & J. Kolligian (Eds.), *Competence considered* (pp. 11-40). New Haven, CT: Yale University Press.

Nicholls, J. G. & Miller, A. T. (1984). Development and its discontents: The differentiation of the concept of ability. In J. G. Nicholls (Ed.), *The development of achievement motivation* (pp. 185-218). Greenwich, CT: JAI Press.

Nieto, S. (1992). *Affirming diversity.* New York: Longman.

Nieto, S. (1994). Lessons from students on creating a chance to dream. *Harvard Educational Review, 64*(4), 38-496.

Nisen, M. (1992). Beyond intrinsic motivation: Cultivating a "sense of the desirable." In F. K. Oser, A. Dick, & J. Patry (Eds.), *Effective and responsible teaching* (pp. 126-38). San Francisco: Jossey-Bass.

Noblit, G. W. (1993). Power and caring. *American Education Research Journal, 30*(1), 23-38.

Noddings, N. (1992). *The challenge to care in schools.* New York: Teachers College Press.

Nolen, S. & Haladyna, T. (1990). Motivation and studying in high school science. *Journal of Research on Science Teaching, 27,* 115-26.

O'Leary, K. & O'Leary, S. (1977). *Classroom management: The successful use of behavior modification.* New York: Pergamon.

Oakes, J. (1985). *Keeping track: How schools structure inequality.* New Haven, CT: Yale University Press.

Oakes, J. (2005). *Keeping track: How schools structure inequality* (2nd ed.) New Haven, CT: Yale University Press.

Oettingen, G., Honig, G., & Gollwitzer, P. M. (2000). Effective goal regulation of goal attainment. *International Journal of Educational Research, 33,* 705-32.

Ogbu, J. U. (1992). Understanding cultural diversity and learning. *Educational Researcher, 21*(8), 5-14.

Ogbu, J. U. (2003). *Black American students in an affluent suburb.* Mahwah, NJ: Lawrence Erlbaum Associates.

Ogbu, J. U. & Simons, H. D. (1998). Voluntary and involuntary minorities: A cultural-ecological theory of school performance with some implications for education. *Anthropology & Education Quarterly, 29*(2), 155.

Osterman, K. F. (2000). Students' need for belonging in the school community. *Review of Educational Research, 70*(3), 323-67.

Page, R. N. (1991). *Lower-track classrooms.* New York: Teachers College Press.

Page-Voth, V. & Graham, S. (1999). Effects of goal setting and strategy use on the writing performance of students with writing and learning problems. *Journal of Educational Psychology, 91*(2), 230-40.

Pajares, F. (1996). Self-efficacy beliefs in academic settings. *Review of Educational Research, 66*(4), 543-78.

Pajares, F. (2006). Self-efficacy during childhood and adolescence: Implications for parents and teachers. In F. Pajares & T. Urdan (Eds.), *Self-efficacy beliefs of adolescents* (pp. 339-67). Greenwich, CT: Information Age Publishing

Pajares, F., Britner, S. L., & Valiante, G. (2000). Relation between achievement goals and self-beliefs of middle school students in writing and science. *Contemporary Educational Psychology, 25,* 406-22.

Pajares, F. & Johnson, M. J. (1994). Confidence and competence in writing: The role of self-efficacy, outcome expectancy, and apprehension. *Research in the Teaching of English, 28*(3), 313-31.

Pajares, F. & Miller, M. D. (1994). Role of self-efficacy and self-concept beliefs in mathematical problem solving: A path analysis. *Journal of Educational Psychology, 86*(2), 193-203.

Pajares, F. & Schunk, D. H. (2002). Self and self-belief in psychology and education: A historical overview. In J. Aronson (Ed.), *Improving academic achievement* (pp. 5-21). New York: Academic Press.

Palmer, D. J. (1983). An attributional perspective on labeling. *Exceptional Children, 49,* 423-29.

Pang, V. O. & Sablan, V. (1998). Teacher efficacy: Do teachers believe they can be successful with African American students? In M. Dilworth (Ed.), *Being responsive to cultural differences: How teachers learn* (pp. 39-60). Thousand Oaks, CA: Corwin Press.

Paris, S. G., Byrnes, J. P., & Paris, A. H. (2001). Constructing theories, identities, and actions of self-regulated learners. In B. J. Zimmerman & D. H. Schunk (Eds.), *Self-regulated learning and academic achievement* (pp. 253-87). Mahwah, NJ: Lawrence Erlbaum Associates.

Paulsen, G. (1999). *Hatchet*. New York: Simon Pulse.

Peak, L. (1993). Academic effort in international perspective. In T. M. Tomlinson (Ed.), *Motivating students to learn* (pp. 41-62). Berkeley, CA: McCutchan.

Pekrun, R., Goetz, T., Titz, W., & Perry, R. P. (2002). Academic emotions in students' self-regulated learning and achievement: A program of qualitative and quantitative research. *Educational Psychologist, 37*(2), 91-105.

Perry, N. E. (1998). Young children's self-regulated learning and contexts that support it. *Journal of Educational Psychology, 90*(4), 715-29.

Perry, N. E. & VandeKamp, J. O. (2000). Creating classroom contexts that support young children's development of self-regulated learning. *International Journal of Educational Research, 33*, 821-43.

Perry, N. E. & Weinstein, R. S. (1998). The social context of early schooling and children's school adjustment. *Educational Psychologist, 33*(4), 177-94.

Perry, T. (2003). Up from parched earth: Toward a theory of African-American achievement. In T. Perry, C. Steele, & A. Hilliard (Eds.), *Young, gifted and Black: Promoting high achievement among African-American students* (pp. 1-108). Boston: Beacon Press.

Pintrich, P. (1995). Understanding self-regulated learning. In P. Pintrich (Ed.), *Understanding self-regulated learning* (Vol. 63, pp. 3-12). San Francisco: Jossey-Bass.

Pintrich, P. (2000a). An achievement goal theory perspective in issues in motivation terminology, theory, and research. *Contemporary Educational Psychology, 25*, 92-104.

Pintrich, P. (2000b). Multiple goals, multiple pathways: The role of goal orientation in learning and achievement. *Journal of Educational Psychology, 92*(3), 544-55.

Pintrich, P. R. (2003). A motivational science perspective on the role of student motivation in learning and teaching contexts. *Journal of Educational Psychology, 95*(4), 667-86.

Pintrich, P. R. & De Groot, E. V. (1990). Motivational and self-regulated learning components of classroom academic performance. *Journal of Educational Psychology, 82*, 32-40.

Pintrich, P. R. & Schrauben, B. (1992). Students' motivational beliefs and their cognitive engagement in classroom academic tasks. In D. H. Schunk & J. L. Meece (Eds.), *Student perceptions in the classroom* (pp. 149-83). Hillsdale, NJ: Lawrence Erlbaum Associates.

Pintrich, P. R. & Schunk, D. H. (2002). *Motivation in education* (2nd ed.). Upper Saddle River, NJ: Merrill Prentice Hall.

Pintrich, P. R., Zusho, A., Schiefele, U., & Pekrun, R. (2001). Goal orientation and self-regulated learning in the college classroom: A cross-sectional comparison. In F. Salili, C. Chiu, & Y. Hong (Eds.), *Student motivation: The culture and context of learning* (pp. 149-69). New York: Kluwer.

Podell, D. & Soodak, L. (1993). Teacher efficacy and bias in special education referrals. *Journal of Educational Research, 86*(4), 247-53.

Pressley, M. F., Johnson, C. J., Symons, S., McGoldrick, J. A., & Kurita, J. (1989). Strategies that improve children's memory and comprehension of text. *The Elementary School Journal, 90*(1), 3-32.

Pressley, M. F., Woloshyn, V., & Associates (1995). *Cognitive strategy instruction* (Vol. 2). Cambridge, MA: Brookline Books.

Pressley, M. F. & Levin, J. (1987). Elaborative learning strategies for the inefficient learner. In S. J. Ceci (Ed.), *Handbook of cognitive, social, and neuropsychological aspects of learning disabilities* (pp. 175-212). Hillsdale, NJ: Lawrence Erlbaum Associates.

Ramey-Gassert, L. & Shroyer, M. G. (1992). Enhancing science teaching self-efficacy in preservice elementary teachers. *Journal of Elementary Science Education, 4*(1), 26-34.

Ramey-Gassert, L., Shroyer, M. G., & Stayer, J. R. (1996). A qualitative study of factors influencing science teaching self-efficacy of elementary teachers. *Science Education, 80*(3), 283-315.

Ramirez, A. (1999). Assessment-driven reform: The emperor still has no clothes. *Phi Delta Kappan, 81*(3), 204-08.

Randhawa, B. S., Beamer, J. E., & Lundberg, I. (1993). Role of mathematics self-efficacy in the structural model of mathematics achievement. *Journal of Educational Psychology, 85*(1), 41-48.

Randi, J. (2004). Teachers as self-regulated learners. *Teachers College Record, 106*(9), 1825-53.

Randi, J. & Corno, L. (2000). A design theory for classroom instruction in self-regulated learning? In C. R. Reigulith (Ed.), *Instructional design theories and models*. Mahwah, NJ: Lawrence Erlbaum Associates.

Raudenbush, S. W., Rowan, B., & Cheong, Y. F. (1992). Contextual effects on the self-perceived efficacy of high school teachers. *Sociology of Education, 65*, 150-67.

Reid, M. K. & Borkowski, J. G. (1987). Causal attributions of hyperactive children: Implications for training strategies and self-control. *Journal of Educational Psychology, 79*, 296-307.

Reiher, R. H. & Dembo, M. H. (1984) Changing academic task persistence through a self-instructional attribution training program. *Contemporary Educational Psychology, 9*, 84-94.

Renninger, K. A. (2000). Individual interest and its implication for understanding intrinsic motivation. In C. Sansone & J. M. Harackiewicz (Eds.), *Intrinsic and extrinsic motivation: The search for optimal motivation and performance* (pp. 373-404). San Diego: Academic Press.

Resnick, L. (1997). *Education and learning to think*. Washington, DC: National Academy Press.

Resnick, L. B. (1999, June 16). Making America smarter: A century's assumptions about innate ability give way to a belief in the power of effort. *Education Week*, pp. 38-41.

Reyna, C. (2000). Lazy, dumb, or industrious: When stereotypes convey attribution information in the classroom. *Educational Psychology Review, 12*(1), 85-110.

Reynolds, M. C. (1994). Special education as a resilience-related venture. In M. C. Wang & E. W. Gordon (Eds.), *Educational resilience in inner-city America* (pp. 131-40). Hillsdale, NJ: Lawrence Erlbaum Associates.

Rigby, C. S., Deci, E. L., Patrick, B. C., & Ryan, R. M. (1992). Beyond the intrinsic-extrinsic dichotomy: Self-determination in motivation and learning. *Motivation and Emotion, 16*(3), 165-85.

Robertson, J. S. (2000). Is attributional training a worthwhile classroom intervention for K-12 students with learning difficulties? *Educational Psychology Review, 12*(1), 111-34.

Roderick, M. & Camburn, R. (1999). Risk and recovery from course failure in the early years of high school. *American Educational Research Journal, 36*(2), 303-43.

Roderick, M. & Engel, M. (2001). The grasshopper and the ant: Motivational responses of low-achieving students to high-stakes testing *Educational Evaluation and Policy Analysis, 23*(3), 197-227.

Rogers, D. & Swan, K. (2004). Self-regulated learning and internet searching. *Teachers College Record, 106*(9), 1904-1824.

Rohrkemper, M. (1985). Motivational coursework in teacher education. In M. K. Alderman & M. W. Cohen (Eds.), *Motivational theory and practice for preservice teachers (Teacher Education Monograph No. 4)* (pp. 52-64). Washington, DC: ERIC Clearinghouse in Teacher Education.

Rohrkemper, M. & Corno, L. (1988). Success and failure on classroom tasks: Adaptive learning and classroom teaching. *Elementary School Journal, 88*, 297-312.

Rohrkemper, M. M. (1989). Self-regulated learning and academic achievement: A Vygotskian view. In B. J. Zimmerman & D. H. Schunk (Eds.), *Self-regulated learning and academic achievement: Theory, research, and practice* (pp. 143-67). New York: Springer-Verlag.

Rolison, M. A. & Medway, F. J. (1985). Teachers' expectations and attributions for student achievement: Effects of label, performance pattern, and special education intervention. *American Educational Research Journal, 22*(4), 561-73.

Rose, M. (1989). *Lives on the boundary.* New York: Penguin Books.

Rose, M. (1995). *Possible lives.* Boston: Houghton-Mifflin.

Rosenholtz, S. J. (1989). *Teachers' workplace: The social organization of schools.* New York: Longman.

Rosenthal, R. & Jacobson, L. (1968). *Pygmalion in the classroom: Teacher expectation and pupils' intellectual development.* New York: Holt, Rinehart and Winston.

Ross, J. A. (1995). Strategies for enhancing teachers' beliefs in their effectiveness: Research on a school improvement hypothesis. *Teachers College Record, 97*, 227-51.

Ross, J. A. (1998). The antecedents and consequences of teacher efficacy. In J. Brophy (Ed.), *Research on teaching* (Vol. 7, pp. 49-74). Greenwich, CT: JAI Press.

Ross, J. A., Hogaboam-Gray, A., & Hannay, L. (2001). Effects of teacher efficacy on computer skills and computer cognitions of Canadian students in grades K-3. *The Elementary School Journal, 102*(2), 141-56.

Rueda, R. & Moll, L. C. (1994). A sociocultural perspective on motivation. In H. F. O'Neil & M. Drillings (Eds.), *Motivation: Theory and Research* (pp. 117-40). Hillsdale, NJ: Lawrence Erlbaum Associates.

Ruenzel, D. (1997, February 5). AVID learners. *Education Week*, pp. 28-33.

Rust, C. (1992, January 26). Miss Bailey's lessons for life. *Houston Chronicle*, pp. 1G-6G.

Ruth, W. J. (1996). Goal setting and behavior contracting for students with emotional and behavioral difficulties: Analysis of daily, weekly, and goal attainment. *Psychology in the Schools, 23*(April), 153-58.

Ryan, A. M., Gheen, M. H., & Midgley, C. (1998). Why do some students avoid asking for help? An examination of the interplay among students' academic efficacy, teachers' social-emotional role, and the classroom goal structure. *Journal of Educational Psychology, 90*(3), 528-35.

Ryan, A. M. & Patrick, H. (2001). The classroom social environment and changes in adolescents' motivation and engagement in middle school. *American Educational Research Association, 38*(2), 437-60.

Ryan, R. M. & Deci, E. L. (2000). Intrinsic and extrinsic motivation: Classic definitions and new directions. *Contemporary Educational Psychology, 25*, 54-67.

Ryan, R. M. & Grolnick, W. S. (1986). Origins and pawns in the classroom: Self-report and projective assessments of individual differences in children's perceptions. *Journal of Personality and Social Psychology, 50*(3), 550-58.

Ryan, R. M. & Stiller, J. (1991). The social context of internalization: Parent influences on autonomy, motivation, and learning In M. L. Maehr & P. L. Pintrich (Eds.), *Advances in motivation and achievement* (pp. 115-49). Greenwich, CT: JAI Press.

Sagotsky, G., Patterson, C. J., & Lepper, M. R. (1978). Training children's self-control: A field experiment in self-monitoring and goal-setting in the classroom. *Journal of Experimental Child Psychology, 25*, 242-53.

Sanchez, B., Colon, Y., & Esparza, P. (2005). The role of sense of school belonging and gender in the academic adjustment of Latino adolescents. *Journal of Youth and Adolescence, 34*(6), 619-28.

Sanders, M. G. (1997). Overcoming obstacles: Academic achievement as a response to racism and discrimination. *The Journal of Negro Education, 66*(1), 83-93.

Sansone, C. & Smith, J. L. (2000). Interest and self-regulation: The relation between having to and wanting to. In C. Sansone & J. Harackiewicz (Eds.), *Intrinsic and extrinsic motivation* (pp. 343-72). San Diego: Academic Press.

Schiefele, U. (1991). Interest and learning in motivation. *Educational Psychologist, 26*, 299-233.

Schunk, D. H. (1982). Effects of effort attributional feedback on children's perceived self-efficacy and achievement. *Journal of Educational Psychology, 74*, 548-56.

Schunk, D. H. (1983a). Goal difficulty and attainment information: Effects on children's achievement behaviors. *Human Learning, 2*, 107-17.

Schunk, D. H. (1983b). Reward contingencies and the development of children's skills and self-efficacy. *Journal of Educational Psychology, 75*, 511-18.

Schunk, D. H. (1984a). Enhancing self-efficacy and achievement through rewards and goals: Motivational and informational effects. *Journal of Educational Research, 78*(1), 29-34.

Schunk, D. H. (1984b). Sequential attributional feedback and children's achievement behavior. *Journal of Educational Psychology, 76*, 1159-69.

Schunk, D. H. (1985). Participation in goal setting: Effects on self-efficacy and skills of learning-disabled children. *The Journal of Special Education, 19*(3), 307-17.

Schunk, D. H. (1989). Self-efficacy and cognitive skill learning. In C. Ames & R. Ames (Eds.), *Research on motivation in education* (Vol. 3, pp. 13-44). San Diego: Academic Press.

Schunk, D. H. (1991). Self-efficacy and academic motivation. *Educational Psychologist, 26*, 207-31.

Schunk, D. H. (2001). Social cognitive theory and self-regulated learning. In B. J. Zimmerman & D. H. Schunk (Eds.), *Self-regulated learning and academic achievement* (pp. 125-51). Mahwah, NJ: Lawrence Erlbaum Associates.

Schunk, D. H. & Cox, P. D. (1986). Strategy training and attributional feedback with learning disabled students. *Journal of Educational Psychology, 78*(3), 201-09.

Schunk, D. H. & Hanson, A. R. (1985). Peer models: Influence on children. *Journal of Educational Psychology*, 77, 313–22.

Schunk, D. H., Hanson, A. R., & Cox, P. D. (1987). Peer model attributes and children's achievement behaviors. *Journal of Educational Psychology*, 79, 54–61.

Schunk, D. H. & Pajares, F. (2002). The development of academic self-efficacy. In A. Wigfield & J. Eccles (Eds.), *Development of achievement motivation* (pp. 16–31). San Diego: Academic Press.

Schutz, P. A. (1989). *An interactive process ontology for the self-regulating aspects of knowing, learning and emoting: The relationship between goals and feedback in learning.* Unpublished Dissertation, the University of Texas at Austin.

Schutz, P. A. (1991). Goals in self-directed behavior. *Educational Psychologist*, 2(1), 55–67.

Schutz, P. A. (1994). Goals as the transactive point between motivation and cognition. In P. R. Pintrich, D. R. Brown, & C. E. Weinstein (Eds.), *Student motivation, cognition, and learning.* Hillsdale, NJ: Lawrence Erlbaum Associates.

Schutz, P. A., Crowder, K. C., & White, V. C. (2001). The development of a goal to become a teacher. *Journal of Educational Psychology*, 93(2), 299–308.

Schweinle, A., Turner, J. C., & Meyer, D. K. (2006). Striking the right balance: Students' motivation and affect in elementary mathematics. *The Journal of Educational Research*, 99(5), 271–93.

Seligman, M. E. P. & Maier, S. F. (1967). Failure to escape traumatic shock. *Journal of Experimental Psychology*, 74, 1–9.

Shachar, H. & Shmuelevitz, H. (1997). Implementing cooperative learning, teacher collaboration and teachers' sense of efficacy in heterogeneous junior high schools. *Contemporary Educational Psychology*, 22, 53–72.

Shelton, T. L., Anastopoulos, A. D., & Linden, J. D. (1985). An attribution training program with learning disabled children. *Journal of Learning Disabilities*, 18, 261–65.

Shepard, L. A. (2000). The role of assessment in a learning culture. *Educational Researcher*, 29(7), 4–14.

Shields, P. M. (1995). Engaging children of diverse backgrounds. In M. Knapp (Ed.), *Teaching for meaning in high-poverty classrooms* (pp. 33–46). New York: Teachers College Press.

Shih, S. & Alexander, J. M. (2000). Interacting effects of goal setting and self- or other-referenced feedback on children's development of self-efficacy and cognitive skill within the Taiwanese classroom. *Journal of Educational Psychology*, 92(3), 536–43.

Simmons, W. & Grady, M. (1990). *Black male achievement: From peril to promise. Report of the Superintendent's Advisory Committee on black male achievement.* Prince Georges County, MD: Prince Georges County Schools.

Singham, M (1998). The canary in the mine: The achievement gap between Black and White students. *Phi Delta Kappan*, 80(1), 8–15.

Skinner, E. A. (1995). *Perceived control, motivation, & coping.* Thousand Oaks, CA: Sage.

Skinner, E. A., Zimmer-Gembeck, M. J., & Connell, J. P. (1998). Individual differences and the development of perceived control. *Monographs of the Society for Research in Child Development*, 63(2–3).

Slavin, R. E. (1990). *Cooperative learning: Theory, research, and practice.* Englewood Cliffs, NJ: Prentice-Hall.

Slavin, R. E. (1995). *Cooperative learning* (2nd ed.). Boston: Allyn & Bacon.

Sloane, F. C. & Kelly, A. E. (2003). Issues in high-sakes testing programs. *Theory into Practice, 42*(1), 12-17.

Smith, S. M. (2001). The four sources of influences on computer self-efficacy. *Delta Pi Epsilon, 43*(1), 27-39.

Smolen, L., Newman, C., Walthen, T., & Lee, D. (1995). Developing student self-assessment strategies. *TESOL Journal, 5*(1), 22-26.

Sockett, H. (1988). Education and will: Aspects of personal capability. *American Journal of Education, 96,* 95-214.

Solomon, D., Watson, M., Battistich, V., Schaps, E., & Delucchi, K. (1992). Creating a caring community: Educational practices that promote children's social development. In F. K. Oser, A. Dick, & J. Luc-Patry (Eds.), *Effective and responsible teaching* (pp. 383-96). San Francisco: Jossey-Bass.

Soodak, L. & Podell, D. (1998). Teacher efficacy and the vulnerability of the difficult-to-teach student. In J. Brophy (Ed.), *Expectations in the Classroom* (Vol. 7, pp. 75-109). Greenwich, CT: JAI Press.

Sparks, G. (1988). Teachers' attitudes toward change and subsequent improvements in classroom teaching. *Journal of Educational Psychology, 80*(1), 111-17.

Steele, C. M. (1992, April). Race and the schooling of black Americans. *The Atlantic Monthly, 269,* 68-78.

Steele, C. M. (1997). A threat in the air: How stereotypes shape intellectual identity and performance. *American Psychologist, 52*(6), 613-29.

Steiner, R., Wiener, M., & Cromer, W. (1971). Comprehensive training and identification for peer and good readers. *Journal of Educational Psychology, 62,* 506-13.

Stevenson, H. & Lee, S. (1990). Contexts of achievement: A study of American, Chinese, and Japanese children. *Monographs of the Society for Research in Child Development, 55*(1-2), 1-119.

Stiggins, R. J. (1999). Assessment, student confidence, and school success. *Phi Delta Kappan, 81*(3), 191-203.

Stiggins, R. J., Frisbie, D. A., & Griswold, P. A. (1989). Inside high school grading practices: Building a research agenda. *Educational Measurement: Issues and Practice, 9,* 5-14.

Stipek, D. (1996). Motivation and instruction. In D. C. Berliner & R. C. Calfee (Eds.), *Handbook of educational psychology* (pp. 85-113). New York: Macmillan.

Stipek, D., Givvin, K. B., Salmon, J. M., & Macgyvers, V. L. (1998). Can a teacher intervention improve classroom practices and student motivation in mathematics? *The Journal of Experimental Education, 66*(4), 319-37.

Stipek, D. & Gralinski, H. (1996). Children's theories of intelligence and school performance. *Journal of Educational Psychology, 88,* 397-407.

Stipek, D. & Mac Iver, D. (1989). Developmental change in children's assessment of intellectual competence. *Child Development, 60,* 521-38.

Stipek, D. & Ryan, R. H. (1997). Economically disadvantaged preschoolers: Ready to learn but further to go. *Journal of Educational Psychology, 89,* 711-23.

Stodolsky, S. (1988). *The subject matters.* Chicago: University of Chicago Press.

Suarez-Orozco, M. M. (1989). *Central American refugees and U. S. high schools: A psychological study of motivation and achievement.* Palo Alto, CA: Stanford University Press.

Swanson, M. C., Marcus, M., & Elliott, J. (2000). Rigor with support: Lessons from AVID. *Leadership, 30,* 26–27, 37–38.

Tharp, R. G. (1989). Psychological variables and constants. *American Psychologist, 44*(2), 349–59.

Tharp, R. G., Estrada, P., Dalton, S. S., & Yamauchi, L. A. (2000). *Teaching transformed: Achieving excellence, fairness, inclusion, and harmony.* Boulder, CO: Westview Press.

Timperley, H. S. & Phillips, G. (2003) Changing and sustaining teachers' expectations through professional development in literacy. *Teaching and Teacher Education, 19,* 627–41.

Tinto, V. (1993). *Leaving college: Rethinking the causes and cures of student attrition.* Chicago: University of Chicago Press.

Tobias, S. (1985). Test anxiety. Interference, defective skills, and cognitive capacity. *Educational Psychologist, 20,* 135–42.

Toliver, K. (1993). The Kay Toliver Mathematics Program. *Journal of Negro Education, 62,* 35–46.

Tollefson, N., Melvin, J., & Thippavajjala, C. (1990). Teacher's attributions for students' low achievement: A validation of Cooper and Good's attributional categories. *Psychology in the Schools, 27,* 75–83.

Tollefson, N., Tracy, D. B., Johnsen, E. P., & Chatman, J. (1986). Teaching learning disabled students goal-implementation skills. *Psychology in the Schools, 23,* 194–204.

Tollefson, N., Tracy, D. B., Johnsen, E. P., Farmer, A. W., & Buenning, M. (1984). Goal setting and personal responsibility training for LD adolescents. *Psychology in the Schools, 21,* 224–33.

Tomlinson, T. M. (1993). Education reform: The ups and downs of good intentions. In T. M. Tomlinson (Ed.), *Motivating students to learn* (pp. 3–20). Berkeley, CA: McCutchan.

Tournaki, N. & Podell, D. M. (2005). The impact of student characteristics and teacher efficacy on teachers' predictions of students' success. *Teaching and Teacher Education, 21,* 299–314.

Trawick, L. (1991). *Volitional strategy training in students with a history of academic failure.* Dissertation Abstracts International, University Microfilms No. 91–27, 987.

Tschannen-Moran, M., Woolfolk Hoy, A., & Hoy, W. K. (1998). Teacher efficacy: Its meaning and measure. *Review of Educational Research, 68*(2), 202–48.

Tucker, C. M. & Herman, K. C. (2002). Using culturally sensitive theories and research to meet the academic needs of low-income African-American children. *American Psychologist, 57*(10), 762–73.

Tucker, C. M., Porter, T., Reinke, W. M., Herman, K. C., Ivery, P. D., Mack, C. E. et al. (2005). Promoting teacher efficacy for working with culturally diverse students. *Preventing School Failure, 50*(1), 29–34.

Tucker, C. M., Zayco, R. A., Herman, K. C., Reinke, W. M., Trujillo, M., Carraway, K., et al. (2002). Teacher and child variables as predictors of academic engagement among low-income African-American children. *Psychology in the Schools, 39*(4), 477–88.

Turner, J. C. & Meyer, D. K. (1995). Motivating students to learn: Lessons from a fifth-grade classroom. *Middle School Journal, 27,* 18–25.

Turner, J. C., Midgley, C., Meyer, D. K., Gheen, M. H., Anderman, E., Kang, Y., et al. (2002). The classroom environment and students' reports of avoidance strategies in mathematics: A multimethod study. *Journal of Educational Psychology, 94*(1), 88-106.

Urdan, T. C. (1997). Achievement goal theory: Past results, future directions. In M. L. Maehr & P. R. Pintrich (Eds.), *Advances in motivation and achievement* (Vol. 10, pp. 99-141). Greenwich, CT: JAI Press.

Urdan, T. C. (2001). Contextual influences on motivation and performance: An examination of achievement goal structures. In F. S. Salili, C. Chui, & Y. Hong (Eds.), *Student motivation: The culture and context of learning* (pp. 171-201). New York: Kluwer Academic/Plenum Publishers.

Urdan, T. C., Kneisel, L., & Mason, V. (1999). Interpreting messages about motivation in the classroom: Examining the effects of achievement goal structures. In T. C. Urdan (Ed.), *Advances in motivation and achievement* (Vol. 11, pp. 123-58). Greenwich, CT: JAI Press.

Urdan, T. C. & Midgley, C. (2003). Changes in perceived classroom goal structure and pattern of adaptive learning during early adolescence. *Contemporary Educational Psychology, 28*, 524-51.

Usher, E. L. & Pajares, F. (2006). Sources of self-efficacy and self-regulatory efficacy beliefs of entering middle school students. *Contemporary Educational Psychology, 31*, 125-41.

Usinger, J. (2005). Parent/guardian visualization of career and academic future of seventh graders enrolled in low-achieving schools. *Career Development Quarterly, 53*, 235-45.

Van Overwalle, F., Segebarth, K., & Goldchstein, M. (1989). Improving performance of freshmen through attributional testimonies from fellow students. *British Journal of Educational Psychology, 59*, 75-85.

Vansteenkiste, M., Lens, W., & Deci, E. L. (2006). Intrinsic versus extrinsic goal contents in self-determination theory: Another look at the quality of academic motivation. *Educational Psychologist, 41*(1), 19-31.

Vermeer, H. J., Boekaerts, M., & Seegers, G. (2000). Motivational and gender differences: Sixth-grade students' mathematical problem solving behavior. *Journal of Educational Psychology, 92*(2), 308-15.

Villegas, A. M. (1991). *Culturally responsive pedagogy.* Princeton, NJ: Educational Testing Service.

Vygotsky, L. S. (1962). *Thought and language.* Cambridge, MA: MIT Press.

Vygotsky, L. S. (1978). *Mind in society: The development of higher psychological processes.* Cambridge, MA: Harvard University Press.

Wade, S. (1992). How interests affect learning from text. In K. A. Renniger, S. Hidi, & A. Krapp (Eds.), *The role of interest in learning and development* (pp. 255-78). Hillsdale, NJ: Lawrence Erlbaum Associates.

Walker, E. N. (2006). Urban high school students' academic communities and their effects on mathematics success. *American Educational Research Journal, 43*(1), 43-73.

Warren, L. L. & Payne, B. D. (1997). Impact of middle grades' organization on teacher efficacy and environmental perceptions. *Journal of Educational Research, 90*(5), 301-08.

Watt, K. M., Powell, C. A., Mendiola, I. D., & Cossio, G. (2006). Schoolwide impact and AVID: How have selected Texas high schools addressed the new accountability measures? *Journal of Education for Students Placed at Risk, 11*(1), 57-73.

Wehlage, G. G., Rutter, R. A., Smith, G. A., Lesko, N., & Fernandez, R. R. (1989). *Reducing the risk: Schools as communities of support.* Philadelphia: Falmer Press.

Weiner, B. (1979). A theory of motivation for some classroom experiences. *Journal of Educational Psychology, 71*, 3-25.

Weiner, B. (1985). An attributional theory of achievement motivation and emotion. *Psychological Review, 92*(4), 548–73.

Weiner, B. (1986). *An attributional theory of motivation and emotion*. New York: Springer–Verlag.

Weiner, B. (1990). History of research in motivation. *Journal of Educational Psychology, 82*, 616–22.

Weiner, B. (1992). *Human motivation: Metaphors, theories and research*. Newbury Park, CA: Sage.

Weiner, B. (2000). Intrapersonal and interpersonal theories of motivation from an attributional perspective. *Educational Psychology Review, 12*(1), 1–14.

Weiner, B. (2001). Intrapersonal and interpersonal theories of motivation from an attributional viewpoint. In F. S. Salili, C. Chui, & Y. Hong (Eds.), *Student motivation: The culture and context of learning* (pp. 17–30). New York: Kluwer Academic/Plenum Publishers.

Weiner, B. & Kukla, A. (1970). An achievement analysis of achievement motivation. *Journal of Personality and Social Psychology, 15*, 1–20.

Weinstein, C. E. & Mayer, R. (1986). The teaching of learning strategies. In M. C. Wittrock (Ed.), *Handbook of research on teaching* (pp. 315–27). Thomson Learning, www. thomsonrights.com.

Weinstein, R. S. (1993). Children's knowledge of differential treatment in schools: Implications for motivation. In T. M. Tomlinson (Ed.), *Motivating students to learn* (pp. 197–224). Berkeley, CA: McCutchan.

Weinstein, R. S. (2002). *Reaching higher: The power of expectations in schooling*. Cambridge, MA: Harvard University Press.

Weinstein, R. S., Gregory, A., & Strambler, M. J. (2004). Intractable self–fulfilling prophecies. *American Psychologist, 59*(6), 511–20.

Weinstein, R. S. & McKown, C. (1998). Expectancy effects in "context": Listening to the voices of students and teachers. In J. Brophy (Ed.), *Expectations in the classroom* (Vol. 7, pp. 215–42). Greenwich, CT: JAI Press.

Welch, O. M. & Hodges, C. R. (1997). *Standing outside on the inside*. Albany, NY: State University of New York Press.

Wentzel, K. R. (1989). Adolescent classroom goals, standards for performance, and academic achievement: An interactionist perspective. *Journal of Educational Psychology, 81*, 131–42.

Wentzel, K. R. (1991). Social and academic goals at school: Motivation and achievement in context. In M. L. Maehr & P. R. Pintrich (Eds.), *Advances in motivation and achievement* (Vol. 7, pp. 185–212). Greenwich, CT: JAI Press.

Wentzel, K. R. (2000). What is it that I'm trying to achieve? Classroom goals from a content perspective. *Contemporary Educational Psychology, 25*, 105–15.

Wheelock, A. (1992). *Crossing the tracks*. New York: New Press.

Whipp, J. L. & Chiarelli, S. (2004). Self–regulation in a web–based course: A case study. *Educational Technology Research and Development, 52*(4), 1042–1629.

White, K., Hohn, R., & Tollefson, N. (1997). Encouraging elementary students to set realistic goals. *Journal of Research in Childhood Education, 12*, 48–57.

Wibrowski, C. R. (1992). *Self–regulated learning processes of inner–city students*. Dissertation Abstracts

International, 53(4), AAI9224865.

Wigfield, A. & Eccles, J. (1989). *Anxiety and worries about math and English before and after junior high transition.* Paper presented at the annual meeting of the American Educational Research Association, San Francisco.

Wigfield, A. & Eccles, J. (2000). Expectancy-value theory of motivation. *Contemporary Educational Psychology, 25,* 68-81.

Wigfield, A. & Eccles, J. (2001). Introduction. In A. Wigfield & J. Eccles (Eds.), *Development of achievement motivation* (pp. 1-11). San Diego: Academic Press.

Wigfield, A. & Eccles, J. S. (1992). The development of achievement task values: A theoretical analysis. *Developmental Review, 12,* 265-310.

Wigfield, A., Galper, A., Denton, K., & Sefeldt, C. (1999). Teachers' beliefs about former head start and non-head start first-grade children's motivation, performance, and future educational prospects. *Journal of Educational Psychology, 91*(1), 98-104.

Wiggins, G. (1993). *Assessing student performance.* San Francisco: Jossey-Bass.

Wilkins, J. L. M. & Brand, B. R. (2004). Change in preservice teachers' beliefs: An evaluation of a mathematics methods course. *School Science and Mathematics, 104*(5), 226-32.

Wilson, J. D. (1996). An evaluation of the field experiences of the innovative model for the preparation of elementary teachers for science, mathematics, and technology. *Journal of Teacher Education, 47*(1), 53-59.

Winne, P. H. (2001). Self-regulated learning viewed from models of information processing. In B. J. Zimmerman & D. H. Schunk (Eds.), *Self-regulated learning and academic achievement: Theoretical perspectives* (pp. 153-90). Mahwah, NJ: Lawrence Erlbaum Associates.

Wolleat, P. L., Pedro, J. D., Becker, A. D., & Fennema, E. (1980). Sex differences in high school students' causal attributions of performance in mathematics. *Journal for Research in Mathematics Education, 11,* 356-66.

Wolters, C. A. (1998). Self-regulated learning and college students' regulation of motivation. *Journal of Educational Psychology, 90*(2), 224-35.

Wolters, C. A., Yu, S., & Pintrich, P. R. (1996). The relation between goal orientation and students' motivational beliefs and self-regulated learning. *Learning and Individual Differences, 8,* 211-38.

Wolters, C. W. (2004). Advancing achievement goal theory: Using goal structures and goal orientations to predict students' motivation, cognition, and achievement. *Journal of Educational Psychology, 96*(2), 236-50.

Wood, E., Woloshyn, V., & Willoughby, T. (1995). *Cognitive strategy instruction for middle and high schools.* Cambridge, MA: Brookline Books.

Yee, D. K. & Eccles, J. S. (1988). Parent perceptions and attributions for children's math achievement. *Sex Roles, 19,* 317-33.

Yowell, C. M. & Smylie, M. A. (1999). Self-regulation in democratic communities. *The Elementary School Journal, 99*(5), 469-90.

Zeidner, M. (1998). *Test anxiety: The state of the art.* New York: Plenum Press.

Zeidner, M. & Matthews, G. (2005). Evaluation anxiety. In A. J. Elliot & C. S. Dweck (Eds.), *Handbook of competence and motivation* (pp. 141-63). New York: Guilford Press.

Ziegler, A. & Heller, K. A. (2000). Effects of attribution retraining with female students gifted in physics. *Journal for the Education of the Gifted, 23*(2), 217-43.

Zimmerman, B. J. (1994). Dimensions of academic self-regulation: A conceptual framework for education. In B. J. Zimmerman & D. H. Schunk (Eds.), *Self-regulation of learning and performance* (pp. 3-24). Hillsdale, NJ: Lawrence Erlbaum Associates.

Zimmerman, B. J. (1995). Self-monitoring during collegiate studying: An invaluable tool for academic self-regulation. In P. Pintrich (Ed.), *Understanding self-regulated learning number 63*. San Francisco: Jossey-Bass.

Zimmerman, B. J. (1998). Developing self-fulfilling cycles of academic motivation: An analysis of exemplary instructional models. In D. H. Schunk & B. J. Zimmerman (Eds.), *Self-regulated learning: From teaching to self-reflection* (pp. 1-19). New York: Guilford.

Zimmerman, B. J. (2000). Self-efficacy: An essential motivation to learn. *Contemporary Educational Psychology, 25,* 82-91.

Zimmerman, B. J. (2001). Theories of self-regulated learning: An overview and analysis. In B. J. Zimmerman & D. H. Schunk (Eds.), *Self-regulated learning and academic achievement: Theoretical perspectives* (pp. 1-37). Mahwah, NJ: Lawrence Erlbaum Associates.

Zimmerman, B. J. (2002). Becoming a self-regulated learner: An overview. *Theory into Practice, 41*(2), 64-70.

Zimmerman, B. J., Bandura, A., & Martinez-Pons, M. (1992). Self-motivation for academic attainment: The role of self-efficacy beliefs and personal goal setting. *American Educational Research Journal, 29,* 663-76.

Zimmerman, B. J., Greenberg, D., & Weinstein, C. E. (1994). Self-regulated academic study time: A strategy approach. In B. J. Zimmerman & D. H. Schunk (Eds.), *Self-regulation of learning and performance* (pp. 181-202). Hillsdale, NJ: Lawrence Erlbaum Associates.

Zimmerman, B. J. & Kitsantas, A. (1997). Developmental phases in self-regulation: Shifting from process goals to outcome goals. *Journal of Educational Psychology, 89*(1), 29-36.

Zimmerman, B. J. & Martinez-Pons, M. (1986). Development of a structured interview for assessing student use of self-regulated learning strategies. *American Educational Research Journal, 23,* 614-28.

Zimmerman, B. J. & Martinez-Pons, M. (1990). Student differences in self-regulated learning: Relating grade, sex, and giftedness to self-efficacy and strategy use. *Journal of Educational Psychology, 82*(1), 51-59.

Zimmerman, B. J. & Ringle, J. (1981). Effects of model persistence and statements of confidence on children's efficacy and problem solving. *Journal of Educational Psychology, 73,* 485-93.

[인 명]

[내 용]

저자 소개

M. Kay Alderman

1979년 애크런 대학교(The University of Akron) 교육학과의 전임교원으로 임용되어 2006년 퇴임할 때까지 재직하였다. 애크런 대학교에 임용되기 전에는 휴스턴 공립학교에서 교사로 일한 바 있으며 텍사스 대학교에서 석사학위를 취득하고 휴스턴 대학교에서 박사학위를 취득하였다. Alderman 박사는 '교사가 차이를 만든다!'는 강한 신념을 가지고 매우 진취적으로 지역사회 교사 교육에 헌신하였다. 2006년 은퇴 후, 27년 동안 대학에서 교사들을 교육한 내용과 현장에서의 경험을 기반으로 이 책을 출간하였다.

역자 소개

김종남(Kim, Jong-nam)
고려대학교 심리학과 졸업
고려대학교 일반대학원 석사(임상심리 전공)
고려대학교 일반대학원 박사(임상 및 상담심리 전공)
전 인제대학교 의과대학 부속 일산백병원 임상심리학실장
현 서울여자대학교 교육심리학과 교수

〈역서〉
말썽 많은 아이 제대로 키우기: 학습원리에 따른 부모관리 훈련(공역,
   시그마프레스, 2007)
우울과 불안장애의 치료계획과 개입방법(공역, 시그마프레스, 2008)
인지치료기법: 상담실제를 위한 안내서(공역, 시그마프레스, 2010)
아동과 청소년을 위한 인지정서행동치료(공역, 시그마프레스, 2011)
심리학으로 바라본 중년여성의 심리(학지사, 2011)
행동수정(공역, 학지사, 2012)

임선아(Lim, Sun Ah)
숙명여자대학교 교육심리학과 졸업
숙명여자대학교 일반대학원 석사(교육심리 전공)
University of California, Santa Barbara 대학원 M.A.(교육학 전공)
University of California, Santa Barbara 대학원 Ph.D.(교육학 전공)
현 숙명여자대학교 교육대학원 교육심리 전공 교수

〈저서〉
International Education(공저, M. E. Sharpe Publication, 2012)

〈역서〉
행동수정(공역, 학지사, 2003, 2012)

성취동기
교수-학습에서 성취력을 높이기 위한 방안
Motivation for Achievement: Possibilities for Teaching and Learning (3rd ed.)

2015년 9월 10일 1판 1쇄 인쇄
2015년 9월 17일 1판 1쇄 발행

지은이 • M. Kay Alderman
옮긴이 • 김종남 · 임선아
펴낸이 • 김진환
펴낸곳 • (주)**학지사**

　　　　　121-838 서울특별시 마포구 양화로 15길 20 마인드월드빌딩
대표전화 • 02)330-5114　　팩스 • 02)324-2345
등록번호 • 제313-2006-000265호

홈페이지 • http://www.hakjisa.co.kr
페이스북 • https://www.facebook.com/hakjisa

ISBN 978-89-997-0747-6 93370

정가 21,000원

인터넷 학술논문 원문 서비스 **뉴논문** www.newnonmun.com

이 도서의 국립중앙도서관 출판시도서목록(CIP)은 서지정보유통지
원시스템 홈페이지(http://seoji.nl.go.kr)와 국가자료공동목록시스템
(http://www.nl.go.kr/kolisnet)에서 이용하실 수 있습니다.
(CIP 제어번호: CIP2015022193)